戴震二百年诞辰纪念文汇

张庆伟◎编

戴学文库（第一辑）

潘定武　朱宏胜◎主编

北京师范大学出版集团
BEIJING NORMAL UNIVERSITY PUBLISHING GROUP
安徽大学出版社

图书在版编目(CIP)数据

戴震二百年诞辰纪念文汇 / 张庆伟编. —合肥：安徽大学出版社，2023.12
(2024.5 重印)
(戴学文库/潘定武，朱宏胜主编. 第一辑)
ISBN 978-7-5664-2716-8

Ⅰ. ①戴… Ⅱ. ①张… Ⅲ. ①戴震(1723—1777)—哲学思想—文集
Ⅳ. ①B249.65—53

中国国家版本馆 CIP 数据核字(2023)第 236158 号

戴震二百年诞辰纪念文汇
Dai Zhen Erbainian Danchen Jinian Wenhui

张庆伟 编

出版发行：北京师范大学出版集团
安徽大学出版社
(安徽省合肥市肥西路 3 号 邮编 230039)
www.bnupg.com
www.ahupress.com.cn
印　　刷：江苏凤凰数码印务有限公司
经　　销：全国新华书店
开　　本：710 mm×1010 mm　1/16
印　　张：26
字　　数：338 千字
版　　次：2023 年 12 月第 1 版
印　　次：2024 年 5 月第 2 次印刷
定　　价：78.00 元
ISBN 978-7-5664-2716-8

策划编辑：李　君
责任编辑：陈宣阳
责任校对：李加凯
装帧设计：李　军
美术编辑：李　军
责任印制：陈　如　孟献辉

《戴学文库(第一辑)》编委会名单

《戴学文库(第一辑)》弁言

章学诚《书朱陆篇后》有论:“及戴(震)著《论性》《原善》诸篇,于天人理气,实有发前人所未发者;时人则谓空说义理,可以无作,是固不知戴学者矣。”“戴学”一词,首见于此。近代以来,则有刘师培、梁启超、张舜徽、张立文诸先生屡次论及“戴学”。前贤所论“戴学”,概指戴震学术思想;稍引申之,则可以包括对戴震学术思想及生平著述等的研究。犹如学界熟知的“红学”“龙学”等。

戴震(1724—1777),字东原,清代徽州休宁隆阜(今黄山市屯溪区)人。黄山学院横江校区正坐落于隆阜,毗邻先贤故里。黄山学院(前身徽州师专)得此地利,传承弘扬先贤学术思想也当义不容辞,故于1986年即成立了戴震研究会。研究会于国内最先整理出版了现代点校本《戴震全集》(全六册,清华大学出版社1991—1999年),并多次组织、举办相关学术会议,进行学术研究,取得了可观的研究成果。在此基础上,研究会汪良发会长率研究会同人谋划若干新的戴学研究计划,包括《戴震年谱长编》(课题成功申报 2013 年度国家社科基金项目)和戴学普及性系列作品《戴震著作译注》(分戴震哲学、朴学、自然科学、序跋书信等四册)以及《戴震二百年诞辰纪念文汇》。本计划得到了上海戴鸿安先生的倾力支持,并有安徽大学徐道彬教授、淮北师范大学郭全芝教授、山东农业大学张庆伟副教授等热情参与。《戴震年谱长编》经历六载终于初步完成并顺利结题,《戴震著作译注》等则历时三年陆续完稿。时值戴震诞生三百周年之际,研究会同人不揣浅陋,欲以上述初步成果聊作纪念,并拟为《戴学文库(第一辑)》。

从《戴震年谱长编》到《戴震著作译注》系列,均得到了中国人民大学张立文先生,中国社会科学院陈祖武先生、刘跃进先生,南京大学李开先生及安徽省社会科学院陶清先生等的热情关心和指导。在此一并致以诚挚的谢意!

潘定武

2023 年 7 月 26 日

序　言

2009年,我由山东大学哲学与社会发展学院中国哲学史专业转入文史哲研究院攻读科学技术哲学博士学位。结合硕士期间的学习背景,导师马来平教授建议我将博士论文聚焦在"东传科学与乾嘉学术关系"这一研究主题之上。作为中国近现代科技思想史研究的重要场域,乾嘉学术与西学特别是近代西洋科学技术在17、18世纪中国的流播之间确定存在着某种不容置疑的时空、地域、学科等多层次的内在关联。随着明清科技史、思想史研究的不断深入,这一有迹可循的关联日益得到明清研究学者的广泛认同。一百多年前,梁启超先生在《清代学术概论》(1920)中即已注意到:伴随西洋学术的输入,传统学术在"学问研究方法上,生一种外来的变化,其初惟治天算者宗之,后则渐应用于他学"。在书中,梁启超先生甚至作过这样一个判断,他说:"戴震全属西洋思想。"嗣后,涉论乾嘉学术与西学内在关联的研究日渐多了起来。1936年,唐钺先生作《明季清初西来天算对于清代学术的影响》一文,探讨二者在"时间的先后,地域的邻近"方面的关联。1938年,黎子耀先生在《西学东渐与朴学》一文中指出:"西学的东渐,与朴学有极密切的因缘。"1940年,徐宗泽神父在《明清间耶稣会士译著提要》中明确提到:"利玛窦来吾国,以西国治学之精神、求学之方法,研究吾国经籍,而发见吾国经典受宋代理学派之层层注疏、重重诠解,将经籍客观本有之面目,以主观之意见,改换其真相矣,利子于是主张直读原文,不拘泥于程、朱、陆、王等之疏解,庶古人立言之真旨，可以复明于后世。利子本此宗旨研究古籍，事若无关大体，而其影响之所至，实给当时启蒙之汉学派一大助力焉。”改革开放以后，朱维铮(《十八世纪中国的汉学与西学》)、艾尔曼(《从理学到朴学》)、李天纲(《清代儒学与西学》)诸先生循着民国学人的思路进一步推进了相关研究。在此基础上，乾嘉学术在学者心中落后、反动、务虚、琐碎的形象逐渐反转，作为“近代文化胚胎”(陈卫平)、“中国现代价值观初生历程”(吴根友)的“启蒙”(萧箑父)特质日益凸显。

具体到戴震这里，具体到细节层次，近代西洋科技在知识层面对戴学的影响是显而易见的。相比较而言，其在逻辑方法、精神层面对戴学的影响却一直难免捕风捉影之讥。说得直白点，对方法、精神层面影响的研究截至目前仍然不得不面临显确证据匮乏的窘境。换句话说，学界对乾嘉学术特别是戴学内涵之逻辑方法、科学精神层面的研究仍然兴味索然。在攻克这一研究难点的过程中，偶然检索到刊在《晨报副镌》上甘蛰仙先生的连载长文《戴东原的名学史观》(约11.7万字)。尽管，甘蛰仙的研究只字未提东传入华的西洋近代科学，但却首次从逻辑方法层面将戴学与中国古代哲学进行了系统的比较分析，为我们进一步探讨东传科学与乾嘉考据学在逻辑方法、科学精神层面的内在关联确立了一个可资借鉴的优质参照系。最初，整理《戴东原的名学史观》主要是基于在文史哲研究院科技哲学专业师生这个“无形学院”里分享研究资料的考虑，于是利用零碎的时间将其整理了出来。随后，又陆续发现并整理了晨报社在戴震二百年诞辰纪念活动期间版行的《戴东原二百年生日纪念论文集》(约9.6万字)以及“科玄论战”期间刊发在《晨报副镌》上的其他一系列戴学研究文献(约3.5万字)。随着文献搜辑、阅读的深入，令人感到意外的是：一百年间的戴学研究对于这批文献却极少见有征引，甚至有可能部分学者一篇都未曾寓目。同样，令人遗憾的是：随着我在科研方面的“转业”，这批百年后重聚的文献又一次不得不面临被尘封的危险。

转机出现在2017年，通过学友辗转得知“新时代首届全国戴学学术论坛”将在戴震故里黄山召开。11月，我慕名前往参会。与会期间，有幸结识张立文老先生，陈居渊、蔡锦芳、李畅然、孙邦金等诸多戴学研究前辈，特别是时任戴震研究会秘书长的潘定武教授。在与潘先生聊天的过程中，随口谈起博士期间与戴学研究相关的两个副产品：《戴震年谱简编》(约15万字)、《戴震二百年诞辰纪念文汇》(约25万字)。恰巧，潘先生正在推进国家社科基金项目“戴震年谱长编”的研究。承蒙先生不弃，中途被吸纳进课题组，天降奇缘得以忝附骥尾。2018年12月，潘先生再邀后进参与由戴震研究会精心策划、戴震族裔戴鸿安先生鼎力支持之《戴学文库(第一辑)》的编撰工作，负责选译戴学之自然科学部分。搭乘这股盛世修文的东风，《戴震二百年诞辰纪念文汇》也有幸被遴选入库。借此机缘，民国先哲的这批精思杰构才不致湮没于历史的尘埃中，使我辈后来者有机会坐集百年之智。

时钟拨回到一百年前，正当戴震二百年诞辰纪念活动如火如荼之时，那厢中国传统哲学派、新兴的中国科学派同早期马克思主义者激战正酣，为建构一条契合中国的文化复兴之路而各抒己见。在那样一个风雨飘摇的旧时代，中国知识分子的先知先觉与责任担当是值得肯定的，只是他们的理想在缺乏强大国家与经济社会发展强力支持的前提下注定是难以实现的。两千多年前，至圣先师孔子一步三回头地离开父母之邦，在周游列国的第一站卫国与圣徒冉有的那段有关治国方略的精彩对话，已有先见之明。《论语》记载：子适卫，冉有仆。子曰：“庶矣哉！”冉有曰：“既庶矣，又何加焉？”曰：“富之。”曰：“既富矣，又何加焉？”曰：“教之。”20世纪20年代，“庶”与“富”的工作尚遥不可及，文化复兴只能是一场幻梦。直到1949年新中国成立，这场文化复兴的梦才算真正地脚踏实地起来。中国人民“站起来”之后，“庶”的工作被提上日程。毛泽东同志说，“人多是好事”“人多力量大”。“庶”的工作做足了，下一步当然是要“富起来”，才能保障人丁兴旺。十一届三中全会上，以邓小平同志为核心的党中央适时提出改革开放的基本国策，“让一部分先富起来，先富带动后富”。建党百年之际，党领导中国人民完成了史诗级的脱贫攻坚任务。瓜熟蒂落，水到渠成。庶、富之后，“教之”才能真正地“强起来”。今年10月28日，习近平总书记在河南安阳殷墟考察时正式提出“建设中华民族现代文明”的新时代文化复兴理想。

一个足够理性的民族一定懂得睁眼看世界、正视他者，也一定懂得时时回望过去、珍视自我。睁眼看世界是为了展望未来，回望过往是为了不忘本来。一百年前，亲自下场参与“科玄论战”的梁启超、胡适诸先生，多数都有欧游经历，也都是勇于正视他者又懂得珍视自我的学界领袖。在运用西学视角整理国故的实践中，他们从三百年来的启蒙哲学那里、从戴学那里发掘出本土自生的“民主”（“圣人治天下，体民之情，遂民之欲，而王道备”）与中西合璧式的“科学”（“群经六艺之未达，儒者所耻”）。在此基础上，集中诸君将研究进一步切入深层肌理，从逻辑、心理、天算多元视角散射出现代性元素在戴学中甲坼萌蘖时的斑斓色彩。启蒙运动是西方现代文明的源头。同样，中华民族现代文明的源头也可以追溯到明清启蒙哲学。从启蒙的意义上讲，戴学刚好生长在中华民族现代文明梦开始的地方。惟愿盛世诸君偷闲开卷，知人论世、平心观理，体悟前辈学人珍爱传统拳拳服膺之良苦。斯编读罢，若能激起更多学者投身新时代戴学研究，为更好地助力建设中华民族现代文明奉献一分力量，也不枉末学一番寒来暑往、瘦尽灯花！

张庆伟

2023 年 10 月 26 日

山东农业大学

凡　例

一、除零星散布于《申报》《读书杂志》《国学季刊》上的数篇文章外，戴震二百年诞辰纪念活动期间刊发的文章大多与《晨报》相关。刊于《晨报副镌》者，什九为晨报社主编《戴东原二百年生日纪念论文集》收录。未刊于《晨报副镌》者，或付梓单行（如胡适《戴东原的哲学》），或为《戴震全书》收录（如魏建功《戴东原年谱（未完）》、容肇祖《戴震说的理及求理的方法》），唾手可得，文汇不再赘录。

二、文汇收录文章按首刊时间先后排序：《晨报副镌》上刊发的连载按首篇刊印时间排序；未刊于《晨报副镌》而被收录在《戴东原二百年生日纪念论文集》中的文章统一按《文集》初版时间及原序排序。

三、文汇收录文章作者简介，专收于今难考者，余不赘述。

四、为方便当代读者观览，现将原版竖排右书改为横排左书。

五、为尊重历史文献原貌，基本保留民国时期字词的习惯用法。如“哪”作“那”、“同”作“仝”、“吧”作“罢”、“很”作“狠”、“两个”作“二个”、“那么”作“那末”等。保留部分非推荐词形的使用。如“附会”作“傅会”、“彻底”作“澈底”等。

六、涉古人名讳讹误或未统一处，径改之。如“杨子云”径改为“扬子云”、“李藉”径改为“李籍”等。

七、文汇收录文章中已使用（ ）。为便于区分，本书订讹、补脱使用［ ］，删衍使用〈 〉。

目　录

戴震二百年诞辰纪念活动述略 …………………… 张庆伟(001)

《晨报副镌》引言 ………………………………… 记　者(004)

戴震的哲学 ……………………………………… 汪　震(005)

戴东原生日二百年纪念会缘起 ………………… 梁启超(016)

戴震的心理学 …………………………………… 汪　震(019)

戴东原研究指南 ………………………………… 贺　麟(029)

戴东原的名学史观(上篇) ……………………… 甘蛰仙(041)

戴东原的名学史观(下篇) ……………………… 甘蛰仙(074)

东原二百年纪念号缘起 ………………………… 记　者(220)

戴东原先生传 …………………………………… 梁启超(222)

东原著述纂校书目考 …………………………… 梁启超(235)

戴东原的天算学 ………………………………… 陈展云(266)

东原哲学 ………………………………………… 梁启超(303)

东原图书馆缘起 ………………………………… 梁启超(329)

中国心理学史上的戴震 ………………………… 汪　震(332)

戴东原的《诗》学 ……………………………… 吴时英(355)

东原《续天文略》与《续通志·天文略》 …………… 周良熙(378)
东原著述考 ………………………………………………… 王　竞(381)
康德纪念与东原纪念 ………………………………… 甘蛰仙(394)
戴震的求理方法 ……………………………………… 杨世清(396)

戴震二百年诞辰纪念活动述略

上世纪戴学研究的第一次高潮，导源于戴震诞辰二百年纪念活动。

1923年9月30日，沈兼士、周作人、陈垣、伊凤阁（俄国汉学家）、孙伏园等三十余位中外学者齐聚北京城南龙树寺之抱冰堂召开恳亲会，商讨戴震二百周年诞辰纪念活动事宜。同年10月5日－8日，《晨报副镌》率先连载汪震《戴震的哲学》。10月10日，梁启超应黄炎培之邀在《申报》国庆纪念增刊上发表短文《戴东原的二百年生日》（后易名《戴东原生日二百年纪念会缘起》，收入《戴东原二百年生日纪念论文集》）。10月10日、13日，《晨报副镌》刊发汪震《戴震的心理学》。12月8日－10日、12日，《晨报副镌》连载贺麟《戴东原研究指南》。期间，纪念活动的主要倡导者梁启超先生致信胡适，邀其北上，并托其在江南代为搜寻戴震遗像以供学界瞻仰，未果。

1924年1月6日，《读书杂志》刊胡适《戴东原在中国哲学史上的位置》一文（后附录于《戴东原的哲学》单行本中）。1月7日，《晨报副镌》开始连载甘蛰仙所作长文《戴东原的名学史观》（十一万余字）。14日，《晨报》刊出一则名为“戴东原先生生日纪念会”的启事，称：

> 东原先生为清代考证学大师，其哲学饶有近世精神，其人格高峻健实足为后学模范。旧历癸亥十二月二十四日为先生二百年生日……谨以是日举行纪念祝典，有梁启超先生、胡适先生等担任讲演，恭请各界惠临，同伸仰止为幸……地点：后孙公园安徽会馆。讲学社、天文学会、北京大学研究所国学门、师范大学、

晨报社同启。

据《晨报》记载，1 月 19 日当天：

> 九时，安徽会馆门首，见有各校学生教员学者等三四百人，不顾大风，先后莅止，即来参与空前盛会者。九时半开会，首由胡适报告开会旨趣，次梁启超演说东原一生道德学术梗概，次俄人伊凤阁以五分钟演说彼对于戴东原学说之观察，次沈兼士讲述戴东原之治学方法，钱玄同讲述戴东原之声韵学，朱逷先讲述关于《水经注》问题，为戴东原辩护，谓："全、赵、戴各有供献，而各不相剽窃。"时已十二时半，胡适乃以二十分钟将"不讲理的戴东原"简单讲述。散会近一时矣①。

1 月 19 日—24 日、25 日，《晨报副镌》刊出六期"东原二百年纪念号"，连载梁启超《戴东原先生传》《东原著述纂校书目考》，陈展云《戴东原的天算学》，梁启超《东原哲学》四篇长文。25 日，《晨报副镌》第四版登载《东原图书馆募捐办法》，准备在戴震故乡安徽休宁筹建"东原图书馆"，馆址设在第四女子师范学校内。同一天，《晨报副镌》第四版登载"本刊启事"，称：

> 东原二百年纪念的稿件，后到的还有好几篇，为节省副刊地位起见，已移交丛书部印入《戴东原二百年纪念论文集》，大概阴历年内可以出版。

未刊在《晨报副镌》上的文章：汪震《中国心理学史上的戴震》、吴时英《戴东原的〈诗〉学》、周良熙《东原〈续天文略〉与〈续通志·天文略〉》，2 月 1 日由晨报社结集于《戴东原二百年生日纪念论文集》中刊行。2 月 12 日—15 日，《晨报副镌》连载王竞《东原著述考》。4 月 22

① 《晨报》1924 年 1 月 20 日，第六版。

日，《晨报副镌》登载甘蛰仙短文《康德纪念与东原纪念》。12 月 16 日、17 日，《晨报副镌》连载杨世清《戴震的求理方法》。

1925 年 12 月，《国学季刊》（胡适时任编委会主任）出版“东原纪念专号”（第二卷第一号），收录胡适《戴东原的哲学》（七万余字，今有单行本传世），魏建功《戴东原年谱（未完）》（《戴震全书》收录），容肇祖《戴震说的理及求理的方法》（《戴震全书》收录）三篇戴学研究论文。

至此，绵延两载有余的戴震二百年诞辰纪念活动告一段落。

《晨报副镌》引言

今年阴历十二月二十六日（即一九二四年二月十四日），为戴东原诞生二百年纪念。国内学术团体如讲学社、北大国学门研究等，拟共同发起，有所举动。本刊原拟届时特出专号，但一则因篇幅有限，恐容不下多少文章，二则因戴先生学问太近专门，又恐不能邀大多数人的注意。故愿先登汪君撰著两篇[①]，另一篇为《戴氏之心理学》，借资提倡，海内国学家或能因此纪念引起研究戴氏学说的兴趣罢。

记者[②]

---

① 一篇为《戴震的哲学》，刊于《晨报副镌》1923 年 10 月 5 日，第一版。

② 《晨报副镌》1923 年 10 月 5 日，第一版。记者疑即孙伏园，原载于汪震《戴震的哲学》文首。

戴震的哲学

汪　震①

有许多的问题，其中有些在我们的精神生活上最有趣味的，就我们所能见，是永远不能解决的，除非人的智慧力量变到与现在完全不同。（罗素的哲学问题）

一

在西洋哲学史上有许多问题是每个哲学家都要讨论的，但是不能解决，例如因果问题、实质问题、真假问题等等。中国哲学史上也有许多问题是这样，如春秋时代的名实问题，宋明时代的格物问题，都是很难解决的问题。因为哲学只是这些问题的讨论，所以介绍某人的哲学只能介绍他对于这种问题的讨论；因为中国哲学与西洋哲学有许多的不同，所以介绍中国哲学家的哲学要依中国哲学的形式。虽然中国哲学家的话有许多是与西洋哲学家相同的，但是这些话在中国哲学与在西洋哲学上的地位是处处不同；所以我们介绍中国哲

① 汪震（1900—?），字伯烈，祖籍江苏武进，生于保定，长于天津。1920年，考入北京高等师范学校，师承朱逖先、马幼渔、钱玄同诸经学大师。1926年，于北京高等师范学校教育研究科毕业（相当于今天的研究生）。1929年，任教于国立北平大学女子师范学院。1934年，任教于北京私立民国学院中国文学系。在心理学、逻辑学、国语、国学等诸多领域均有创获，著有《国学大纲》（1933，与王正己合著；与钱穆《国学概论》并称"国学双璧"）、《国语修辞学》（1935）、《论理学》（1936）等书。

学家的哲学，不能说他是唯心或唯物，一元或多元，只能依他原来的形式。我们现在介绍戴震的哲学就这样了。

戴东原先生的历史、学术、地位，都不用介绍。他的哲学是他的汉学的一个支派，历来都没有看重的，直到一九二一年梁启超著《清代学术概论》才正式提出，但是梁启超也没有承认他的哲学是成功的。

我以为戴东原先生的哲学不但在宋、明一系的哲学上占重要位置，而且也是中国有史以来的哲学上独创一帜的。戴东原先生的哲学的特点是有很重的数学色彩。他虽然是宋明一系的哲学家，但是没有印度哲学的神秘臭味，而有西洋哲学家的严重精神。这一点戴东原先生在中国哲学史上与无论什么哲学家都不同的。

戴东原先生在哲学上有两大主张：(一)反对禁欲主义；(二)提倡科学的态度。戴东原先生的哲学著作有《原善》《孟子字义疏证》《读孟子论性》《读易系辞论性》《法象论》。其中最重要、最完备的著作是《孟子字义疏证》，我们根据的也就是这本书。

二

宋明哲学家都是打起发明孔孟哲学招牌的，戴东原先生也是这样，但是没有那样夸大。[宋]明〈宋〉哲学家都是反对杨墨、佛老的，戴东原先生也是这样，但是反对得更澈底些，尤其不肯引用佛老的思想作为研究孔孟的对象。宋明哲学家研究儒家哲学只根据《易》《四书》《礼记》等书，戴东原先生也是这样，但是方法不同：一个用主观的直觉；一个用客观的观察。总而言之，戴东原先生是一位科学的哲学家，处处都应用他的科学方法的。

戴东原先生的哲学有两种来源：一种是他的心理学；一种是他从儒家哲学里得来的思想。戴东原先生的著作，一面发挥他自己的哲学，一面对于儒家哲学有一种新解释。他解释“道”“才”“仁义礼智”，都有出类拔萃的见地。不过我们要介绍他的独立的哲学,一切对于他的别的学问都不能叙述了。

说到本文,宋明哲学出世之后,“性善”“性恶”的问题变做“性怎么样善”的问题了。理、欲、形、气,处处都发生问题。戴东原对于这些问题也发挥他的意见,这便是戴东原先生的哲学①。

三

关于“性善”问题,性为什么是善的？戴东原以为性的“成分”有两种,性的“作用”有三方面。成分是血气、心知,作用是欲、情、知。血气发生的作用是欲,心知发生的作用是理义。戴东原以为人的欲有好美的倾向,人的心知有好是的趋势,这都是性善的原因。他说:

> 味与声色在物不在我,接于我之血气。能辨之,而悦之,其悦者必其尤美者也。理义在事情之条分缕析,接于我之心知。能辨之,而悦之,其悦者必其至是者也。(卷上六页)

戴东原以为性善就在心知供给意识的行动。他说:

> 举理以见,心能区分;举义以见,心能裁断。(卷上三页)

又说:

> 然人之心知,于人伦日用,随在而知恻隐,知羞恶,知恭敬、辞让,知是非。端绪可举,此之谓“性善”。(卷中十页)

心知的观念,戴东原便是理智。戴东原以为人的性善的根本原因,只因为有理智,但是宋儒以为欲是恶的。假使欲是恶的,性会发生欲的作用;而性偏是善的,这样在论理上便讲不通了。如果要论理

---

① 《晨报副镌》1923年10月5日,第一版。

上说得通，便绝对不能承认欲是恶的。这是戴东原反对宋儒的根本原因。

欲不是恶的，这话怎样解释呢？戴东原解释欲即是生理的需要。他说：

> 有血气，则所资以养其血气者，声色臭味是也。（卷中二十一页）

戴东原又进一步解释道德的来源不过是怀生畏死的观念。他说：

> 已知怀生畏死，故怵惕于孺子之危，恻隐于孺子之死。使无怀生畏死之心，又焉有怵惕恻隐之心？推之羞恶、辞让、是非亦然……此可以明仁、义、礼、智非他，不过怀生畏死。（卷中十页）

戴东原又以为欲是怀生畏死的表现。他说：

> 使饮食男女与夫感于物而动者脱然无之（指怀生畏死），以归于静、归于一，又焉有羞恶？有辞让？有是非？（卷中十页）

把戴东原的这一段话分析出来，他的意思以为善与欲的发源都是怀生畏死之心，而善又是建设在欲以上的，所以如果承认善、欲一源，就不能不承认欲不是恶的；如果承认性是善的，但是欲的来源是性，所以便不能不承认欲是善的。把这话用论理的形式表演出来：

大前提	性是善的
小前提	欲出于性
结　论	所以欲也是善的

善、欲，与怀生畏死之心如下图：

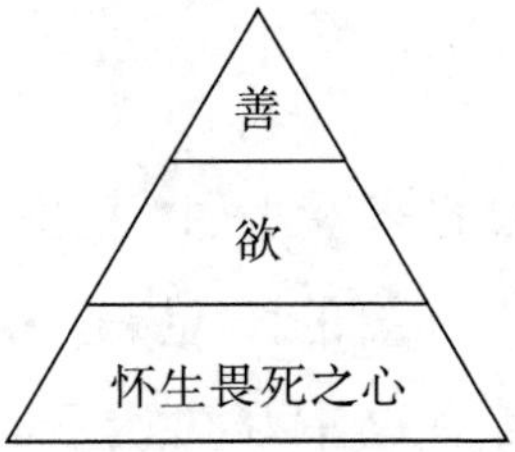

宋儒的哲学，欲是恶的，理是善的，所以要理胜过欲。戴东原以为理的功用不是要胜过欲的，理的功用只是给欲作指导人；欲是人生的需要，但是必须有理智的指导，才能得着这种需要。他说：

> 有是身，故有声色臭味之欲。有是身而君臣、父子、夫妇、昆弟、朋友之伦具，故有喜、怒、哀、乐之情。惟有欲，有情，而又有知，然后欲得遂也，情得达也。（卷下三页）

戴东原不承认理欲是对待的，这样便又发生两个问题：（一）理的意义；（二）恶的来源。容我先说第二个问题[①]。

四

关于恶的来源，宋儒以为是欲，但是欲是性的一个作用，而性又是善的，这个在论理上便是一个极大的矛盾。戴东原先生要避免这个矛盾，所以他解释恶的来源并不是欲，乃是“蔽”。他说：

> 凡血气之属皆有精爽，其心之精爽巨细不同。如火光之照物，光小者其照也近，所照者不谬也；所不照所，疑谬承之。不谬之谓得理。其光大者其照也远，得理多而失理少，且不特远近也，光之及又有明暗，故于物有察，有不察。察者尽其实，不察，斯疑谬承之。疑谬之谓失理。失理者限于质之昧，所谓愚也。

① 《晨报副镌》1923年10月6日，第一版。

（卷上六页）

戴东原在这里承认恶的来源是由于智慧力量的不足，但是如果承认恶的来源是由于智慧力量的不足，这样岂不是承认恶的来源由于性的不完备了吗？戴东原也承认性是不完备的，然而这个不完备并不是因为性有恶的元素。换一句话说，虽然性有些不完备，但是他的成分仍然是善的。善、恶是性质上的问题，完备、不完备，智慧力量充足、不充足，是数量上的问题。这样，性也善也恶的论理冲突便避免了，他说：

> 人之血气心知，其天定者往往不齐，得养不得养，遂至于大异。（卷上九页）

戴东原的意思以为，量的不足与不得其养，这都是恶的来源，这便是蔽的原因。

五

关于理的意义，宋儒以为即是直觉，但是戴东原先生最反对直觉，他说：

> 自宋以来，始相习成俗，则以理为"如有物焉，得于天而具于心"，因以心之意见当之也。于是负其气，挟其势位，加以口给者理伸，力弱气慑、口不能道辞者理屈。（卷上四页）

戴东原主张的理是客观的，不是主观的。他说：

> 心之所同然始谓之"理"，谓之"义"。则未至于同然，存乎其人之意见，非理也，非义也。凡一人以为然，天下万世皆曰"是不可易也"，此之谓同然。（卷上三页）

又说：

分之各有其不易之则，名曰“理”；如斯而宜，名曰“义”。是故明理者明其区分也，精义者精其裁断也。（卷上三页）

戴东原对于“理”下的定义是：

“理”者，察之而几微，必区以别之名也。（卷上一页）

又说：

理在物之质曰“肌理”，曰“腠理”，曰“文理”。得其分，则有条而不紊，谓之“条理”。孟子称孔子之谓“集大成”，曰：“始条理者智之事也，终条理者圣之事也。”圣智至孔子而极其盛，不过举“条理”以言之而已矣。（卷上一页）

又说：

天下事情，条分缕析。（卷上一页）

这几句话便是戴东原的唯一的精神的所在，这个精神便是从他的数学与考证科学里得来的；把这几句话放在西洋哲学里，便是唯智主义、实在论、宇宙间绝对多元。

六

戴东原把理看为客观的条理，把这个观念引伸到人生上来，宋儒对于天理的解释也就摇动了。

宋儒主张的天理是感情的，戴东原主张的天理是理智的。宋儒的天理因为是感情的，所以凭主观的臆断。戴东原的天理是理智的，所以重客观的观察。这是两者的根本异点。戴东原说：

理也者，情之不爽失也，未有情不得而理得者也。凡有所施于人，反躬而静思之："人以此施于我，我能受之乎？"凡有所责于人，反躬而静思之："人以此责于我，我能尽之乎？"以我絜之人，则理明。天理云者，言乎自然之分理也。自然之分理，以我之情，絜人之情，而无不得其平是也。（卷上一页）

又说：

好恶既形，遂己之好恶，忘人之好恶，往往贼人以逞欲。反躬者以人之逞其欲，思身受之之情也。情得其平，是谓好恶之节，是谓依乎天理。（卷上二页）

我们可以看见，戴东原所谓天理乃是一种客观的人情标准。这种标准怎样获得？自己的人情与这个标准相差多少远？这都是最精细的科学家暗中研究的问题。这也就是戴东原研究人生的态度了[①]。

七

戴东原先生在哲学上还有一个重要的观念，就是"变"的观念。他以为无论什么东西都有一个常态，一个变态。常态是容易看得见的，变态是必须经过一番研究才可以知道的。这一种考察变态的观念，戴东原便叫他"权"。他说：

权所以别轻重也。凡此重彼轻，千古不易者"常"也。常，则显然共见其千古不易之重轻。而重者于是乎轻，轻者于是乎重，"变"也。变则非智之尽，能辨察事情而准，不足以知之。（卷下十七页）

① 《晨报副镌》1923年10月7日，第一版。

戴东原先生解释人没有“权”的观念的原因，是由于智慧的不足。他说：

> 虽守道卓然，知常而不知变，由精义未深，所以增加其心知之明使全乎圣智者，未之尽也。（卷下十七页）

什么东西能增加心知的智慧呢？常与变的观念在人生上发生什么影响？这便说到戴东原的两种主张：（一）教育学说；（二）旧人生哲学的批评与新人生哲学的建设。

八

关于教育的学说，戴东原以为教育的功用是增加智慧。他说：

> 心知之资于问学，其自得之也亦然。以血气言，昔者弱而今者强，是血气之得其养也。以心知言，昔者狭小而今也广大，昔者暗昧而今也明察，是心知之得其养也。（卷上九页）

戴东原既然把教育的功用认为增加智慧，所以他便应当对于当时通行的教育有一种攻击，而建设新的教育制度；但是这一层，戴东原先生没有成功。他只说：

> 苟知问学犹饮食，则贵其化，不贵其不化。记问之学，入而不化者也。自得之，则居之安，资之深，左右逢其源，我之心知极而至乎圣人之神明矣。（卷上十页）

九

戴东原先生对于旧人生哲学的批评，他以为杨、墨、释、老四家的人生哲学都没有“权”的观念，但是这四家的人生哲学都不是戴东原所批评的对象，他所要批评的人生哲学便是宋儒的人生哲学。他以为宋儒的哲学是主张禁欲的，是主张用理代替欲的。从来源上说，禁欲主义是出于老、释的；从学理上说，理智并不能代替情欲，因为理智只是情欲的指导人，假使没有情欲，理智也无所指导了；从事实上说，禁欲主义是做不到的，并且只能增加痛苦。所以说：

宋以来，儒者盖以理之说。其辨乎理欲，犹之执中无权。举凡饥寒愁怨、饮食男女、常情隐曲之感，则名之曰“人欲”，故终其身见欲之难胜。（卷下二十四页）

戴东原从心理学里得到一个观念：欲即是生理的需要。如果欲是生理的需要，禁欲便是自杀生机了。所以他说：

天下必无舍生养之道而得存者。（卷下二十四页）

宋儒的禁欲主义的人生哲学经过戴东原这一番批评，便根本动摇起来，一个新的人生哲学急切要成立。代替禁欲主义而兴的哲学便是遂生主义，所以戴东原的哲学便是遂生主义。他说：

天下之事，使欲之得遂，情之得达，斯已矣。（卷下三页）

又说：

凡事为皆有于欲。无欲则无为矣，有欲而后有为，有为而归于至当不可易之谓“理”。（卷下二十四页）

遂生主义的哲学是把生活看作情欲的生活，理智的功用并不是用来压制这种生活的，只指导这种生活，使这种生活得一种正当的解决。这是戴东原的人生哲学的基本观念。但是这里戴东原又受了他的唯智主义的影响，他不主张多欲，也不主张纵欲，而主张应当用理智把欲看得分明。他说：

惟人之知，小之能尽美丑之极致，大之能尽是非〈一〉[之]极致。然后遂己之欲者，广之能遂人之欲；达己之情者，广之能达人之情。道德之盛，使人之欲无不遂，人之情无不达，斯已矣。（卷下三页）

这里戴东原的思想很有些纵欲主义的色彩，但是他的基本观念并不在纵欲，而在图一种正当解决的生活。这是我叫他作遂生主义的原因。

至于欲的性质，人不能离开欲的原因，都在戴东原的心理学里，不在这里叙述了。

九月二十七，一九二三，北京师范大学[①]

① 《晨报副镌》1923年10月8日，第一版。

戴东原生日二百年纪念会缘起

梁启超

稍为研究过中国近世学术史的人，都应该认识戴东原先生的位置和价值。今年是他老先生的诞生二百年；旧历十二月二十四日是他的生日。我以为我们学界的人很应该替他做一回庄严的纪念。

前清一朝学术的特色是考证学，戴东原是考证学一位大师，这是人人都知道的了。单就这一点论他的研究成绩，值得纪念的已经很多。

但我们以为戴东原的工作，在今后学术界留下最大价值者，实在左[①]列两项。

一、他的研究法

东原本人自己研究出来的成绩品，可宝贵的虽然甚多，但他同时或后辈的人有和他一样或更优的成绩品的也不少。东原在学术史上所以能占特别重要位置者，专在研究法之发明。他所主张"去蔽""求是"两大主义，和近世科学精神一致。他自己和他的门生各种著述中，处处给我们这种精神的指导。这种精神，过去的学者虽然仅用在考证古典方面，依我们看，很可以应用到各种专门科学的研究，而且现在已经有一部分应用颇著成绩。所以东原可以说是我们"科学界的先驱者"。

① 此言"左"，因原文为右行竖排。

二、他的情感哲学

宋明以来之主观的理智哲学，到清初而发生大反动。但东原以前大师，所做的不过破坏功夫，却未能有所新建设，到东原才提出自己独重情感主义，卓然成一家言。他这项工作，并不为当时人所重视，但我们觉得他的话是在世界哲学史上有价值的，最少也应该和朱晦翁、王阳明平分位置。所以东原可以说是我们"哲学界的革命建设家"。

今年好容易碰着他二百年生日！我们打算趁那一天在北京举行一次"东原学术讲演会"，所要讲的范围大略如下：

(一)戴东原在学术史上的位置

(二)戴东原的时代及其小传

(三)声音训诂的戴东原

(四)算学的戴东原

(五)戴东原的治学方法

(六)东原哲学及其批评

(七)东原著述考

(八)东原师友及弟子

以上不过就我个人感想所及，约略提个纲领，详细的还要希望同志们共同讨论。我自己学问很浅，愧不能有所发明，不过提出这个意见，助一助大家的兴味。我希望海内崇拜东原的学者共同发起这次纪念会，而且分途担任各部分的研究。到那一天，能够同赴盛会最好，即不然，也请把所作大文寄来宣读。我自己愿意自荐当一个临时干事，替诸君做传达学说的机关[1]。

我觉得这件事是学术界有益的，所以陈述这点意见。

十二年双十节[2]

① 本文原载《申报》国庆纪念增刊（1923年10月10日）第十五版上，后被收入《戴东原二百年生日纪念论文集》。经过对校发现：两版最后两段有别。特将《申报》本附于此：“我这下半年在北京清华学校担任些讲演功课。海内学者如对于这件事有兴味，希望向该校通信处和我通信。我觉得这件事是于学术界有益的，所以借《申报》纪念号余白陈述这点意见。”

② 晨报社编：《戴东原二百年生日纪念论文集》，北京：明明印刷局，1924年。

戴震的心理学

汪　震

一

清朝的汉学家差不多都不讲理学，其中讲理学的人也都在理学上没有什么发明。戴东原先生不但是清朝治汉学的中心人物，而且他的理学也是独创一帜的。梁启超在《清代学术概论》上已经提出他的哲学来，我以为他的心理学更是重要。我特地介绍出来。

戴震的心理学有许多有价值的地方，不过因为只用纯粹的心理学家之眼光去批判，所以只能介绍两点了。两点是：

（一）脱离玄学独立

（二）与机能心理学有一致之点

世界的心理学，十九世纪才脱离哲学独立，但是现代的大心理学家如翁特・詹姆士，都是心理学家而兼哲学家，他们的哲学与心理学都有很大的关系。戴东原先生也是这样。他的理学著作有《原善》《孟子字义疏证》，后者是最完备的著作。我所根据的也是这本书。

闲话休提，书归正传。心理学本是"人的科学"。所谓"人的科学"，不过因为所研究的都是人性上的种种问题，所以研究戴震的心理学，第一个问题便是性。

二

性是什么？戴东原下的定义是：

性者分于阴阳五行，以为血气心知，品物区以别焉。（卷中五页）

戴震对于“品物区以别焉”的解释是：

试观之，桃与杏，取其核而种之，萌芽甲坼，根干枝叶，为花为实，形色臭味，桃非杏也，杏非桃也，无一不可区别。由性之不同，是以然也。（卷中十八）

动物、植物的自然的区别，是由生理上区别。这个区别便是性的不同，人也有这种区别。戴东原说：

《中庸》曰：“天命之谓性。”以生而限于天，故曰“天命”。《大戴礼记》曰：“分于道谓之命，形于一谓之性。”分于道者，分于阴阳五行也。一言乎分，则其限之于始，有偏全、厚薄、清浊、昏明之不齐，各随所分而形于一，各成其性也。（卷中十六）

戴震以为人的个性是人人不同的，因之人的生活也是个个人不同的。虽然个性上有这些区别，然而人都具有这普遍的人性；所以说：

然性虽不同，大致以类为之区别。故《论语》曰“性相近也”，此就人与人相近言之也。（卷中六）

性是怎么一种东西呢？戴东原以为性即是机能的全体。他说：

举凡既生以后所有之事、所具之能、所全之德，咸以是为其本，故《易》曰：“成之者性也。”（卷中五）

性的来源怎么样？戴东原以为性是遗传的结果。他说：

在气化曰阴阳、曰五行，而阴阳五行之成化也杂糅万变，是以及其流形，不特品物不同，虽一类之中又复不同。凡分形气于父母，即为分为阴阳五行。（卷中六）

戴东原说的“性”与现代心理学的“心”很有区别。心理学的“心”纯是精神的现象，戴东原的“性”是兼生理、心理都有的，所以也有精神的现象，也有物质的现象。戴东原把性分为两部，他说：

性者血气心知，本乎阴阳五行，人物莫不区以别焉者也。（卷中十）

血气便是生理的观念，心知便是心理的观念，所以性的分部便是（一）血气，（二）心知。

三

关于血气方面，第一个问题戴东原所遇的便是血气之发生。他解释饮食能营养血气的原因，道：

夫资于饮食能为身之营卫血气者，所资以养者之气与其身本受之气原于天地，非二也。故所资虽在外，能化为血气以益其内。（卷中十五）

以上这几句话便把物理与生理的关系说出来了。又说：

盈天地之间，有声也，有色也，有臭也，有味也。举声色臭味，则盈天地间者无或遗矣。（卷上八）

戴东原的意思以为宇宙间的一切都是声、色……的现象。与性相接触的便是这宇宙间的现象，或是物理界。他说：

> 味也、声也、色也，在物而接于我之血气。（卷上六）

物理界与人的关系是：

> 人之血气心知，原于天地之化者也。有血气，则所资以养其血气者声色臭味是也。（卷中二十一）

戴东原以为，因为物理界有营养血气的功用，所以人有对于物理界的要求，所以耳目鼻口对于声色臭味的要求是一种自然的需要。戴东原说：

> 由此言之，孟子之所谓性即口之于味，目之于色，耳之于声，鼻之于臭，四肢于安佚之谓性。（卷中二十二）

声色臭味，在宋儒以为是人欲，是罪恶。孟子只说“性也，有命焉，君子不谓性也”，也不敢说是人生的必需品。但是戴东原先生不但把声色臭味公然认为人生的必需品，把声色臭味是罪恶的观念打破，并且指出动物有一种唯一的趋势，即是维持自己的存在。他说：

> 凡血气之属，皆知怀生畏死，因而趋利避害。虽明暗不同，不出乎怀生畏死者也。（卷中十）

怀生畏死便是维持自己的存在（Self-preservation），趋利避害便是图谋自己的利益（Self-seeking）。这便是动物的唯一趋势[①]。

四

戴东原既然把性分作血气、心知两方面，血气、心知的作用戴东

---

① 《晨报副镌》1923年10月10日，第一版。

原以为即是知觉运动。他说：

凡有血气者皆能形、能动者也……知觉云者，如寐而寤曰“觉”，心之所通曰“知”。百体皆能觉，而心之知觉为大。（卷中九）

戴东原解释人与禽兽的区别便是知觉运动的不同。他说：

凡相望于习则不觉，见异焉乃觉。鱼相忘于水，其非生于水，其非生于水者不能相忘于水也；则觉不觉亦有殊致矣。闻虫、鸟以为候，闻鸡鸣以为辰。彼之感而觉，觉而声应之，又觉之殊致有然矣。无非性使然也。若夫鸟之反哺，雎鸠之有别，蜂蚁之知君臣，豺之祭兽，獭之祭鱼，合于人之所谓仁义者矣，而各有性成。人则能扩充其知至于神明，仁、义、礼、智无不全也。仁、义、礼、智非他，心之神明所止也，知之极其量也。知觉运动者，人物之生。知觉运动之所以异者，人物之殊其性。（卷中九）

戴东原的意思以为知识的极点便是仁、义、礼、智四者都备，人的心便是神明的知识，或是理智。这就是戴东原对于心知的见解。

戴东原又以为心知的机能便是对于理义的认识。他说：

味也、声也、色也，在物而接于我之血气。理义在事，而接于我之心知。血气心知有自具之能。口能辨味，耳能辨声，目能辨色，心能辨夫理义。味、声、色在于物不在我，接于我之血气，能辨之而悦之。其悦者必其尤美者也。理义在事情之条分缕析，接于我之心知，能辨之而悦之。其悦者必其至是者也。（卷上六）

心怎么样能认识理义呢？戴东原以为心的功用是“思”。他说：

而理义者，人之心知有思辄通，能不惑乎所行也。（卷中十）

又说：

举理以见，心能区分；举义以见，心能裁断。（卷上三）

理是知识的判断，义是道德的判断，这便是心的两种机能。因为心有这两种判断，所以能“不惑乎所行也”。

戴东原的心知是最高的判断作用，戴东原以为人生正当行为的原理便是最高的判断，最高的判断便是道德。这一点心理的根据戴东原便拿来解释性善问题了。他说：

然人之心知，于人伦日用，随在而知恻隐，知羞恶，知恭敬，知辞让，知是非，端绪可举，此之谓“性善”。（卷中十）

五

关于心知方面，还有两个问题：（一）心知本着什么有道德与知识的判断作用？（二）什么东西主指血气、心知发生作用？这一点戴东原的见解与机能心理学颇有一致之点。

（一）心知本着什么以有道德与知识的判断？回答这一个问题，戴东原以为最高判断的原理是人的同情心，同情心的来〈原〉[源]是维持自己的存在。他说：

已知怀生而畏死，故怵惕于孺子之危，恻隐于孺子之死。使无怀生畏死之心，又焉有怵惕恻隐之心？推之羞恶、辞让、是非亦然……此可以明仁、义、礼、智非他，不过怀生畏死。（卷中十）

戴东原以为这怀生畏死之心发现出来便是欲。所以说：

使饮食男女与夫感于物而动者脱然无之（指怀生畏死），以归于静，归于一，又焉有羞恶？有辞让？有是非？（卷中十）

饮食男女与夫感于物者便是欲。饮食是求食本能，男女是两性本能，感于物而动者便是别的本能,这些本能都是欲。本能(欲)便是人的基本行为,所有本能的来源便是维持自己的存在(怀生畏死之心)。

(2)什么东西主使血气心知发生作用?戴东原回答是灵魂,但是戴东原的灵魂有两个。他说:

子产言人生始化曰"魄",既生魄,阳曰"魂"。曾子言阳之精气曰"神",阴之精气曰"灵"。神灵者,物品之本也。盖耳之能听,目之能视,鼻之能嗅,口之知味,魄之为也,所谓灵也,阴主受者也。心之精爽,有思辄通,魂之为也,所谓神也,阳主施者也。主施者断,主受者听。(卷中六)

六

戴震的心理学里最重要的有二端:(一)性;(二)才。才的意义便是本能,但是我们从前提出"欲是本能",才与欲有什么分别呢?据我研究,才纯是本能,欲有多分是指欲望(Desire)说的。在心理学里,本能纯是冲动,欲望是知识化的冲动,分别本很明了;但是在戴震的心理学里,才与欲并没有这样清楚的界限。他说的欲,有少部分是本能,如"饮食男女"与"感于物而动者";有大部分是欲望,如说"天下之事,使欲之得遂,情之得达,斯已矣"。这欲便是欲望,不能用本能来解释。

才的定义,戴东原说:

才者,人与百物各如其性以为形质,而知能遂区以别焉。(卷下一)

戴东原以为才是性的本质。他说:

气化生人生物,据其限于所分而言谓之"命",据其为人物之本始而言谓之“性”，据其体质而言谓之“才”。由成性各殊，故才质亦殊。才质者〈性者〉，性之所呈也，舍才质安睹所谓性哉？（卷下一）

戴东原以为说性说才，在应用上既然没有什么分别，所以性也是才，才也是性，也不必再分了。

又，戴东原以为性的作用有三方面：（一）欲；（二）情；（三）知。他说：

人生而后有欲，有情，有知。三者心知之自然也。给于欲者声色臭味也，而因有爱畏。发乎情者喜怒哀乐也，而因有惨舒。辨于知者美丑是非也，而因有好恶。（卷下三）

又说：

声色臭味之欲，资以养其生；喜怒哀乐之情，感而接于物；美丑是非之知，极而通于天地鬼神。（卷下三）

戴东原以为心理是有因果律的，刺戟可以发生反应，知识可以影响感情。他综合心理的因果与生理的现象，说了以下这一段话。他说[①]：

声色臭味之爱畏以分，五行生克为之也；喜怒哀乐之惨舒以分，时遇顺逆为之也；美丑是非之好恶以分，志虑从违为之也：是皆成性然也。（卷下三）

戴东原所谓“五行生克”便是生理组织。“时遇顺逆”便是刺戟发生的感情上的快与不快。“志虑从违”便是说，意志是知识的本源。这些见解都与机能心理学很有相同的地方。

---

① 《晨报副镌》1923年10月13日，第一版。

七

戴东原说：

> 有是身，故有声色臭味之欲；有是身，而君臣父子夫妇兄弟朋友之伦具，故有喜怒哀乐之情。惟有欲，有情，而又有知，然后欲得遂也，情得达也。（卷下三）

戴东原的意思以为，身的对象是君臣、父子的环境，身的需要是声、色、臭、味的物质，供给方法能使身体得其需要，适宜环境的便是理智。这就是戴东原论性的三方面，所以戴东原的心理分类便是欲（本能意志）、情（感情）、知（理智）。

戴东原又说：

> 有血气，则所资以养其血气者，声色臭味是也。有心知，则知有父子，有昆弟，有夫妇，而不止于一家之亲也，于是又知有君臣，有朋友。五者之伦相亲相治，则随感而应为喜怒哀乐。合声色臭味之欲，喜怒哀乐之情，而人道备。（卷中二十一）

这一段话要注意的，戴东原把感情看作君臣、父子交际上的产物。这就是说，感情是刺戟（或环境）生出来的。

八

以上把戴东原的心理学介绍完了。我在这一点本文的末尾把他的哲学与心理学的关系提出来作为结论。

戴东原的哲学有两大供献：（一）遂生主义；（二）科学态度。这都是宋明哲学的反动。前者是心理学的影响，后者是科学方法的结果。

宋儒、明儒的哲学差不多都是禁欲主义。戴东原便说：

天下之事，使欲之得遂，情之得达，斯已矣。（卷下三）

戴东原敢创这种遂生主义的新人生哲学，因为他根据的心理学，欲是生理的需要，“欲根于血气”，情是环境的适应。

宋儒的哲学是理欲二元论：理是善的；欲是恶的。戴东原根据他的心理学把理欲都认为性的机能，这样，理欲的对待便打破了。戴东原把维持自己的生存看为人的唯一的天性，把理智认为行为的指导者。这些地方都有西洋现代哲学的色彩。

九月十七，一九二三，北京师范大学①

① 《晨报副镌》1923年10月13日，第二版。

戴东原研究指南

梁任公先生指导　贺麟编

戴东原二百年生日大纪念快到了,讲学社及其他学术团体都打算开演讲会或出专刊。国人对于研究戴东原学说的兴趣,想来必定要大为增高的。我作这篇东西的目的,就是想使读者知道戴东原自己的著作和后人关于他的著作的大概以为检察参考和着手研究的方便;所列各种书籍和论文大半我都做有几句提要,为的是可以引起读者的注意和兴趣。我作此篇承梁任公先生指示方法,并借以参考书数种。脱稿后,又蒙梁先生校阅一遍,特此申明。

麟谨识

戴东原研究指南目录:

(一)戴东原自著的书
(二)戴东原所校的书
(三)戴东原参与编辑的书
(四)戴东原未著成的书
(五)后人关于戴东原的著作
A 史传之属
B 论著之属
C 反对戴氏之属

一、戴东原自著的书

《戴氏遗书》：孔继涵所刊。戴氏生平的重要著作几乎全在这里面，故此书自为研究他的学说者所必备之书。兹将目录列左：

《考工记图》二卷；

《孟子字义疏证》三卷；

《声韵考》四卷；

《声类表》十卷；

《原善》二卷；

《原象》一卷；

《续天文略》二卷；

《水地记》一卷；

《校水经注》三十卷。

《戴东原集》：孔继涵编。共十卷。

《东原集》：段玉裁编。共十二卷。《经韵楼丛书》本。

按：孔、段二刊，内容大同小异。梁任公谓中以"转注说"，《与彭进士诏升书》《与姚姬传书》及所作各篇序文，为最有价值。

《绪言》：《粤雅堂丛书》本。段玉裁谓："《孟子字义疏证》原稿，名《绪言》。有壬辰菊月写本，程氏易田于丙申影抄。"

按：《绪言》内容与《孟子字义疏证》颇有异同，究竟那一种是原稿，那一种是修改后付刊稿，其说殊不一。不过学者多只知《孟子字义疏证》，而不知此书，实一最可惜之事。梁任公拟取《绪言》，排并比拟附刊在《孟子字义疏证》后以便学者参阅，并加入《原善》及《与彭进士书》二篇，名曰"戴氏三种"。

《六书论》三卷。

《今文尚书经》二卷。

《春秋即位改元考》:《戴东原集》内有之。

《大学补注》。

《毛郑诗考正》四卷。

《屈原赋注》七卷;《通释》二卷;《音义》三卷:共十二卷。

《尔雅文字考》十卷。

《九章补图》一卷。

《制艺》一卷。

《学礼篇》一卷。

《训诂篇》一卷。

《金山志》:据段玉裁谓:"先生有《金山志》小册,系乾隆二十二年冬客扬州,盐运使卢君雅雨属先生渡江所为。"戴氏曾摘抄了一节寄给段玉裁,道:"余在山上,偶见奇景,修此一段。"

《勾股割圆记》三篇:段玉裁谓:"戴氏于性与天道,皆了然贯澈,故吐辞为经,如《勾股割圆记》三篇、《原善》三篇、《释天》四篇、《法象论》一篇,皆经也。"

《策算》一卷。

《迎日推〈测〉[策]》一卷。

《古历考》二卷:孔广森之《戴氏遗书总序》、洪榜之《戴氏行状》内,均列有此书;但段玉裁说他从未见过此书,故段氏疑《古历考》或即《续天文略》二卷。

《历问》一卷。

《经史筹算》一卷。

《气穴记》一卷。

《藏对算经论》四卷,或作《藏府象经论》。

《葬法赘言》四卷①。

① 《晨报副镌》1923年12月8日,第一版。

二、戴东原所校书

《校水经注》四十卷。

按：据武英殿聚珍版藏书本，系四十卷。《戴氏遗书》本未分卷数，目录谓三十卷。两刊内容次序略有出入，以武英殿本为较佳。

又按《水经注》有赵校本、全校本[①]、戴校本三种。就中以戴校本为最精善，且戴氏所校《水经注》，又为他生平所校各书中之最精善者。

《仪礼集释》。

《仪礼正误》，或作《仪礼识误》。

《大戴礼记》。

《周髀算经》。

《孙子算经》。

《九章算经》。

《海岛算经》。

《五曹算经》。

《夏侯阳算经》。

《张邱建算经》。

《五经算〈经〉[术]》。

《缉古算经》。

《数术记遗》。

《孟子赵注》。

《孟子音义》。

《方言》十三卷。

《仪礼释宫》。

---

① 原作“全本校”。

《项氏家说》。

《蒙斋中庸讲义》。

按:戴氏所校各书,除《水经注》外,其余都是他在四库全书馆时所校定的;且每校一书他都作有一提要。(见《四库全书总目提要》)

段玉裁谓:各书大抵均癸巳以后、丁酉以前五年间所校定也。

按:癸巳年即乾隆三十八年,戴氏年五十一岁。丁酉即乾隆四十二年,戴氏五十五岁。是年五月戴氏卒。

三、戴东原参与编辑的书

《五礼通考》:秦蕙田编。洪榜《戴震行状》谓:“秦文恭公(蕙田)编纂《五礼通考》,延先生(指戴)邸舍就与商権,其所采摭先生各经之说甚多。”

《四库全书》:戴东原于乾隆四十八年癸巳被荐入四库馆纂修各书,并撰有书目提要甚多。钱大昕《戴震传》谓:“癸巳岁,天子开四库馆,妙选校雠之职,总裁诸公疏荐先生以乡贡士入馆充纂修官。”

《汾州府志》:乾隆三十四年山西汾州太守孙和相聘修府志。是年,成《汾州府志》三十四卷。其书之详核,自古地志所未有。(见段玉裁《戴氏年谱》)

《寿阳县志》:《戴氏年谱》谓:“寿阳令龚君导江方修县志,请先生点窜。先生因为辨正晋、隋、唐史“寿”“受”二字之讹乱,并为审定目录。今手稿犹在玉裁处,皆端楷也。”

按:修《寿阳志》之年,即乾隆三十五年,时戴氏四十八岁。

《汾阳县志》:《年谱》谓:“乾隆三十六年,先生会试不第,后修《汾阳县志》。”

戴氏所参与编辑的官书,大约只有上列五种。《五礼通考》及《四库全书》之价值自不待言,而《汾州府志》乃戴东原精心修成,也是一部很重要的书。

《古韵标准》四卷：江永撰。

《诗韵举例》一卷：江永撰。

以上二书虽然是江永(慎修)著的，但据江永在他的《古韵标准》的《例言》里的几句话，我们可以知道戴震因为与江慎修有师生的关系，曾经参与这二书的编辑。江氏在他那书的《例言》里说："余既为《四声切韵表》……复与同志戴东原商定《古韵标准》四卷、《诗韵举例》一卷。"①

四、戴东原未著成的书

《直隶河渠书》六十四卷：这书的下落，段氏《年谱》及李元度《国朝先正事略》述之甚详，研究起来，很有趣味。李谓："总督方恪敏聘先生修《直畿河渠书》百十一卷，未成而恪敏死，稿藏周制军元理家。嘉庆己巳，吴江王履泰以赀为通判，得书攘为己有，删其半，益以乾隆己丑以后事实，易名为《畿辅安澜志》，进于朝，仁宗谓此有用之书，命武英殿刊行，赏履泰[同知]发永定河试用。先生嗣子仲孚携原稿入都，欲为辨正，不果。"看这段记载，我们知道戴东原那部残缺不完的《河渠》书稿，被人偷去，做了官，得了赏了。

《中庸补注》一卷：未成，至"柔远人也，怀诸侯也"而止。载在《国粹学报》，第六年第三册第六十三期至六十九期。此书不在《戴氏遗书》内，孔氏、段氏所刊二集，亦皆未收入。《国粹学报》系得诸戴子高先生手钞本用以付印的。段玉裁谓："此书盖亦先生癸未以前(按癸未年戴氏四十一岁)所为，未暇竟成之耳。其言理皆与《原善》《孟子字义疏证》无纤微不合者，皆存郑注而补之……"据此则《中庸补注》一书的价值，也就可以想见了。

《毛诗补注》：这部书也是没有做成功的，仅作好《诗经》"二南"两

① 《晨报副镌》1923年12月9日，第一版。

章的补注。

《续天文略》：戴氏本拟作《续天文略》三卷，因未成，故只刻出二卷。见《戴氏遗书》。

《七经小记》：戴氏本拟作这部《七经小记》，他的计划、目的都很大。洪榜《行状》谓："先生尝为《七经小记》之书，凡书中训诂、制度、象数、水地诸事，以及天人之道、经之大训，皆比类合义、具其端委、论其指归，俾学者因是以求六经，用力约而功多，书未竟业。"可惜规模这样宏大的一部书，结果竟未作成！但幸而也还作成了一部分，目录如左：

《原象》一卷；
《原善》一卷；
《学礼篇》一卷；
《水地记》若干卷。

四种我均列在第一类自著书内。孔继涵取出《水地记》中之可读者为一卷，刊入《戴氏遗书》，其丛残者，则姑置之。

《尚书义考》：未成，仅成"尧典"一卷，见孔广森《戴氏遗书总序》。

五、后人关于戴东原的著作

(一)史传之属

《戴东原墓志铭》：王昶撰，见《述庵文钞》。

《戴东原传》：钱大昕撰，见《潜研堂集》。

《戴东原传》：阮元撰，见《揅经室集》。

《戴东原事略》：余廷燦撰，见《存吾文稿》。

《戴东原行状》：洪榜撰，见《初田文稿》。

《戴东原事略状》：凌廷堪撰，见《校礼堂集》。

《戴东原传》：江藩撰，见《汉学师承记》。

《戴东原事略》：李元度撰，见《国朝先正事略》。

《戴东原学案》：唐鉴撰，见《国朝学案小识》。

以上九篇，除唐鉴之《戴东原学案》属于反对戴东原之著作（见后），对于戴氏有所误解、有所指责外，其余八篇，虽略有出入，但性质大约相同，其共同之点有四：一、叙述戴东原生平事略；二、揭出戴东原的主要学说和其生平得力之处；三、叙述戴东原的人格和其治学方法；四、戴东原的著作大略。所以上列九篇中，除唐鉴的《戴东原学案》外，其余八篇，都是研究东原学说极重要的资料。

《国朝耆献类征初编》：李桓辑。上面所列那九篇关于戴东原的传记的文字，虽散见于各集，但均全辑在《国朝耆献类征初编》卷百三十一词臣十七里面；故如能得此书以研究戴氏的传略，便省事而且容易了。

《文献征存录》：钱林编辑。这书的第八卷里有一编"戴震、凌廷堪、孔继涵三人合传"，以戴震传为最详。

《戴氏遗书总序》：孔广森撰，见《孔㢸轩遗书》。这是一篇很好的骈体文。在这文里，孔氏将戴东原生平所著及所校的重要的书，都一一胪列出来，并说明那书的价值和戴氏作那书的本意；故此文实为研究戴东原的著作所必参考的资料。

《戴东原年谱》：段玉裁编。附在段刻《戴东原集》后面，《雨花楼丛书》中亦有之。读这年谱不仅可以知道戴东原生平的事迹，对于他治学的方法、好学的精神，以及他的人格、他的思想，也都可以了解一点。《年谱》后面的语录，是段玉裁记出戴东原亲自对他谈学的话，尤为有价值。

《安徽通志》卷二百十九：此中亦有关于戴东原之记载，但系采自《休宁县志》，若能得《休宁县志》，便更好。

《戴震传》：刘光汉撰，见《国粹学报》第二年第三册史篇。这篇传也比较算很详细，中有几句赞语颇能道出戴氏学说之源流："先生（指东原)之学,出于婺源(指江永慎修)……训诂之学,传之高邮王引之;典章之学,传之兴化任大椿;而义理之学,则江都焦循能扩之。”

《六儒颂》:刘光汉撰,见《国粹学报》第一年乙巳文篇。六颂之中,有一篇是颂“休宁戴先生东原”,有几句话道:“……执己量物,去私戒偏。理寓欲中,道蕴以宣……功迈程朱,亦儒亦师。”或谓汪中曾撰有《六儒颂》,不过我没有见过。

《中国伦理学史》:蔡元培编,商务印书馆出版。此书的附录中,有几页论及戴东原的伦理学。

《中国哲学史》:谢无量编,中华书局出版。此书的第三编第二十一章,系述戴东原的哲学。

以上二书,均失之简略笼统,大约均在《原善》中讨生活,无甚价值。

《中国近三百年学术史》:梁任公在清华学校的讲义,不久有单行本出版。

《东原学案》:梁任公撰。这是梁任公先生正在属稿的《清儒学案》中之一章。因戴东原二百年生日纪念将届,梁先生拟提前把《戴东原学案》作就发表[①]。

(二)论文之属

《申戴》:焦循撰,《雕菰楼集》卷七。焦氏此文力言《原善》及《孟子字义疏证》二书为戴氏生平精神所专注,最为精善,以证明戴氏于义理之学深有所得,而解释反对派对于戴氏临终所说的“生平读书绝不复记,到此方知义理之学可以养心”几句话的误解。

《清代学术概论》:梁启超撰。戴东原的哲学历来都不为人所看重,在这本学术概论里,梁先生才正式表出戴氏学说在学术史上的地位和价值;所以他这书是表扬戴氏学说最早的书,自然非读不可。

① 《晨报副镌》1923年12月10日,第一版。

《清儒》:《章氏丛书》检论卷四。此文可以说是一篇很简洁精当的清代学术概论,中论及戴东原之处甚多,其"凡戴学数家,分析条理,皆合密严栗,上溯古义,而断以己之律令"数语,尤颇能道出戴学精神。

《学隐》:《章氏丛书》检论卷四。此文讨论戴震那一派的学者,实用不实用的问题,并解释戴氏不仕之原因。

《清代学者的治学方法》:《胡适文存》卷二。此文虽是泛论清代学者的治学方法,但戴震既是清代汉学家的宗师,自然包括在内。读之可以知道戴东原他们那一派学者的科学精神,和他们研究古书、整理古书的方法。

《戴东原二百年之生日》:梁启超撰,《时事新报》民国十二年国庆纪念增刊。在这篇文里,梁先生首先揭示戴氏学术界有最大价值的两点:一、戴氏的研究法——在去蔽、求是;二、戴氏的情感哲学。后又提出讲学社于戴氏二百年生日纪念会时演讲的范围如下:

1.戴东原的时代及其小传

2.声音训诂学的戴东原

3.算学的戴东原

4.戴东原的治学方法

5.东原哲学及其批评

6.东原著述考

7.东原的师友及弟子

《戴震的哲学》:汪震撰,《晨报副刊》民国十二年十月五日至八日。这是纪念戴东原二百年诞辰最先发表的文字。此文共分八节,第一节里揭出戴震哲学上的两大主张:(1)反对禁欲主义;(2)提倡科学的态度。第二节里说明戴东原是一位科学的哲学家,和他与宋儒的根本不同之点。其余各节叙述戴震对于"性善问题""性为什么善的问题""恶的来源"及"理的意义"种种问题的意见;其末节叙述戴氏的教育学说,和对于旧人生哲学的批评与新人生哲学的建设。均颇能表彰戴氏的精神，不过可惜失之简略，且戴震关于哲学的著作很多，汪君根据来作参考的仅《孟子字义疏证》一种，未免“大题小做”，未窥全豹。他说：“戴东原的哲学的特点，是有很重的数学色彩。”但他并没有引戴氏的数学来作戴氏哲学主张的证据。

《戴震的心理学》：汪震撰，《晨报副刊》民国十二年十月十日至十三日。能够用心理学的眼光去研究东原学说者，汪君恐怕是第一人。他在这文中所介绍戴氏的心理学共有两点：一、脱离玄学独立；二、与机能心理学有一致之点。

（三）反对戴氏之属

《与戴东原书》：彭绍升，见《二林居士集》卷三。戴东原把他著的《原善》和《孟子字义疏证》寄给彭绍升读。彭读了之后，便写这封信反驳戴东原的主张。内容分为四层：一、彭谓戴氏“限于所分曰命”的解释，不足以尽中庸“天命”之义；二、彭为宋儒无欲之说辩护，谓戴氏“老、庄尚无欲，君子尚无蔽”之说，不足为训；三、谓《孟子字义疏证》中“德性资于学问”之说为不妥；四、谓戴氏“离物无则，离形色无天性”之说未为定论，有使人逐物而遗、徇形色、薄天性之流弊。总之，彭氏这信是戴氏学说第一个反响，所以戴东原回了一封很长的书去答辩。

《汉学商兑》：桐城方东树植之作，《槐庐丛书》内有此书。这是一部反对汉学的书，但是不惟没有攻击着汉学家，而且反把戴氏他们的主要学说揭示出来，读之愈足以知道戴氏的主要观念和汉学家的真精神。

章实斋《与戴东原先生论修志记》：《文史通义》外篇。

章实斋《文史通义》“朱陆篇书后”：《国粹学报》。

章实斋先生与戴东原先生是同时人，他两位大师的感情，似乎不大融洽。章氏这两篇文章对于戴氏的言行都有所訾议，但于戴氏的根本学说，尚无攻击之辞，欲研究戴东原者不可不参看此二篇。

戴祖启《答衍善问经学书》：见《师华山房集》，《皇清经世文编》卷二亦有之。此书中引戴东原临终时语以警衍善道："……吾家东原，盖亦悔之。晚〈婴〉[瘿末]〈末〉疾，自京师与余书，曰：'生平所记，都茫如隔世，惟义理可以养心耳！'又曰：'吾自所著书，强半为人窃取，不知学有心得，公诸四达之衢而人不能窃也。'"焦循《申戴》一文，即对此书而发。

程晋芳《正学论》上、中、下三篇：见《勉行堂文集》，《皇清经世文编》卷二中亦有之。这三篇文章暗暗地指着戴东原个人加以讥刺、加以攻击。其《正学论》上有几句话："今之学者，琐琐章句，至老死不休……今之儒者，得唐以前片言只字皆宝而录之，讨求而纂述之……又其甚者，因考据字义而旁及于金石文字。"《正学论》中云："今之学者，不必求过高之行，亦不必多读未见之书。"《正学论》下云："近世一二儒家，又以为程朱之学即禅学也。人之为人，情而已矣。圣人之教人也，顺乎情而已矣。宋儒尊性而卑情，即二氏之术。其理愈高，其论愈严……而其不近人情愈甚。"不怕程氏攻击戴氏这样猛烈，而我们读了他的文字，反更足以明了汉学家之所以为汉学家，戴东原之所以为戴东原。因为程氏只是把汉学家与宋学家不同之点选出，他并没有驳倒汉学家。

姚姬传《书考工记图后》：《惜抱轩文集》卷五，这不过是关于戴氏《考工记[图]》的〈图的〉短评，中有几句说："休宁戴东原作《考工记图》，余读之推考古制，率多当然。意谓有未尽者：东原释车曰'軫谓之收'，此非也……然其大体善者多矣。余往时与东原同居四五月，东原时始属稿，此书余不及与尽论也！"[①]

① 《晨报副镌》1923年12月12日，第一版。

戴东原的名学史观(上篇)

甘蛰仙[①]

一、导言

戴东原是清代的一位大考证学家,也是近代中国的大思想家、大哲学家。他治学的规模很壮大,所下的工夫很踏实,其思想发展的方向又很多。就哲学思想言之,已觉可做多方面的详细观察。若就入门下手处着眼,尝试说几句较简约的话[②],则东原之学,亦归于爱智而已。再分析言之,爱是直觉的,是情感方面的作用;智是推知的,是理智方面的作用。理智也好,直觉也好,其最初的出发点,总不外乎吾心。吾人的本心,是否可以与宇宙的本体融会为一?这是人生观与宇宙论上最大的待决问题。但据戴氏的意思推来,觉得要想建设一种健全的人生观和彻底的宇宙观,非先从情感和理智两方面奠定基础不为功。在此种基础上,要想把高洁的直觉扩充到极量,其第一义谛,在励躬行,而关于学理的讨论,似乎犹在其次。可是,要想把精明的推知组成一系统,使一切客观的推理之学得所依据、适于应用,那么名学的研究,更为当务之急。固然,情感方面的学问也大有研究的

① 甘蛰仙(生卒年不详),四川大竹人。约在1920年入北京大学,师从林纾、胡适。1922年,转入北京大学国文系。1927年9月,被录取为北京大学国学门研究生,主攻史记研究。1929年,任教于北平大学艺术学院。在杂文创作、现代陶学以及国故整理研究等方面,多有创获。除了《国故思想概要》《述学篇》等专著,在民国各类期刊上作文无数,存世者见有七十余篇。

② 原载《晨报副镌》1924年1月7日,第一版。

必要，其最亲爱的益友，然使不先承认名学有存在的价值，则言语道断，连美字也无从说起，又安有所谓美学？在我尚未作成《戴东原的美学》以前，我想把《戴东原的名学》编述出来，也不外乎这点意思。等到把情智交用式的美学的理会与名学的观察，都后先尝试过了，那么“戴东原之人生观及其宇宙观”的研究，自然也是我们所当继续从事的。

不过在谈戴东原的名学以前，我们须得留意的，就是戴氏名学底渊源。稍微推广言之，就是戴氏以前的中国名学思想之变迁。因为戴氏是历史上的重要人物；而中国名学的历史，并不到戴氏出来才特创的。戴氏以前，名学界也有些重要人物，在彼时代占有相当的地位；像戴氏这样博大的学者，多少总受了历史上名学思想的一些影响。虽然他们思想系统的中心，多半随学派而异、随时代而异，却也不是毫无异代同符的地方。就是要想组成他们学术思想的系统，也都离不掉名学的工具。所以从他们时代上、学派上说，在先秦、两汉、魏晋……隋、唐、宋……明……诸代，都各有各的时代思想。即在一时代，也往往有几个潮流互为起伏、互相对峙，但由名学的眼光观察之，总觉找得出先秦的名学，两汉的名学，晋、唐的名学，宋、明的名学来。或者更可析为道家名学、儒家名学、墨家名学、法家名学，与史家的名学、经生的名学、文字学家的名学、清谈家的名学、佛学家的名学、理学家的名学。戴东原的哲学思想，是理学思想所引起的最大反动；因之对于理学所从出的佛学，也作为旁敲侧击的副料，对于清谈家、史学家，亦偶作简单的论列。而经学的研究，在戴氏最为注意。其治经的方法，纯从文字学入手，务期对于名物训诂，先有确切的了解；嗣后纵然涉及微言大义，或者更进一步涉及身心性命，仍复忘不掉他最初所受的训诂文学的洗〈体〉[礼]。这种方法，不独与“尊德性”一派理学家所用的方法迥然不同，并且与“道问学”一派理学家所用的方法也显然各别。这是考证学家戴东原先生最特出的地方。惟其然也，故东原对于汉儒许叔重、郑康成所留下的遗产，极为葆爱；就是他自己能在哲学方面、名学方面有所建设，也并未讳其本来。惟其然也，故东原了解古书的眼光，也比从前的学者，更见超越。而最难读的先秦时代的书籍，由东原看来，几乎皆可迎刃而解。他最服膺的是儒家哲学，故不甚承认他曾得力于墨家和道家；其实他的说法——关于名学的见解，与诸家（尤其是道家）暗合的已经不少了。在儒家哲学方面，最佩服孟子，而于荀子犹不无微词；其实戴氏所有名学的建设，总有大部分可说是由荀子的名学脱化而成。戴氏的名学思想，与历史上别家的名学思想，既有不少的连带关系，那么在叙述戴氏名学之前，把历史上中国名学思想之变迁略作联带的说结，或亦读者诸君所乐为是正欤[①]？

二、戴东原与墨家的名学

我以为要想推测戴氏名学思想的渊源，对于历史上的名学思想，须得略作断代的说明，并且把戴氏之所取材及其暗合者抽述出来。其第一簇就是戴东原与先秦名学的关系及其比较的研究。原来先秦时代的思想界，颇有专以名学鸣的，直到西汉时代的学者，竟以名家为独立的学派。他们这种态度，容次节叙述西汉名学时再谈，现今但就先秦名家学说的自身言之，如惠施、公孙龙等所说，颇觉有些流于诡辩。而彼时代重要潮流，如儒、道、墨、法诸家，殆无一家不懂名学。《墨经》“经说”“大取”“小取”诸篇，实在是中国古代最精密的名学。在清代思想界中，觉戴东原对于墨家名学，虽似不肯作显著的发挥，但是他的精要处，戴氏却未必不能了然。凡名学最重要的方法，不外乎“演绎”与“归纳”，然皆不能不把一个“类”字做根本。《墨子》小取篇说过“以类取，以类予”，戴氏对于此点，亦曾注意。他说：

性虽不同，大致以类为之区别。

① 《晨报副镌》1924 年 1 月 7 日，第二版。

类之区别，千古如是也，循其故而已矣。（微波榭刻《戴氏遗书》，《孟子字义疏证》卷中页六）

这便是他注重“类别”观念的证据。所云“循其故”，当是从孟子“则故”之说化出，但与《小取》篇的“以说出故”的意思，非不相近。据《小取》篇云“以名举实，以辞抒意，以说出故”，此与近世论理学家所通称的思惟作用的三种形式，实相类似。那三种形式是什么呢？一曰“概念”，就是墨子“以名举实”的意思；二曰“判断”，此与“以辞抒意”相当；三曰“推论”，此与“以说出故”相当。前已有人见及这层，我们现在所要注意观察的，就是戴氏学说与这里的关系所在。戴氏说：

语道于天地，举其实体[实]事而道自见。（《孟子字义疏证》卷下页七）

所云“举其实体实事”，不是说的“概念”么？不就是“以名举实”么？不宁唯是，他对于名实问题，还有重大的分晓。他说：

古人言辞“之谓”“谓之”有异。

凡曰“谓之”者，以下所称之名，辨上之实。

凡曰“之谓”，以上所称解下。（同书卷中页二）

这也许是“以名举实”的好注脚。戴氏又说：

“达道”……推之天下而准也。（卷下叶七）

这是说的推论的最高作用，与“以说出故”的话，互相发明。这“故”字当有两种涵义：第一，应解作“已然”之故；第二，应解作“所以然”之故。已然之故，是已经发生的种种个别现象；其所已然之故，可说是由这些个别现象里所求出来的共通原则。明乎此，则戴氏“循其故”的说法，实兼此两种相成的涵义，亦可了然言下矣。

如上所言，犹云属于“概念”与“推论”也。以言乎判断耶？则戴氏之意，更有进焉。他说：

惟人之知，大之能尽是非之极致。（卷下页三）

“是”者何？则“肯定断定”是已；“非”者何？即“否定断定”是已。“尽是非之极致”，就是把名学上的肯定断定、否定断定都推到极限，务期一切全称的肯定断定、特称的肯定断定、全称的否定断定、特称的否定断定，其所断定的范围之大小、分量之轻重，各皆恰如其分际。这种作用，是“判断”的最高作用，或亦谈“以辞抒意”者所当知也。

除此以外，墨家名学与戴氏名学相共通之点还不少，兹但举其“类别”观念及关于思惟作用的三种形式底解释如此，以见一斑[①]。

三、戴东原与道家的名学

先秦道家，首推老、庄为重要代表。道家哲学与儒、墨诸家哲学，其根本观念的差别，存乎消极主义与积极主义之异撰。儒家、墨家尚积极的活动，所有名学上的发明或建设，都要用来推知人类生活之关系以便确定各自的人生观。道家则尚消极的无为，所有名学上的见解，都只认为对于道体，强为之容；其最后的归宿，总在乎语言道断、辩证路绝的本体。到此地步，连“本体”观念，也不必存在，而名学更将根本消除。庄子极力从此方面提挈，务持极端的怀疑的论调，以破当时名家之执。但是老子还比较浑融些，老子一方面认为“道常无名”，一方面对于“自古及今，其名不去”，也并不反对。因为道之本体，虽无名相可指、无小大可言，而在能知识的人，总高兴比较，去起些大小之名，自亦不妨认为“可名于小……可名为大”。（《老子》三十四章）何谓小？即一曲之知是已；何谓大？即全量之知是已。老子以为若能先去析观种种“一曲之知”，其于最大的“全量之知”终可综核

① 《晨报副镌》1924年1月8日，第二版。

而得，故云“曲则全”。（《老子》二十二章）这种“察其曲而知其全”的学问，老子认他为“日益之学”，故云“为学日益”。但是这种严格的学问，与老子所提挈的道体，其观点大不相同。老子说：“为学日益，为道日损。”（四十八章）便是显证。由名学上看来，“日损”是演绎方面的事，“日益”是归纳方面的事。老子颇抱消极思想，不大重视归纳，故其对于“道”也，不惜“损之又损”（四十八章）；其对于“学”也，则云“绝学无忧”（二十章）。清代学者戴东原对于此点，颇有斟酌，以为不言学问则已，既言学问，则必使其日益；不治名学则已，既治名学，则必先从事于归纳（自然不会废弃演绎）。他说：

> 加之以学，则日进于智。（《孟子字义疏证》卷中页十二）
>
> 惟学可以增益其不足而进于智。益之不已，至乎其极，如日月有明，容光必照，则圣人矣。（卷上叶六）

可见东原之学，纯是“日益”之学，是〈智〉理[智]方面的学问，是归纳方面的学问。理智是进化的，其进化的速率，是日渐增加的。不断地进化，不断地增加，务把吾人理智方面的心能，推到极限；这是归纳法的名学家所应承当的重大责任。由此点推之，戴氏的名学，其主要精神，与老氏“为学日益”之旨，颇觉异代合符。不过道家那种“绝学无忧”的话，在做严格的推知的学问时候，万谈不到而已。庄子谈道，却从日损方面形容本体，对于一切推理作用，极为怀疑。他说：

> 既使我与若辩矣。若胜我，我不若胜，若果是也，我果非也耶？我胜若，若不吾胜，我果是也，而果非也耶？其或是也，其或非也耶？其俱是也，其俱非也耶？我与若不能相知也，则人固受其黮暗，吾谁使正之？使同乎若者正之，既与若同矣，恶能正之？使同乎我者正之，既同乎我矣，恶能正之？使异乎我与若者正之，既异乎我与若矣，恶能正之？使同乎我与若者正之，既同乎我与若矣，恶能正之？然则我与若与人俱不能相知也，而待彼也

耶？（《庄子》内篇，齐物论第二）

庄子对于异同是非种种对待名词，根本怀疑，其论点既已越出知识范围以外；似乎他所疑问的，在名学方面，可不必置答。但是名学家的信念，则认为世间有真是真非、俱是俱非、或是或非。对于是非的实际下合理的判断，这是人们所当从事的。但是其所下的断定究竟对不对，则务必就正于名学，而名学亦居然能以片言决之。戴氏深信名学的功能，务使其得“尽是非之极致”（见前），就是这个理由。戴氏又说：

> 心之官，君道也。臣效其能，而君正其可否。
> 可否之而当，是谓理义。（《孟子字义疏证》卷上页九）

“正其可否”，就是名学的主要职分。“可否之而当”，就是名学的正当效果。我们把戴氏的和庄子的话比而观之，便知其绝相殊异之点。若把那“不必置答”的暂行试答起来，“吾谁使正之？”但使名学正之，斯得之矣。“恶能正之？”缘有他种知识学问，各“效其能”，而皆愿就“正其可否”于其名学；此名学之所以“能正之”也，此就客观方面而言也。若就主观方面言之，其具此功能，仍存乎“心之官”而已。“心官”就是能操思维作用的主格，而庄子于此，却深致其疑意焉：此其学说所为大异于戴氏之学也。

以上述戴氏名学与老、庄名学的异同略竟，往下便置道家而涉及儒家[①]。

四、戴东原与儒家的名学一（孔子）

戴氏名学与先秦儒家名学的关系怎样呢？在叙述这层之前，须得略谈一谈先秦儒家名学的主潮。

---

① 《晨报副镌》1924年1月9日，第一版。

先秦时代的儒家，以孔、孟、荀为重要代表。就中孔子实为第一讲学大师，孟、荀较后起，皆受孔子学说的影响；而孟轲“愿学”，与荀卿“劝学”，亦皆同为推本孔子讲学精神之表征。孔子所讲的哲学，于直觉推理，本无偏废之意，但就他的“正名”主义的哲学言之，则实堪为推理的学问底标准。当时及门，对于正名之学，还有不大了解的，仲尼乃先从反面说明不治名学的危险，继而堂堂正正地说明名学的重大意义。其言曰：

> 名不正则言不顺，言不顺则事不成，事不成则礼乐不兴，礼乐不兴则刑罚不中，刑罚不中则民无所措手足。
>
> 故君子名之必可言也，言之必可行也。
>
> 君子于其言，无所苟而已矣。（《论语》）

吾侪读此，可见名学与政治学、社会学的关系之一斑矣。所云“名之必可言，言之必可行”，于名学的必然的效果，实未轻视。看来仲尼的名学，其有研究的必要，乃在乎取便讲学而归于躬行。当时最能了解孔子这种意思者，在及门中，还是应该首推那位年纪轻轻的颜渊。但就仲尼口头的几句话“与言终日，不违”“语之而不惰”“于吾言无所不说”，在在可看出颜生所受的乃师的名学的人格化。所云“用之则行，舍之则藏”，亦非孔颜不能做到。从前的人，往往只知道这是他们政治论的资料，而不知其为涵盖诸种学科的共通原理。“行藏用舍”的涵义，初不限于直觉；就由推理上看去，亦可得分内的解释。即孔子所说的“临事而惧，好谋而成”，亦便是行、藏两言之名学的注脚。临事而惧，藏也，言乎名学家受听之审重也；好谋而成，行也，言乎名学家施断之正确也。果真从听断处着力，将必可以极名学之能事；然亦难已。以颜生之聪明好学，孔子犹曰：“惜乎！吾见其进也，未见其止也。”颜子自述所承受的师教，则云：“博我以文，约我以礼。”“约”的概念与“止”的概念常相函；“博”的概念与“进”的概念常相函。其旨趣虽不限于名学，却不能不认为在名学上有重大意义。清代学者戴东原对于这层，极有深切著明的发挥，所以我个人很承认戴氏是一位最了解孔、颜名学的人。戴氏说：

> 凡天之文、地之义、人之纪，分则得其专，合则得其和。分也者，道之条理也；合也者，道之统会也。条理明、统会举……而治化出矣。(《戴氏遗书》，《文集》卷三页十四，《法象论》)

又说：

> ……分者其进，合者其止。进者其生，止者其息。生者动而应求，立乎至博；息者静而至，立乎至约。博，故与为条理也；约，故与为统会也。(同上)

这几段议论，实在是最精粹的名学见解。虽不曾明明白白地说是导源于孔、颜，但是孔、颜最高深的名学，至是得以重新发现，实在是赖戴氏之力。他所说的统会，就是共通的原理。根据共通的原理去推断个别的现象，这是演绎法的名学，就是戴氏说的"立乎至约"。他所说的条理，就是个别的现象。从个别的现象里去寻出共通的原则来，这是归纳法的名学，就是戴氏说的"立乎至博"。孔、颜相授受的博约的训条，在推知方面，应以此为最高的解释。就是与"博"的概念相函的"进"的、"行"的、"用"的概念，及与"约"的概念相函的"止"的、"藏"的、"舍"的概念，经戴氏此番的解释，亦皆可了然言下。如果以守约为立脚点，而先从事于演绎，只喜欢搬用现成的、向来公认的共通原理，将必不能再发现新原理，或反呈露一种停止不进的状态，故云："合者其止，止者其息。"如果以求博为立脚点，而先从事于归纳，则第一步必须剖析种种个别现象的关系，务期于相类似的现象中寻出相共通的原则来，而对于过去时代所公认的公理定则，还要重新检查，严格地鉴别其真伪，公平地估定其价值；那么所谓的公理定则，在实际上还是变动不居的。不断的变动，斯有不断的新发现、不断的进化，故云："分者其进，进者其生。"比而论之，则先有综合的信念，从事演绎，行之而善，可使大体不差，故云“合则得其和”。若先运分析的精神，从事归纳，其局部的研究必更精密，故云“分则得其专”。归纳法的长处，在乎纡徐详尽，能应当时此地之需要，故云“动而应求”。演绎法的便宜，却在乎简易直截，可避免琐碎无谓的争执，故云“静而至正”。两种方法，交互为用，用其所长，而舍其所短，则行藏之间，辄合逻辑。“条理明，统会举”，正意计中事耳。不过，就二法在运用上缓急先后的次序言之，似当先归纳而后演绎。在戴氏的意思，治学惟恐其不进，惟恐其或息；把演绎看得颇轻，而于归纳极为重视，亦取其日有进境，常有生气而已。故云：

> 君子之学也如生。（《文集》卷三页十六，《法象论》）
> 博者其生。
> 生者动而时出。（同叶，《原善》上）

信乎戴氏之学，亦日进而未有止也！虽不能如孔氏之圆通广大，其于颜子的名学的精神，却至少有几分相类似了[①]。

孔子的正名主义，寓于《易》《春秋》。“晚而好《易》，期无大过”，是他过了博学多能的程途以后的新反想。其精神是超归纳的，尤其是超演绎的；所以不但非空疏寡学者所能望而及，就比那“徒见其进”的，也胜一筹。这是就孔子自身——能研究之主格而言。再从他所研究之对象——《易经》上说，这书里面所包孕的哲理，也是超归纳的、超演绎的。可是这种超名学的哲理，与非名学的不同。因为所说的非名学，是指那与名学相违反者而言；所说的超名学，却是初不与名学相违反，而终能超乎名学之上者而言。这种超名学的学问，有人能[以]超名学的精神去研究他，还有所谓“大过”么？人们如果能够识别世间种种生活现象而推究其原则，规定其界域，使其各得平衡的发展而不与最高的公理相背驰，均得相当之位置而不使任何方便的

① 《晨报副镌》1924年1月10日，第一版。

事情有遗憾，那么与《易经》上“知进退存亡而不失其正”的话，也可相合。举凡一切“学以聚之，问以辩之，宽以居之，仁以行之”的工夫，莫非求“不失其正”的正鹄所应遵的方法、所当持的态度。就是仲尼的“不逾矩”，也无非“不失其正”的实现，无非“正名主义”的自我实现，无非标准的知识论的最高效用。但是这种“不失正”“不逾矩”的名学，已经正式成立了，便须把所推得的原理、原则传播出去，以前民用。后人按照前人所推定的原理、原则去推断种种事实，这却是无形中把超名学的学问弄成演绎的了。兼之《易经》这部书的主要精神，在乎从本体到现象，所以在方法论上，有偏重演绎时，务散一理为万事，就是孔子说的：

天下同归而殊途，一致而百虑。（《易·系辞传》）

——亦何尝不可用这种解释呢？不料清代学者戴东原对于这点，也能运用归纳法的论理学眼光去看他，这真是难能可贵了。东原说：

同归：如归于仁至义尽是也。殊途：如事情之各区以别是也。一致：如心知之明，尽乎圣智是也。百虑：如因物而通其则是也。（《孟子字义疏证》卷下二十二页）

东原对于孔子的《周易》名学之根本观念，略可睹矣！拿了“归于仁至义尽”做“同归”的涵义；拿了“心知之明，尽乎圣智”做“一致”的涵义。我们便可知道这是指的人生最后的归宿和超名学的目的；他并未承认这是治名学的初步方法。东原的名学主要方法，仍在乎分析，其以“事情之各区以别”的意思解释“殊途”，即侧重分析法之表示也。既重分析，自必尊尚归纳，戴氏以“因物而通其则”的意思解释“百虑”，即其显明的表示也。诚能“因物而通其则”，极其能事，可以合万事为一理而到达超名学的究极目的——换言之，便是从现象到本体。戴氏这种归纳法的名学之途径，在他的人生哲学上极有密切关系，容另篇详之，兹但述其关于现象本体的重要理据，以见一斑。

他说：

生生，仁也，未有生生而不条理者。条理之秩然，礼至著也；条理之截然，义至著也：以是见天地之常。

三者咸得，天下之善也，人物之常也。（《戴震文集》卷三页十，《读易系辞论性》）

这里第一可注意的，就是两个“常”字！何谓常？戴氏连一点也不迟疑地答道：

凡此重彼轻，千古不易者，常也。（《孟子字义疏证》卷下十七页）

所谓“千古不易”之“常”，就是全宇宙、全人生的最高原理，永远不变的本体。由此点论之，戴氏哲学，实在带有超名学的意味。但是以“常”释“易”，不免发生问题：如果全宇宙、全人生都不是“变动不居”的，都是“常”然的，何必名之曰“易”？戴氏对于“变”的意义，仍颇重视。他说：

……重者于是乎轻，轻者于是乎重，变也。（同上）

可见“变”也是有些意义的。他以为这“变”是名学家判断作用上的变化，也可说是名学界的革命。要想建设新名学，有时对于旧名学界在事实方面、理论方面所下的判断，极力推翻，非推翻判断也，乃推翻某种某种不合理的、不尽真的、错误的判断而已。东原对于这种手段，仍不轻用。他说：

变则非智之尽能辨察事情而准，不足以知之。（同上，十七叶）

不过“常”与“变”的道理，都该知道。他说：

虽守道卓然，知常而不知变，由精义未深，所以增益其心知

之明，使全乎圣智者，未之尽也。（同上）

看来欲达变而不失其常，须是把“条理之截然”的“义”——判断作用，操得极“精深”：这仍是名学的工夫！虽未知“增益”云云，视大《易》“健行不息”的道理果何如，但孔子好《易》，至于“韦编三绝”，也许有些是“求增益其心知之明，使全乎圣智”的意思。懂得一个“义”字的最高作用，连孔子的《春秋》的名学，也就可知其大概了。

《春秋》的名学，孟子知之最深。俟下面叙孟子名学时再详细说。这节谈孔、颜名学，关于这点，暂且从略。我们现在要注意观察的，是戴氏的名学和他们的相类似之点，或东原得力于他们的几点，往下谈孟子名学时，其观点仍不外此①。

五、戴东原与儒家的名学二（孟子）

孟子对于孔子正名主义的哲学，得力最深。孔子的名学，寓于《易》《春秋》。《孟子》七篇中，论《春秋》最见精神，而未尝言及《易》。从前有人说，孟子竟是不曾见《易》，此语不可尽信。孟子的哲学，深合《易》道者甚多，可说是一位“善用《易》者”。比如：孟子“浩然之气”，就是《易经》上乾坤的专、直、翕、辟。其“愿学”孔子，至称之曰“圣之时”，实则《易经》八卦“始乾终艮”。乾之进、退，存乎艮之行、止、动、静，何尝不可说是“时”之谓也？孟子道性善，言必称尧舜，何尝不可是与《易·系[辞]》精义颇相近呢？这些虽属宇宙论与人生观问题底范围内，但由名学上看，反觉孟子说的“博学详说，将以反约”与“始乾终艮”的《周易》名学，非不相近。孟子所说“义，人之正路也”，由名学上看去，正义之学即正名之学，或可说名学即精义之学，安见我不与《易》学相共通呢？至其称道孔子，屡云：“可以仕则仕，可以止则止；可以久则久，可以速则速。”这固是在行为论的范围，但是

① 《晨报副镌》1924 年 1 月 12 日，第一版。

“可以仕……止……久……速”，种种可定，由推知上看，仍可说是判断作用(或者判断作用到神速时候可与直觉融会为一)。或仕、或止、或久、或速，虽觉变动不居，实皆那种正名主义的妙用。戴氏所说“变则非智之尽能辨察事情而准，不足以〈和〉[知]之”，又可用在这里作为相当的解释了。

戴氏对于孟子名学的解释，始终是保持的归纳法的精神。这固由他深有得彼孟子“博学而详说之，将以反说约”和“守约而施博”的说法，却亦未必不由于深契《易》道。他说：

> 约：谓得其至当。
>
> 语知之约，致其心之明而已。(《孟子字义疏证》卷下页二十二)

如此说，“约”实与释《易·系辞》“同归一致”的涵义相当。但必从“博学”“详说”入手，换言之，就是以知识论为必须先修的学科。他说：

> 求其至当，即先务于知也。(同上，二十三页)
>
> 凡……重行不先重知，非圣学也。(同上)

他以为先从知识论入手，可以达到超名学的究极目的。在讲明行为论之前，尤须先讲一讲知识论。但并不是说除了知识论以外便无学问，他仍然要使他自己的心能，得着超客观的受用。所有许多许多物观的证据，都不过认为锻炼心能之资而已。若徒呆记着许多物证，而不能加以推论，使心能发展圆满，便无当于研究名学的正鹄；虽在力倡归纳法的名学大家戴东原，亦所不许。他说：

> 闻见不可不广，而务在能明于心。一事豁然，使无余蕴。更一事，而亦如是。久之，心知之明进于圣智，虽未学之事，岂足以

穷其智哉？（同上，二十一页）[①]

“一事豁然，使无余蕴”，是即用显体的初步，是分析术的出发点。“更一事而亦如是”与上文合看，便知道这是说的要就种种个别的事象上寻出共通的原则来，也就是要从同类中求出同法，这才算是推理的最大妙用。“未学之事，不足以穷其智”，就是说的据已然以推未然。要将此种推力作用操得极纯熟，造得极精密，才算是“能明于心”，才算是致用之学，才算是自得之学，才算是“精于道”。东原说：

> 《易》曰：“精义入神，以致用也。”又曰：“智周乎万物，而道济天下，故不过。”孟子曰：“君子深造之以道，欲其自得之也。自得之〈得〉[则]居之安，居之安〈得〉[则]资之深，资之深则取之左右逢其源。”凡此皆精于道之谓也。（同上）

又说：

> 心精于道，全乎圣智，自无弗贯通，非多学而识所能尽。苟徒识其迹，时日逐于多，适见不足易。（同上）

可见东原是一位融会贯通的超名学家，不是死记物证的记诵家。妙在能将《周易》名学与孟子名学融成一片，而自为建设；推之孔、颜而通，推之荀子而亦通。此东原之《孟子字义疏证》所以卓立千古也。

可是孟子名学，还有宜特别注意的，就是施守交用的道理。前面引的“守约而施博”，依东原的意思解释之：施，言乎施断也；守，言乎受听也。东原说：

> 神灵者，品物之本也。盖耳之能听、目之能视、鼻之能臭、口之知味……所谓灵也……主受者也。心之精爽有思……所谓神也……主施者也。主施者断，主受者听。故孟子曰“耳目之官不

---

① 《晨报副镌》1924年1月13日，第一版。

思”“心之官则思”，是思者心之能也。（卷上六叶）

他以为心能的最高作用，存乎思维；名学的主要职分，在乎听断。孟子之欲“正人心”，由名学的眼光观之，亦正其思维作用而已，正其受听施断的主要职分而已。孔子之作《春秋》，同斯职志也。

孔子所作的《春秋》，在先秦名家界极占重要地位。求其最能道出他正名主义的作用者，首推孟子。庄子虽不是纯粹的儒家，却颇能了解儒家的名学。《天下》篇是否庄周所自作，固然尚成问题，但是颇能表现庄子的学风，所云“《春秋》以道名分”，确是极精当之论。《孟子》书中，尤屡次道及《春秋》。所云“春秋无义战”，固《春秋》之大义；所云“《春秋》，天子之事也”，尤见正名主义家的雄风。孔子的意思，大概是以“天子”为仲裁机关的符号，而心能的仲裁机关，就是最高的判断作用，简单说来，就是一个“义”字。孟子说：

> 晋之《乘》，楚之《梼杌》，鲁之《春秋》，一也。其事则齐桓、晋文，其文则史。孔子曰：“其义，则丘窃取之矣。”（《离娄下》）

所谓“天子之事”，要不外乎裁之以大义。前面所引戴氏的几句话，“心之官，君道也。臣效其能，而君正其可否。可否之而当，是谓理义”“条理之秩然，礼至著也。条理之截然，义至著也”，实可说是《春秋》名学的最高解释。孔子正名的绩业，就在“正其可否”，就在“可否之而当”。“义”当下肯定断定时，吾不能以他种非义的关系而换作否定的也；“义”当下否定断定时，吾不能以他种非义的关系而换作肯定的也。孔子不云乎：“直道而行，谁毁谁誉？知我罪我，其惟《春秋》。”明乎此义，庶可与读《春秋》矣。我看孟子的“知言”“养气”之学，大半是从孔子正名主义的《春秋》之学所推出。孟子解释“浩然之气”，很带有名学的意味（自然是不限于名学），他说：“其为气也，配义与道，无是，馁也。”或谓：“配者，合而有助之意；义者，人心之裁制。”据我看来，“义”就是思维上的判断作用。东原所谓“主施者断”，就是此意。至于孟子的“知言”之学，东原更认为名学作家的奋兴剂。东原说：

> 孟子答公孙丑问“知言”……答公都子问“外人皆称夫子好辩”……两言“圣人复起”，诚见夫诐辞邪说之深入人心，必害于事、害于政，天下被其祸而莫之能觉也……（《孟子字义疏证》卷下二十四叶）
>
> ……苟莫之能觉也，吾不知民受其祸之所终极。（二十三叶）

他发出这种议论，为的是要用来攻击“宋以来儒书之言”。此等争辩，早已成为过去的事实，而今用不着“重整旗鼓”去助攻了，但就东原此言作名学上的解释，大概是说思想上、判断上的谬误最害事，须得发“觉”从前的谬误不再上当才对。其实究竟是否谬误，须得从思想的实质、学说的内容考核下去，狭义的、法式的名学，家似乎还可不必过问。我们现在研究东原的名学，从他在名学上的建设着眼，觉他得力于孟子的很多，但他得力于荀子的也不少；所以在谈过东原的与孟子的名学以后，再说一说东原的名学之导源于荀子的名学者[1]。

六、戴东原与儒家的名学三（荀子上）

荀子与孟子同是先秦儒家后起的大师，他两都是推本孔子的学说，更参加一己之所自得。其相殊异之点，以性论为最著。孟子道性善，荀子言性恶，这是向来学界所共知的。但是孔子正名主义的精神见于《春秋》者，在孟荀哲学中，都像成了重要的遗产。孟子以谓“《春秋》，天子之事也”，荀子亦屡言“王者制名”，都是以名学为裁断的标准。而荀子之名学的鼓吹，尤为激昂。他说：

---

① 《晨报副镌》1924 年 1 月 14 日，第一版。

王者之制名，名定而实辨，道行而志通，则慎率民而一焉。（《荀子》正名篇）

这是说的名学家制名的旨趣，论到名学的先务，自不外乎定名辨实。其所定之名，有的可以承用，有的须加改造；视其名之当否而定，是谓“正名”。荀子说：

若有王者起，必将有循于旧名，有作于新名。（同上）

这是说的名学有继承和改造的必要。又说：

“所为有名”与“所缘以同异”，与“制名之枢要”，不可不察也。

这里包孕三层意思，“所为有名”是第一层。换言之，就是问的：为什么要有名呢？据荀子的意思，是说无名必有许多祸患，这些祸患要有名才能消除，故此先从消极方面说“名不可无”，其言曰：

异形离心交喻，异物名实互纽。贵贱不明，同异不别。如是，则志必有不喻之患而事必有困废之祸。

接着便从积极方面说“名必须有”，其言曰：

故知者为之分别，制名以指实。上以明贵贱，下以辨同异。贵贱明，同异别，如是，则志无不喻之患，事无困废之祸——此所为有名也。

据此，也可考见名学之所由成立了。名学的重要出发点，在“为之分别”。所分别者，是客观的对境；能分别者，是主观的心能。将心中所起的种种观念（缘物象而起的意象）用种种名辞表示出来，就是“制名以指实”，与清代学者戴东原说的“举其实体实事而道自见”相当。荀子劈头说出“知者为之分别”以为初阶，尤为东原“其初皆分”

之说所从出。所云“制名”，影响于戴氏学风者甚大。体会得制名的重大意义，可以重新创造出来一种“综形名、任裁断”的学风。必须对于所指的实体实事、所起种种名言加以适当的判断，才当得起“明辨”二字。荀子说的“辨同异”，犹与墨家、名家相同；所说“明贵贱”，这却是从孔子“寓褒贬，别善恶”的《春秋》名学演化出来的。照我看来，“明贵贱”就是价值判断，“辨同异”就是事实判断，二者交互为用，自然不须偏废，但若不先把事实判断弄清楚，就不会产出最高贵的价值判断来；所以荀子对于辨同异一层，尤三致意。

上面引的“所缘以同异”是第二层。换言之，就是研究的：怎样会有同异？荀子自为问答道：

> 然则何缘而以同异？曰：“缘天官……”

“天官”就是五官。荀子的知识论，似乎带感觉主义的色彩，故以五官的感觉为知识的由来。其文颇繁，举要言之，就是说由耳目的之实得来的亲知，再加证明，则异同了如。他说：

> 心有征知。征知则缘耳而知声可也，缘目而知形可也。然而征知必将待天官之当簿其类，然后可也。五官簿之而不知，必征之而无说；则人莫不谓之不知……此所缘而以同异也。

这里“缘耳目而知”的，就是亲知，就是感官的经验。接于五官曰“受”，受者谓之“当簿”；传于心曰“想”，想者谓之“征知”。有人说：“领纳之谓‘受’，受非爱憎不箸；取像之谓‘想’，想非呼召不征。”这又把“征”字作呼召解。能呼召者心也，受心之呼召者五官也；五官能主之不能知，心能召而知之：这又似乎由感觉主义引入唯心论里去了。前文曾引过戴东原的几句话，“耳……目……鼻……口……主受者也；心……思……主施者也”，完全是从荀子此段脱化而出。明明是以荀释孟，他却自己不肯完全承认，我们固能谅之。至于《荀子》上的“心征之而无说，则人莫不谓之不知”，这就是说的“说知”的必要了。

荀子的知识论，是以感官的接受之亲知为起点，而归宗于取像施断的说知。无亲知则说知无所施，故曰："征知必将待天官之当簿其类，然后可也。"而无说知，则亲知之用，又有时而穷，故曰："心征之而无说，即人莫不谓之不知。"必须亲知、说知交互为用，才算是真能"辨同异"，才能有真正的事实判断。此亦谈"所缘而以同异"的问题者所当知也①。

前面引的"制名之枢要"是第三层。关于此层，荀子论得最精详，戴氏得力亦最深。戴氏哲学在名学上极占重要地位，可说大半是受荀子之赐。荀子论制名之枢要，其最高的见解，不外是：

> 同则同之，异则异之。

我所认为真正的事实判断也就在此。不好同而恶异，亦不翘然自异而抹杀同然；只是平心静气地研究比较，求出真相，还他原形。果真殊异，便还他一个异字；果真共同，也不吝惜一个同字。申言之，对于总相，起个共名，而观其所以同，就是"同则同之"，犹《墨经》所谓"法同则观其同"；对于别相，起些别名，而察其所由异，就是"异则异之"，犹《墨经》所谓"法异则观其宜"也。前者谓之求同法，后者谓之求异法，二法可交互用之。荀子说：

> 物有同状而异所者，有异状而同所者，可别也。

同状之物而偏为异所，是同中观异法之所得施也；本异状之物而居然同所，是异中观同法之所得施也。析异合同，更迭为用，当可做得同异交得。《墨经》云"同异交得知有无"，其斯之谓与？

求同求异与同异交得，都是内籀的方法，但仍不能完全抛弃外籀的方法。荀子说：

---

① 《晨报副镌》1924 年 1 月 15 日，第一版。

万物虽众，有时而欲遍举之，故谓之物。物也者，大共名也。推而共之，共则有共，至于无共然后止。

说者以为“推此共名之理，则有共至于无共，言自同至于异也。起于总谓之‘物’，散为万名，是异名者又生于别同名者也”。或以为“自同至于异”，就是自同然而之独然，并可说是外籀的方法，但是大共名则必由渐次的内籀而得。先求得大共名，而后推之以至于无共；这便是先内籀而后外籀。荀子又说：

有时而欲遍（从俞曲园说作“偏”）举之，故谓之鸟兽。鸟兽也者，大别名也。推而别之，别则有别，至于无别然后止。

说者以为此“言自异至于同也。谓总其万名复谓之‘物’，是同名者生于欲都举异名也”。我以为“自异至于同”，就是自独然而之同然，并可说是内籀的方法，但是大别名则必由渐次的外籀而得。既求得大别名然后推之以至于无别；这又是先外籀而后内籀了。

照此看来，外籀与内籀很可交互为用。“推而共之”“推而别之”，种种推理，都是治〈名〉名学的重要工夫。戴东原要想组织一种哲学系统，先把大共、大别分析得明明白白，这是他得力于荀子的名学之显证。东原屡次说过：

善以言乎天下之大共也。（《原善》卷上页三）
类也者，性之大别也。（卷中页三）

这是假定抽象的善为宇宙的共通原理，以具体的类为性的差别现象。其谓之“善”，是“欲遍举之”也；其谓之“类”，是“欲偏举之”也。偏举其大别是分析研究的工夫；遍举其大共是综合研究的工夫。综合与分析是互相对待的。相对的作用，验诸名相，不必涉及绝对的本体，但是名相的最后归宿，总得到本体上去，所谓“从现象到本体”就是这个道理。此种趋势，固以内籀为最显，但外籀亦殊途而同归，其最后的共同归宿，则荀子“止”之一字尽之矣。东原说的“其究皆合”“合者其止”，实亦引伸荀子之说而力求邃密者也。

明乎此，不独于荀子的“制名之枢要”这层道理，可以彻底了解，即休宁戴氏哲学之导源于荀子名学者，或亦思过半矣①。

七、戴东原与儒家的名学四(荀子下)

名学家之荀子，书中关于名学的见解，颇多可采。从大体上看来，觉《正名》《解蔽》诸篇，最有发挥。《正名》篇中大半是说的名学的正则，《解蔽》篇中大半是说的名学的应用。故前者属于积极的建设，后者带有消极的批判。在此两篇内，都可看出荀子的判断能力，惟前者以事实判断为多，后者以价值判断为多。其所批判的对象，价值之高下，视能祛蔽与否而定。我们最可注意的，尤其是荀子对于名学专家惠施的批评，他说：“惠子蔽于辞而不知实。”可见建立名学，必须名实相合而后可。若不察其实而徒玩其辞，难免流于诡辩。我们要想确定荀子在名学史上的价值，须看他究竟是否知实、是否无蔽。荀子对于“解蔽”，已三致意。我们大概可以相信他是自己力求无蔽而且能够灼见他人有蔽的了。他说：“凡人之患，蔽于一曲而暗于大理。”(《解蔽》篇)此言暗蔽之为患害也。他又数为蔽之端曰：

> 故为蔽，欲为蔽，恶为蔽；始为蔽，终为蔽；远为蔽，近为蔽；博为蔽，浅为蔽；古为蔽，今为蔽：凡万物异则莫不相为蔽，此心术之公患也。

大抵人物所处之空间相异则易为蔽，所值之时间相异则易为蔽。荀子说的“远近为蔽”属于空间的，“古今、始终为蔽”，此属于时间的。再就人心言之，“欲恶为蔽”，此言感情偏颇之为蔽也；“博浅为蔽”，此

---

① 《晨报副镌》1924年1月16日，第一版。

言观察太泛、太不深入之为蔽也，亦谓理智方面之容易有蔽也。戴东原是一位情感哲学家，对于荀子之说，颇有所修正。东原说道：

> 欲之失为私，不为蔽。自以为得理，而所执之实谬，乃蔽而不明。（《孟子字义疏证》卷上页十一）

可见东原是一个“知实”的名学家，他说的“所执之实谬”，另有所指，不是为的荀卿；但他说的“欲之失为私不为蔽”，已经把荀子“欲为蔽”的话轻轻驳倒了。东原之所谓蔽，限于失当的理智方面，与情感方面无涉。故云：

> 蔽生于知之失。（同上，十一叶）

名学所论的，以求知的正确方法为主要部分，但使“所执之实谬”，纵然懂得法式的论理学也不中用；必须实质的论理无谬妄，乃有当于儒家正名之蔽，否则蔽而已矣。东原说：

> 凡去私不求去蔽……非圣学也。（《孟子字义疏证》卷下二十三叶）

兹可谓善读《荀子》解蔽篇也已！孟子论知言之学，谓须“知其所蔽”，有味哉！

荀子者，解蔽的名学家也，亦知实的名学家也，却是要请问：他何以能知实而察名？曰：以心故。《解蔽》篇说：

> 人何以知道？曰：“心。”
> 心知道然后可道。

又问：

> 心何以知？曰：“虚壹而静。”
> 虚壹而静，谓之“大清明”。

大清明，斯无蔽矣。东原说：

> 精爽有蔽隔而不能通之时，及其无蔽隔、无弗通，乃以神明称之。（《孟子字义疏证》卷上页六）

戴氏所谓的“神明”，就是荀子所说的“大清明”。人心之精明，能使观察不谬，判断不谬。照此推去，似乎他的归纳的名学，又受了唯心论的洗礼了。他说：

> 理义非他，所照、所察者之不谬也。何以不谬？心之神明也。人之异于禽兽者，虽同有精爽，而人能进于神明也。（同上，页七）
>
> 神明者，犹然心也。（同上，十叶）

戴氏此等议论，实与荀子的学说相发明。“心之神明”欤？“大清明”欤？他乃是真理的灯塔，我们所遵的名学的航路，究靠此种灯塔为之察照。荀子说：

> 万物莫形而不见，莫见而不论，莫论而失位；坐于室而见四海，处于今而论久远，疏观万物而知其情，参稽治乱而通其度，经纬天地而材官万物，制割大理而宇宙里矣……夫恶有蔽矣哉？（《解蔽》）

此皆名学之最高作用、最大目的，亦真理的灯塔之光辉——心之神明或大清明——之所为可贵也。名学之价值判断，应无复更高于此者矣！又说：

> 心者，形之君也，而神明之主也，出令而无所受令。自禁也，自使也；自夺也，自取也；自行也，自止也。故口可劫而使墨云，

形可劫而使诎申，心不可劫而使易意，是之则受，非之则辞……[1]

荀子之说如此。戴氏亦曾说过：

心也者，含天德而君百体者也。(《文集》卷三页十五，《法象论》)

谓非由荀子“心为形之君”的说法演化而来，谁则信之？东原又说：

心之神明于事物咸以知其不易之则。(《孟子字义疏证》卷上页九)

又说：

致其心之明，自能权度事情，无几微差失。(卷下二十二叶)

惟其“能权度而无差失”，故此自禁、自使，自夺、自取，自行、自止，而无假于他力。惟其能“知事物的不易之则”，是以“出令而无所受令”，所谓“心，君百体”者以此。照此说来，名学的方法非他，亦心法而已矣！

如上所说，能察名知实的，固是此心，而所知所察的对策，却又不外乎名实。必使浅见与深思俱不失其所，然后谓之“知名”。荀子说：

名闻而实喻，名之用也；累而成文，名之丽也。用丽俱得，谓之知名。

语语神要，迥非“蔽于辞而不知实”者可比。荀子又论及“名辞”与“实”的关系，道：

名也者，所以期累实也。辞也者，兼异实之名以论一意也。

即一切“期命辨说”，亦莫非为此一大因缘而生。所以说：

---

① 《晨报副镌》1924年1月17日，第一版。

实不喻然后命，命不喻然后期，期不喻然后说，说不喻然后辨……辨说也者，不异实名以喻动静之道也；期命也者，辨说之用也。

约其归趋，总不外乎“喻道”二字，这是荀子的思辨学的所向。“不异实名”就是“名实合”，统着法式的论理与实质的论理而言。戴东原说：

人与物同有觉，而喻大者大，喻小者小也各殊。（《文集》卷三页十）

其言诠盖与荀子异，然其求无“不喻”，则固名学上消极的限制，而与荀子之说相发明者也。东原又说：

耳目百体之欲喻于心，不可以是谓心之所喻也。心之所喻则仁也。心之仁，耳目百体莫不喻……（《文集》卷三十九叶）

这些话与荀子的“不异实名以喻动静之道”云云极相近。能喻的本体，良可虚坐以待玄学家列席指画，但是最好待到能所未分的刹那顷。若方有事于能所之分别，则名学家不容点尔而思。其所喻者是否有征验，是否真实无妄，则务待名学家出而决之。由荀子的意思推去，觉名相与实体，未必不可相合。不宁唯是，名相与作用，亦未尝不可相通。不宁唯是，名相与修养，亦未尝不可相成。荀子说：

辨说也者，心之象道也；心也者，道之工宰也；道也者，治之经理也。

心合于道，说合于心，辞合于说。

准此以推，则名相与实体，未必不可相合。又说：

正名而期，质请而喻；辨异而不过，推类而不悖；听则合文，辨则尽故。以正道而辨奸，犹引绳以持曲直。是故邪说不能乱，百家无所窜。

据此则知名相与作用未尝不可相通。又说：

有兼听之明，而无奋矜之容。有兼覆之厚，而无伐德之色。说行则天下正，说不行则白道而冥穷。是圣人之辨说也。

观此则知名相与修养，又未尝不可相成。

在荀子这一套哲学见解中，要算"引绳以持曲直"一喻，最能显出名学的特彩，《荀子》解蔽篇中说"兼陈万物而中悬衡"，也就是这个道理；而东原说的"辨察事情而准"，实与其说相发明。荀子又说"法其法以求其统类"，而东原则曰"以其则正其物"（《孟子字义疏证》卷上九叶），似乎他们的名学，又有时走到演绎法的一条路上去了。而荀子"法其法"的"法"，乃是"以圣王之制为法"，既以圣王之制为大前提，则其末流必变为法家之学，亦其势也。不过戴东原眼中的荀子之学，纯是承认名学为科学的科学，所以只说"荀子之见归重于学"（《孟子字义疏证》卷中十四叶），而于末流之变迁，则弃捐弗道也。

现今为说明名学思想历史上的变迁起见，在[论]述了儒家名学之后，再附带说一说法家的名学，并且对于东原的名学说几句引伸的话①。

八、戴东原与法家的名学

先秦法家大概是较儒、墨、道三家为后起。在老子、孔子以前的只有一个管仲，勉强可说是法家。《管子》白心篇说的"名正法备，则圣人无事"，在研究名学者，不妨参看；但是《管子》一书决非管仲自作，就有可采的话，也难认为真正的名学史料。比较上可认为法家代

① 《晨报副镌》1924年1月18日，第一版。

表的，当首推韩非，其次慎到。尹文子虽从前有人列于名家，但是他的名学，已经成了法治化，故附论于此。

韩非少尝学于荀卿，很受儒家名学的影响。其自为说，颇合名学的精神。他说：

> 无参验而必之者，愚也；弗能必而据之者，诬也。故明据先王必定尧舜者，非愚则诬也。（《显学》）

除了他的纯粹的法理学外，当以此数语最足表现法家控名责实的精神。儒家与法家的名学，有相同之点，就在趋重演绎（但儒家不是完全偏重演绎，他有时对于归纳的精神，也不蔑视），但是他们所认为大前提的则迥乎不同。儒家以人治为大前提，故务举"先王"或"尧舜"为标准人物；法家以物治为大前提，故最反对所谓标准人物：这是实质的论理上的差别。赖有荀子那种"以圣王之制为法"的论调，折衷过渡。韩非之所谓"法"，很有"一致"的性质，这也是治名学者之所宜知。所云"能必而据之"，是说所据以为推的前提定要含育必然性，才能求出切实的决论。如果前提的内容先已不可靠或者是虚妄，那么决论亦必虚妄，故曰："弗能必而据之，诬也。"他所说的"参验而必之"，是要先有证据，才算得可靠的前提。若拿不出证据来，便是无理由、无参验，便不可据以为推，否则内容必妄，难免如韩非所谓"无参验而必之者愚也"了。我看戴东原每立一说，务必先拿出证据来，然后认为必然，而据以为推。这才算得真知灼见，非彼"愚"且"诬"者所可同日而语。

慎到亦法家之一，而兼主势治，则颇与韩非相殊异。要其带着一副演绎的精神，则非不相同。慎子说：

> 法者，所以齐天下之动，至公大定之制也。（见马骕《绎史》所辑）

这是由同法推到同类的表示，原来天下之动是自然的类，而"所以齐

天下之动"的却是必然的法——"大定之制"。东原的论调,颇有与此可相参证者。他说:

> 必然乃自然之极则,适以完其自然。(《孟子字义疏证》卷中十五叶)

东原的"极则",与慎到的"定制",其涵义的广狭各别;其谓必然的共通原则适以完成其自然的个别现象,比法家言更高明些。

尹文子论名与法的关系,比韩非、慎到的话似乎更见警策。他说:"法有四呈。"其第二种"济俗之法",说者往往认为"一切经验所得或科学研究所得的通则"。我看他论名与相("相"就是尹文子所谓"形")与交互关系,尤语语精要:

> 名者,名形者也;形者,应名者也……故必有名以检形,形以定名。

又说:

> 名宜属彼,分宜属我。

彼者,客观界也;我者,主观界也。名宜加于所见的对境,此属于客观方面的;分宜操诸能见的主格,此属于主观方面的。他说:

> 今亲贤而疏不肖,赏善而罚恶。贤、不肖、善、恶之名宜在彼,亲、疏、赏、罚之称宜在我。

由此可知主观与客观的权界及其关系截然不同,又颐而不乱。主观是施断的,客观是受听的。我以为在下事实判断的时候,须持客观的态度,就是要详于受听;在下价值判断的时候,可酌用主观的尺度,就是说要严于施断。名学家如果能够详于受听,而严于施断,则"道名分"之能事毕矣!戴东原说得最好:

主施者断，主受者听。(《孟子字义疏证》卷上六叶)

“主受者听”，犹尹文子所谓“名宜属彼”也；“主〈旋〉[施]者断”，犹尹文子所谓“分宜属我”也。彼我之名分划然，而听断之施受有主，斯得尹文子与戴东原两家名学的环中而可顺应无穷也已！

尹文子更说得好：

万事皆归于一，百度皆准于法。归一者，简之至；准法者，易之极。如此，顽、嚣、聋、瞽可与察、慧、聪、明同其治也。

东原也曾说过：

信以不欺近于易，信以不渝近于简……易简至善，圣人所欲与天下百世同之也。(《文集》卷三页二十至二十一)

彼等约其指归于至简极易之中，宁得悉谓之偶合也欤？[①]

九、小结

前面八章，除第一章外，其余七章，差不多都是谈的戴东原的名学思想之导源于先秦时代儒、道、墨、法四家者。其入手处在一面说〈朋〉[明]东原的名学之重要的远源，又一面将东原的名学与儒、道、墨、法四家的名学各作比较的研究和综析的论列。原来先辈治学，颇注经、史、子的研究，东原大概也是如此，而对于治经、读子的两项事业，尤有特别的兴趣。我们在东原的哲学化的名学中，可以约略看出东原对于经学与诸子学的态度，及其治经学、诸子学的主要方法。名学在东原哲学中，算是一种重要的方法论，还不定是究极的目的论。他的究极目的，在乎自建一种唯心论的人生观。他所用的术语，就是

① 《晨报副镌》1924年1月27日，第一版。

"闻道"。东原说得最好：

凡学始乎离辞，中乎辨言，终乎闻道。(《戴氏遗书》，《文集》卷二页六)

他又屡次说要"志乎闻道""务在闻道"，这些地方很可看出东原先生微尚之所存。请问！什么叫作"道"？东原先生一点也不迟疑地回答道：

其心志与天地之心协而为斯民。道义之心是之谓道。(《文集》卷五叶十)

所谓"天地之心"，就是宇宙的第一义谛，也就是第一原理。"与天地之心协"就是说要与宇宙的第一原理融会为一，而能有此怀抱者仍不外乎吾人的心志；可见东原的宇宙观确呈一种唯心论的特彩，不可泯也！由此种唯心论家的宇宙观推放出来，他就重新建设了一种"道义之心"的人生观。所说的"道义之心"，其动机纯然是"为斯民"，这种理论的详细内容，自当另篇论之，不必放在名学的范围内。但是他的方法论——名学，纯是向着此种目的而进行，所以附带略为说及。这篇《名学史观》所注重的，就在乎求"闻道"所必由的方法，大概可说都是"离辞辨言"的事。但是东原一方面说"辨言则舍其立言之体，无从而相接以心"，一方面又说"离辞则舍小学故训无所借"。论到"立言之体"，当以先秦儒、道、墨、法诸家的名学为最有系统、最有裁断。就中法家、墨家的名学，取其与东原的名学有相共通之点，故此比类合谊的述论之。在道家中，庄子务破名家之执，其学说往往从反面发挥。惟老子"为学日益""曲则全"一些论调，在名学上算是饶有重大意义。戴东原对于老子的人生哲学，虽表示不满，而在名学方面，我却疑他受老子的名学之影响不少。在儒家中，东原受荀子名学的影响最深。因为荀子倡"性恶论"，与东原"善者天下之大共也"的说法绝不相容，故而舍荀而趣孟，集全力去作《孟子字义疏证》。然其思想导源于荀子名学者，在此种著作和他种著作中，仍觉历历可溯，故此我在《戴东原的名学史观》上篇里，叙荀子名学最详，但是对于孟子的名学亦极为重视。由孟荀名学的航路，所以进登孔氏的名学之岸，而达到超名学的、闻道的究极目的，故此对于孔子的名学，也撮要叙入。而于《易》《春秋》之学，三致意焉。要看东原的名学，其精要处，泰半在关于儒家名学的一部分，则谓戴先生的“析辞辨言”之学，得力于先秦诸家的名学者最多，亦安见其不可？但是我们要注意到他治学的程序，是“始乎析辞，中乎辨言”，而析辞尤须先从小学、故训着手，这却涉及汉学问题的范围了。汉代的小学大家，为东原所推服的，当是许叔重。许氏使孔家名学成为文字学化，是学术史上的大功劳。汉代的故训学大家，为戴东原所最注意的，当是郑康成。郑氏使孔家名学成为训诂学化，是经学史上的大功劳。许、郑力从名物、制度方面做工夫，与宋明学者力从义理、心性方面做工夫，颇相殊异。就东原所自建的哲学上看，他纯然是运着一副超汉学、超宋学的精神，努力前进！因为彼时代的重要思潮趋重汉学，对于宋学大起反动，所以他纠弹宋明学的言论颇不少。其实戴氏自己的哲学思想受宋学的影响仍不少，不过反动派的态度与其他继承派的态度不能强同而已。东原说得最公平的、最严明的几句话是：

> 汉儒得其制度，失其义理；宋儒得其义理，失其制度。（《文集》卷八叶二十三）

由名学的眼光观之，制度是类，是具象的事物；义理是法，是抽象的原则。必须交互为用，取其所得而汰其所失，乃能成功一种健实的新名学，甚至更进一步成功一种圆满的超名学。如是种种，都待《戴东原的名学史观》下篇里赓续详勘。我在这上篇的小结中，只重提前几章引申说过的几句话作结束，就是——

我以为不治东原之学则已，如果从事于此，则在名学方面所应做的工夫，是要：先去“因物而通其则”，复次乃“以其则正其物”，务期其

"能权度事情,无几微差失",然后可以谈到超名学。换言之,就是研究名学,须先从事间接推理,继乃酌用直接推理,期得尽推知之妙用而完成其元知。这是我个人对于戴东原的学术之名学的蠡测,并且把所测知的用以解释历史上中国名学思想的演化,其旨趣不在株守而在推求。此《戴东原的名学史观》所为作也,此《戴东原的名学史观》之作,所由以"上篇"为乘韦之先也!自知所下的解释,诸多纰缪,深望有新戴震派学者或超戴震主义家起而教督之!

一九二三年,十二,二十五日

蛰仙　于北京[①]

① 《晨报副镌》1924年1月28日,第一版。

戴东原的名学史观(下篇)

甘蛰仙

一、申论

诸君！学术的共业，是要赖过去、现在、未来三界的学者通力合作的。名学是重要学术之一，自亦不能外此大例。我们研究清代大学者戴东原一家的名学，必先放眼观察历史上中国名学思想底变迁，并推求东原名学思想的渊源及其所感受、所自得之要点；再将戴氏名学与过去时代其他重要思想家的名学，抽象出来，作比较的、会通的研究，至少也有其分内的理由。我在前做《戴东原的名学史观》上篇的时候，就很想向着这条路行进。只是前途辽远，深愧所行不能副其所见；然而这条路有行进的必要，则固始终相信者也。顾亭林对于易学曾经说过："尽天下之书，皆可以注《易》；而尽天下注《易》之书，不能以尽《易》。"名学在推理方面的功能，也是如此。我们研究戴氏名学，纵不必说所有历史上的名学见解，皆可以释戴，也许知道但凭向来所有"申戴""释戴"一类的资料，不足以尽戴。兼以戴氏之名学的建设，系贯穿群籍以成一家之言，则欲另立新观点以研究戴学者，更安可不析观千载以穷其变耶？关于先秦时代的名学，有些是东原所尝肆力的，有些是可与东原的名学比勘或互证的，我在"上篇"里已经从儒家、道家、墨家、法家各方面略作分析的观测；其余关于汉、唐、宋、明诸代的名学，似亦不妨赘续观测，以为东原之名学的研究者参考之资，此区区《戴东原的名学史观》“下篇”之所为作也[①]。

二、戴东原与司马迁

名学家之戴东原，对于两汉的名学用力之深，不亚于先秦。但是他对于西汉时代的名学，得力于扬子云的最多；余如董仲舒、司马氏父子及《淮南子》的名学见解，亦各有足相发明者。兹汇取而论列之如左方：

研究戴东原的与司马氏父子的名学，须知先秦时代的思想到西汉时代已呈了不少的大变化。其重要潮流可分两支：一是史学派；一是经学派。此外，还有少数的杂家。由名学上看，董仲舒、扬雄可算是经学的名学家，司马氏父子可算是史学的名学家。司马谈（司马迁的父亲）《论六家要指》，于儒、道、墨、法四家外，列有名家及阴阳家。他将名家认为独立的学派之一，谓“其正名实，不可不察”，有取于“控名责实，参伍交互，明知事情”（《史记》卷一百三十，《太史公自序》，裴骃集解），但是对于那些专取决于形式的论理，而不究其实质者，仍不谓然。此与清代学者戴东原“举其实体实事而道自见”的意思并不相冲突。谈所云“采儒、墨之善，撮名、法之要；与时迁移，应物变化；立俗施事，无所不宜；指约而易操，事少而功多”，颇可与东原“立乎至约”云云参看。独有“儒者博而寡要，劳而少功”云云，与东原之旨极见异趣。东原之所谓“博”，系以分析为入手方法，以进化为正当轨途，“动而应求”，不为“少功”；“与为条理”，不为“寡要”！（回看上篇第四节《戴东原与儒家的名学一》）比而论之，吾侪殆袒东原矣。然而谈犹振振有辞，以谓“儒者以六艺为法。六艺经传以千万数，累世不能通其学，当年不能究其礼，故曰：‘博而寡要，劳而少功。’”他纵然重言申明，吾侪也碍难承认他有充分理由。恰巧，他的令嗣司马子长早

① 《晨报副镌》1924 年 3 月 8 日，第一版。

已把此中的补绽看将出来了。

子长的意思,以为“六艺经传”并不是“不能通究”的;他对于“六经”,都曾用简单的话包举其概要。就中批评《易》《春秋》的话,尤其能将儒家正名的主要方法和盘托出。可见子长的学风,和他父亲颇不相同了。但是子长的名学见解,和东原的,同乎异乎?不可不比勘之。

子长说:“《春秋》推见至隐,《易》本隐以之显。”(《史记》卷一百十七,《司马相如列传第五十七》)裴骃的《史记集解》引韦昭说:“推见事至于隐讳……《易》本隐微,妙出为人乃显著也。”司马贞的《史记索隐》引虞喜《志林》曰:“《春秋》以人事通天道,是推见至隐也。《易》以天道接人事,索隐以之明显也。”后说较健实、较占势力,直到戴东原时代,有一位批评的史学家章实斋,也依然循用这种解[1]释。他说:“《易》以天道而切人事,《春秋》以人事而协天道。”(《文史通义》易教下)看来《易》《春秋》的名学方法,一是以宇宙而切人生,一是以人生而协宇宙。但在司马迁的原意,恐怕是说的从本体到现象,执因求果,是《易经》的名学方法;从现象到本体,即果求因,是《春秋》的名学方法罢!我们现今拿东原的话来和司马迁的话,比勘起来,觉得不难异中观同。东原的意思,是要“人之事能与天地之德协”(《戴氏遗书》,《原善》卷上七叶),就是要求人生与宇宙相调协,也就是要求本体界与现象界相调协。对于“本隐之显”和“推见至隐”的两种方法,初无偏废之意,安见其与司马氏的意思完全相违呢?兼之这两种方法,都是名学的大例,都不外乎因果律;要是把因果关系弄明白了,将必可以解释宇宙问题和人生问题的全部,而确定一客观的、公认的、抽象的标准。这种抽象的公准非他,善而已矣。东原以为舍善之标准以外,无所谓天下之大共;舍大共、大别外,无所谓名学。他说:“善以言乎天下之大共也。”(微波榭刻《戴氏遗书》,《文集》卷三页十,《读

① 《晨报副镌》1924年3月9日,第一版。

易系辞论性》）又说："察乎〈入〉[人]之材质所自然，有节于内之谓善。"（同卷页十一，《读孟子论性》）又说：

> 所谓善无他焉，天地之化，性之能事，可以知善矣。君子之教也，以天下之大共，正人之所自为性之事能；合之则中正，违之则邪僻；以天下之常，俾人人咸知由其常也……察乎天地之常者，可与语善。（《读易系辞论性》）

又说：

> 天下之教一于常。（同上）[①]

又说：

> 言乎必然之谓常。（同上）

从万殊的自然现象里寻出必然的因果关系来，而著为定则，是之谓常。必须把全宇宙的常然、同然的公理定则，推到相类似的人生现象上去，才算是"以天下之大共正人之所自为性之事能"（人生现象，系包举欲觉而言），才算是"执因求果"，才算是"以天道接人事"，才合乎司马氏的"《易》本隐以之显"的旨趣。这是研究或比较戴氏和司马氏的名学见解底异同者所宜知的。

还有一层就是：司马氏的批评的名学，除了《易经》的一部分以外，还有《春秋》的一部分。司马迁的《史记》，就是推本孔子作《春秋》的正名之旨而作的，所以这一部分尤其重要。我们可把东原的《春秋究遗序》引来和司马迁的《史记自序》相比勘，以证其同异。迁述《春秋》之学，有云：

> 《春秋》辨是非，故长于治人。

---

① 《晨报副镌》1924年3月9日，第二版。

《春秋》以道义，拨乱世，反之正，莫近于《春秋》。

《春秋》文成数万，其指数千。万物之散聚，皆在《春秋》。

《春秋》者，礼义之大宗也。(《史记》卷一百三十，太史公自序)

这里所说的“文”就是文字，所以表概念也；所说的“指”，就是正名义，“辨是非”之“指”，所以示判断也；所谓的“散聚”，就是分析综合，更迭为用，所以便推测也。其根本方法，尤重在由分析而综合，即果求因。从许多许多“亡国”“奔走”“不得保其社稷”的结果中，求出个最大的原因来，而大书特书曰：“察其所以，皆失其本。”这是大历史哲学家司马子长对于《春秋》之名学的史眼，也就是他能成功一部《史记》之一种主要条件。戴东原对于《史记》，未作详细的评论，以致同时(或稍后)的批评的史学家章实斋说不出甚满意的话来。实斋说：“戴君……于史学义例……实无所解。”(《章氏遗书》卷一，《书朱陆篇后》)此种评语，似乎稍苛。东原关于史法的言论，实有足与司马氏之史学的名学见解相印证者。东原说：

《春秋》，鲁史也，有史法在。古策书之体，其例甚严，所以为礼义之防维而不敢苟。(《文集》卷五叶五，《春秋究遗序》)

看来“好礼好义，言无所苟”，其于孔子正名之旨，既不相背。所云“礼义之防维”，与司马迁的“礼义之大宗”的话，或亦异代同心。虽然二子之爱谈礼义也同，其对于礼义所下的界说，则不敢遽认为尽同。东原说：

震窃谓：……《春秋》所以难言者，圣人裁万事，犹造化之于万物，洪纤高下，各有攸当，而一以贯之。条理精密，即在广大平易中。读《春秋》者，非大其心无以见夫道之大；非精其心，无以

察夫义之精。(同上,四叶)[①]

必得乎条理,精其心能,以判是非、正可否,然后可语乎礼义。东原说:

条理者礼,断决者义。(《原善》卷上二叶)

据此,则前篇(上篇第五节)里我说的"义就是思维上的判断作用",殆非无故。可是这"礼"字怎样解释呢?要想明白"礼"的概念,须先察"条理"的涵义。请问!什么是"条理"?东原连一点也不迟疑地答道:

在物之质曰"肌理"、曰"腠理"、曰"文理",得其分则有条而不紊,谓之"条理"。(《孟子字义疏证》卷上一叶)

观此则知"礼"的概念与"条理"的概念实常相函,但是他谈及"有条不紊",必以"得其分"为前提,却更可注意。请问!何以能"得其分"呢?从知识上解答之,乃系乎感觉、知觉辨别,而不必由他道也。何言乎"得其分则有条而不紊"呢?既由感觉、知觉以辨别事物而知其分矣,而该物象之接于吾心者,未必遽消失也,还是留有影痕在焉,此种留存于心之影痕谓之"意象",亦曰"观念"。观念以相似或接近、或其他理由自相联络,因此,结合二个以上之观念以表一个完全意义,便算得"有条不紊"。再就众物之性相,取其相近者,舍小异,存大同,并将其大同融会于一,以考见其通行性相,而将此性相结合为一团,然后成为概念,不致散漫无统属。这也算是"有条不紊"。这样有条不紊而得其分理者,是东原之所谓"礼"也。为表现一种完全的思想起见,力谋二个以上之概念或观念之结合,为有意义、有价值的结合,而不与思想的轨范相违者,则判断之事,而亦东原之所谓"义"也。

① 《晨报副镌》1924年3月10日,第一版。

所以说：

生生而条理者，礼与义乎！

何谓"礼"？条理之秩然有序，其著也。

何谓"义"？条理之截然不可犯，其著也。(《文集》卷三叶二十)

这里"条理之秩然有序"的概念，与《史记自序》中之所谓"文"相当；"条理之截然不可犯"的判断，与《史记自序》中之所谓"指"相当。司马迁的思想之轨范，其主要部分在乎"其文其指"，所以把《春秋》看作"礼义之大宗"。戴东原思想之轨范，其立脚要点，在乎"秩然有序"而又"截然不可犯"的"条理"，所以把《春秋》认为是"所以为礼义之防维而不敢苟"。两家所下的界说，诚有甚不同者，要其有合于思想之轨范，而为治思维术者之所当先察，则一也。

以上比论戴东原的与司马氏父子的名学略竟。往下再比论戴东原的与董仲舒、扬子云的名学①。

三、戴东原与董仲舒

我们研究戴东原的与董仲舒的名学见解之异同，须先明了董仲舒在西汉名学界的位置。原来董子是一位公羊派春秋学家。他解说《春秋》上的事变，颇想求出义例，定为政象之标准。比以前贾谊建议"〈制〉法[制]度，定官名"，其精神更见严整。仲舒对于《春秋》的正名主义之精神，固然有极深的信仰，而于思维作用的形式，仍颇注意。他说：

《春秋》别物之理以正其名，名物必各因其真。(《春秋繁露》，实性第三十六)

---

① 《晨报副镌》1924年3月10日，第二版。

正名别物，必须各因其真，是说的概念上事。他又说：

> 《春秋》，义之大者也……观其是非，可以得其正法！（同书，楚庄王第一）

又说：

> 仲尼……引《史记》，理往事，正是非，见王心。（同书，俞序第十七）

"观其是非"是事实判断，"正其是非"是价值判断，都是说的判断上事。"判断"与"概念"，是思维作用上的两种形式。还有第三种，就是"理往事"以"见王心"的"推理"作用。仲舒以为这种推理法是孔子自己说过的，所以屡次引及：

> 孔子曰：吾因行事加吾王心焉。（《春秋繁露》，俞序篇第十七）

又说：

> 《春秋》记天下之得失而见所以然之故，甚幽而明，无传而著，不可不察也。（同书，竹林第三）

假定他这些话可靠，那么由世间好的、坏的现象关系上，推见其所以做好、所以弄坏的原因。这种即果求因的方法，算是已为子长导其先路了。（《史记序》征引董仲舒的话不少）再考察董子关于综合、分析（观其离合）的话，更可重新估定董氏名学在历史上所固有的价值。仲舒说：

> 名生于真，非其真弗以为名。名者，圣人之所以真物也。
>
> 欲审曲直，莫如引绳；欲审是非，莫如引名。名之审于是非也，犹绳之审于曲直也。诘其名实，观其离合，则是非之情，不可

以相谰已。(《春秋繁露》,深察名号第三十五)

这段议论,多半是从荀子里"以正道而辨奸,犹引绳以待曲直"的话推演而出;其〈余〉[与]孟子"继之以规矩准绳"的意思,亦颇有些相通。所云"是非之情,不可以相谰",是从名学的限制上说;东原所云"尽是非之极致",是从名学的发展上说:皆所以"审是非"也。董氏"观其离合"之论,极可注意。"离"言乎分异也,"合"言乎共同也。观其离,犹言求异;观其合,犹言求同;观其离合,犹言求同、求异两种方法之交互运用。简言之,就是同异交得。观其离合之果,而审其所缘以离合之因,是即果求因的通法,亦果必有因的定律之所由成立也。运用这种归纳的名学的眼光,去观察戴氏的学说,最好体会"条理"二字。东原的条理观,以"由分而合,由合而分"为主要方法,综、析迭施,与董氏"观其离合"的意思极相近。照此说来,董氏的名学,在理论方面似颇注重归纳,但在实施方面则又有时偏于演绎,此亦导[①]源于孟子。孟子"非尧舜之道不敢陈",其致用之方,以"尧舜之道"为前提。董氏"诸非六艺之科、孔子之术者,皆绝其道,勿使并进",则以"六艺之科、孔子之术"为前提。据此为推,似乎太尊主观而轻客观,然后叹老氏"为道日损"之说,偏于演绎,非但道家之蔽也。东原以为蔽莫如学,莫如多用归纳、少用演绎,故宁置"以其则正其物"为次要的方法,而以"因物而通其则"为最要之急务也。

照此说来,戴东原与董仲舒的名学见解,其异同之点,固可略见一斑矣。往下再说一说戴东原与扬子云的名学[②]。

四、戴东原与扬子云

扬子云的治学方法,归纳法的名学的特彩更为昭著。他的名学

① 《晨报副镌》1924年3月12日,第一版。

② 《晨报副镌》1924年3月12日,第二版。

之究极目的，在求“前睹”，其渊源所自，不外《春秋》；他的名学之入手方法，在“多闻多见”。其渊源所自，不外孟、荀，而亦无违于孔氏。他说：

多闻则守之以约，多见则守之以卓。寡闻则无约也，寡见则无卓也。（扬子《法言》吾子篇）

多闻多见、守之以卓，与孟氏“既竭耳力、目力，继之以规矩、准绳”，荀卿“兼陈万物而中悬衡”的旨趣相共通，与孔氏“博学于文，约之以礼”的意思亦不相违。此皆广义的归纳法的名学，而亦儒家哲学上的一种重要方法——“道问学”一路的主要方法也！戴东原竭力去做学问，其主要方法不外“因物而通其则”。在先秦名学上固有契于孔、孟、荀，而在西汉名学上转觉得力于子云之学者最深也。

此犹言乎名学之方法也。再说子云的名学之目的。子云说：

学者，审其是而已矣。（扬《法言》学行篇）

此与董子所说“欲审是非，莫如引名”这样的名学目的论，可算大体无殊，但分析言之，董氏把肯定与否定之两面，平等看待，扬氏却专以最后的肯定为治学之积极的目的，此则“同而有异”矣。扬子又以为“审是”之效，征诸“前睹”。“前睹”，犹言前知或逆睹，谓必据已知以推未知，席既然以睹未然，乃能达“审是”之最后目的。故在推求之际，正复不妨以“前睹”为其所求之鹄也。果能“多闻”而不“溺于所闻”，“多见”而又能“前睹”，则成效卓然，或即意计中事；又爰必乞灵于彼“为怪迂、析辨、诡辞以挠世事”（语见《前汉书》卷八十七，《扬雄传下》）的诡辩派耶？子云在《解难》一篇中，自述其微尚所存，说道：

孔子作《春秋》，几君子之前睹也。（《前汉书》，本传引。按颜师古云：“几”读曰“冀”。）

足见诵法之笃，虽大《易》之彰往察来，其道亦不外此。循《春秋》正名之途辙，而得其所求的“前睹”之目的，此子云之学所以能鼓舞东原之研究兴味，而不惜竭二十余载之心力以从事也。

还有一层，不要误会：子云虽反对诡辩，却并不反对纯正的析辞。但以东原所研究的《方言》为例，已在在可看出子云的析辞之学。子云在《辅轩使者绝代语释别国方言》里，说道：

> 初别国不相往来之言也。今或同，而旧书、雅记、故俗语不失其方，而后人不知，故为之作释也。（宋本《方言》卷一叶四）

其闳识孤怀，当时鲜〈成〉[或]知之，身没数百年而名乃益彰，大家共认为有价值；但是东原所最高兴征引者，尤其是孔颖达的说法。东原引的：

> 孔颖达疏云：扬雄以《尔雅》释古今之语，作书拟之，采异方之语谓之《方言》。（戴氏《方言疏证》自序）

颇有见地，其治《尔雅》的动机，于其引用这话的时候，亦可想见。东原发表他自己对于《尔雅》的态度，说道：

> 余窃谓儒者治经，宜自《尔雅》始……援《尔雅》以释《诗》《书》，据《诗》《书》以证《尔雅》，由是旁及先秦已上凡古籍之存者，综核条贯，而又本之六书音声，确然于[故]训〈故〉之原，庶几可与于是学。（《戴氏遗书》，《文集》卷五叶七，《尔雅文字考序》）①

览此，则知东原名学的实证工夫，得力于子云不少。在名物故训之学这条路线上，实在应该推子云为先驱，假使子云撰《方言》未受《尔雅》的影响，恐东原虽治《方言》，亦未必连带看重《尔雅》。此中消息，要仔细体察，才能领略得他的真理哩！尤其有趣的，就是东原对

---

① 《晨报副镌》1924年3月13日，第一版。

于扬子云苦心经营的名学化的著作——《方言》，居然能用极谨严、极致密的名学方法去研究他！东原老老实实地叙述他治《方言》学之动机及其历程，道：

> 宋元已来，六书故训不讲，故鲜能知其精核；加以讹舛相承，几不可通。
>
> 今从《永乐大典》内得善本，因广搜群籍之引用《方言》及注者，交互参订，改正讹字二百八十一，补脱字二十七，删衍字十七，逐条详证之，庶几汉人故训之学，犹存于是，俾治经读史博涉古文词者得以考焉。（《方言疏证》自序）

我们既知道子云治学，要从"多闻多见"入[①]手，又知道东原治学，亦谓"闻见不可不广"，则其治子云之学，必以"广搜"资料为初步工夫，实觉雅有家法；次就所搜得的种种资料作交互的、比勘的研究，而严加选择，储为施断的根据；再次就根据这种真确的文字资料，去校改那种讹误的文字资料，文字无讹误，则文字所代表的概念自亦无误，而前此所储的判断力，于是乎有所施。这是东原于"交互参订"之后，所由有"改正讹字"的必要也。但尚有附加条件：不补脱字，则文辞所应表的概念或意象不具足；不删衍字，则文辞所应达的意念，末由表现适度，要皆思想的表现方式上的疵累而已。为免除此种疵累起见，在施行"正讹"的手术时候，自亦应以"删补兼施"为附加条件，不能忽略过去。若再推广言之，则"删""补""改""正"诸种条件，皆从事参订者之所宜兼备也，却又必剖析至微，不厌求详，逐条援引诸书，一一疏通证明，具列案语，乃为极推断之能事。此"逐条详证"的工夫，所以有重大意义和最高评价也。所谓"汉人故训之学犹存"焉者以此！

如果戴上这副故训学的眼镜去看子云《方言》、东原《疏证》，他们

① 《晨报副镌》1924 年 3 月 14 日，第一版。

俩最深入的因缘也可显将出来了。那一位撰著《方言》，这一位疏证《方言》，相隔千载，居然合作起来！其作业的成绩，均极斐然可观。于“离辞辨言”之中，见“综核条贯”之妙。我对于“前睹”的子云、“闻道”的东原，无间然者此也。

如前所说，其于戴东原的与董仲舒、扬子云的名学底异同及其关系，略可窥见。但就董、扬二子比而论之，董仲舒偏重演绎的名学，可征诸他的政治主张；扬子云侧重归纳的名学，可验诸他的著述成绩。充东原之志，可以兼擅其长，但是他得力于子云者最多。虽其“由分而合，由合而分”的条理观与仲舒一派名学家“观其离合聚散”的思维术极相类，但如仲舒所云“诸不在六艺之科、孔子之术者，皆绝其道，勿使并进”，谋以政治势力培植其演绎的名学的前提之权威，则固东原之所不取也。（刘向、刘歆的名学，待后叙班固时附论。）

除此以外，如《淮南子》书里，亦不乏名学的见解，但其书系多数人合纂，不免丛杂。至云“经古今之道，治伦理之序，续万方之指而归之一本”（《淮南子》要略篇），则亦欲从现象推到本体，而与东原之归纳的名学可以参观互证者也。——往下便谈东原与东汉的名学了[①]。

五、戴东原与王仲任（及其他）

东汉时代的名学界，亦颇有好几位特出的人物，可与西汉时代的名学界相提并论。吾以为东汉之有班孟坚，犹西汉之有司马子长也；东汉之有许叔重、郑康成，犹西汉之有董仲舒、扬子云也。史学、小学、经学诸方面，在彼时代，应推此等人物为重要代表，但在东汉时代亦有一种特殊色彩，示异于其他时代者，则实证派的名学与实用派的名学之分途也。戴东原的名学思想，受东汉时代实证派的影响最深，而于实用派的名学因缘较浅，但我们在作历史的比较的研究的时候，

① 《晨报副镌》1924年3月14日，第二版。

亦不妨将这部分提出来谈一谈。

东汉时代实用派的名学家，以王充、王符、仲长统、荀悦四位为重要代表。仲任（充）是东汉著述界唯一之大学生，其思想之勇锐，饶有推倒一世之概，不独超太学而翱翔已也。范蔚宗称"仲任……好博览而不守章句……常游洛阳市肆，阅所卖书，一见辄能诵忆。遂博通众流百家之言……后归乡里……闭门潜思……著《论衡》八十五篇，二十余万言。释物类同异，正时俗嫌疑……"（《后汉书》卷七十九，《王充传》）真是把仲任的名学生活底历程，写的活现了！吾以为仲任博览而能诵忆，其观念之准确可知；又能博通众流百家之言，则其概念之闳通、推理力之昂进可知。东原论学，一面认为"非多学而识（诵忆）所能看"，一面又认为"君子之学也如生，生者动而应求，立乎至博"。在仲任，早已把这种归纳式的学问做得面面俱到了！既就物类相共同之果，求其致同之因；复就物类相殊异之果，求其致异之因；更将此二种律令，交互运用，则其致异致同的原因，均可求得。仲任"释物类同异"的重大意义，实在乎此。我们再详细观察仲任撰《论衡》的方法，便可见得蔚宗的话是对的了。刚才所说的"就物类之果推求其因"的方法，就是归纳法。仲任的归纳法的名学，以分别为入手工夫，以会通为最高标准，其说见于《别通》篇（商务印书馆《四部丛刊》，《论衡》卷十三叶六至十四）。篇中"博众事"云云，颇可注意。其微旨所存，是要"事有证验以效实然"（《论衡》卷二十六叶十，《知实篇》），设若"论事者违实，不引效验"（同上），那就不能算是对的。这种实验主义的方法，他认为切实有用，容易普及。他说：

> 放象事类以见祸，推原往验以处来；贤（通津草堂本作事）者亦能，非独圣也。（《论衡》卷二十六，《实知篇》叶三）

又说：

> ……揆端推类，原始要终……由昭昭察冥冥……（同上）

这几处的“类”字，就是“物类同异”的“类”。推类以求其法，即物而穷其理，推见至隐，就是仲任说的“由昭昭察冥冥”，所以说仲任的思辨学，是侧重归纳法。他又自述他自己的著书方法，道：

上自黄唐，下臻秦汉而来，折衷以圣道，析理于通材，如衡之平，如鉴之开；幼老生死，古今罔不详该。(《论衡》卷三十，《自纪》十二叶)

我们再把仲任这些话和东原的话相比较，觉仲任“如鉴之开”，犹东原“所照、所察之不谬”(《孟子字义疏证》卷上叶七)也；仲任“如衡之平”，犹东原“权度事情，无几微差失”(《孟子字义疏证》卷下叶二十二)也。前者观察之事，即东原所谓“明其区分”也；后者判断之事，即东原所谓“精其裁断也”。(《孟子字义疏证》卷上三叶)其观象也开明，其施断也不平正；而尤必妙运其析理之心能，去建设“详该古今”的伟绩，则推理之事，犹东原“援释据证，综核条贯”(《文集》卷五叶七)也。东原对于仲任，虽未有极端赞同的表示，其治学之精神，实可说是“后先一揆”的。不过，仲任著书之目的，乃在增进平民社会的智育，与东原之以“博涉古文词”相号召，其力量仅局于有识阶级者，似不相同罢了。

再说王节信(符)。他的哲学方法，在“假物以自彰”。申言之，就是凭借物界的资料，为酌施判断的根据。故此对于物界所起的概念，或是对于概念之结合所加的判断，都以力求真实为主要条件。他说：

物之有然否也……必以其真也。(《潜夫论》卷七，《释难第二十九》)

谓必先有“物”象，乃能构成“意象”或“概念”，是则物以言乎概念也。所云“然否”，“然”即肯定断定，“否”即否定断定，皆言乎判断作用也。再从他名学思想的渊源上说，似乎得力于荀子者较多；其于孟子的归纳的名学之入手方法，似乎看得太轻。孟子说：“圣人既竭目力焉，继之以规矩准绳，以为方圆平直，不可胜用也。”看来，“继之以规矩准绳”，是在“既竭目力”观察物类之后。节信却偏要拿规矩准绳这样同法做前提[①]；他的意思，取其简便易行。他说：

> 凡工妄匠，执规秉矩，错准引绳，则巧同于倕。（《潜夫论》卷一，《赞学第一》）[②]

又说：

> 苟非其人，则规不圆而矩不方，绳不直而准不平也。（卷二，《考绩第七》）

其著书以“赞学”为第一义，已觉与荀子首标“劝学”之帜，颇相共通。荀卿说：

> 学者……以圣王之制为法，法其法以求其统类，以务象效其人。（《荀子》卷第十五，《解蔽篇第二十一》）

似乎更是节信之说所从出。他治学的方法，颇呈演绎的名学的色彩，推扬其波以作政论，又力言“审名实……以资其效”“因其前以谋其后”；其审名核实的意思，就在“辞言应对，各缘其文以核其实”。（语见《考绩》篇）盖“辞”由名实相结合而成，故审名实必自析辞始；“效”果之显现，必有其原因，故推求其后效，必自考核前因始。此种执因求果的方法，犹戴东原所言“以其则正其物”也；吾认此为演绎法，其论据就在此一点。但要知道东汉实用派的名学，已有好些是介于儒家、法家之间了。

王充、王符，一尊归纳，一主演绎，皆欲运用[③]其名学之方法以解

---

① 《晨报副镌》1924年3月15日，第二版。

② 《晨报副镌》1924年3月15日，第三版。

③ 《晨报副镌》1924年3月16日，第二版。

决实际问题，已如上述。兹再说仲长统。

仲长统，字公理，蔚宗传之，谓其“博涉书记，赡于文辞”，此与东原所云“立乎至博”意极相近。子云之多闻多见，仲任之博览博通，实导其先路；而公理尤好“论说古今及时俗行事……著论名曰《昌言》，凡三十四篇，十余万言”（《后汉书》卷七十九，《仲长统传》），深合论理，不得徒以寻常政谈目之也。其《损益》篇云：

> 作有利于时，制有便于物者，可为也；事有乖于数，法有玩于时者，可改也。故行于古有其迹，用于今无其功者，不可不变。变而不如前，易而多所败者，亦不可不复也。

这段话可知东原关于“常变”的见解参看，要想改造制度、改造思想，都须着眼于其常态、变态，而穷究其失常酿变之远因、近因，推测其正果，以为谋革新者的借鉴。公理所谓不可不复者，犹东原所谓“显然共见其重轻”之常情也；公理所谓不可不变者，犹东原所谓“非智之尽能，辨察事情而准，不足以知”之权变也。由现象关系言之，有见于常，无见于变，则不适合于进化的轨辙；惑于变局而不察其因果，则又显违名学的律令：此仲长统之所以太息痛恨于当时“科条无所准，名实不相应”，而以“科条有序，名实有正”（数句并见《后汉书》本传引损益篇）寄望于政治当局也。

复次，说荀仲豫（悦）。他的名学思想，多半是由法家名学导出，但仍保持着几分儒家的局度。他说：

> 君子之所以动天地，应神明，正万物而成王化者，必乎真定而已！故在上者，审定好丑焉，善恶要乎功罪，毁誉效于准验；听言责事，举名察实；无或诈伪，以荡众心。故事无不核，物无不切；善无不显，恶无不章……则民志平矣。（《后汉书》卷九十二，《荀悦传》）

这段话很可与东原的话参看。东原说：

尽美恶之极致，存乎巧者也，宰御之方，由斯而出；尽是非之极致，存乎智者也，圣贤之德，由斯而备。二者亦自然之符，精之以底于必然，天下之能举矣。(《戴氏遗书》,《原善》卷上叶五)

就中“存乎巧，存乎智”云云，与王节信《赞学》篇里“昔倕之巧”“先圣之智”云云不妨参看。荀仲豫说的关于“举名察实”之事，亦可说是“存乎智”。若就学说的内容说，他们的立脚点，诚觉迥不相同；但若从名学上大体看去，仲豫、东原的意思，都像是要“归于必然”。荀氏说的“效于准验”,“验”是实然的证据，“准”是必然的标准；持标准(法)以勘证验(类),这是法家演绎的精神。韩非子说：“无参验而必之者，愚也；弗能必而据之者，诬也。”(《韩非子》第十九卷，《显学第五十》)与仲豫“举名察实”“毁誉效于准验”的意思相表里。东原说的“以其则正其物”,其演绎的精神或亦相类，但是细分起来，东原所最注重的，却在由“自然之符，精之以底于必然”的归纳的方法。“底于必然”与“必乎真定”,虽然同是注重必然律的表示，但是东原又说过“归于必然适完其自然”;若根本上不能完其自然的同类，而徒停在表面上，持其所谓现成的、必然的公律以相绳，此则东原之所极为反对者也。东原的意思，以为旧定律是否依然有价值，务要重新估定，重新检勘，不可徒然轻信(自亦不会一概抹杀下去),一面又要先从自然的、具象的事物中详察精择，寻出个崭新的、必然的、抽象的通则来；这条甄别旧定理，发现新定理的大路，就是东原的“因物而通其则”的新归纳法！——因此，东原比荀仲豫更见进步了。

如前所述仲任、节信、公理、仲豫四位，都是东汉实用派的名学家，往下再说一说东汉历史派的名学和实证派的名学。在相当范围内，仍以东原名学为比较研究之资①。

① 《晨报副镌》1924年3月16日，第三版。

六、戴东原与班孟坚

班孟坚与司马迁，都是史学界的天使。司马迁的《史记》，继孔子的《春秋》，而为历史派名学的代表杰作；班孟坚的《汉书》，继司马迁的《史记》，而为历史派名学的代表杰作。但今由史学的眼光观之，班氏走的是断代史一条路，已成过去；子长走的是通史一条路，其势力之影响于现在及将来者，正复未可限量。若由名学的眼光观之，则两家的著作都是有物有序，极区分、裁断之能事的[①]，又不必轻为轩轾。孟坚曾以极忠实的名学态度，宣示其著书的方法，说的是：

> ……探纂前记，缀辑所闻（案：颜师古云："'纂'与'撰'同，'辑'与'集'同。"），以述《汉书》，起于高祖，终于孝平王莽之诛，十有二世，二百三十年。综其行事，旁贯五经，上下洽通（师古曰："固所撰诸表、序及志，经典之义在于是也。"），为《春秋》考纪、表、志、传凡百篇。（《前汉书》卷一百下，《叙传第七十下》。颜师古注曰："《春秋》考纪，谓帝纪也……"刘奉世曰："颜说非也。考，成也；言以编年之故而后成纪、表、志、传，非止于纪也，语兼于下。"大文谨案：奉世之说，自胜师古，然亦未臻精洽。若释为以正名之故而后成纪、表、志、传，则《汉书》之综事贯经，上下洽通。莫非《春秋》名学之妙用矣，奚必局于编年之方式耶？）

孟坚之志业，是为《春秋》而述《汉书》，为名学而述史学。所云"探撰前记，缀集所闻"，正是他的史学的名学生涯底缩影。"前记"属于说知，"所闻"属于闻知，自己所亲闻见者，属于亲知，精炼这三位一体的心知，可期成功一种不朽的杰作。东原之志业，可与孟坚相提并论的，也以此为交点。孟坚之"探纂""缀辑"，犹东原之"广搜详证"

---

① 《晨报副镌》1924年3月17日，第一版。

也；孟坚之“综贯洽通”，犹东原之“综核条贯”也：其著述之规模，迥不相同，要其赴以归纳的名学之精神，则一而已。

可是，无论班氏是为名学而述史学，抑或为史学而治名学，总不能与名学断绝关系。他在《汉志》里说得最好：

若能修六艺之术，而观此九家之言，舍短取长，则可以通万方之略矣。（《前汉书》卷三十，《艺文志》）

通万方之略，固是归纳的极诣，然其入手力法，必自博观勤修做起。而了别其短长，则东原之所谓“明其区分”者是已；至酌定其取舍，则东原之所谓“精其裁断”者是已。区分、裁断，极有交互关系，极好自由训练；就在真观、真修的时候，亦须举此心能，乃可渐进而通其会归。《汉志》又云：

九家之术……各引一端……其言虽殊，譬犹水火相灭亦相生也。仁之与义，敬之与和，相反而皆相成也。《易》曰：“天下同归而殊途，一致而百虑。”今异家者，各推所长，穷知究虑以明其指。虽有蔽短，合其要归，亦六经之支与流裔……（同上）

这样由繁赜而观其会归，正是归纳之事，吾人所宜三复。抑尚有宜追溯的，说是孟坚的名学底渊源。孟坚述道：

……刘向校经传、诸子、诗、赋……每一书已，向辄条其篇目，撮其指意……歆于是总群书而奏其《七略》……今删其要，以傅篇籍。（同上）

可见孟坚的学术思想，颇受向、歆父子的影响。董仲舒治《公羊》，刘更生（向）治《穀梁》，各皆有得于《春秋》正名主义的哲学。更生推断当时政象，务求“杜闭群枉之门，广开众生之路；决断狐疑，分别犹豫，使是非炳然可知”（《前汉书》卷三十六，《楚元王传》），颇不愧为西汉后半叶实用派的名学家。只是他的儿子不甚谓然。子骏为甚么要反对乃父呢？“歆以为左丘明好恶与圣人同，亲见夫子，而公羊、穀梁，在七十子后；传闻之与亲见之，其详略不同。——歆数以难向，向不能非间也，然犹自持其《穀梁》义”。（《前汉书》卷三十六）为尊重“亲”知，轻蔑“闻”起见知，不惜非难厥父；虽至今尚成悬案，然固不求苟同者也。孟坚叙述名家，择取向、歆之说，所云“名家者流，盖出于礼官”，在有些相信“诸子之学出于官”这种说法的，似乎无甚疑义，但是孟坚必以儒家学名为不祧之祖。他说：

古者名位不同，礼亦异数。孔子曰：“必也正名乎！名不正则言不顺，言不顺则事不成。”此其所长也。及警者为之，则苟钩𫓧析乱而已。（《前汉书》卷三十，《艺文志》）

吾三复斯言，然后知戴东原的名学史观，务必〈香〉瓣［香］儒家，遥尊孔孟，雅有其重大意义也！孟坚说得最好：

自孔子后，缀文之士众矣，唯孟轲、孙况（即荀卿）、董仲舒、司马迁、刘向、扬雄，此数公者，皆博物洽闻、通达古今，其言有补于世……（《前汉书》卷三十六）

先秦两汉的大名学家，于此抉择略备矣。明白了“博物洽闻，通达古今”是希圣者所必由底大路，那么连孔子“……博学于文……”这般道理，也许可以闻而知之了。只是自命“闻道”的戴东原，向来不曾详细说到这层，就在评论班孟坚的时候，也只是集视线于“六书”方面。既是如此，东原和孟坚的名学有关系么？我说：有的！要表示一切概念，必有借于六书；要表示一切判断，必有借于六书；要表示一切推理作用，依然是需要六书！经学的名学的大师戴东原因而很庄严地讲道：

〈六〉六书也者，文字之纲领，而治经之津涉也。载籍极博，统之不外文字；文字虽广，统之不越六书。（《文集》卷五叶十四，

《六书论序》)

东原之重视六书如此,但他对于班孟坚,未肯以“得纲领之正”许之,其对于郑氏亦然。他说:

> 今考经史所载汉时之言“六书”也,说歧而三:一见《周礼注》郑司农解;一见班孟坚《艺文志》;其一则许叔重《说文解字序》,颇能详言之。班、郑二家,虽可以广异闻,而纲领之正,宜从许氏。(《六书论》自序)

班孟坚对于“六书”的说法怎样呢?班氏说:

> ……古者八岁入小学;故周官保氏掌养国子,教之六书,谓象形、象事、象意、象声、转注、假借,造字之本也。(《前汉书》卷三十,《艺文志》)

这种说法,东原仅承认“可广异闻”。换言之,即谓孟坚在文字学史上价值极微也。假定东原此说是对的,究不能因此而轻视孟坚在史学史上的地位及其价值。质言之,孟坚是一位史学的名学家,使孔家名学成为断代史化,是孟坚的大功劳;叔重是一位小学的名学家,使孔家名学成为文字学化,是叔重的大功劳。其学问的内容,虽迥不相同,要其在名学史上有相当之贡献则一也。所以我深望研究孟坚名学的,幸勿仅视为“可广异闻”。至于叔重名学“纲领之正”,这层自然是我们所宜细意领解的。往下再谈戴东原与许叔重的名学①。

七、戴东原与许叔重

许〈叙〉[叔]重的名学见解怎样呢?最有研究价值的,就是他的

① 《晨报副镌》1924年3月17日,第二版。

名学之根本原理。他说：

> 名，自命也。从口、夕。夕者，冥也。冥不相见，故以口自名。(《说文解字》第二篇下，段玉裁注本)

他以“自命”为名学的根本原理，骤视之，似乎是在思维作用底三种形式中，侧重判断底表示，实不尽然。原来思维上的判断作用，在乎结合两个以上的概念或观念以表示一种完全意义。心思发动，自有能见的主格；物象当前，是为所见的对象。欲使当时、此地所见的对象，在异时、异地依然存在于吾心而成为观念，必须起个名字，作个符号，乃便于诸观念之联络。此对象虽是实体所具的形相，然而以名举之，其权操诸自我。这是“自命”的第一义。观象起名，颇便宣意，结合诸观念而发为一辞，使他人了解吾意，那么这由名实结合而成之辞，乃是人我施受间的媒介；然而能以辞抒意的，仍属于自我。这是“自命”的第二义。更将所储的概念和判断力，推演出去，或由外象摄纳向内，内外交籀，能实迭见，此人群所以能渐展其开诚相见的企图，缉熙于光明，不致如漫漫的冥夜也。然而“相见”也不过是各个所见底互推，各自有其主格，皆可自由施其推理力。这是“自命”的第三义。合此三义，便成一套思维作用。许君于此，真不愧为得“纲领之正”者矣。东原所说“条理之秩然有序”者，就是许君“自命”的第一义；所说“条理之截然不可犯”者①，就是许君“自命”的第二义；所说的“由分而合，由合而分”[者]，就是许君“自命”的第三义。他有时候力求直截了当，简提“主施者断”一语，以警醒世人。揆诸许君“自命”一语，似乎侧重判断，但若合第一义、第三义观之，自可涣然冰释。我们现今所要着意的，尤其之东原研〈和〉[究]许氏名学的主要方法：

第一步，观察许叔重的名学底渊源。东原说：

> 许慎《说文解字》……多本《方言》，而自成著作，不加所引用

① 《晨报副镌》1924 年 3 月 18 日，第二版。

书名。(《方言疏证序》)

可知东原眼中的许氏名学底最大来源,在乎西汉末叶扬子云著的《方言》。这种深入的观察工夫,是东原治《说文》的第一步工夫。

第二步,标举名学作家许叔重对于"六书"所下的界说。东原对于许氏的"六书"的定名——指事、象形、形声、会意、转注、假借——认为独得"纲领之正",前面已约略道及。这里要注意的,只在看清东原对于"六书"的要旨是如何标举。东原的大弟子段若膺评述得最简要:

戴先生曰:"指事、象形、形声、会意四者,字之体也。转注、假借二者,字之用也。"圣人复起,不易斯言矣。(段氏《说文解字注》第十五卷上)

若膺笃信师说如此,并引申其说云:

异字同义曰"转注",异义同字曰"假借"。有转注,而百字可一义也;有假借,而一字可数义也。(同上)

"同字异义",言自同物而指其殊趣也。这种法程,是从综合到分析,故云"一字可数义"也。"异字同义",言由繁赜而观其会归也。这种法程,是从分析到综合,故云"百字可一义"也。"一字可数义",是演绎法的名学底功能;"百字可一义",是归纳法的名学底功能。合演绎、归纳无以见字之用;舍字之用无以明字之体。东原对于"六书",特标出体、用二字,使学者晓然于名学底本体及其作用,而即作用以验本。此段若膺对于东原所标举之界说,所为有"圣人复起,不易斯言"之叹,而不惜竭其全力以从事新建设也欤?

第三步,择取许氏名学之良法以为"离辞辨言"之公共标准。前言转注、〈段〉[假]借两种方法,有合于归纳与演绎。这两种方法,本宜交互为用,但是近于演绎的〈段〉[假]借的方法,由许君说来,乃是:

假借者，本无其字，依声托事；令、长是也。（《说文解字叙》）

东原的学生段〈得〉[若]膺注云：

托者，寄也；谓依傍同声而寄于此，则凡事物之无字者，皆若有所寄而有字。如……令之本义，发号也；长之本义，久远也。县令、县长本无字，而由发号、久远之义引申展转而为之，是谓假借……

这样从本有的涵义里“引申展转而为之”的方法，颇便于重新发明。这种方法，是善于“综核条贯”的哲学家戴东原重新发现出来的。段氏述许氏名学之目的，认为是要：

使学者推见本始，观其会通，故为之依形以说音义，而制字之本义昭然可知；本义既明，则用此字之声而不用此字之义者，乃可定为假借；本义明而〈段〉[假]借亦无不明矣。（段氏《说文解字注》第十五卷上）

借用字声，似可归属于声韵学，所云“依形以说义”就是从具象的事物里推求其抽象的原理；就是由繁赜而观其会归；也就是文字哲学的主要方法——“转注”的方法。若不先从近于归纳的“转注”的方法着手，则近于演绎的“假借”的方法，亦莫由明了；因此，戴、段两家同声说道：

学者不知转注，则亦不知假借为何用矣！

我们在这里便要请教戴先生！到底“转注”是什么？东原先生斩钉截铁地答道：就是“互训”！他自己负责任的宣言这是他个人苦心孤诣的空前的大发明！说道：

转注之为互训，失其传且二千年矣！（戴氏《六书论自序》）

这"互训"的方法，实在是东原的新哲学的主要方法。要想自己重新建设一种会通哲学，非先从"互训"入手不可！"互训"就是互相训释，亦即交遍的解释，欲治名物训诂之学，固宜以此为通轨；欲新建设一套大哲学的见解，亦宜以此为要道。照此讲来，戴先生提出"互训"两个大字，实在是为谋建设治学的公共标准，稍作狭义，就是建设"离辞辨言"的公共标准。这是东原在汉学方面所建的伟绩，其惠泽所被，正复不限于狭义的文字学一方面。我承认东原精于择取许氏名学底良法，其主要理由就在此①。

若是纯从过去的、狭义的文字学界去寻论据，觉将关于东原的"转注""假借"新诠，未必毫无反响；但若放开眼孔，以大哲学家视东原，毋以狭义的小学家浅视东原，那又很可以消融些争执了。段玉裁说得好：

> "转注"之说……宋后异说纷然，戴先生《答江慎修书》，正之如日月出矣；而爝火犹有思复然者，由未知六书转注、假借二者，所以包罗自《尔雅》而下一切训诂音义，而非谓字形也！（段氏《说文解字注》）

对于过去的学术，作包罗一切的交遍的新解释，这是何等魄力！但是戴先生有时交用二者，有时侧重"互训"，这是甚么缘故？段氏说：

> ……转注中可包假借，必二之者，分别其用也！既假借而后与假义之字相转注，未假借则与本义之字相转注也！（同上）

准此以推，"互训"中可包演绎。未演绎以前，则先凭诸自然的同类互相训释而求其同法；既演绎以后，则酌取所已得的必然的同法而推及同类，再为互相训释：斯则互训之法，乃为归纳而设也。广义的

① 《晨报副镌》1924年3月18日，第三版。

归纳，可包演绎，必二之者，分别其用也！东原一面承认“转注”“假借”二者都是名学的作用，一面又极力侧重“互训”，其重大意义，实在乎此。旷世一遇的大哲，特为一切钝根众生、利根众生新建一种互训式的、归纳的名学，以为探求真理的新大陆所可共由的新航路，而彼未受哲学训练的妄人，犹且谋摧折之不遗余力；借使无段若膺其人者奋然起而合作，几何不使名学家之哥仑布的新生命，葬送于半渡中也？！——说归正传，东原研究许氏名学底第三步工夫，暂且说到这点为止，接着再说第四步。

第四步讲明许氏名学的主体，并且把他应用到著述方面。东原深信许氏所定“六书”之名，独得广义的文字学底纲领之正，又于其间分别体用，以“会意”为“字之体”。然则“会意”之体，是怎样形成的呢？许叔重说：

> 会意者，比类合谊，以见指撝。武、信是也。（《说文解字叙》）

段氏解得最好：

> 谊者，人所宜也。先郑《周礼注》曰：“今人用义，古书用谊。谊者本字，义者假借字。指撝……谓所指向也。比合人、言之谊，可以见必是信字；比合戈、止之谊，可以见必是武字，是会意也。会意者，合谊之谓也……”（段氏《说文解字注》第十五卷上）

可见“会意”之形成，乃系由两个概念的结婚所产生出来的佳儿！双双比周，两两亲吻，以求合乎人之所宜，这是极美满的事情。既已相接比、相化合以后，所诞生的新结晶体，便算是由这二而一的先天的因子所造成的新果，这种因果律是含有必然性的。这几行或者可以形容“比合两谊以见必是”的本体么？先天的因子既是二而一的，则所结的新果，不得分属于甲，亦不得但属之乙；否则不得谓之合矣！比而合之，由相对而进于绝对，以达其所指向之目的而无不会通，是之谓“会意”。段氏又说得极好：

凡会意之字，曰从人言，曰从止戈。人言、止戈二字，皆联属成文，不得曰从人从言，从戈从止……（同上）

这便是说的由两体相联络，结下了不解缘以后所成就的新果，不得分别于两体之任何体，不得不表现其自立的新精神，更善自为谋以为后此“比合以见”的新结果之前因！体验这种道理到极深处，可以成功一种新哲学。只要念兹，何虑玄之又玄？此合复比合，此东原的新哲学所为有以自见于世也；思保持其所见的新果之独立精神，此又新哲学家的戴东原所以有壹“空依傍”之宣言也！然则对于许氏名学作哲学的研究如东原者，宁非洨长之功臣耶？又安能不以善于“讲明许氏名学的主体”许之耶？

不宁唯是，东原并且把这种比合见指的本体，引为著述生涯的法程。前段所谈的本体，颇带有超名学的意味，可是涉及因果律，道及必然性，这却属于名学的范围。若由严格的名学眼光观之，又可作这种解释：“类”言乎“概念”；“谊”言乎“判断”；“比类合谊”，言乎表示两个概念之结合而成为一辞也。“见”言乎“推测”；“指㧑”言乎推测的结论或归宿；“以见指㧑”，言乎由推测得来的归结也。“比类合谊，以见指㧑”，犹东原所言“明其区分”“精其裁断”“由合而分，由分而合，以尽是非之极致也”。申言之，“会意”之学亦归纳之学也。东原极崇信归纳，则其引“会意”之学为著述生涯之一种法程也，固宜①！

兹举东原的《原善自序》和他的《屈原赋目录序》为例，以见“比类合谊”的方法底实施。东原说：

余始为《原善》之书三章，惧学者蔽以异趣也，复援据经言疏通证明之，而以三章者分为建首，次成上、中、下三卷。比类合义，灿然端委毕著矣！天人之道、经之大训，萃焉。以今之去古圣哲既远，治经之士，莫能综贯，习所见闻，积非成是。余言恐未

---

① 《晨报副镌》1924 年 3 月 19 日，第二版。

足振兹坠绪也，藏之家塾，以待能者发之。(《原善》自序)

这不是东原引“会意”之学为著书之法程之显例么？读到“比类合义，灿然端委毕著”云云，便知道这是从许君“比类合谊，以见指㧑”的话脱胎。此种“坠绪”，除了东原，实无别人能“振”而“发”之者！东原深恐此种大哲学的正确方法湮没不彰，乃痛痛快快地抉出“治经之士”的弱点，谓其“习所见闻”，则概念不真，说不上“明其区分”，连“比类”的真谛也不能窥见；“积非成是”，则判断不确，说不上“精其裁断”，连“合义”的确诂也不能了解。既不能比而合之以解其蔽而祛其惑，又安望其综贯道训而显现其指㧑也哉？夫极“综贯”之能事，此归纳的名学家戴东原之所切望于后学，而亦许君的新小学的会意的思维术，在东汉哲学方法论史上所为极有价值也。我们在今科学昌明时代，如果仍然不能“振兹坠绪”，更进一步组织一种“综贯”哲学底新系统，而反使后之“能者”，拿来与一二百年的“碎义逃难”者流同类而并讥，则非独有负许君，亦且重负东原矣！夫惟妙运东原撰著《原善》之方法，以从事述造，复“援据群言疏通证明之”，而不“蔽以异趣”，才算是远之能承许君的遗产，近之能吸戴氏的法乳哩！戴氏又说：

余读屈子书久，乃得其梗概。私以谓：“其心至纯，其学至纯，其立言指要归于至纯。”二十五篇之书，盖经之亚。说《楚辞》者既碎义逃难，未能考识精核，且弥失其所以著书之指。今取屈子书注之，触事广类，俾与遗经雅记合致同趣。然后赡涉之士，讽诵乎章句，可明其学，睹其心，不受后人皮傅用相眩疑……(《屈原赋目录序》)

这不是东原引“会意”之学为“注书”之法程之又一显例么？看他“触事广类，俾与遗经雅记合致同趣”，务期“赡涉之士”，深信“其立言指要归于至纯”，而不“失其所以著书之指”，便知道这里至少有八九成是从许君“比类合谊，以见指㧑”的意思脱化而出。深病“说《楚辞》

者碎义逃难，未能考识精核”，而奋然思所以“明其学”而“睹其心”，则其比概念而施判断，非仅振洨长之坠绪也，实亦振屈原之坠绪，而大揅其心中之所指向也。非籀书至久而推理见极者，其能与于斯乎？

然后就上列两个显例中所得的诸概念比而裁之，以推见许君的指㧑，确认“会意”是许氏的名学——自命之学底主体；并且推见东原的指㧑，确认戴氏优能讲明许氏名学的主体并且优能把他应用到著述方面——确认这是东原研究许氏名学的第四步工夫。

东原这四步研究工夫，如果认为是前后相贯的，认为能够给许氏名学一种新生命，他这番“振兹坠绪”的苦心，庶乎不为徒劳；而许氏名学底复活——名学底哲学化之佳期，或亦不远也已！

如前所说许叔重的自命的三种涵义和戴东原对于许氏名学所下的四步工夫，都是名学者作比较的研究时应该注意的论点。而戴氏对于许氏的“六书”之学，尤能用名学的眼光观察得体用分明：由互训、转注以见推理之妙用，由比合、会意以树正名之体要。经此一番研究，他自然无难自为建设。欲知其详，且听往下再谈①。

八、戴东原与郑康成（及其他）

戴氏生平在哲学上的大建设，以所著《孟子字义疏证》为第一，在“上篇”里，我早已说过了。此书讲“理”，与宋儒迥然不同之点，就是宋儒以“天理”为前提，东原以“分理”为前提。“分理”的价值，要算许叔重估定得最确当。东原生千载下，排众意而力表赞成，在他的著作中，更首先述及这层，说道：

> ……《乐记》曰：“乐者，通伦理者也。”郑康成注云：“理，分也。”许叔重《说文解字序》曰：“知分理之可相别异也。”（《孟子字义疏证》卷上页一）

① 《晨报副镌》1924年3月20日，第二版。

东原由此得了一个重大意义，就是：

理者，察之而几微必区以别之名也，是故谓之分理……（《疏证》卷上叶一）

这是东原对于“分理”的新解释，也就是戴氏理学底新概念。他以谓真理的实际，在“察之而几微必区以别”，为举实起见，乃起此理之名。此说来源很广，根柢很深，其得力于叔重者亦不浅！先运析理之方术，以籀叔重之书，进而提纲挈领，自为建设，以求达其所悬拟之名学的究极目的，此种计画之可有成功，在东原发心肯定“纲领之正，宜从许氏”的时候，殆早操其左〈卷〉[券]了；然后叹休宁“振兹坠绪”之魄力，真未易企及也！但我们研究这层，同时宜顾及郑康成，这也是发心“振兹坠绪”者所不可忽略的。所以我在“戴东原与许叔重的名学”一节后，不容不更立“戴东原与郑康成的名学”一节哩！

郑康成在名学史上的位置，不亚于许叔重。我们研究东汉时代的名学，不妨先就许叔重和郑康成的名学作比较的研究。许、郑两家都提倡名学的文字学化，但是就名学的运用上说，许氏似乎专用其法以著书；郑氏则于著述之外，更推其术以为演说制胜之利器。许氏《说文解字》自叙云：

……盖文字者，经艺之本、王政之始。前人所以垂后，后人所以识古，故曰：“本立而道生，知天下之至啧而不可乱也。”今叙篆文，合以古籀，博采通人，至于小大，信而有证，稽撰其说，将以理群类，解谬误，晓学者，达神旨，分别部居，不相杂厕也。万物咸睹，靡不兼载，厥谊不昭，爰明以谕……其于所不知，盖阙如也。

“今叙篆文”以下至“盖阙如也”，都是许君自述作书之大例。他的著作力极强，据范蔚宗做的《许慎传》（《后汉书》卷一百九下）里说“……叔重……性淳笃，少博学经籍，马融常推敬之……”，可知洨长治学的基点，纯是“立乎至博”；其云“博采”，与《传》中“博学”相发。戴氏的学友钱辛楣尝以范氏此《传》太略为憾（说见《十驾斋养心录》卷六，“许慎传漏略”条），他的论据是：

> 《说文》引汉人说，皆直称其名，唯贾逵称贾侍中而不名。冲上书云：“慎本从逵受古学，博问通人，考之于逵，作《说文解字》。”是慎为贾逵弟子无疑。汉儒最重师承，而史略不及之，此其疏也……（同条）

钱氏此说极有见地，但是许冲所下的“博问”二字，在名学上尤有意趣。许慎“博学”“博问”“博采”，既经多人证实，我们可以说他是一位极端的“道问学”的硕儒。他这样求博，也就是广义的归纳法底出发点。“至于小大，信而有证，稽撰其说”，小大是比较而见，客观资料的范围有大小，主观研究的精神不必有大小；善学者处此，务先持细大不捐的雅量以受之，次乃考核其证验。“‘稽’，留止也，稽留而考之也。‘撰’，专教也。‘撰’音与‘诠’同，‘诠’，具也”（金坛段氏说），稽考诠释，求博即所以求信也。许叔重之“理群类”，所以求观念或概念之可信也；其“解谬误”，所以求消极的判断之可信也；其“达神旨”，所以求积极的判断之可信也。概念（或观念）可信，乃可以“兼载万物”，否则类无由理矣。判断不谬，罗〈才〉可以“明谕厥谊”，否则旨莫或达矣。东原之“明其区分”，乃所以“理类”也；“精其裁断”，乃所以“达旨”也：其学说之妙契许君，有如此者。可是最令人心折的，尤其是许氏“分别部居不相杂厕”之旨[①]。

段若膺注云：

> 许君以为音生于义，义著于形。圣人之造字，有义以有音，有音以有形。学者之识字，必审形以知音，审音以知义。圣人造字实自象形始，故合所有之字，分别其部为五百四十。每部各建

① 《晨报副镌》1924 年 3 月 26 日，第一版。

一首，而同首者则曰“凡某之属，皆从某”，于是形立而音义易明。凡字必有所属之首，五百四十字可以统摄天下古今之字，此前古未有之书，许君之所独创！若网在纲，如裘挈领，讨原以纳流，执要以说详，与《史籀篇》《仓颉篇》《凡将篇》乱杂无章之体例，不可以道里计。颜黄门曰：“其书檃栝有条例，剖析穷根原，不信其说，则冥冥不知，一点一画，有何意焉？”此最为知许者矣，盖举一形以统众形，所谓檃栝有条例也。就形以说音义，所谓剖析穷根源也……（段氏《说文解字注》第十五卷上）

段氏此说，语语精要。许氏著书之神旨，惟若膺足以达之。对于叔重，固然当得起“最为知许”的赞美；对于东原，亦可谓能光大师门者矣。顾其所最神契者，尤在颜氏之说。颜氏云：“不信其说，则冥冥不知……”此言洞中不治名学的痼病。许氏尝云：“冥不相见，故以口自名。”（《说文解字》第二）由黄门之说推之，许君之著书立说，乃为名学起信而来也！我承认他是“最为知许”的人，其主要意见就在此。又以为必深信其说，乃可进而通其方法。黄门，深信许说者也，要“其书檃栝有条例”，这是说的演绎法的名学之应用。所云“剖析穷根原”，这是说的归纳法的名学之极诣。证以段氏之说，则举一形以统众形者，演绎之事；就形以说音义，乃归纳之事也。著述的许叔重，邃于名学，故能“独创前古未有之书”，而其全部组织之精密，“若网在纲，如裘挈领，纳流以讨原，执要以说详”，极推理之能事，扬达旨之天声；百世而下，读其书者，犹且憬然知“分别部居，不相杂厕”之深合逻辑，而况有自知之明如叔重者耶？他不愧为专用名学之大法，精心著述之宏业者以此，而东原“纲领之正，宜从许氏”云云，更可深长思已。

前节既就许氏“六书”界说上看出他的名学之精神，此节又从许氏《说文》全部组织上看出他的名学之实力，可以更端叙述郑康成了。

康成的名学精神，不徒表现于著述中，亦且焕现于演说之际。拿他和叔重比观，颇有趣味。但也可以参加申戴大家焦里堂的一点意见。他的意思，觉得郑康成与贾景伯（逵）有相提并论的必要。我们试想一想，贾氏有名学的态度么？他所上的条陈是：

三代异物，损益随时，故先帝博观异家，各有所采。《易》有施、孟，复立梁丘；《尚书》欧阳，复有大、小夏侯；今三传之异，亦犹是也。（范蔚宗《后汉书》卷六十六，《贾逵传》）

这是“博物多识”（本传）的贾逵对于“异”家的态度。里堂颇认为是对的，并引荀子的话来解释。里堂说：

荀子曰：“圣人兼陈万物而中县衡焉。”中县衡则有以序之，此“损益”所以“随时”也。（焦氏《雕菰楼集》卷九叶十一，《攻乎异端解上》）

他的意思是说判断持平，则所有各种概念均得其序而不相悖，他并且承认“惟贾逵通五经之说”（同上），斯固然已。我看贾氏“博观异家，各有所采”的态度，颇影响于许叔重。许氏治学，力主“博采”以“理群类”，不好同而恶异，可推其学风的来历，乃导自贾门。里堂于此，尚未深论，其所注意的，在贾氏的态度与郑氏的态度相类似之点。郑氏的名学的态度，从那里看出呢？请看左方：

袁绍客多豪俊，并有才说。见玄儒者，未以通人许之，竞设异端，百家互起。玄（康成）依方辩对，咸出问表，皆得所未闻，莫不嗟服。（范蔚宗《后汉书》卷六十五，《郑玄传》）

这是郑康成对于“异端”的态度。里堂亦表同情，申说几句，道：

盖以儒者执一不能通，故各为一端以难之。康成本通儒，不执一，故依方辩对，谓于众异之中衷之以道也！（焦氏《雕菰楼集》卷九叶十二，《攻乎异端解上》）

然后里堂取贾、郑两家而综断之曰：

如贾郑之学，可谓能攻乎异端矣！（同上）

诸君注意！这里“攻乎异端”一句，是里堂恭维他们两的话，不是抹黑他们两的话。里堂的意思是说的：

异端犹云两端，攻而摩之以用其中……则皆不失其序而害止……（同上）

又说：

有两端则异。执其两端，用其中于民，则有以摩之而不异。相观而善之谓“摩”。人异于己，亦必己异于人，互有是非，则相观而各归于善。是以我之善观彼以摩彼之不善，亦以彼之善观我以摩我之不善也！（同上）①

这些话不但把贾、郑两家的名学精神推阐尽致，亦可见大贤于人，何所不容，乃后世名学界所应守之态度也。贾氏著书，务辨事实之“异同”，不轻下价值判断，虽似太偏于客观方面，却亦不愧为善于“观彼”的纯客观的、纯归纳的名学家也。

除此而外，如马季长批评贾逵的话，亦颇可注意。范蔚宗说：

马融才高博洽，为世通儒……尝欲训《左氏春秋》，及见贾逵、郑众注，乃曰：“贾君精而不博，郑君博而不精，既精且博，吾何加焉？”但著《三传异同说》……（《后汉书》卷九十上，《马融传》）

其所谓“博”，言乎资料之搜集，是属于概念上的；其所谓“精”，言乎资料之鉴别，是属于判断上的。既博且精，罔不贯通，便算是尽推知之极致，也可说是属于推理上的。概念、判断与推理是思想底三大轨

① 《晨报副镌》1924年3月27日，第一版。

范，马季长自己颇思兼此三长；对于他具有一种专长者，亦酌加推许。他送给郑君一个“博”字，送给贾君一个“精”字，就是推许他们概念上、判断上的特长。——这位郑君指郑众，后世称为“先郑”。对于郑康成（玄），则称“后郑”以别之。郑众对于“六书”的见解，与班、许有异。郑众《周官保氏注》，谓之象形、会意、转注、处事、假借、谐声，此与我在前节引的班固《汉书·艺文志》、许慎《说文解字》里关于“六书”的见解，可以参看；虽不如许说之精，然仍不失其为博也。贾氏因“诏令撰欧阳，大、小夏侯《尚书》古文同异”，遂“集为三卷”。他这一副求同求异的客观的归纳精神，确与马季长相类似。贾氏论《春秋》名学，其于左氏之“义”，公羊之“权”均曾道及，意谓“文简小异，无害大体”。因当时学者，多无视左氏《传》，故欲“留意废学，以广圣见”，此与戴东原“振坠绪”的精神颇有些相近。但贾氏治学的目的，在求精核，所云“研机综微，靡不审核”，可做季长所加的一个“精”字底注脚。先去参透马、贾两家的消息，那么研究许叔重、郑康成两家学说的兴味，必更加浓厚哩！

马季长与贾景伯这两位经师，都具有一副同异交求的归纳精神。叔重受学贾氏，康成师事马君，所以各皆受过归纳的名学底训练，所以他们著书立说，不苟异亦不苟同。叔重“以五经传说，臧否不同，于是撰为《五经异义》”（《后汉书》卷一百九下，《许慎传》），而康成则著《驳许慎〈五经异义〉》（《后汉书》卷六十五，《郑玄传》），其显证已！

此犹言乎不苟同也，其不苟异又怎样呢？我看康成“依方辩对”，犹叔重之“理群类”以“达神旨”也，此其运思之轨范不尚苟异之明证也。许氏勇于自命，深信儒家正名之微旨，所著《说文解字》，其研究的对象，乃是文字学。到底名学与文字学，异同如何？郑氏颇有分晓。《论语》上说：“必也正名乎。”郑康成说：“正名谓正书字也。古者曰‘名’，今世曰‘字’”。看来古代的名学就是他那时代的文字学。他们两的文字学化的名学运动，好像是向着同一目标而行进，此其治学之目标，至少有一部分不苟异之明证也[①]。

既不苟同，又不苟异，则同异交得，治学运思，两皆无蔽。许、郑两家均不失为通儒，成亦操斯道也。但是许君之学的概念及其思的概念，还当附带诠释，以显验其名学之精神。许氏《说文》里面，“教”部的最后一个字就是“学”字，而“教”部却在“〈文〉[支]部之后，在研究《说文》部首的人，似乎也该注意。“教”部中还有一个“斆”字，许叔重解说道：“斆，觉悟也。”(《说文解字》第三篇下)段懋堂注云：“详古之制字，作‘斆’，从‘教’，主于觉人。秦以来，去‘〈文〉[支]’作‘学’，主于自觉。《学记》之文，‘学’‘教’分列，已与《兑命》统名为‘学’者殊矣。”此言颇有理，但有欲问者，此所谓“觉”系“直觉”耶？抑“感觉”耶？“直觉”统善端而无偏，可属之本体论的范围；“感觉”的经验，有真、有妄，待于推核，可属之认识论而渡入论理学(名学)的范围。但是求其在名学中作一大半主的，恐怕还是一个“教”字——尤其是一个“学”字。《兑命》曰：“学，学半。”段懋堂云：“按《兑命》上‘学’字谓‘教’，言教人乃益己之学半。教人谓之学者，学所以自觉，下之效也；教人所以觉人，上之施也，故古统谓之‘学’也。”我也承认“统谓之‘学’”，但“下之效，上之施”，两个“之”字似乎还待商兑。换言之，就是去许君的解说，似乎犹隔一间。许君在“教”部中云：“教，上所施，下所效也。”“所效”是说的由摹效物象所构成的“意象(观念)”或“概念”，离“所效”则“概念”莫由构成，不翕受“所效”则莫由展敷“所施”，而“判断”莫由成立。可知“所施”是说的结合两个以上的“观念”或“概念”以表示一种意义的“判断”。“判断”与“概念”同是思维作用的形式，似乎说不到“上”“下”，但“上”“下”也不过是对待之名，如以“概念”比诸“靖共尔位”的百僚，而以“判断”比于“乾纲独揽”的元首，则所说“上”“下”，在彼当时也不无意趣。况且许君早以“〈文〉[支]”为“教”之先提，则谓其学以施为上，又有什么不对呢？许〈你〉[氏]解释

---

① 《晨报副镌》1924年3月29日，第一版。

"攴"云:"攴,小击也。"段氏云:"按此字从又,卜声。又者,手也。凡《尚书》《三礼》'鞭扑'字皆作'扑',又变为手,卜声不改……"由此推之,"攴"有批判之意可知。段氏又云"上施故从'〈文〉[攴]',下效故从'孝'",此语却佳。"上施",犹东原所云"主施者断"也;"下效",犹东原所云"主受者听"也。连络"听""断"两概念而构成"教"的概念并且隶于"学"的范围,是则许君之"教学",即"学学"也亦"名学"也。

许君之学的〈模〉[概]念由名学上解释之,其要义不外乎此。至于他的"思"的概念呢?据许叔重《说文》云:"思,睿也。"(《说文解字》第十篇下)段若膺注云:"谷部曰:'睿者,深通川也。'引睿畎浍距川,引伸之,凡深通皆曰'睿'……谓之'思'者,以其能深通也。"若膺以"能深通谓之思",与乃师戴东原说的"思者心之能也"可以参看。这"能"字最要紧。前面论"学",道及"所施""所效",这"所"字最好看。"所"缘乎客观界,"能"缘乎主观界。所施效者,客观的对〈相〉[象]也;能深通者,主观的本体也。能所交遍,体相互推,便组成一大套思维作用。思维复思维,相贯而不绝,相续而不穷,此人类之心能,所以"参天地之化育",历千载而常新也。许氏解"思",又云:"从心,从囟。"段氏注云:"今依《韵会》订。《韵会》曰:'自囟至心,如丝相贯不绝也。'"段氏谓此为会意字,我以为会意之术,即思维术也,亦广义的归纳(可包演绎)也。故思维术(一曰思辨学)亦可说是名学。

以"丝相贯"状此心能,极好!但是要训练此心能,使其"深通""相贯",非运用内籀、外籀的方法不为功。许叔重云:"籀,读书也。"(《说文解字》第五篇上)此见竹部,可与"言"部里"读,籀书也"云云参看。段氏《注》云:"《毛传》曰:'读,抽也。'《方言》曰:'抽,皆籀之假借。籀者,抽也。读者,续也。抽引其绪,相续而不穷也!亦假紬字为之。'太史公《自序》:'《紬史》记石室金匮之书。如淳云:'抽彻旧书故事而次述之也……'"(段氏《说文解字注》第五篇上)读此,令我们对于司马迁的名学,更得一度回顾。"紬书"是子长名学的主要方法,其渊源导自《易》《春秋》,前文已说过了。"本隐之显",是子长外绎的

"紬书"法,犹叔重之"举一形以统众形"——"檃栝有条例也"。"推见至隐",是子长内纳的"紬书"法,犹叔重之"就形以说音义"——"剖析穷根源"也。叔重之"外紬",犹东原之"以其则正其物也",此直接紬法也。叔重之"内紬",犹东原之"因物而通其则也",此间接紬法也。郑康成尝云:"但念述先圣之元意,思整百家之不齐,亦庶几以竭吾才。"(《后汉书》卷六十五,《郑玄传》)其"念述先圣之元意",此直接紬法也,演绎的精神存焉。其"思整百家之不齐",此间接紬法也,归纳的精神存焉。要皆求竭其心能所必采之方法也,皆求紬引其思绪,俾其如丝〈适〉[相]连贯而不绝、相续而不穷也;要皆运思求诚之术也,亦为学求益之道也。既已相贯不绝,相续不穷,自亦当得起一个"通"字的考语了。照此讲来,许、郑两家的"学"的概念与"思"的概念,均可了然言下,而皆不失其为通儒,断可识已!

戴东原研究郑学,首以求"通"为鹄,故深知其贯穿群经以立言。他说:

> 郑之《三礼》《诗笺》仅存,后儒浅陋,不足知其贯穿群经以立言,又苦义疏繁芜,于是竞相凿空……抑亦闻朱子晚年治经崇郑氏学何如哉?!(《戴氏遗书》,《文集》卷二叶七,《郑学斋记》)①

东原深悦郑氏学,欲为他建设一新信仰,乃先引朱晦庵来作保证,使我们平昔治朱子学的人,对于郑君,不得不举行相当的敬礼。这种新郑学运动,当时着手进行的,颇不乏人。据东原说:

> 今之知学者,说经能骎骎进于汉,进于郑康成氏,海内盖数人为先倡,舍人(王兰泉)其一也。(同上)

东原虽未尝自认为新郑学运动的先驱,但是对于那些"诵法康成"的先倡者,亦有所批评,有所修正。他说:

---

① 《晨报副镌》1924年3月30日,第一版。

诵法康成……不必无人，而皆失康成于诵法中，则不志乎闻道之过也。(《文集》卷八叶二十一，《与姚孝廉姬传书》)

东原做学问，以“闻道”为究极目的，必先立此大志，乃可语于诵法，但他也并不蔑视诵法。他以为若全废诵法之功，必流于“以意衡量”“竞相凿空”。不受此蔽，乃可言“学”，否则殆矣。他说：

凡学未至贯本末，彻精粗，徒以意衡量，就令载籍极博，犹所谓“思而不学则殆也”。(《文集》卷八叶十六，《与任孝廉幼植书》)

载籍虽博，而不求之于心，不能明其本末精粗之区分，则概念已不确实，更无由比而合之以制可否，若“徒以意衡量”，则判断必不精当。明其概念，精其判断，择善而从，或亦不害其为诵法矣。以言乎闻道，则似犹隔一间。东原说：

志存闻道，必空所依傍。(《文集》卷八叶三十二，《与某书》)

矫“徒以意衡量”之失，而流于依傍，则所谓“楚固失矣，齐亦未为得之”，皆东原之所不取也。为其以人蔽己，以己自蔽，同是锢蔽，决无由举其心能，紬其思绪，相贯而不绝，相续而不穷也。准此以推，则足己而不治郑学者，以己自蔽者也；法郑而流于依傍者，以郑蔽己者也：皆思辨学家所为深惧而汲汲焉谋所以解其蔽者也。东原自述云：

其得于学，不以人蔽己，不以己自蔽。(《文集》卷八叶三十一，《答郑丈用牧书》)

又云：

儒者之学，将以解蔽而已矣，解蔽斯能尽我生。(《文集》卷六叶二，《沈处士戴笠图题咏序》)

观此，则东原之善治郑学，而不以郑蔽己，其必有“道”矣。何谓“道”？东原说：

> 道者，居处、饮食、言动，自身而周于身之所亲，无不该焉也。（《孟子字义疏证》卷下叶八）

其所谓道，以“身亲焉”为前提，这是注重“亲知”的显证。前面所说的“载籍”，属于“闻知”。自来学者往往蔽于所闻，而不能致亲知，则不志乎闻道之过也。志存闻道，斯可语于正名。孔子云：“必也正名乎！……名之必可言也，言之必可行也。”“名”之与“言行”极有关系，细绎东原“居处、饮食、言动无不该焉”的话自达其情。吾之自身，能言论、能行动者也，能亲焉者也。其周于吾身之所亲，乃吾言论、行动的影响之所波及者，故曰“所亲也”。能亲所亲，道无不该，是谓能所交遍；本末精粗，无不贯彻，才算得内外交细，才算得善于籀书，才算得深通。东原治学讲道，都以“求通”为鹄，其重大意义实在乎此。细心理会了这层，更进而了别东原的郑学新观，就可相信他真不愧为一位名学通诠大家了。他说：

> 学者大患，在自失其心。心，全天德制百行。不见天地之心者，不得己之心。不见圣人之心者，不得天地之心。不求诸前古贤圣之言与事，则无从探其心于千载下，是故由六书、九数、制度、名物能通乎其辞，然后以心相遇。是故求之茫茫空驰以逃难，歧为异端者，振其槁而更之，然后知古文治经有法，此之谓郑学！（《戴氏遗书》，《文集》卷二叶七，《郑学斋记》）

他这段议论，虽说是“闻问学于王兰泉者，得所学以往如是”，实在可以代表东原对于郑学之所自得。他要“求诸前古贤圣之言与事”，而“探其心于千载下”，与郑康成“念述先圣之元意，思整百家之不齐”，同是具有一副内外交细的思辨学的精神，东原说的“由六书、九数、制度、名物能通乎其辞”，良亦深达康成以“正书字”为“正名”底注脚之微旨，可谓能“探郑君之心于千载下”也！吾故把他这种见解，叫作“郑学新诠”，并认为名学通诠的中坚！

照此说来，戴东原与郑康成，各皆具有名学的精神，不妨作比较的研究。兹再征引范蔚宗评论康成的话，以见康成在两汉名学史上的位置。范氏说：

> 自秦焚六经，圣文埃灭。汉兴，诸儒颇修艺文；及东京，学者亦各名家。而守文之徒，滞固所禀，异端纷纭，互相诡激，遂令经有数家、家有数说，章句多者或乃百余万言，学徒劳而少功，后生疑而〈算〉[莫]正。郑玄括囊大典，网罗众家，删裁繁芜，刊改漏失，自是学者略知所归。王父豫章君（范晔祖父宁，字武子）每考先儒经训，而长于玄，常以为仲尼之门，不能过也！……（《后汉书》，郑玄传论）

又云：

> 玄质于辞训，通人颇讥其繁，至于经传洽孰，称为纯儒……（本传）

观此，则知东原评述郑学的见解，不为无据。东原所云“〈贵〉[贯]穿群经以立言”，犹蔚宗所云“括囊大典，网罗众家”也；东原所云“后儒浅陋，苦其繁芜”，与蔚宗所云“通人颇讥其繁”意趣略异。然郑氏别裁资料，搜罗资料，这种科学的——名学的精神，仍千载常新也。必运此种精神，实做学问，自己能由繁赜而观其会归，然后其他一班学者，才可“略知所归”，至于真知所归，不蔽于一曲，亦可谓之通人矣。吾观郑君颇复可做“通人”的代表，正不必“讥其繁”①也。

上面述论关于戴东原与郑康成的名学略竟。回看许叔重、马季长、贾景伯诸家和郑康成，差不多都可说是东汉实证派的名学者，而

---

① 《晨报副镌》1924年3月31日，第一版。

许叔重、郑康成尤为重要代表，所以我尝说：东汉名学界之有许叔重、郑康成，犹西汉名学界之有董仲舒、扬子云也！至于两汉历史派的名学，则司马迁、班固其代表已。诸儒中自亦不无注重实用者，但究以王仲任、仲长统一流人物色彩较著，故前面称他们为实用派的名学的代表，正复不必因其异于纯理派的名学而一笔抹杀也。——照这样去做多方面的观察，其于两汉名学思想的蜕变，当可了然。而东原“贯穿群经以立言”的郑学观，视先哲“名之必可言”的微旨果何如？益无俟乎我之喋喋矣①。

九、戴东原与诸葛亮（及其他）

我们研究先秦两汉的名学，往往起一种感想，就是纯理的名学，以先秦时代为最发达。墨家、道家、儒家、法家，各有各的名学建设，其含义之宏深，往往为后叶所难企及。到了西汉时代，叙述诸家要旨而追溯其渊源者，尚不乏人。在政治方面，也有时参了一点黄老刑名之学的意味进去；但在学术方面，总觉儒家名学，成了当时的新信仰。董仲舒之名学的新建设，几乎成了孟、荀以后之最优的绩业，在纯理的名学史上仍然有其相当价值。扬子云的名学，虽近董氏而其风声所树，已开实证派的名学之先路。东汉许、郑之伦，亦或遥受其遗书之影响，而马、班则纯从历史派的名学一路发展。此皆儒家名学思潮在两汉之分流也。实用派的名学，虽间有不限于儒家，然究大体上说，亦不无接近处。到了三国时代，则法治主义代之而起，而实证之风亦替矣。历史派亦渐不振，而纯理的名学尤觉衰落。魏世虽有言刑名者，然其神识所濡染，则皆道家之绪余也。王辅嗣之《老子注》，较为杰出。刘劭之学，不限于一方面，然亦极近名家。若求其能运用正名之精神，以施诸有政，而亦与东原之“秩然有序”的、“截然不可

① 《晨报副镌》1924年3月31日，第二版。

犯”的“条理”的名学之轨范，可以参观互感者，则蜀汉方面法治化的名学也。

这时代的法治化的名学，以诸葛孔明为最善运用。他虽然不定是纯理的名学家，又参用了法家的名学；但他“经事综务”，务必“循名责实”，本诚心以求公益，建“仪轨”以俟后来，却深有合于先秦儒家正名的微旨。陈承祚评得很好：

> 诸葛亮之为相国也，抚百姓，示仪〈无〉轨，约官职，从权制，开诚心，布公道……善无微而不赏，恶无纤而不贬。庶事精练，物理其本；循名责实，虚伪不齿……刑政虽峻而无怨者，以其用心平而劝戒明也……(《三国志·蜀志》卷五，《诸葛亮传评》)

心能持平，是听断上的主要条件，必须此心确能保持平衡，无稍低昂，然后一切事实判断、价值判断，可期恰如分际、纤微无遗。孔明这副“循名责实”的兼听公断的精神，比那“拔十失五，仅得其半”的见地，高明得多，精卓得多了。东原说的“明其区分，精其裁〈判〉[断]”，期其“智之尽能，辨察事情而准”，在诸葛差不多完全做到了。其先建轨制，示以必“从”，犹东原所谓“以其则正其物”也，演绎法的名学精神存焉。孔明“精练庶物而理其本”，犹东原所谓“因物而通其则”也，归纳法的名学精神存焉。演绎归纳，交互运用，而坚持其心能的平衡，去下公正严明的听断，此诸葛孔明所以不愧为蜀汉法治化的名学界的唯一的伟大人物；虽在纯理派的名学界，亦不能不以“有儒者气象”许之也！

再就《三国志·魏志》看来，觉得管宁、田畴品节最高；在学术界，则徐干、刘劭，亦甚表表。刘劭(字孔才)当作都官考课七十二条，以综核名实，又撰人物志，说者入之名家。当时有人对刘氏下这样的批评[1]：

---

① 《晨报副镌》1924年4月19日，第二版。

刘劭深忠笃思，体周于数，凡所错综，源流弘远。是以群才大小，咸取所同而斟酌焉。故……文学之士，嘉其推步详密；法理之士，明其分数精比……制度之士，贵其化略较要；策谋之士，赞其明思通微……（《魏志》卷二十一，《刘劭传》）

此等评语，如果可靠，那么刘氏治学的历程，可说是受过名学化的了。精分详推，综贯源流，这纯是归纳的名学的精神，与东原“广搜详证，综核条贯”的精神非不相近。徐伟长（干）治学的规模，似王节信，所著《中论》可与《潜夫论》并读。伟长曾说道：“夫明哲之士者……决嫌定疑，辨物居方；禳祸于忽秒，求福于未萌；见变事则达其机，得经事则循其常……”按“循其常经”，犹东原之“以其则正其物”也；“达其机变”，犹东原之“因物而通其则”也。循常达变，辨物居方，据已然以推“未萌”，莫非名学之用也。（徐干卒于汉世，本可置于前章。兹因《魏志》附干于王粲传中，顺便在这里附带谈一谈。）

就徐干、刘劭二子比观之，徐子较有儒者态度，然固东汉末人也。详观魏之风气，其特别者，惟正始间的玄风而已①。

十、戴东原与王辅嗣

正始之际，王弼、何晏力倡老庄之学。其所注重的，端在玄学这部分，消极主义的色彩极浓厚，而于儒、墨两家积极主义的方法论的名学，比较上看得淡些；所以后来学者，对于这点，不乏责备之辞。然由历史的眼光观之，绝顶聪明如王辅嗣者，在彼时代，实可谓玄学派名学的重要代表也。王弼《老子注》中有云：

凡有皆始于无，故未形无名之时，则为万物之始；及其有形有名之时，则长之、育之、亭之、毒之为其母也。言道以无形无

① 《晨报副镌》1924年4月19日，第三版。

名，始成万物，以始以成，而不知其所以玄之又玄也。（第一章注）

又云：

名以定形，混成无形，不可得而定，故曰：不知其名也。（《老子》第二十五章注）

又云：

夫名以定形，字以称可言，道取于无物而不由也。是混成之中，可言之称最大也。（同上）

又云：

吾所以字之曰“道”者，取其可言之称最大也，责其字定之所由，则系于大，大有系则必有分，有分则失其极矣，故曰：强为之名曰大。（同上）

又云：

凡物有称有名，则非其极也……（同上）

王氏对于老子名学下这样的解释，看来像是极力替道家作鼓吹，但是平心论之，彼乃有契儒家之言，而欲自建一种玄学化的名学也。其论名也，屡次说及“可言”，这不是从孔子“名之必可言”的意思推演而得的么？细绎其旨，“可言”即肯定也，判断上有肯定与否定之分；否定者，肯定之负面，正复为肯定而设。王氏云“可言之称最大”，即谓本体上之全称肯定为全宇宙之最大目的也。使假定此为最大目的，为肯定而肯定，可也；为肯定而否定，亦无不可也。此种假说，在“混成之中”这论点上，可说是最普遍的，但若释玄学而言及名学，便须着手分析，不必遽以最普遍的、最广大本体为前提了。王氏所云

“大有系则必有分”，言分别系因现象的关系而起也。现象关系在概念世界中，如万网之相络。如果要结合二个概念（或观念）以表一个完全意义，则其结合的时候，应有肯定二个概念之关系与抵拒之二种方法。因时间关系、空间关系或观察点之不同，往往甲认此二概念为有关系的，而乙则认此二概念为相抵拒的。彼亦一是非，此亦一是非。在是非樊然之际，究以何种肯定为最普遍无蔽耶？王氏怵于客观判断的最高的、唯一的公共标准，不易确定，因此怀疑名学而欲返于玄学，所以他说“有名则非其极，有分则失其极”，其意趣与戴东原的“尽是非之极致”的知识论，乃绝相异也。

东原非不了解老子哲学，其见解何为与王弼的《老子注》相殊异如此？则以王弼侧重“为道日损”的消极论的名学，而东原侧重“为学日益”的积极论的名学，其立脚点不同故也。但东原做学问，虽力持严格的名学态度，而涉想到超名学的意味，却也有时说几句提挈本体的话。他说：

> 言乎条理之极，非知天不足以尽之。（《孟子字义疏证》卷下叶十三）

又说：

> 盈天地之间，道其体也。（《文集》卷三叶十五）
>
> 有实体，故可分。惟分也，故不齐。（《疏证》卷中叶一）

又说：

> 分而言之，惧夫人之与天地日以隔也。（《文集》卷三叶十六）

他这些话，至少有点玄学的意味，拿来和王弼“有名则非极，有分则失其极”的话比而观之，不无相近似处；但是就名学论名学，则戴氏务“尽是非之极致”，与王氏之怀疑名学者，固相殊异也。异而有同，同而有异，言各有当，不胶于一，可也[①]。

十一、戴东原与郭子玄

王弼注《老子》，郭象（子玄）注《庄子》，在老庄哲学上各皆有所献替，但是他们都好谈玄学，对于老子"为学日益"、庄子"形名可举"的意旨，未加重视；所以都未打算建设严格的纯理的名学。就是他们的玄学化的名学，成了独立的发展，也似乎不易说到直接推理、间接推理种种方法上去。不过郭氏对于名实是非的见解，在我们研究东原名学的时候，仍然觉得可资比较。郭氏云：

> 名当其实，故由名而实不滥也。（《庄子》外篇，天道篇注）

此与东原"举其实体、实事而道自见"的话，不妨参看，郭氏又说：

> 夫物之偏也，皆不见彼之所见，而独自知其所知。自知其所知，则自以为是；自以为是，则以彼为非矣……（《庄子》内篇，齐物论注）

玩其所言，乃务矫主观判断之偏，而以"不见彼之所见"为其病原。若"不见彼之所见而独自知其所知"，则其所自知而自以为是者，特意见而已，不以能"精其裁断"许之也。戴东原说：

> 人莫患乎蔽而自智，任其意见执之为理义。（《疏证》卷上叶三）

郭氏所谓"自以为是而不见彼之所见"者，犹东原所谓"蔽而自智，任其意见执之为理义"也。思维上有此障蔽，必不能称听断之职，故不可不思所以解其蔽也；但是解蔽的方向，则郭、戴两家迥不相同。

---

① 《晨报副镌》1924年4月20日，第二版。

郭氏本来知道“同于一致”的同法，但其立说则纯以否定一切为主。他说：

> 夫自是而非彼，彼我之常情也……将明无是无非，莫若反覆相喻。反覆相喻，则彼之与我既同于自是，又均于相非。均于相非，则天下无是；同于自是，则天下无非。何以明其然耶？是真果是，则天下不得复有非之者也；非若果非，亦不得复有是之者也。今是非无主，纷然淆乱，明此区区者，各信其偏见而同于一致耳，仰观俯察，莫不皆然。是以至人知天地一指也，万物一马也。故浩然大宁，而天地万物各当其分，同于自得，而无是无非也！（郭象《庄子》内篇，齐物论注）

郭氏以“无是无非”为极则，戴氏以“尽是非之极致”为正轨，则以其在哲学上的立脚点不同故也。由玄学上言之，郭说固然彻底，但就名学论名学，则戴说尤觉健实也①。

十二、戴东原与鲁叔时

东原之疏证孟子，与王弼、郭象之注老、庄，虽属诵法前哲，颇复不乏代表他们自己见解的地方。就中王、郭两家都是玄学化的名学——消极论的名学家，东原却是积极论的、兼批评的名学家。征诸晋代，批评派的名学，允当推鲁胜（字叔时）为绝代英物矣！

鲁胜之批评主义的名学，精当超卓，为汉以后所仅见；对于先秦时代儒、墨诸家名学，均能观其会通，撷其英华，视汉儒之侧重儒家名学者，规模更见壮大矣。鲁君说：

> 名者，所以别同异、明是非，道义之门，政化之准绳也。（《注墨辩叙》）

---

① 《晨报副镌》1924年4月23日，第二版。

其于名学之职分及其功用，言之最为明确。又说：

孔子曰“必也正名”，名不正则事不成。墨子著书，作辩经以立名本。惠施、公孙龙，祖述其学，以正刑名显于世。孟子非墨子，其辩言正辞，则与墨同。荀卿、庄周等皆非毁名家，而不能易其论也。（同上）

这段把先秦名学底纲要，通盘托出，读之令人感到唯真的事实判断底必要。事实判断，不似价值判断之容易使人兴奋，然而忠实地报告事情，乃纯客观的科学的精神之表现也。他拿孔孟的名学与墨家的名学连类并举，由已然的同类而推求其当然的同法，就是由繁赜而观其会归，也就是归纳的名学精神底表现，犹东原所谓“因物而通其则”也。鲁君在彼时代，已看出“孟子辩言正辞，与墨子同”，这样异中观同，真觉夐乎不易企及已！鲁君重新建设的名学见解，亦颇有研究价值。他说：

必有形察，莫如别色，故为坚白之辩；名必有分明，分明莫如有无，故有无序之辩。是有不是，可有不可，是名两可。同而有异，异而有同，是谓之“辩同异”。至同无不同，至异无不异，是谓“辩同辩异”。同异生是非，是非生吉凶，取辩于一物，而原极天下之汙隆，名之至也！（同上）

“辩异”即求异法；“至异无不异”，此求异法之极诣也。“辩同”即求同法；“至同无不同”，此求同法之极诣也。“辩同异”即同异交得法；“同而有异，异而有同”，此同异交得法之前诣也。此三种方法——求同法、求异法、同异交得法，都是极重要、极精粹的归纳法。此与戴东原说的“因物而通其则”意仍相近，但是鲁君得力墨家名学最深，其精简尤在东原之上。《墨经》云“法异则观其宜”，此即鲁君之“辩异法”也；又云“法同则观其同”，此即鲁君之“辩同法”也；又云“同异交得知有无”，此即鲁君之“辩同异法”也。鲁君的归纳法，妙契《墨经》，复自言“引说就经，略解指归”，吾是以力称其得力墨家名学最深也。（参看《晋书·隐逸·鲁胜传》）戴东原的名学，得力荀子者最多，与墨家因缘稍浅，其与鲁君，固不妨分道扬镳也。但是我还有一种愚见，以为果真深通荀子名学，其于墨子名学，未必不能观其会通；其于导源《墨经》的鲁胜的名学，亦未必不可观其会通也。荀子所云“同则同之”，犹鲁君所云“至同无不同”也；所云“异则异之”，犹鲁君所云“至异无不异”也；所云“同状异所，异状同所”，犹鲁君所云“同而有异，异而有同”也。故鲁君的名学，不独为墨子名学之枢机，亦且为荀子名学之秘钥也！但鲁君只说到“荀子不能易名家之论”，而未道及荀子之名学的建设，则亦以其专精之一部分，耑在墨家名学故也。

鲁、戴二君，皆尊归纳，皆善于运用归纳法，故其所成就，往往兼擅演绎之长。要皆极有科学的精神，与玄学家言适相反也。鲁君之能成为一批评主义的名学家而大异于玄学化的名学家，或亦非无故也[①]。

十三、戴东原与葛稚川

晋时的名学界，或受玄学化，或受墨学化，皆有得于先秦学之一部分，既如前述；兹再说一位学者，本不株守一先生之言，而亦卓然有以自树者，则治学“尚博”的葛洪也。葛氏自号“抱朴子”，因以名书。《博喻》篇中所云“影无违形之状，名无离实之文”，论“名”之起源，尚觉不差。《名实》篇解答“名不准实”问题，颇有超名学的眼光，然究以《尚博》篇为最好。《尚博》篇云[②]：

> 正经为道义之渊海，子书为增深之川流。仰而比之，则景星之佐三辰也；俯而方之，则林薄之裨嵩岳也。虽津涂殊辟，而进

① 《晨报副镌》1924年4月26日，第二版。

② 《晨报副镌》1924年4月27日，第一版。

德同归；虽离于举趾，而合于兴化：故通人，总原本以括流末，操纲领而得一致焉。

又说：

……百家之言，与善一揆。譬操水者，器虽异而救火同焉；犹针炙者，术虽殊而攻疾均焉……

这是说的名学之目的及其方法，以为所操之工具（方法）虽相殊异，而其所求达之目的则相共同。这样异中观同，由分析（离）到综合，很与东原"因物而通其则"的意思相近，可说都有归纳的精神。虽说"总原本以括流末"云云，近于演绎，却亦广义的归纳之所苞。东原尝说："动而应求，立乎至博，博故与为条理也。"《抱朴》一书，有条不紊，人所共知矣。其治学之方法，必期如"攻疾救火"之均且同，倘所谓"动而应求"者耶？

往下再谈一谈郭景纯，仍以与前列三子比观。

十四、戴东原与郭景纯

王、郭、鲁三子而外，有一位怪人，曰郭景纯。景纯（璞）之名学的意趣，寄于西汉学，而王、郭、鲁三家的名学，皆由肆力于先秦学而有所专精焉，此其异也。景纯对于西汉时代之广义的名学，其所专治而肆力的，尤在扬子云的《方言》一书。景纯所发表的关于《方言》的议论，可与朱质（南宋宁宗时人）的话参看。朱氏说：

汉儒训诂之学惟谨，而扬子云尤为洽闻。盖一物不知，君子所耻；博学详说，将以反约。凡其辨名物，析度数：研精覃思，毫厘必计；下而五方之音，殊俗之语，莫不推寻其故，而旁通其义；非徒猥琐拘泥，而为是弗惮烦也。（《方言》朱序）

这些话很能把子云的名学，切实道出。东原治学，亦言“但宜推求，勿为株守”（《戴氏遗书》，《文集》卷八叶十七，《与王内翰凤喈书》），与“推寻其故”的意思极相近。至言“确然于训故之原”（《文集》卷五叶七，《尔雅文字考》），则又与景纯的“离词”说，可相参看。景纯说：

> 扬生沉淡其志，历载构缀，乃就斯文……故可……不劳畴咨，而物来能名。考九服之逸言，标六代之绝语；类离词之指韵，明乖途而同致；辨章风谣而区分，曲通万殊而不杂。真洽见之奇书，不刊之硕记也。（郭璞《方言注序》）

“六代九服”两句说的子云的研究对象之时间关系及其空间关系，这很〈棧〉[浅]而易知。“明乖途而同致”犹言异中观同，近似归纳；“曲通万殊”虑亦称是。“不杂”犹言不紊，将欲有条不紊，必自“得其分”始。东原说：“得其分则有条而不紊”，是其证也。东原并名定之曰“条理”，而谓“明其区分”就是“明理”，参看景纯的“区分”云云，能无息息相通之感耶？辨章风谣，亦可说是辨言之一种途径。“离词”两字最漂亮。词，古“辞”字。再说：“辞”字古文当作“词”字。许、郑两家对于古籍中的“辞”字，有时引作“词”；则将“词”字引作“辞”，安知其非欲还其原耶？东原屡说：“凡学始乎离辞，中乎辨言，终乎闻道。”（《文集》卷六叶二，《沈学子文集序》）辨言的涵义，如东原所言，确比景纯更进步。以言“离辞”，恐怕就是景纯说的“离词”罢！名实合而后成辞，物者其实也。“物来能名”，言心能名其实物也；“离”，言分析也。辞之分析，确是思辨学的出发点。真确的概念之构成，即从此点细起。子云这种思辨学的精神，到景纯才极力把他表彰出来，到朱质才重行估价，到了东原出来，更加以精详的疏证；在先或者尝了景纯一点“离词”的奋兴剂，亦未可知。景纯“不劳畴咨而物来能名”的话原来用以批评扬子云的，似乎又可移赠戴君了！（戴氏言《疏证自序》

最详核,可参看)[①]

十五、戴东原与郦善长

戴氏研究之对象,除了《方言》以外,还有《水经注》。此两书皆非名学书,但是很可表显名学的精神。东原说:“晋以来注《水经》者凡二家,《郭璞注》三卷,唐时犹存。”但是东原所校的,却是郦道元(善长)注。他以为“善长是注之传,以其综核”,因此“审其义例,按之地望”,用名学的方法去研究;又以为“各本参差,是书所由致谬之故,昭然可举而正之”(戴氏《校水经注自序》),籀绎既久,便求出经、注分别的公例来了。居然为治郦氏书者棼如乱丝而还其注之脉络,俾得条贯,这不是东原名学的应用么?东原自信此役,可期“川渠缠络有条而不紊”(《自序》)。这又是[②]他操着他自己的条理论的名学的利器,去整治地理学书了!安见东原名学无用处耶?(善长,后魏人)再进一步说,东原是一位地理学化的名学家,亦安见其不可?不过替东原设想,恐怕他要把这种尊号让给那位优能“综核”的郦道元啊!哈哈[③]!

十六、戴东原与刘彦和

善长是否当得起地理学化的名学家?兹不深论;还有一位更重要的脚色,就是一位批评主义文学化的名学家刘彦和(梁朝人)!

彦和的杰作是《文心雕龙》一书,向来注意的很多。据我看来,此书的内容,很有提倡爱美审善的风味。作者精神极美,譬如一位文学极优的绝代佳人站在论坛上大讲其道德哲学,而谈吐间无一字一句

---

① 《晨报副镌》1924 年 4 月 27 日,第二版。

② 《晨报副镌》1924 年 4 月 30 日,第二版。

③ 《晨报副镌》1924 年 4 月 30 日,第三版。

不表现她的极美的文学的风格；又加上名学的披肩，这就更妙了！能令许多读者的心弦都为她的美善的心力所振动，又觉她的心镜里映射出了名学的真光来，真不愧为“三位（真、善、美）一体（批评文学）”的大学者了！闲话少提，且看他这部书组织的方法何如？据彦和自己曾说及“位理定名”“囿别区分”，可知与东原“明其区分”的概念说极相近。彦和又说过“割精析采，笼圈条贯”，此与东原“精其裁断”的判断说，亦颇接近。说到推理呢？很像是要以“因物而通其则”为急务，稍缓乃“以其则正其物”，这是借用东原的话来解释。标举原文，则彦和“擘肌分理，唯务折衷”的法程其近之矣。他说：

> 其品列成文，有同乎旧谈者，非雷同也，势自不可异也。有异乎前论者，非苟异也，理自不可同也。同之与异，不屑古今，擘肌分理，唯务折衷……（《文心雕龙》卷十，《序志》）

彦和于其“势自不可异”者，则求其同；于其“理自不可同”者，则求其异，犹鲁胜之辩同辩异也。合并此二法而交用之，自然“同非雷同”“异非苟异”，说得上同异交得，犹鲁胜之辩同异也。故鲁氏可谓为批评主义墨学化的名学家，而彦和亦可谓为批评主义文学化的名学家也。二子皆注重严格的归纳法的名学，而彦和的著述成绩尤为宏伟。由其根本方法言之，与东原之“因物而通其则”实极相似，先将这层理会过，再去看彦和的“振叶以寻根，观澜而索源”（《序志》篇）一类的话，更觉得他的精神与东原同条共贯了。东原说：

> ……虽溯流可以知源，不目睹渊泉所导；循根可以达杪，不手披枝肄所〈岐〉[歧]，皆未至十分之见也……（《戴氏遗书》，《文集》九，《与姚姬传书》）

骤观之，似乎比彦和更进一筹，但是我们知道“观澜而索源”的方法，即是“溯流以知源”的方法，也就是说的归纳上事。“循根以达杪”的方法，是说的演绎上事；由广义上言之，此亦“振叶以寻根”的归纳法之所苞。彦和对于此种名学的正确方法，既有深邃的了解，又要进一步组织一部杰作出来，此与东原所云“贯穿群籍以立言”并无不合。彦和自己动手著述，这就是要“手披枝肄所歧”；再说一句，就是要“目睹渊泉所导”。还能说他“未至十分之见”么？吾故谓东原所理想的“十分之见”，与彦和所见大体相同；或者更可打拢一点，说他们俩的治学方法，恰是同条共贯哩[①]！

十七、戴东原与玄奘

隋末有一位学者曰王通，其学颇为宋儒所称道，但朱晦庵疑《文中子》一书，其中有为后人所乱者。此外极端怀疑，斥为伪书者，亦不乏人；兹姑从略，便论三唐。

魏晋以降，佛教输入。中国人前往印度留学的颇众，到唐太宗贞观时而臻极盛。玄奘，其留学生界之唯一的重要代表，而在翻译界亦极有贡献者也。我以为中国的名学翻译事业史上有三个时期最令人注目：玄奘可完全代表第一极盛期；晚明时代翻译《名理探》之李振之（之藻），可代表第二期；晚清时代翻译《穆勒名学》之严几道，也许可以代表第三期罢？玄奘的译业，成绩最好，在名学方面，但就他所译的《因明入正理论》（商羯罗主菩萨造）看，已叹其湛深名理。书中关于异品、同品，共、不共……诸义，非玄奘之妙笔不足以达之。要想研究西洋系的名学，自然晚清、晚明的译品，在历史上至少有些价值；要想研究印度系的名学，恐不能不披阅《因明论疏》《因明论解》《因明[②]论直解》等书也。印度名学的方式，可说是演绎的，即一般人所通称之“五支”或“三支”是已。五支的方式以宗、因、喻、合、结为之，如左例：

① 《晨报副镌》1924年5月2日，第二版。

② 《晨报副镌》1924年5月3日，第三版。

宗：声是无常

因：所作性故

喻：凡所作性皆是无常，譬如"瓶"等

合：声是所作性

结：故声无常

三支式则但以宗、因、喻为之，如左例：

宗：声是无常

因：所作性故

喻：诸所作者皆是无常，譬如"瓶"等

此与西洋三支式颇有些相共通，例如：

大前提：凡所作性皆是无常

小前提：声是所作性

结　论：故声是无常

将印度三支式(或五支式)变作西洋演绎法的三支式，应是如此，可见其相似处不少。但印度三支里的"喻"，不但包举大前提，还要把归纳中个个事物之一例，举示出来。可知印度三支式虽是演绎的方式，却亦不是毫无归纳的精神。戴东原虽未治佛学，但是他要"因物而通其则"，已表现了他的归纳精神。所云"以其则通其物"，这就是演绎法的精神。不过于法式的(形式的)论理，较为缺乏，不如西洋三支、印度三支之明了罢了①。

十八、戴东原与刘知几

唐代的思想界，泰半倾慕印度文化，颇使名学方面受其影响，但

① 《晨报副镌》1924年5月3日，第四版。

在国学界，仍有少数英拔之士，从事于新国学之建设。其以名学为立脚点，而组成一批评主义的史学系统者，刘知几也。吾从名学方面观之，觉得刘知几的名学，可说是批评主义的史学化的名学。从前于两汉名学中，谈及司马迁、班孟坚。马、班是历史作家，但不是批评的史学家——虽然他们各想自建一种历史哲学。到了刘知几时代，史学概论——批评主义的史学才向通史、断代史……宣布独立。虽然他的批评，不免扬班而抑马，却不能因此而迁怒于他的史学的名学。刘氏的名学，雅有折衷主义的精神，其渊源导自先秦儒家哲学，俨然正统派新国学的史学化的名学建设家也。他说：

孔子曰："唯名与器，不可以假人。"又曰："名不正则言不顺。""必也正名乎!"是知名之折中，君子所急。(《史通》，称谓第十四)

吾以为折中主义的名学，雅有超客观的精神，然与纯客观的科学精神，并不相悖。他说：

……自小观书，喜谈名理……凡有异同，蓄诸方寸……(《史通》，自序第三十六)

可见他的归纳的名学底素养。同中观异，异中观同，都是观书、籀书的主要方法，子玄自己撰著《史通》，就是推本此种名学的精神。他说：

若《史通》之为书也，盖伤当时载笔之士，其义不纯。思欲辨其指归，殚其体统。夫其书虽以史为主，而余波所及，上穷王道，下掞人伦，总括万殊，包吞千有。自《法言》已降，迄于《文心》而往，固以纳诸胸中，曾不慸芥者矣。夫其为义也，有与夺焉，有褒贬焉，有鉴〈诫〉[诫]焉，有讽刺焉，其为贯穿者深矣，其为网罗者密矣，其所商略者远矣，其所发明者多矣。盖谈经者恶闻服、杜之嗤，论史者憎言马、班之失；而此书多讥往哲，喜述前非，获罪于时，固其宜矣。犹冀知音君子，时有观焉。尼父有云："罪我者《春秋》，知我者《春秋》。"抑斯之谓也。（《史通》卷十，自序第三十六）

其著书之旨，檃栝群籍，上拟《春秋》。《春秋》推见至隐，为先秦儒家正名主义的杰作，吾前既言之矣。子玄所云"自《法言》迄于《文心》"，《文心》即刘彦和所著之《文心雕龙》。彦和是批评主义文学化的名学家，子玄却是批评主义史学化的名学家。二刘学说的立脚点，虽有史学、文学之异，要皆具有实事求是的批评主义的名学底特彩，故加推服如此。至于《法言》，乃扬子云所著书，子云即审是主义经学化的名学家也。知几《史通自叙》，至谓"窃比于扬子云者有四"，可见其微尚所存矣，但知几对子云之学，其印象最深者为《法言》，而戴东原肆力最深且久者，却在《方言》一书。对象虽异，要其审是之精神，则一而已。刘知几之"所商略"，犹属消极的怀疑；其"所发明"，便是积极的建设。"上穷下拨，曾不蒂芥"，观察之事，犹东原之"明其区分"也。其所穷、所明者，理也。刘氏"与夺褒贬，鉴诫讽刺"，此则判断之事，犹东原之"精其裁断"也。其所与、所精者，义也。明其区分，言乎受听；精其裁断，言乎施断。知听断之施受有主，则刘氏名学之体系见矣。知几务"殚其体统，辨其指归"，于"千有万殊"之中求其至同，此则推理之事，而亦广义的归纳的思辨学之要术也。昔范蔚宗称郑康成"括囊大典，网罗旧家"，东原亦力推"郑氏贯穿群经以立言"，吾谓刘子玄此书"总括万殊，包吞千有"。其"网罗"之"密"，"贯穿"之"深"，亦庶几擅高密之风烈，而独步当时者矣！惜乎东原于此，未加论定，而乃瓣香昌黎，此实斋之于东原史学所为疑若有憾也欤[①]？

---

① 《晨报副镌》1924年5月5日，第二版。

十九、戴东原与韩退之

但若替东原设想，觉得他对于唐代思想界[1]，取韩退之，亦自有其分内理由。东原研究学问，以治经为要务，退之的治学历程，实与相近。退之著文，务“约六经之旨”；但入手工夫，务期“凡自唐虞已来，编简所存……奇辞奥旨，靡不通达”，亦犹东原之“立乎至博”也。“辞”由名实相结合而成，韩氏籀读古书，务通其奇辞，犹东原之治学始乎“离辞”也。“通”言乎会通，“离”言乎分析。韩氏求通，以搜集资料为第一步工夫，所云“贪多务得，细大不捐”（朱文公校《昌黎先生集》卷十二叶三）是其证也。其第二步工夫在择取其较重要的资料而略其不要者，所云“记事者必提其要，纂言者必钩其玄”（同书，叶三）是其证也。其第三步工夫，在鉴别资料之真伪，所云“识古书之正伪与虽正而不至焉者，昭昭然白黑分”（《韩集》卷十六叶九）是其证也。做到这步工夫，便可渐求达其奥旨，而从事于评判矣。韩氏评判先秦时代的儒、墨两家学术，则云：“孔子必用墨子，墨子必用孔子，不相用不足为孔、墨。”（卷十一叶十二）此学理上之事实判断也，异中观同的精神，亦存乎其间也；然同一儒家也，而价值又有异。韩氏云：“孟氏醇乎醇者也，荀与扬大醇而小疵。”（卷十一叶十一）提高扬子云的地位，与荀子等量齐观，是他眼光过人处。判其醇疵而第其等差，此价值判断也，亦可说是带有几分同中观异的精神也。东原亦言：“凡学中乎辨言。”其思辨的用法，亦极与此相类。韩氏又云：“沉浸醲郁，含英咀华，作为文章，其书满家。上规姚姒，浑浑无涯；周《诰》殷《盘》，佶屈聱牙；《春秋》谨严，《左氏》浮夸；《易》奇而法，《诗》正而葩。下逮《庄》《骚》，太史所录，子云、相如，同工异曲。先生之于文，可谓闳其中而肆其外矣！”托他的学生的口气，来批评他自己的文艺作品，所引

① 《晨报副镌》1924年5月7日，第一版。

旧籍，都是陪衬，似乎非名学之所能系缚，然从名学方面解释，他的“异曲同工”，“谨严”有“法”的判断力、推理力，又未尝不与创作力、模仿性互相发。再说斩截一点，昌黎治学之先决问题不外二项：一是途辙问题；二是渊源问题。他说：“行之乎仁义之途，游之乎《诗》《书》之源。无迷其途，无绝其源，终吾身而已矣。”（卷十六叶九）要想“无迷无绝”，少不了心能上的〈锻〉[锻]炼。韩氏花费了几十年的功夫去研究，其结果的主要部分，大概如此。其策励后进时所用的方法，和东原的“以其则正其物”有些相似。他说：“非三代、两汉之书不敢观，非圣人之志不敢存。”此韩氏之所自奉为原则者也。他对于后汉名学思想界，最爱王充、王符、仲长统，名之曰三贤，于西汉亦有所取法；但是论到研究先秦学术，则必以孟子为标准的研究对象。戴东原对于韩退之的治学方法（包括实质论理、法式论理），其得力处就在这一点。他说：

> 孟子之书有曰“我知言”，曰“游于圣人之门者难为言”。盖言之谬，非终于言也，将转移人心。必受其蔽，必害于事害于政……吾用是惧，述《孟子字义疏证》三卷。韩退之氏曰：“……求观圣人之道，必自孟子始！”呜呼！不可易矣！（《戴氏遗书》，《孟子字义疏证自序》）

昌黎“求观圣人之道”，东原亦“志存闻道”。昌黎观道，自孟子始；而东原为学，“终乎闻道”，却像是以孟子为依归。其生平第一杰作，以《孟子字义疏证》标目，而于韩氏治学之途辙，深叹为“不可易”，则谓其“解蔽”“知言”之学，远师孟、荀，平揖昌黎，似乎亦无不可，但戴氏所闻之道，又多从《易经》《论语》得来。他说：

> 余少读《论语》端木氏之言曰：“夫子之文章，可得而闻也；夫子之言性与天道，不可得而闻也。”谓《易》乃知“言性与天道在是”。周道衰，尧、舜、禹、汤、文、武、周公致治之法焕乎有文章

者，弃为陈迹。孔子既不得位，不能垂诸制度礼乐，是以为之正本清源，使人于千百世治乱之故，制度礼乐因革之宜，如持权衡以御轻重，如规矩准绳之于方圆平直。言似高远，而不得不言，自孔子言之，实言前圣所未言，微孔子孰从而闻之？故曰不可得而闻……（同上）

是知东原之务在闻道，乃务在闻其“不可得而闻”之道也。他说“微孔子孰从而闻之?”后人也可以说“微东原孰从而闻之?”夫“从而闻之”者，亦无他焉，即东原所常说的“主受者听”的引申义而已。既有“从而闻之”的必要，则对手方面，虽欲无言，亦“不得不言”矣，而又能“言前圣所未言”，言而当其可，斯则孔子所谓“名之必可言”也。所谓“可言”，亦无他焉，即东原所常说的“主施者断”的引申义而已。一面知“言”，一面“闻”道；一面施断，一面受听。务期对于过去、现在、未来社会实然、已然——所以然之故，及社会组织上、社会活动上当然、未然之规定，必然而不可违之法则（因革之宜），都能据其既然、已知者以为推。始也“因物而通其则”，此乃“以其则正其物”，轻重损益，自具权衡，一切事物的方圆平直咸受“不可易”的规矩准绳所支配！此则所谓道也，东原所汲汲欲从而闻之而又不得不言之者也。韩退之无迷其途，无迷乎此也；无绝其源，无绝乎此也。然韩氏仅消极得无迷无绝，东原却更要积极地“正本溯源”，一则于“无言”中求其“可言”，一则于知言中求其“正名”。要皆合乎“圣哲之道”者也①。

二十、戴东原与李习之（及其他）

韩氏而外，李习之（翱）亦唐代之英物。宋人最称之，至有以为贤于退之者。据我看来，习之哲学，是以最高的抽象观念为全宇宙、全人生的主宰。因为这种最高的观念是宇宙间最普遍的公理，所以我

---

① 《晨报副镌》1924 年 5 月 7 日，第二版。

们必须肯定他；否则我们必须毅然加以否定。肯定此最超越、最普遍的公理，惟公理是从，就所断定的对象上说，固是依乎必然，不能以私意为从违；但就能断定的主格上说，又是极力提挈自由意志，自我肯定，自我否定，不愿为庸众所转移，亦不受什么利害关系所牵樱。这种无所为而为的超越一切利害的纯粹的自我批判，可说是他的思辨学与行为论的交点。先秦儒家名学的人格化，至习之而稍稍复兴，此宋人之所为深许也欤？再看习之的原文，他说：

君子从夫道也，不从夫众也。道之公，余将是之，岂知天下党然而非之？道之私，余将非之，岂知天下謷然而是之？〈将是之，〉将是之，岂图是之利乎？将非之，岂图非之害乎？故大道可存，是非可常也！（清同治十年刻本《李习之先生文读》卷一叶二十七，《从道论》）

先确认思想自由之不可侵犯，次乃规定运用思想底轨范，以为纯正的名学之律令。其所言"道之公，余将是之；道之私，余将非之"，即东原所谓"正其可否"也。习之所言"大道可存[①]，是非可常"，犹东原所谓"可否之而当"者也。是之——可定也，所以求诚也；非之——否定也，所以祛妄也。知肯定断定、否定断定之最关诚妄，则名学人权威著矣。习之曾推本正名之精神以作政治论，他说：

善治其国……先正其名而辨其位之等级。（同书卷一叶二十九，《正位》）

"位之等级"犹言权界，分限也。其所辨正之名分，对象各别，能辨正之主体，却存乎自我，所谓"余将是之非之"，即自我思辨、自我矫正的判断作用也。习之又曾推此精神，在修辞学上发表他的创意说，他说：

---

① 《晨报副镌》1924年5月9日，第一版。

义深则意远，意远则理辩，理辩则气直，气直则辞盛，辞盛则文工。如山有恒、华、嵩、衡焉，其同者高也，其草木之荣不必均也；如渎有淮、济、河、江焉，其同者出源到海也，其曲直、浅深、色黄白不必均也；如百品之杂焉，其同者饱于肠也，其味咸、酸、甜、苦、辛不必均也：此因学而知者也，此创意之大归也。（卷二叶五，《答王载言书》）

李氏做“学问”，纯从相“同”和“不必均”处下功夫，似乎带有求同、求异、同异交得的归纳法的精神，虽云偏重修辞，然辞亦由理义相结合而成。东原说“条理者礼，断决者义”，又说“举理以见心能区分，举义以见心能裁断”。吾以为心能区分，是观念或概念上事，观念或概念能举其实则理辩矣；心能裁断，是说的判断力，惟判断能抒其深意，故云“义深则意远”。判断之真妄，系乎概念之真妄，则凡认为真正之判断者，必其概念不谬而确能自达其意旨者也，故云“意远则理辩”也。须知李氏之思维术，以本心从判断力为主要条件。其原意以为此著若差错了，便说不上高意迥出，更无由妙契名理，尤与东原“主施者断”之旨极相近——不过他们的实质论理，颇有相殊异者。则以韩退之、李习之的名学，是“古文”派的名学，而东原的名学，则俨然考证派的名学也。

韩、李以外，还有一位古文家，曰柳子厚。子厚好引《春秋》之义以推断史事，而又能针对当时环境的病象，颇有推见至隐的精神。其籀读古籍，则又带有本隐之显的精神。他说：

本之《书》以求其质，本之《诗》以求其恒，本之《礼》以求其宜，本之《春秋》以求其断，本之《易》以求其动，此吾所谓“取道之原”也。（《答韦中立论师道书》，《唐柳先生集》卷三十四叶四）

柳氏之直取道原，此本隐之显之法也，亦曰直接推理，亦即外籀的读书法，犹东原之所谓约也，约故与为统会也。子厚之“本之……”

乃所以举统会也，子厚又说：

> 参之《穀梁氏》以厉其气，参之《孟》《荀》以畅其支，参之《庄》《老》以肆其端，参之《国语》以博其趣，参之《离骚》以致其幽，参之《太史》以著其洁，此吾所以旁推交通而以为之文也。（同上）

柳氏之旁推交通而为之，此推见至隐之法也，亦曰间接推理，亦即内籀的读书法，犹东原之所谓博也，博故与为条理也。子厚之“参之……”乃所以明条理也。条理明、统会举，斯极名学之能事。东原一篇之中，三致意焉，若柳氏者，其亦先得其心之所同然者欤？抑其“同”中雅有“不必均”者存，李氏之间接推理尤足信欤？

柳子厚、李习之与韩退之，同是唐代古文派名学的代表人物，但是东原最心折者，尤其是韩氏，在他的《孟子字义疏证自序》中，隐然以韩子为孟子以后第一人，亦可见东原对于唐代名学思想家的态度之一斑矣[①]。

二十一、回顾

如上所述，计二十节，由汉而唐，每一时代择取代表作家的名学思想与东原的相比勘，其范围不外“戴东原与汉唐名学”，本来想题为“戴东原的名学史观中篇”，为叙述上的方便起见，暂且标题“下篇”，连宋明也打算包括在内。往下快要谈到“戴东原与宋明名学”了。在此过渡期[②]间，可将前文作一回顾。

除“戴东原与先秦名学”之部已见“上篇”外，“下篇”的汉唐之部，选来和东原相提并论的，计二十余家。往往回卷过去时代的名学的经验，而重新建设一种名学系统于他们各自专精的学问基础之上。我们由名学史的眼光观之，董仲舒、扬子云可谓经学派名学家，司马

① 《晨报副镌》1924 年 5 月 9 日，第二版。

② 《晨报副镌》1924 年 5 月 10 日，第一版。

迁、班孟坚可谓历史派名学家。但是子长(迁)走的通史一条路,孟坚走的断代史一条路。扬氏治学,导实证派的先路,仲舒制事,亦算是实用派的前驱。此数子者,率皆折中于儒家。许叔重、郑康成括囊大典,详理群类,纯向实证主义的目标而行进,亦皆力持家矩度。至于王仲任、仲长统辈,始稍稍异趣,或务儒返于"自然",扬道家之宏波;或致慨于"科条",带法家之特彩。然皆以实用主义为鹄,与实证派分途。及诸葛孔明出,益为法治主义建设一新信仰,可谓儒家正名之一大结果也。自是以后,道家者流,以消极论的玄学为鼓吹,而先儒之规矩准绳底评价,渐就低落矣!然王弼、郭象,湛深玄理,宽一步说,自是当时玄学派名学的秀杰也。至如景纯瓣香子云,务期"物来能名";郦氏钻研《水经》,颇复综核有法。再宽一步言之,一是方言学化的名学家,一是地理学化的名学家。若求其有批评主义之精神者,仅二刘、鲁胜及李习之而已。鲁君可谓批评主义墨学化的名学家,刘知几可谓批评主义史[学]化的名学家,刘彦和可谓批评主义文学化的名学家。士苟兼此三长,亦庶几可厕诸著作之林矣。(西汉刘向、刘歆的治学方法,章实斋盛推之,在名学史上,向、歆父子自亦有其相当价值,已附见叙班固一节中矣。)此外如韩、李、柳三家关于名学的见解,亦可谓为古文派的名学,就中李习之,更像是一位批评主义哲学化的名学家。这些重要分子,虽皆大谈国学,其实暗受外来思想之影响者,正复不乏其人。论到介绍印度系的名学(因明学)最有力量者,仍不能不推玄奘。综观汉唐时代名学思想演进的大势,或成分化,或呈集化,或由分而合,或由合而分,觉得历史现象演进之大例,在在可与名学的公例相印证。而东原先生"明其区分,精其裁断,因物通则,以则正物"的名学观,对于上列诸家,雅有因缘者,固觉其说犁然有当,即东原所未遑涉及者,亦往往不谋而合。既援戴说以释群书,复据群书以证戴说,乃益恍然于名学公例,精卓不刊。前面所陈,以戴说为经,群言为纬,非有私爱于东原也,以东原的名学理论,乃历史上思想家所共由之通路。任何思想家,其推理作用,于演绎、归纳二者,至少必居其一，援戴说以遍释之，则“以其则正其物，因物而通其则”两言尽之矣！然必据群书以证戴说者何也？为的是东原教人，以综核条贯为正轨，广搜众说，逐条详证，固后学所宜勉任其劳也。明乎此义，一方面假定一家的学说，以求诸家之统会；又一方面详察诸家之条理，而通众异为一同，则标准虽定，而入主出奴之客气不萌于中矣；涉猎虽广，而行文组织之手段能扼其要矣。惜乎我虽有志斯业，而眼光手段，迄不能副其所期。先秦部分以外，对于汉唐名学，虽想略作分析的、比较的、历史的、会通的研究，而前途茫茫，总觉得自己难有是处！过此以往，宋明诸儒的名学，又待作综析观矣；在重新作名学史观者，能不赓续从事耶？但是东原早说过：“宋元已来，六书故训不讲。”此言若信，则东原所标举的名学的初步工夫——“离词”，宋明诸儒似未甚注重矣。然细思之，东原在另一方面不又说过“宋儒得其义理”么？夫既得其理义矣，纵使文字学、训诂学这种窄路，他们没有好多工夫去走走，然而学术界所共修的演绎式的、归纳式的两条大路，为宋明诸儒所迭相往来者，又安可不酌叙其历程也？因此，我对“戴东原与宋明名学”一个问题，仍然打算试行解答，以完《东原[名学]史观》“下篇”未竟之绪，愿读者诸君稍安俟之①。

二十二、戴学的宋学化

诸君！汉唐时代的名学问题，我在《东原名学史观》下篇第一部、第二部里曾经解答一二，现在要研究的，是宋、元、明、清的名学问题。东原对于此种问题，虽未有正式的解答，但是他的思想，很受宋学的影响，这却是确有证据的。兹先引焦里堂、章实斋两家的话并附以管见如左方。

里堂是一位申戴学者，意在发挥戴学的特长，言外亦颇带有几分

① 《晨报副镌》1924年5月10日，第二版。

修正汉学的意味。他说：

> 唐宋以后之人，亦述孔子者也。持汉学者，或屏之不使犯诸目，则唐宋人之述孔子，讵无一足征者乎？学者或知其言之足征而取之，又必深讳其姓名，以其为唐宋以后之人，一若称其名遂有碍乎其为汉学者也。噫！吾惑矣！（《雕菰楼集》卷七叶十四，《述难四》）

他这段议论，我们认为是修正当时纯汉学的话，极与东原的意趣相近。东原初未曾说过"凡汉皆好"的话，其态度与惠派迥乎不同，所以戴学的精神，亦未尝以汉学自限。我们可以说东原是一位超汉学者，却不定是主持汉学者。东原著书论学，对于"唐宋以后之人"，未尝"深讳其姓名"。韩退之，唐时人也，东原自序所著《孟子字义疏证》，实"称其名"，而深叹"其言"有"不可易"者存。朱晦庵，宋时人也，东原撰《郑学斋记》，对于"朱子晚年治经"的态度，亦深有取焉，是知戴氏对于宋学的态度本甚明了。消极的方面，固未尝"屏之不使犯诸目"；积极的方面，又卓然不惑，确"知其言之足征而取之"。焦氏所举汉学家的弱点，适可从反面看出戴学之特色也。复次，说章实斋。

实斋是一位评戴学者，谓："戴君学术，实自朱子'道问学'而得之，故戒人以悬空言理，其说深探本原不可易。"（《章氏遗书》卷一，《书朱陈篇后》）又谓其"承朱学之家法"（卷一叶二），这些话均颇切当。惟戴氏治学之究极目的——"闻道"，隐然有契于象山"尊德性"之旨趣者，似乎章氏尚未道出，不能无待于后起者拾遗补阙也。

我们细玩焦、章两家的话可得一引申义，就是戴学底宋学化。研究宋学，或从"尊德性"一派入手，或从"道问学"一派入手，只要能鞭辟着里，实事求是，皆可有所自得。"尊德性"一派的名学，比较上侧重直接推理，可说是超越的演绎论。"道问学"一派的名学，比较上侧重间接推理，可说是严格的归纳论。运用新宋学的眼光观察戴氏学说，觉得戴氏在名学方法论上，纯然先归纳（间接推理）而后演绎（直接推理);在名学目的论上,又是以德性为主,问学为辅。申言之,就是欲由程朱一派纯归纳的名学方法以达陆王一派超名学的宇宙观之究极目的。东原说:

> 舍夫道问学,则恶可命之尊德性乎?(《戴氏文集》卷八叶二十)

此在名学方法论上侧重程朱哲学之表示也。东原又说:

> 有己之德性,而问学以通乎古圣贤之德性,是资于古贤圣所言德性埤益己之德性也。(《孟子字义疏证》卷中叶十六)

此则在名学目的论上宗尚陆王哲学之表征也。兼采陆王学派与程朱学派底特长以自为受用,不偏于"道问学"的一极端,亦不偏于"尊德性"的一极端。东原于此,真不愧为"运超宋学之精心,以建新宋学之宏业"的绝代英物也已!

抑有进者:前面所说的"尊德性"派的名学与"道问学"派的名学,皆哲学化的名学,非专以政治化见长者也。宋代新哲学运动之勃兴,虽诱因不止一端,而政论家提倡之力,却不妨认为动因之一。因此政论家的名学——政治的逻辑,亦应加以研究。然在政论界中,有持人治论者,有持礼治论者,有持文治论者,有持法治论者,亦有略带无治论的意味者,作名学史观者,果宜从那宗谈起耶?按照戴氏名学的眼光观测起来,应从人治论的名学谈起,范文正其先驱已[①]。

二十三、戴东原与范文正

范文正,圣之任者也。生平于先秦儒家的人生哲学极有受用,故此在《近名论》中(岁寒堂本《范文正公集》卷五叶十一,《近名论》),分

① 《晨报副镌》1924年5月26日,第一版。

别征引先秦道家(老、庄)消极派的名学见解,加以否认;力从儒家(孔子)积极论的名学底结果上,加以最高的价值判断。其意归于经世致用,故于纯理的名学,发明稍少;然其盛言时务,处处保持其兼听公断的精神,则亦服膺儒家名学之效也。文正说:

圣人之至明也,临万几之事而不敢独断;圣人之至聪也,纳群臣之言,而不敢偏听。独断则千虑或失,偏听则众心必离。人心离,则社稷危而不扶;圣虑失,则政教差而弥远。故先王务公共,设百官,而不敢独断者,惧一虑之失也;开言路,采群议,而不敢偏听者,惧众心之离也。(《范文正公集》卷七叶十二,《奏上时务书》)

这位人治论的名学家所奉的戒律,只是“不敢独断”和“不敢偏听”两条。盖必“不敢偏听”,乃可以竭其耳力而进于“至聪”;亦必“不敢独断”,乃可以竭其目力而进于“至明”。至明者无蔽,至聪者无私。无私无蔽,才谈得到“致广大而尽精微,极高明而道中庸”。关于这层道理,戴东原阐发得最透彻。东原说:

凡失之蔽也必“狭小”,失之私也必“卑暗”。(《原善》卷下叶四)

又说:

卑暗,高明之反也;狭小,广大之反也。

又说:

致广大者,不以己之蔽害之,夫然后能尽精微;极高明者,不以己之私害之,夫然后能道中庸。

又说:

道中庸，是以不私也；尽精微，是以不蔽也。（《原善》卷下页四）

东原所云“不以己之私害之”，与范希文“不敢偏听”意极相近；东原所云“不以己之蔽害之”，与希文“不敢独断”意极相近。其最妙者，尤其是两家关于听断的见解，详略互见。东原说：

主施者断，主受者听。（《孟子字义疏证》卷上叶六）

又说：

施，故制可否也；受，故虚且听也。（《原善》卷中叶二）

提出“施”“受”二字，颇能显出思维上的两大功能。东原的听断说，比希文更见进步了，东原既“讲听断”，又“道中庸”，令人联想到范文正以《中庸》授张横渠的故事。但是就希文论希文，不妨暂且说到这点为止。他最值得后学景仰的，尤其是他在当时曾引起了许多人对于名学的新兴趣。李泰伯便是那许多人中的一个人。

二十四、戴东原与李泰伯

泰伯（觏）思想的立脚点，全系礼治主义，与那位人治主义的致闻时言家的范文正，纯以责任心（先忧）与兴味（后乐）为立脚点者，不是毫无殊异之点，但在名学方面，又不妨异中观同。泰伯的名学，以礼为最大的共名，以乐、政、刑为“礼之支”，以仁、义、智、信为“礼之别名”，其要义曰：

不别不异，不足以大行于世……

对于种种现象细加分别，求其相异之特点，这真是持的科学的态度，但是我觉得李氏“疏达而能谋，断决而从宜”的说法，在名学上尤有意趣。“疏达而能谋”者，“不敢偏听”之功效也；“断决而从宜”者，“不敢独断”之表征也：此李氏学风近于高平之显证也。再就泰伯与东原比较之，他们俩对于仁、义、智、信……诸名，都曾加以诠解，但是所下的解释之内容，则颇有异同同一“智”也，李氏云“疏达而能谋者，命之曰‘智’”，戴氏则云“藏主者‘智’”；一则注重应用的智谋，一则注重根本的智慧，此其异也。同一“信”也，李氏云“固守而不变者，命之曰‘信’”，戴氏则云“履所明之谓‘信’”；一则从物观的公准上求其常然，一则在心光的智照中求其实诣，亦其异也。请问！同中有异既如此，异中之同又安在耶？我毫不迟疑地答道：只在一个义字上确定其同然。李氏云：“断决而从宜者，命之曰‘义’。”戴氏则云：“断决者义，如斯而宜名曰‘义’。”举义以见心能判断，是则泰伯与东原思想上相共同之要点也！大名学家之立言也，向来不尚苟同。然在思维作用上既已寻出了相共同之要点，则但取其专长而引为同调，斯亦不求苟异之义谛，而为专治李氏或戴氏之学者所宜互相谅解！吾今取这两家来相提并论，比物此志也。

上面两节，就范希文、李泰伯的名学与东原名学作比较的、会通的研究，觉得他们思维术上的交点，就在听必兼听、断必公断；就在乎确认精其裁判为精义之学。范、李两家均带有极浓厚的政治论的色彩，范氏可代表当时人治主义一派，李氏可代表礼治主义一派。若于礼治、人治之外，求其有超然客观之精神，而能代表文治主义一派者，则欧阳修其人也①。

二十五、戴东原与欧阳修

欧阳修之为大文豪，世所共知，而其学术思想在历史上之位置，则罕有出而论定者。其实欧阳永叔在彼时代的思想界能占地位，不

① 《晨报副镌》1924年5月27日，第一版。

在乎狭义的文式之改良，而在乎客观的学术蠡测之成功。他生平治学，颇受《韩氏遗书》的影响。韩退之以炯眼观察孟氏之学说，而用全力表彰之，又于孟氏之外，相对地推服荀、扬。退之这种经验，永叔在籀读韩《集》的时候，完全领略到了，尤妙在能酌用自然主义的精神，而不压迫异说以求逞。在韩退之那时代，新国学界能容纳外来思想而随分自为建设者，仅一复性主义哲学家的李习之。永叔的批评的精神，颇受李氏的影响，故力尊之，至与退之并称"韩李"，而柳氏不与焉。永叔之为学也，重在积极地"修本"，故其尚论孟子，特取其"专言仁义"而不取其"辟而辟之"；尚论董子，特取其"退修孔氏"，而不取其"绝其道勿使并进"。曰"专言"、曰"退修"，是皆有合于李习之的积极的、批评的、建设的精神而以退为进者也。昔人往往对于异己的学说加以无限制的否定，表面上纵然自命怀疑，暗中却偏在独断一边去了。永叔惧其蔽己也，于是力持鉴空衡平的批评态度，重新估定过去学说的价值。他对于两汉的名学之批评的建设，特异于先哲者，以董、郑之部为最有价值。(但评郑氏时曾附论毛公)永叔批[①]评国故学的先决问题，从能批评的主格言之，就是贵善"疑"而不贵"轻为改易"，贵"遍通"而不尚"过为异论"。从所批评的对象言之，就是须得亲见原书，得精读原书，又要用极严正的客观眼光，鉴别该对象之真妄，而确定其价值之高低。他说：

> 夫不尽见其书，而欲折其是非，犹不尽人之辞(据元刊本，"辞"一作"辩")而欲断其讼之曲直，其能果于自决乎？其能使之必服乎？(四部丛刊集部，景印元刊本《欧阳文忠公集》卷四十一叶六，《诗谱补亡后序》)

准此以推，可知"果于自决"，是自为无限制的、肯定的独断论家的常态；压制异说，使不得"尽其辩"，是过为无限制的、否定的怀疑论

① 《晨报副镌》1924年5月28日，第一版。

家千虑之一失。矫这两派之偏而不掩其长，则批评家之责任也。所云“尽见其书”，意在力求客观的资料之丰备。必须这步工夫确已做到，心中已得了明确的概念，才可比类合谊，进而“折其是非”。“是”言乎肯定断定，“非”言乎否定断定。否定与肯定，是断定之两面。其究极目的，尤在乎肯定。永叔又说：

> 君子之于学，是而已，不闻为异也。(《欧集》卷六十六叶八，《与石推官第一书》)

其论学以求“是”为鹄的，其所求者，即最后之肯定、最高之真理也。前面所说批评的建设，质言之，即“求是”主义之建设而已。

永叔运用求是主义的精神，去研究董、郑的学说，消极的方面“疑郑氏之失既多”；对于董子的书，也怀疑道：“今其书……总名《春秋繁露》者，失其异也。”(《欧阳文忠公集》卷七十三叶四，《书春秋繁露后》)但在尚未寻出充分的反证之先，仍“不敢轻为改易”。他说：

> 初予未见郑《谱》，尝略考《春秋》，《史记》本纪、世家、年表，而合以毛、郑之说，为《诗图》十四篇。今因取以补郑《谱》之亡者，足以见二家所说，世次先后甚备。因据而求，其得失较然矣；而仍存其《图》；庶几以见予于郑氏之学，尽心焉耳！夫尽其说而有所不通，然后得以论正；予岂好为异论哉。凡补其谱十有五，补其文字二百七，增损、涂乙、改正者，三百八十三，而郑氏之《谱》复完矣。(《诗谱补亡后序》)

其自述治郑氏学之历程如此。其研究的结果，虽尚难言成熟，其研究的方法，却颇可观采。他又说：

> 董生，儒者，其论深极《春秋》之旨。(《书春秋繁露后》)

其对于董氏学之积极的批评又如此。董、郑两家，是两汉名学界的代表人物，永叔由两汉而上溯先秦，对于儒家正名主义的《春秋》之学，能有相当的了解，可说是汉儒启之也。永叔说：

> 孔子何为而修《春秋》？正名以定分，求情而责实；别是非，明善恶：此《春秋》之所以作也。(《居士集》卷十八叶七，《春秋论中》)

所云“正名责实”，确是《春秋》之学的主要精神，其“明善恶”，言乎价值判断；“别是非”，言乎〈价值〉[事实]判断。永叔曾运用此种价值判断及事实判断，作成一部大规模的史书(《新五代史》)；其治《春秋》学，仍务以“求是”为鹄，侧重事实判断。他说：

> 使学者必信乎三子(左氏与公、穀)，予不能夺也。使其惟是之求，则予不得不为之辨。(《居士集》卷十八叶七，《春秋论上》)①

他“惟是之求”，益可说是求是主义的精神底[特]征。因据而求，言乎根据；惟是之求，言乎②评判。根据尚博，评判贵精。既精且博，则批评主义家之能事毕矣。此犹言乎研究国故之方法也，此属于治学方面者也。再就制事方面言之，永叔颇欲将此种方法“施之于事”，务期其“切于事实”。其所谓事“乃……礼乐刑法之事”。这样实事求是，其精神与人治主义家的范文正、礼治主义家的李泰伯，可说是同条共贯的。据此点论之，与其谓欧阳修为文学家，实不如谓欧阳修为文治主义的名学家(或为批评主义的名学家)之为得也。——我们对于欧阳永叔的名学思想(或治学方法)约略观察过了，然后再拿东原名学与永叔名学相比较，那就更可提高研究的兴味了。兹从先秦、汉、唐的名学研究线上比论之。

东原与永叔，均曾肆力于唐代名学，各皆推重韩退之，取其长而

---

① 《晨报副镌》1924年5月28日，第二版。

② 《晨报副镌》1924年5月29日，第一版。

舍其短；但永叔于韩氏以外，更不得于李习之的批评主义的名学，归其相异之点一也。

东原与永叔，均曾研究过两汉名学，各皆有所抉择。但就其研究的历程比观之，东原得力扬（子云）、许（叔重）之学最深；永叔用力董（仲舒）、郑（康成）之学最久。永叔原于郑氏的作品，有所“增损改补”；东原对于扬氏的作品，亦曾加以“删补改正”：此其研究之方法，异而有同者也。永叔尚批评，东原重裁断；东原在考证方面奏丰功，而永叔则从怀疑方面导先路：此其治学的态度，同而有异者也。

东原与永叔，均曾研究过先秦名学，对于先秦儒家名学，都有很深的信仰；对于《易》《春秋》之学，都有崭新的见解。但是东原之《易》学观，以“天下之大共”为最大原理（见《读易系辞论性》），颇带形上学的意味；永叔之《易》学观，则纯以“人事”为主，此《易》学史上一特征也。谈《易》学者，多谓“《易》以天道接人事”，永叔独持异议，设为问答，以伸己见，云：

> 《易》之为说，一本于天乎？其兼于人事乎？曰：“止于人事而已矣，天不与也。”（《欧阳文忠公集》六十，外集卷第十叶六，《易或问》）

永叔之意，以为“天”道是渺茫不可知的，人事是显而易知的，为求“信”起见，宁从人间具体的事实上做综析的工夫，无取乎妄谈神怪。所以说：

> 圣人之于事，知之为知之，不知为不知，所以言出而万事信也。（同上，叶七）

对于知识效力界限问题，认为有“知”的、有“不知”的；只求普通知识的范围与经验的、事实的范围相符合，而于超越经验之上为普通人所“不知”的，则不甚重视。持这种积极主义的名学态度去研究《易》学，的确比两汉魏晋时代的《易》学家更进步些，然以比于东原，则只能下事实判断，说他们两的观点不同。不能以唯心论家的戴东原与彼妄谈神怪者，同类而并讥也。

东原、永叔的《易》学观，相殊异既如此，其对于《春秋》名学的观点，异同又何如呢？东原专以《春秋》为"圣人裁万事"的通则，而不涉及"天意"；永叔之《春秋》观，不惜"揆之天意"以"探万事之元"：此又《春秋》的名学史上之一特征也。永叔说：

> 上揆之天意，下质诸人情，推至隐以探万事之元，垂将来以立一王之法者，莫近于《春秋》矣。（《外集》卷十叶一）

所云"天意"与墨家的"天志"，都可说是意志论的宇宙观，不必隶属于名学的领域，然永叔务"探元立法以垂将来"，与东原在《春秋究遗序》里说的"大其心以见夫道之大，精其心以察夫义之精"，其名学的精神，非不相近也。但是永叔治《春秋》名学，以求信为鹄，还有几句可注意的话：

> 经之所书，予所信也。经所不言，予不知也。（《居士集》十八叶六，《春秋论上》）

骤视之，永叔此言，像是偏重演绎，以"经之所书"者为信条，视东原的"大其心"的"见"地，不为无问；但细审之，又觉与先秦儒家哲学——"名之必可言"的知识论颇相近。既云"名之必可言"，则其"所不言"者，必其不可言或不可得而名者也。对着"不可得而名"的说一句"予不知也"的话，是真可云"不知为不知，是知也"。虽不如超名学家的戴东原之洞彻本原，然其所兢兢自持的一种"不强不知以为知"的审重态度，视昔之好为绝对无限制的、肯定的独断论家和过为绝对无限制的、否定的怀疑论家，总觉平允得多了——永叔在北宋启明期的思想界，不愧为批评主义的先驱者以此！

再就东原与永叔所研究先秦儒家正名主义的杰作之方法上作简单的比较观，就是：从二子研究《易》学的方法上看，则永叔所用的方法，近于归纳；东原所用的方法，近于演绎。从二子研究《春秋》学的方法上看，则永叔所用的方法，近于演绎；东原所用的方法，近于归纳。演绎、归纳，交互为用而不偏废，庶可与语欧、戴名学之大者矣。

我们从先秦、汉、唐的名学研究线上比较欧、戴两家，所得的印象略如前述；再来"以戴释欧"，则欧阳氏由"尽见其书"，进而"析其是非"，与戴氏由"明其区分"进而"精其裁断"，都是要结合两个以上的观念或概念而酌施其判断。我们可以综说一句：欧阳氏这样的名学，就是戴氏的义理之学——新论理学。

经过这番比较，我们可以重新确认欧阳子的名学思想在历史上的位置，并且进而考求他的名学在当时思想界所引起的影响了①。

二十六、戴东原与曾子固

欧阳修的名学思想，在当时学者社会上所发生的影响怎样呢？我们但从那些站在"文治"的乐园的新开路上的几位学者——曾子固、苏东坡的文字上看去，已觉得添了不少的名学上的新兴趣。东坡本有超越的史才，但是诗哲的色彩极浓厚，所以后人往往称之曰"诗家"，而不以"名学家"许之。平心论之，东坡固非不了解名学者，特坚持"义不可过"之说，谓"过乎义则流而为忍人"，故与"循名责实"的法治主义家微觉异趣耳。至曾子固对于重要的史料，观察力极深刻，其立脚点，侧重经术。南宋时代规模壮大识力冠群的名学史专家的朱晦庵，曾经负责任地说道：

> 熹未冠时，读（籀书为读）南丰先生之文，爱其词严而理正。居尝诵习，以为人之为言，必当如此，乃为非苟作者。

籀绎既久，起了一种新觉悟，所云"词严理正"妙有意趣。何谓

① 《晨报副镌》1924年5月29日，第二版。

"正"?《墨经》云:"正,类以行之,说在同。"以类行为正,何也?《墨子》大取篇云:"夫言以类行者也,立言而不明于其类,则必困矣。"此言"类"的作用,为严格的名学之主要条件也。又《经说》云:"正,彼举然者以为此其然也,则举不然者而问之。"彼举其所肯定者,执以为是;吾惧其所是不中其是也,于是酌举反证以相质问。此反证若有充分之理由,则否定之精神立见;而吾之所非,居然中其非矣。所非务中其非,所是务中其是,然后名正而实举。举者,拟实之谓;言者,举实之谓。以名举实,先求正面、负面的理由,都能充分表现;次乃执其两端而谨其折中,观物察理,无蔽无偏,出辞施断,严而不苟;然后当得起"词严理正"的考语。此种深纯的造诣,子固而外,正复不易多得,宜乎晦翁谓为言论界的必然律也。仲尼之论正名也,曰:"君子于其言,无所苟而已矣。"吾观南丰、晦庵两先生,设非"言无所苟"者,其孰能发此文而爱其文耶?

子固之"言无所苟",纯从严正的判断上看出。他对于那些不正当的说法,初不下肯定断定,却也不主张"灭其籍"。他只承认"固将明其说于天下,使当世之人,皆知其说之不可从……后世之人,皆知其说之不可为",然后出而矫正他们思想上的错误。曾氏以为"孟子之书,有为神农之言者,有为墨子之言者,皆著而非之",就是持的这种态度。"非"即否定断定也,但是我们要知道,孟子与墨子哲学上的主张虽相殊异,其在思辨上所用的方法,实多相同。墨家所昌言的"彼举然者以为此其然也,则举不然者而问之"的"正"则,孟子何尝不了解?何尝不运用?不过到了子固,才明白说出推明异己之说,使现在和将来的人都知道他们的真相底必要罢了。此曾氏判断上的先决问题,为后学所宜注意者,一也。

复次,子固之"言无所苟",又可从他的圆融的推测上看出。在归纳的推测上,妙在能道出异同的所以然之故。他说:

> 盖法者所以适变也,不必尽同;道者所以立本也,不可不一:此理之不易者也。

故二子者(孔、孟)守此,岂好为异论哉?能勿苟而已矣……(《战国策》目录序)[1]

这段话把先秦儒家正名主义的真精神,说得最深切著明。其所谓"道",乃原理之体;其所谓"法",乃用之籀为原则者也。宇宙的最高原理,先天的理性是唯一的万人相同的;世间的现象关系,后天的经验是万殊的随地域而异、随时代而异的。明白了这层,再从感觉所经验的千变万化的自然现象里寻出相依倚的因果关系来,而著为当时此地所必宜采用之原则,此即曾氏之所谓"法"也,"所以适变"者也。此等原则,既是时代的、地域的产物,则易一时代,易一地域以后,该原则(旧原则)之致用,将有时而穷;于是又有新原则起而代之。新旧原则,递嬗代谢,各适于某时某地之需要,而其所具足之条件,则彼此不同。曾氏所谓"不必尽同"——"因时适变,为法不同",或亦不外是也。

等而上之,更综核含时代性、含地域性的种种原则,而抽举其赋有超时代性、超地域性的最高观念,著为一切法之法,遍一切处、一切时而无所不宜,斯与宇宙的最高原理融会为一,亦即曾氏之所谓"道"也,"所以立本"者也。本体唯一,不贰以二,不叁以三。曾氏所云"不可不一"者,其理据或亦不外是也。

再从方法论上解释之:"立本"之"道",近于演绎;"适变"之"法",近于归纳。归纳的、演绎的方法,相互为用,乃可与应变而不失其常;此曾氏推测上的合理的见解,为后学所宜注意者,又一也。

如上所说,曾氏之批判的态度及其推测的方法,可见一斑。所论道的概念、法的概念,尤为曾氏的思辨学之根荄,吾人所宜会通也。

此外尚有两大特色,为研究曾子固的名学者所不可不知,即(1)穷理致知说,(2)唯名论的历史观也。

子固之"穷理致知"说,见于《梁书目录序》。他说:

---

① 《晨报副镌》1924年6月14日,第二版。

《书》曰："思曰'睿'，睿作圣。"盖思者所以致其知也。能致其知者，察三材之道，辨万物之理，小大精粗，无不尽也——此之谓穷理，知之至也。（清光绪庚寅，慈利渔浦书院重刊本《元丰类稿》卷十一叶十三）

这种穷理主义的知识论，实在是最精粹的名学见解，其价值堪比伊、洛。宜乎朱晦翁俯首悦绎，"以为人之为言，必当如此，乃为非苟作者也"。

子固之唯名论的历史观，见于《南齐书序》。他说：

古之所谓良史者，其明必足以周万事之理，其道必足以适天下之用，其智必足以通难知之意，其文必足以发难显之情，然后其任可得而称也。

何以知其然耶？昔者，唐虞有神明之性，有微妙之德，使由之者不能知，知之者不能名，以为治天下之本；号令之所布，法度之所设，其言至约，其体至备，以为治天下之具。而为二典者推而明之，所记者岂独其迹耶？并与其深微之意而传之。小大精粗，无不尽也；本末先后，无不白也，使诵其说者，如出乎其时；求其指者，如即乎其人；是可不谓明足以周万事之理，道足以适天下之用，智足以通难知之意，文足以发难显之情者乎？则方是之时，岂特任政者皆天下之士哉？盖执简操笔而随者，亦皆圣人之徒也。

两汉以来，为史者去之远矣……（汲古阁本《南齐书序》）

"文以发情任政"云云，颇呈文治主义的色彩。关于"治天下之本"的本体论，他认为"不能知不能名"，此言形上的真理，超绝名相，不落言蹊也。至于"治天下之具"的工具论，他力求"至备至约"，此言断事的方法宜然也。本体与工具，原是历史演进的枢机，然使无名学化的历史家"执简操笔而随"，恐其具象的事"迹"及抽象的微"意"，莫由“得所托而传于久”矣。子固深为此惧，故其所理想的正名主义化的史家：纵的方面，要能理出史迹的时间关系，使其“本末先后无不白”；横的方面，要能整理史迹的空间关系，使其“精粗小大无不尽”。如此从空间的、时间的种种现象中，寻出因果关系，而著为“因时适变”的公例，则历史的名学的体系见矣。在治此种历史的名学的人们，须先训练观察力，使其“明足以周万事之理”；训练判断力，使其“智足以通难知之意”。“意”者意力，司断者也；“理”者条理，听察者也。尽听断之天职，斯可与语曾子固的唯名论的史学之中道正观矣。

最后还有一层，就是曾氏研究名学之所自得。他自述云：

> 吾之所学者虽博，而所守者可谓简；所言虽近而易知，而所任者可谓重也。（《曾南丰先生全集》卷十七叶十四，《南轩记》）

读此，对于曾子固的名学，可得一总括的新概念了。兹再取东原名学与南丰名学作比较的研究，觉得可注意之点颇不少。

东原对于异己之说，务“正其可否”。子固对于异己之说，务“明其说”，使天下“后世之人皆知其说”；另一方面，却亦不妨“著而非之”，不好同而恶异，亦不徇物而夺其所守。此种严正的批评态度，与东原的意思实相近。此宜注意者一。

东原之论推测，其根本观念系乎常变。其说曰：“此重彼轻，千古不易者，常也。”此所谓常，与子固说的“不可不一”之“道”，颇相共通。东原又云：“重者于是乎轻，轻者于是乎重，变也。”其所谓变，与子固说的“不必尽同”之“法”，颇相共通。此宜注意者二。

东原说的“以其则正其物”，与子固说的“立本[适变]”，同是具的一副演绎法的名学的精神；东原说的“因物而通其则”，与子固说的“立本”，同是具的一副归纳法的名学的精神。此宜注意者三。

东原、子固对于历史，皆有一种崭新的名学的见解。东原说的“大其心以见夫道之大”，与子固说的“其明必足以周万事之理”，同是注重历史观察的表示；东原说的“精其心以察乎义之精”，[与子固说的“其智必足以 通难知之意”],同是注重历史批判的表示。东原说的“条理精密,即在广大平易中”,与子固所言“小大精粗无不尽,本末先后无不白”,其意趣又极相近。——此宜注意者四[①]。

除此四点以外,东原、子固两家的立脚点,亦颇可比观。东原之论博约也,以条理、统会并举;子固以“所学”与“所守”为言。引申言之,则“与为条理”,适益“所学”,“与为统会”,愈坚“所守”;其道适相资为用。但就研究的结果上说,东原“综〈贯〉[核]条贯”之功,似在子固之上;而子固持守简严,立言肃括,在经术史上自亦有其相当价值。但是我最心折的,尤在南丰论“穷理致知”一段,为其能道尽方法论的名学之大要,而以少许胜多许故也[②]。

二十七、戴东原与苏子由

欧、曾而外,三苏亦一时之秀杰。陈千峰谓:“眉山父子兄弟,稽千古治乱成败得失之变,参以当世之务……言言有补于世。”永叔称老泉“大究六经百家之说,以考质古今治乱成败、圣贤穷达出处之际……必造于深微而后止”。看来三苏很有治史的兴味,重在“稽变”识“务”。老泉颇昌言“圣人因风俗之变而用其权。圣人之权用于当世,而风俗之变益甚,以至于不可复反;幸而又有圣人焉,承其后而维之,则天下可以复治”。此种论调,似与经生家言有异,再由东原名学的眼光观之,“权”亦非绝对不可用者。“权然后知轻重”,孟子早已说过了,东原尤发挥得透彻。他说:

> “权所以别轻重”,谓心之明,至于辨察事情而准,故曰“权”。学至是,一以贯之矣,意见之偏除矣。(《疏证》卷下二十三叶)

对于社会生活现象底变迁,须探其致变之由,而为公平的评判,

---

① 《晨报副镌》1924 年 6 月 15 日,第二版。

② 《晨报副镌》1924 年 6 月 15 日,第三版。

权所以别轻重而持其平也。致其“心之明,至于辨察事情而准”,乃可与言通权达变,此研究老泉的思辨学者所以乐取东原之说以为参考之资也。

老泉讲论《周易》名学,仍植基于“权”的观念,谓:“圣人用其机权以持天下之心,而济其道于无穷。”其说不纯本儒家,似可名之曰“术治主义的名学”。到了东坡,益喜纵横,却是不赞成法家;著《韩非论》,对于先秦法家的名学,极力攻击,笔锋常带情感,故与严格的机械论的名学家异趣。求其在名学上较有建设的功绩者,当推苏子由。

子由对于先秦道家的名学,有很深邃的见解。原来老子的名学,不过是对于本体强为之容,故虽谈及形名,仍处处不忘本体。子由参透了此中消息,因此自建一种绝对的一元论的玄学。他说:

> 以形而言,有无信两矣。安知无运而为有,有复而为无,未尝不一哉?其名虽异,其本则一。知本之一也,则玄矣。(苏子由著《道德经注》卷上二叶)

又说:

> 夫道,旷然无形,颓然无名;充遍万物,而与物无一相似:此其所以为大也。若似于物,则亦一物耳,而何足大哉?(卷下二十一叶)

所云“其名虽异,其本则一”,是说的名学与玄学的区别。本体唯一,不涉名相,是绝对的,不是相对的,故云“与物无一相似”。凡相对、相似者,皆现象也,非本体也。设若遽谓本体与现象,可以融会为一,恐子由不以为然也。子由云:

> 夫道不可道,况可得而名之乎?凡名皆其可道者也。名既立,则圆方曲直之不同,不可常矣。自其无名,形而为天地,天地位而名始矣。自其有名,播而为万物,万物育而名不可胜载矣。

故无名者道之体，而有名者道之用也。（卷上叶一）

他的意思，以为本体“不可得而名”。以“无名”为本体，可说是消极论的玄学或本体论化的名学；以“有名”为作用，又可说是唯用论的名学。他这种名理谈，究可与王辅嗣所谈的等量齐观耶？此当听诸君自由解答。我现今但取子由之说与东原之说比观之，觉得子由的“旷然无形，颓然无名”的本体论，与东原的“条理之极，非知天不足以尽之”的宇宙观，真所谓“名虽异而本则一”也①。

二十八、戴东原与苏东坡

欧阳、苏、曾诸家，我前从大体上看，觉得他们都可说是文治主义的名学家，但再分析言之，欧阳永叔之积极主义的名学，介在怀疑论与独断论之间；曾子固之批评的穷理主义的名学，不掩唯理论与经验论之长，二子名学思想的渊源，皆导自先秦儒家。苏老泉的术治主义，与先秦法家的法治主义似同而实异，他又稍微参用了一点人治主义的精神；完全从作用上推敲，而于狭义的认识论上，似少发挥。虽东坡亦未能免此，然其研究庄子，妙在能鉴别“研究对象”之真伪；但就这种“局部的怀疑”上言之，已觉不愧为一怀疑主义家，与欧阳永叔之怀疑《系辞》、司马温公之怀疑《孟子》，正可相提并论也。但东坡是一位主情论的哲学家，务建设一种“必然之理”于“同情心”的基础之上，与东原“归于必然，适完其自然”的意趣略相近，而与王介甫辈纯任“独断”，罔顾他人之是非者，其思想的态度，乃适相反也。东坡说：“君子未论行事之是非，先观众心之向背。”持“尊疑”的态度，以评判政治问题，不免因非难功利派之故，而迁怒于工具主义的名学。他说②：

① 《晨报副镌》1924年6月16日，第二版。

② 《晨报副镌》1924年6月17日，第一版。

> 孔子曰:“工欲善其事,必先利其器。”又曰:“必也正名乎。”今陛下操其器而讳其事,有其名而辞其意,虽家置一喙以自解,市列千金以购人,人必不信,谤亦不止。夫制置三司条例司,求利之名也;六七少年与使者四十余辈,求利之器也……臣以为消谗慝而召和气,复人心而安国本,则莫若罢制置三司条例司……(《东坡上皇帝书》)

由表面上看来,或者认为这里带有反名学的分子,但是更端言之,东坡苦劝彼时的政治当局,说道:“不患不明,不患不断;但患求治太速,听言太广。”又“备述其所以然之状”。照此看来,“听言太广”,则观察不能入细,而观念莫由准确;武“断”过酷,则鉴别不能中效,而结果或反乎始愿所期;要皆心术之公患,坡公不能不思所以解其蔽者也。至于详说“其所以然之状”,这也是推测上之要著。他又说过:“因其言以考其实,实至则名随之。”“名”即王介甫所谓“命此者也”。照此看来,稳健派的苏子瞻与急进派的王介甫,在名学的一方面,未尝不可异中观同也,但是他们俩的政治理想,一则导源于道家消极论的名学,建设一种“事已立而迹不见,功已成而人不知”的为而不有主义的事功观(东坡);一则导源于法家机械论的名学,建设一种“涉乎形器,裁之以法”的有为主义的法治论(介甫)。思想的来源及其所假定之前提,各不相同有如此者。然试由东原名学的见解以推断之,二子各皆运着“以其则正其物”的演绎论的精神(但介甫颇复尊重归纳)以谋解决彼时代的实际问题。——虽从另一方面观之,东坡乃一诗哲,然究不应该于名学之广场上妄发其送东坡之传单也。魏鹤山一生笃信洛闽之学,而必称:“苏氏正学直道……不苟同于君子。”(四部集刊,《鹤山先生大全文集》卷五十三叶五至六,《黄太史文集序》)呜呼!是亦可觇坡公在人格化的名学史上之位置也已!——往下便谈王介甫的名学,间亦以东原与之并论[1]。

---

[1] 《晨报副镌》1924年6月17日,第二版。

二十九、戴东原与王介甫

介甫之志业，务自建一新法治主义的哲学系统于名学基础之上，此其大异于当时士大夫阶级者也。其在思想上颇尚博学，与东原说的"动而应求，立乎至博"的归纳论极相近。故于儒家哲学之外，虽说得力法家为多，他自己却并不因此而无视道家、墨家之学。他对于道家，深许《庄子》一书。所云"推庄子之心，以求其行，独何异于墨子"，援墨入庄，尚似是一种假说，其抉出庄子关于形名的精语，有妙起新知；这却是在名学史上值得大书特书的事。介甫云：

庄周曰："五变而形名可举，九变而赏罚可言。"语道而非其序，安取道？善乎其言之也……其言之若此者，圣人不能废。

又云：

万物待是而后存者，"天"也；莫不由是而之焉者，"道"也；道之在我者，"德"也；以德爱者，"仁"也；爱而宜者，"义"也。仁有先后、义有上下，谓之"分"；后不擅先、下不侵上，谓之"守"。形者，物此者也；名者，命此者也……物此者，贵贱各有容矣；命此者，亲疏各有号矣。因亲疏、贵贱任之以[其]所宜为，此之谓"因任"。因任之以其所宜为矣，放而不察乎？则又将大弛；必原其情，必省其事，此之谓"原省"。原省明而后可以辨是非，是非明而后可以施赏罚。故庄周曰："先明天而道德次之，道德已明而仁义次之，仁义已明而分守次之，分守已明而形名次之，形名已明而因任次之，因任已明而原省次之，原省已明而是非次之，是非已明而赏罚次之……"(《临川集》卷六十七，《九变而赏罚可言》)

向来研究庄子哲学的人，率皆倾向看消极主义一边，独介甫秉着一副变法革新的精神，力从“大有为”主义（积极主义）一路发展。运用社会哲学、政治哲学的眼光以观庄子，意在以“辨是非”为“礼乐刑政”之必要前提，视往昔以“可言之称”为本体上之一种表示，而务张其“无形无名”之玄学旗帜者，区以别矣。然而介甫亦非不了解玄学也。介甫云：

> 道有本有末……本者，出之自然，故不假乎人之力而万物以生也；末者，涉乎形器[①]，故待人力而后万物以成也……（《临川集》卷六十八，《老子》）

他在本体论上发表他的有元论，即“有本之道”，群生之本始是已在。他在认识论上侧重实在论，故昌言“出之自然”。再从这种根本观念推演到唯用论上，于是乎形成了他的致用之学。这一套思想的条理系统，是始终一致的。他自己早已有这种假定，他说：

> 苟能致一以精天下之理，则可以入神矣；即入于神，则道之至也。（《临川全集》卷六十六，《致一论》）

这么一来，致一曲之诚以求全量之知，自必能从现象推到本体，以达归纳法的名学之究极目的。可是谈到最后的境界，便不免引起疑问：推到本体，复归于无，得毋与有元论及致用之学有出入乎？介甫早已接着前面的话说道：

> 夫如是，则无思无为，寂然不动之时也。——虽然，天下之事，固有可思可为者，则岂可以不通其故哉？此圣人之所以又贵乎能致用也。（同上）

不涉“事”“为”则已，既涉事为，便有其已然之迹，及其所以然之故。已然之迹，言乎个别的现象；所以然之故，言乎共通的原则。个

---

① 《晨报副镌》1924年6月19日，第一版。

别的现象，是具体的；共通的原则，是抽象的。或是据原则以推断现象，或是从现象里求出原则，都说得上"通其故"的。能深通谓之思，既有其能思能通其主格，当然不会流于虚无主义一路了；所以介甫的唯"神"的"道之至"的论调，在本体上依然属于有元论，与他的作用论并不相悖。他说：

无之所以为车用者，以有毂辐也；无之所以为天下用者，以有礼乐刑政也。唯其涉乎形器，是以必待于人之言也、人之为也。

所云"涉乎形器，待于言为"，与先秦儒家"名之必可言行"之意未必不相近。侧重"有"为，与先秦道家"无之以为用"的意思似乎不无出入；而于"为学日益"之意却颇相发。他的思想发展的方向为什么要趋向积极主义一路呢？介甫说：

圣人唯务修其成万物者，不言其生万物者。盖生者，尸之于自然，非人力之所得与矣。（《临川全集》卷六十八，《老子》）

这是他侧重裁成事物的理由，其裁成（或完成）的枢机，仍存乎"思"。故云：

思者，事之所成终而所成始也。思，所以作圣也。既圣矣，则虽无思也，无为也，寂然不动，感而遂通天下之故，可也。（《全集》卷六十五，《洪范传》）

"通天下之故"与前引"通其故"同意。"感"是思辨学的出发点，心感于物而构成意象（观念），复结合诸意象而判断之，即介甫所屡言之"听""取"之术也。他曾从负面言之云：

……其问之不切，则其听之不专；其思之不深，则其取之不固。不专不固，而可以入者，口耳而已矣。吾所以教者，非将善

其口耳也。(《全集》卷七十一,《书洪范传后》)[①]

切问深思,确是名学上的重要功夫;但是介[②]甫论"听断",务以"专固"为尚;其意量似乎不如范希文的"不尚偏听,不敢独断"之宏远。然在介甫固将自适其适,而不肯苟同于他人者也。一面既不肯苟同,另一面又要不求苟异,乃能解蔽而祛惑。试以求〈异〉[同]求异为观点,则可注意者,计有二事。

(一)权时之变以求其异

介甫说:"夫天下之事,其为变岂一乎哉? 固有迹同而实异者矣。今之人諰諰然求合于其迹,而不知权时之变;是则所同者古人之迹,而其所异者其实也。事同于古人之迹,而异于其实,则其为天下之害莫大矣:此圣人所以贵乎权时之变也。"(《临川全集》卷六十七,《非礼之礼》)这里"变"的观念很重要。其权时之变的主要方法,在乎求异。以谓散殊的事实之显现,本随时代而异,居今日而评判事迹,不必求其尽同于古人。引申言之,从哪些含时代性的、散殊的现状里寻求其致异的原因,亦可说是求异法。

(二)法先哲之意以求其同

"意"与"迹"异,"迹"言乎个别的事象,是含时代性的;"意"言乎共通的原理,是不含时代性的。含时代性的事象,时过境迁,辄成僵迹,自非演变迁进不可;而不含时代性的原理,异代合符亦须善法其精意,以协乎人心之所同然。介甫说:"臣以谓今之失,患在不法先王之政者,以谓当法其意而已。夫二帝三王,相去盖千有余载,一治一乱,其盛衰之时具矣。其所遭之变、所遇之势,亦各不同,其施设之方亦皆殊;而其为天下国家之意,本末先后,未尝不同也——臣故曰'当

① 《晨报副镌》1924 年 6 月 19 日,第二版。

② 《晨报副镌》1924 年 6 月 20 日,第一版。

法其意而已’。法其意，则吾所改易更革，不至乎倾骇天下之耳目，嚣天下之口，而固已合乎先王之政矣。”(《上仁宗皇帝言事书》)这里“合”的观念很重要，其法先哲之意的主要方法，在乎求同。以谓根据那些不含时代性的、共通的原理去推断他所要改革的政象，也可说是求同法。

从广义上言之，前面说的求同求异，都属于归纳。同异二法，极有交互关系。介甫尝言：“同故能有容，异故能有辨。辨物居方者，物之终始也。”(《临川全集》卷六十五，《易象论解》)“有辨”犹东原说的“主施者断”；“有容”犹东原说的“主受者听”。听断无苟，然后常变咸宜；但再细加分析，觉得介甫毕竟侧重“合”的观念，自己在先认定了一种原则(真实的通则)，嗣后便照这样演绎出去，不高兴那些“异于其实”的。这种引绳墨切事情的精神，完全从往代的法家或实用主义家的思想里导出。他的政治思想，极有条理、有系统。就中“约之以礼”一节，谓宜“为之制度，婚丧祭养燕享之事，服食器用之物，皆以命数为之节，而齐之以律度量衡之法。其命可以为之，而财不足以具，则弗具也；其财可以具，而命不得为之者，不使有铢两分寸之加焉”。他拿“齐之以法”做“约之以礼”的注脚，比李[泰]伯的礼治主义的见解，更见严峻！他又主张“裁之以法”，“以为不如是，不足以一天下之俗而成吾治”。他这种新法论与那些人治论、文治论相殊异之点极多，但由名学的眼光观之，介甫之法治观，仍是侧重演绎；极力推尊物观的公准，为之节限，为之制度，使一切事物——社会的生活现象关系，咸受其支配。壹意在制数上算账，务要算到丝丝入扣。他这种严密的计算，比东原“明其区分”的意思，更见深刻；所云“命不得为之者，不使有铢两分寸之加”，这种种澈察的限制，比东原“精其裁断”的意态，更见猛厉。他所发表的“齐之以法，裁之以法”的政治主张，比东原“以其则正其物”的演绎论，更趋极端！如果根据这些资料去评判介甫的名学，觉得他所主持的“事之所成终成始”的方法论，确是以积极论始，以消极论终！无惑乎他的老友——穷理主义家的曾南丰，要从思辨哲学方面对他痛下针砭了。他警告介甫云："足下……致此者，岂有他哉？思之不审而已矣。"(《元丰类稿》卷十六叶八，《与王介甫第二书》)究竟介甫的思想是否有些不精审呢？这种问题，当俟读者诸君自由评判，但在彼时代，挺身出马，与介甫对抗者，尤当推温公。往下再论温公名学，仍拟在相当的限度内，约略带论东原[①]。

三十、戴东原与司马光

司马温公与王介甫的政见，为什么迥不相同呢？介甫说："窃以为与君实(温公)游处，相好之日久，而议事每不合，所操之术多异故也。"(《答司马谏议书》)请问！介甫所操之术为何如？君实所操之术又何如？君实云："光昔从介甫游，于诸书无不观，而特好《孟子》与《老子》之言。"(《司马文正公集》卷七十四叶四，《与王介甫书》)看来他们两位的观察力，均极迥卓，当得起"立乎至博"的考语。戴东原说"博故与为条理也"，又说"举理以见心能区分"。分析是名学的出发点。名者，所以举其实也；实者，客观的对境也。所举之对境相同，而所以举之之名不同，则辩争以起。质言之，亦名实之争而已。介甫有言："儒者所争，尤在于名实。名实已明，而天下之理得矣。"(《答司马谏议书》)介甫所行的政事，君实曾立观点从事判断，并列其所引起的反响。介甫对于此等反响，认为"固前知其如此"；对于君实所加的判断，则概用"不为"(是)二字以否认之，甚至说出些"士大夫多以不恤国事，同俗自媚，以众为善"的气话来。温公的答辩，颇复针锋相对。他说："光岂劝介甫以不恤国事，同俗自媚哉？盖谓天下异同之议，亦当少垂意采察而已。"(《本集》卷七十四，《与王介甫第三书》)劝介甫对于"天下异同之议"，先做客观的观察和采择，毋徒骋主观的意见而否定一切。他和介甫都要求中乎名学之律令，都不贵乎好同而恶异。

---

① 《晨报副镌》1924年6月20日，第二版。

其所拟之目的未必不同，但其所标的主义，则颇相殊异：介甫急于“有为”，目君实为“守前所为”者。他们两虽皆以儒家自命，但介甫出于法家，君实服膺老子“无为”的训条，得力于道家者为多。请问！道家、法家以外，他们的思想，有合于儒家者安在？就蠡测所及，觉得介甫的说法于《易经》上的精义致用有些相近；君实的说法，与先秦儒家所诵说（所理想）的“无为而治”，极相共通。若然，则称温公为一“不为什么”的无为主义的政治家或无治主义的政治家，称温公的名学为无治论的名学以示别于前面谈过的人治、礼治、文治、法治论家的名学，似亦未为大失矣。再用东原的话疏温公、介甫两家，觉一则安于循常，一则锐意应变，颇可做比较的研究。东原说：

> 凡此重彼轻，千古不易者，常也。常则显然共见其千古不易之重轻，而重者于是乎轻，轻者于是乎重，变也。变则非智之尽能，辨察事情而准，不足以知之。

准以此推，可见“常”的概念与“变”的观念盛衰消长之故。介甫究其“变”，“变则非智之尽能，辨察事情而准，不足以知之”，故在当时颇难邀群众之同情。温公道其“常”，“常则显然共见其千古不易之重轻”，故在当时极易得群众之谅解。若以思维上的常、变为观点，从事评判，其结论或当如是。若另从怀疑论上，从事商兑，则“千古不易”的定律，是否“常”识所能了解？“显然共见之重轻”，是否“千古不易”？恐怕还有问题。穆勒约翰有言：“理如衡然，智者允执厥中，而两端之所以为重轻者，则其心之所独观，而常人未有此也。欲其有之，其于两端之义，必察之以至平之心，而无幽不瞩而后可。”（严译《权界论》五十二叶）这种无幽不瞩的观察，颇可采取。如果我们评论温公、介甫底名学思想，既不偏于“变”的一极端，亦不偏于“常”的一极端，其于两端之所以为重轻者，复察之以至平之心，把事实判断、价值判断，运用到恰好处，那么介甫、温公两家所操之术，其相异之点安在？是否异中有同？都可得着比较公平的解答了。或者可以说：介甫究其“变”，似近于归纳，然务必以他所认为合理的法意（当取法的定理）为前提，便觉演绎的色彩较浓厚。温公道其“常”，似近于演绎，然对于群众心理自然的倾向，他毫不加干涉，这种放任的态度，与法家绝相反；由道家名学的眼光观之，可谓善采“虚无因应”之长，其精神发展的方向却近于归纳。从东原的名学上解释之，则介甫所操之术，算是能“以其则正其物”；温公所操之术，算是能“因物而通其则”也。——这一段话，都是名学之介甫、温公的比较观。往下再就温公所事的新史学作独立的叙述，以表现他的新史学化的名学精神。

要想了解温公底新史学化的名学，须先知道的新史学在史学界的位置。原来北宋的史学界，颇多博闻强识之士，就中绩业最伟大者，当推永叔与温公。欧阳永叔之史学的杰作，当推所著《新五代史》；司马温公之史学的杰作，当推所主撰之《资治通鉴》。这两部杰作的最大特色，在乎价值判断之精严。价值判断与事实判断，同是“精其裁断”的学者所宜尽心，本来不宜畸重畸轻。然以作家的学风有所倾注，其判断力之表现于作品中者，亦往往有所偏胜。此等前例，于“三传”已觉足微，不待欧、薛二史之出也。原来仲尼所作的《春秋》——批评家所认为先秦儒家的正名主义之杰作者已经于事实判断之外，看重了价值判断。公、穀、左氏后先作传以发明之，左氏传比较上侧重事实判断，公羊、穀梁二传，比较上侧重价值判断。司马迁、班固之史学的著述，其体裁虽各独立，要未尝徒泥于事迹，而偏废价值判断也。欧阳永叔的作品，其表现史迹之方式，取法司马迁；而其价值判断之标准，则仍远师孔氏。因此，《新五代史记》一书，评者以为：“大致褒贬祖《春秋》，故义例谨严；叙述祖《史记》，故文章高简；而事实则不甚经意。”（《四库全书总目》卷四十六，史部正史类，新五代史记条）又云：“薛史（薛居正作的《旧五代史》）如左氏之纪事，本末赅具，而断制多疏；欧史如公、穀之发例，褒贬分明，而传闻多谬。两家之并立，当如三传之并存。”大抵薛史〈措〉[侧]重于史迹之铺陈，自然也替后人搜集了不少的史料，但[①]由严格〈氏〉[视]之，恐怕此书只说得上“明其区分”，还难说上“精其裁断”。宽一步说，薛氏在此书内所加的事实判断，颇可采取；而由价值判断上言之，恐欧史更胜薛史一筹。昔人从“文章”方面批判欧史，未免偏于“趣味判断”一边；趣味判断自是事实判断之腻友，然亦不妨划入美学范围。说到名学方面，仍宜以事实判断与价值判断相辅而行。欧史价值判断特强而犹嫌其事实判断稍弱，然由名学上言之，“发例”究是切要的企图。只要善发义例，谨严不苟，已觉在史学化的名学界可占有相当的位置了。——了解这层之后，再看温公的史学的巨制，觉得《资治通鉴》里价值判断之谨严，居然与欧阳氏的《新五代史》相伯仲；那么，他的新史学在史学界的位置，我们更该重新认识了。戴东原之论《春秋》名学也，曰：“非大其心无以见夫道之大，非精其心无以察夫义之〈情〉[精]。”又云：“《春秋》有史法在，体例甚严。”胡三省之论《通鉴》名学也，曰：“《通鉴》之作，实接《春秋》左氏后也。”(《新注资治通鉴序》)然则《通鉴》之史法，通乎《春秋》，其述作之体例，与东原所理想的名学化的最新史例，非不相合；其树义之精，为治史者所当观察，岂待烦言而后明耶[②]？

但是再拿欧、薛二史与温公《通鉴》比观之，觉温公于价值判断之外，更着力于事实判断，颇能兼擅欧、薛两家之长。其从通史一路，新辟轨途，比欧、薛诸位“断代史”家，更见规模壮大。然其表现史迹之方式，与子长通史式的《史记》，亦有不相共同者，则以子长注重人物的活动，温公着眼于时间的发展故也。然其作史皆以求通为鹄，则汉、宋两司马有同然者焉。这些不过是后人所加的品题，在温公当时并未昌言要方驾龙门。子长序《史记》时，述《春秋》之学云：“《春秋》以道义。拨乱世，反之正，莫近于《春秋》。”温公则云：“臣今所述，止欲叙国家之兴衰，著生民之休戚，使观者自择其善恶得失以为劝戒；非若《春秋》立褒贬之法，拨乱世反诸正也。”他自言与从前“拨乱反

① 《晨报副镌》1924年8月19日，第一版。

② 《晨报副镌》1924年8月19日，第二版。

正”的唯善史观家异〈越〉[趣]，其所希望的“不诬事实，近于至公”，卓然于公羊学外更兼擅左氏学之长。其书托始威烈，上续左氏，非偶然也。昔之说者谓此书“列于户牖之间，而尽古今之统；博而得其要，简而周于事”。戴东原所理想的“〈修〉[条]理明，统会举”，温公殆已先得其心之所同然矣。

温公的历史杰作，胡三省最能了解，其最大特色，在能道出温公搜集史料、鉴别史料之真精神。他说：“温公遍阅旧史，旁采小说，抉擿幽隐，荟萃为书。”（胡身之《新注资治通鉴序》三叶）又《论通鉴考异》云：“所以参订群书之异同，俾归于一。”（仝上）批隙〈尊〉[导]窾，语语精要。而温公之中国历史的研究方法之精密，亦略可亲矣。其“遍阅旁采”，所以求博也，“博故与为条理也”。其“抉擿归一”，所以求约也，“约故与为统会也”。在先务把所需的史料搜集齐备；次就杂然并陈的资料中寻出个秩然有序的条理来，乃可与言“抉擿”；再次从所有种种具象的个别的条目中，寻出个最高的抽象的共通的纲领来，夫然后可与言“荟萃”也。如是步步剖析，渊渊入微，递次把那种种细微的分析的研究之结果积累起来，一俟时机成熟，便运其匠心从事组织；复得多方面的辅助，经过长时间的严勘；然后成功他的大规模的杰作——温公之《通鉴》，其成书若是之难也！观其撰著之历程，无一不中名学之律令。条理统会，粲然并著，盖非博约并重——“归纳演绎，交互为用”不为功。即东原的“援释据证，综核条贯”种种工夫，温公殆亦完全做过了，其研究的对象虽不同乎？要其实事求是之精神，则一而已。

温公的籀书方法，最精要的，尤其是参订异同。同中订异，异中参同，则同异交得，可极归纳之能事。欲由繁赜而观其会归，断当以此为正则！东原所昌言的“因物而通其则”，犹斯职志也。

抑又以为温公的名学，更有一特征焉，就是务从先秦儒家的正名主义里推演出一种“政治的逻辑”来。此风范文正已开其端，温公乃更透发无余蕴。质言之，即务自建一种“名器”主义于先儒的正名主义底基础之上，而新标出“分莫大于名”之一训条是已。温公说：

> 夫礼，辨贵贱，序亲疏，裁群物，制庶事，非名不著，非器不形。名以命之，器以别之，然后上下粲然有伦（大文谨案：范蔚宗《后汉书》卷九十八《郭泰传》云：“林宗善人伦。”章怀注引《礼记》曰：“拟人必于其伦。”郑玄注曰：“伦犹类也。”据此可证“伦”的概念与“类”的概念常相函，初未尝舍类而言伦也。温公所谓“粲然有伦”者，或亦以“类”为根本作用耶？）此礼之大经也。名器既亡，则礼安得独在哉？
>
> 昔仲叔于奚有功于卫，辞邑而请繁缨，孔子以为不如多与之邑。惟名与器不可以假人，君之所司也，政亡则国家从之。卫君待孔子而为政，孔子欲先正名，以为名不正则民无所措手足。——夫繁缨，小物也，而孔子惜之。正名，细务也，而孔子先之。诚以名器既乱，则上下无以相保故也。
>
> 夫事未有不生于微而成于著。圣人之虑远，故能谨其微而治之。众人之识近，故必待其著而后救之。治其微，则用力寡而功多。救其著者，则竭力而不能及也……故曰：“分莫大于名也！”（《资治通鉴》卷第一叶三至四）

说者以为“《通鉴》始于此，所以谨名分”。名宜属彼，分宜属我。正名定分，如斯而宜之谓“义”。精义者，名学上事也。定彼我之权界，使其有所循守，则群学上事之有关于名学者也。温公把名学运用到群学方面，“断之以邪正，要之于治忽”，深惧群众“无以相保”，全“民无所措手足”，乃澄识长虑，思从名学方面为全群谋一保障。其主要论点有三。

（一）尊重“名器”

原夫名学之设，所以别殊类使不相害，序异端使不相乱；抒意通指，明其所谓，使人与知焉，毋或相远也。其所谓者，实也；所以谓者，名也。何与谓实？温公所说的“群物庶事”，莫非实也。有以举之，斯印契吾心而构成美确之观念或概念。复联络此两个以上之观念或概念而加以“裁制”，则判断力呈现矣。精其判断，必存乎自命；明其概念(或观念)，必涉乎形器。概念与断定相合而后成辞，名器不乱而后便于综核。此“以辞抒意”之所为可贵也。温公言“器以别之”，所以“明其区分”也；“名以命之”，所以“精其裁断”也。东原“举理以见心能区分，举义以见心能裁断”，温公之举“名器”，其意亦近于此。“名以出命”，尤与东原“主施者断”云云相共同。

(二)谨察因果

温公云：“事未有不生于[1]微而成于著。”此言凡事之成于著者，其实皆生于微也。由著察微，即果求因，乃严格的归纳论的名学之律令也。“著”，言乎结果；“微”，言乎原因。奚以明其然耶？温公之所谓“著”，分正负两面：从负面言之，则为“上下无以相保”，言乎结果之恶者也；从正面言之，则为“上下粲然有伦”，言乎结果之善者也。凡彰明较著的结果，皆种因于“小物细务”。此“小物细务”，即温公之所谓“微”也。从“小物细务”里寻出了最大的原则来，便确认此原则为客观界的“庶事群物”之共通标准而毋或侵犯，其对于“小物细务”，更不敢以轻心掉之。此温公所谓“谨其微而治之”也。如此，即微以察著，执其微以会其通，才算是深合归纳法之精意。——明乎此，虽谓温公的“著生于微”论，为“果必有因的定律”，与朱晦庵的“即物穷理”说，戴东原的“因物而通其则”说，有同等之价值焉可也。——推理世界之最高作用，于此亦略可睹矣[2]。

(三)名学的权化

如前所说，温公的思维术，在概念上、判断上都有相当的了解，在

---

① 《晨报副镌》1924 年 8 月 20 日，第一版。

② 《晨报副镌》1924 年 8 月 20 日，第二版。

推理上侧重归纳。如用其法以整理社会的生活现象关系，宜可鉴空衡平，面面俱到矣。然而温公的《通鉴》，竟为后世民权论家所驳难，认为不利于小民者，何也？则以他的群学的根本观念上稍有差池，其影响遂波及名学方面也。从历史上看，专制的权威为长足的发展，应以中国为最甚。旧中国的社会组织，是纵面的，不定是横面的；是由上而下的，不定是由近而远的。温公虽是彼时代的英物，毕竟不能跳出时代关系、环境关系之外，所以他的"上下"观念太过坚凝，与公羊家的"非常异义可怪之论"绝相反。汉儒(今文派)之论正名也，贵"知其权宜"。谓君父臣子，都该各守其分，初未尝偏袒君父一方面而刻责臣子一方面也。司马子长《史记自序》云："余闻董生(仲舒)曰：……孔子知言之不用，道之不行也，是非二百四十二年之中，以为天下仪表。贬天子，退诸侯，讨大夫，以达王事而已矣。"既曰"为天下仪表"，则其不仅仅为某一地域、某一阶级底仪表，抑又明矣。其所谓"是"，言乎肯定断定；其所谓"非"，言乎否定断定；曰"贬"、曰"退"、曰"讨"，非徒限于事实判断也。其微言大义，尤存乎价值判断之中。价值判断，以善为标准。戴东原以善为天下之大共，或亦此意。子长亦云："为人君父而不通于《春秋》之义者，必蒙首恶之名；为人臣子而不通于《春秋》之义者，必陷篡弑之诛。死罪之名，其实皆以为善！为之不知其义，被之空言而不敢辞。"子长说的"其实皆以为善"，即言《春秋》道名分，以价值判断上的全称肯定断定为究极目的也。其施断也，诚有时责备"臣子"，然亦未尝不责备"君父"也。[其]对于某种"诸侯大夫"，固在所必"讨"；其对于某种"天子"，亦未尝不加"贬"也。子长说的"通《春秋》之义""知其义"，其背影中煞有一副"拨乱世之正"的理想目的在。董仲舒的理想目的，正与此同。此等主张，他们这些大经学家、大史学家，固然是谋所以济纵面组织的社会之上之穷，然亦最不利于"昏君乱相"；故以董子之睿知，而蒙"大愚"之讥，以子长《史记》之整齐，而妄人目为"谤书"也。司马温公对于"拨乱反正"说，夙不谓然，吾前既言之矣，然以平和的手段谋渐进的改善，未必非温公之所许也。《通鉴》一书，未尝无“诛首恶，贬天子”之意存乎其间也。只以言论态度，与子长不同。子长之言，慷慨活跃，显而易知；温公之意，深细婉曲，微妙难识：故虽在了解《史记》的民权论家，亦不大肯恭维《通鉴》也。——虽然，温公在下“名”学底界说的时候，未尝无千虑一失，此虽无损于温公，正复不必为温公讳也。

温公之言曰：“何谓名？公侯、卿、大夫是也。”（《资治通鉴》卷一叶二）此语真谛，究竟何如？吾侪苦不得其解。拈出此条，绝非有意挑剔，实以此为先哲的微言大义所关。兼之，此说既出以后，曾引起重大的影响。陆象山先生曾经加以善意的修正，自亦例得附书。象山说：

> 惟器与名，不可以假人。只当说“繁缨”非诸侯所当用，不可以与此人。左氏也说差却名了！是非孔子之言！如孟子谓“诛一夫纣矣”，乃是正名！孔子于蒯聩、辄之事，乃是正名。至于温公谓“名者何？诸侯、卿、大夫是也”，则失之矣！（《象山先生全集》卷三十四叶二十七）

精卓简当，得未曾有。所云“孟子谓诛一夫纣矣，乃是正名”，更是象山独得之秘，非汉唐诸儒所能开发也！温公向来怀疑孟子，宜其不曾看到这层。然其谆谆以“正名细务也，而孔子先之”为言，可见“温公之所援以为说者，乃所以助孟子，而非攻也”。了解孟子的“诛一夫”，孔子的“贬天子”，则先秦儒家名学的权化，适以浚发全民之良心的判断力，断可识矣！惜乎悠〈怒〉[悠]千载，此道暗而不明，郁而不发！即温公之微权，亦往往为妄人所假借，其出乎意料外影响之所波及者，乃至果如戴东原所痛叹的：“下之人不能以天下之同情、天下所同欲达之于上；上以理责其下，而在下之罪，人人不胜指数。”（《孟子字义疏证》）而温公所理想的“粲然有伦”的大好景象，且似永久无复实现之望也?！是谁之过欤？（此亦不得迁怒温公）

上来三点：其一，尊重名器；其二，谨察因果；其三，名学底权化。

这三点，我认之为温公的《通鉴》关于名学的主要论点：于名学方法论史上，颇有相当价值。（也可说在名学化的群学史上可供参考）兹更从温公的《迂书》《潜虚》里提出几个要点，以见温公之名学原理，乃由认识论而溯之于本体论，其体系极为伟大也！

温公哲学，内涵至广。从狭义上看，本体论、认识论尤当先修。研究名学原理，虽以认识论为主，然一涉及能认识的主格，及所以认识之根元，在在与本体论有关系，自亦不宜忽略。温公的本体论有两特点，就是：对于宇宙的本体，主张命定论，与欧阳永叔的意志论的天道观，迥不相同；对于生命的根元，温公相信唯心论，与王介甫的唯物观，更相殊异。正惟崇拜命定主义，故欲返于自然。（温公《迂书·无为赞》云："夫复何焉？莫非自然。"）温公云："命者，时之遇也。"（《潜虚》）又云："成败祸福，系命所遭，谁得而知之？"（《迂书·绝四》）意谓一涉及"命"，则知识之效力，有时而穷，宁可委诸真正的时间之流转，而听其自然也。戴东原的学说，于此亦有所阐发，他说："凡命之所为言，如命之东则不得而西，皆有数以限之，非受命者所得逾。"（《文集》卷八叶四，《答彭允初书》）又云"据其限于所分而谓之命"（《疏证》卷下叶一），又云"如听于所制者然之谓命"（《文集》卷八叶四，《原书上》），比温公更觉推阐尽致了。然在另一线上，解释生命的根元，则东原与温公，皆有唯心论的倾向。东原云："心，全天德，制百行。"（《文集》卷二叶七，《郑学斋记》）温公云"君子治心"（《迂书·治心》），又云"治心以正"（《无为赞》）。如果温公不相信唯心论，尚安有"治心"之说乎？一主"治心"，则能治的主格、所治的对境，均不外乎吾心之体用矣。抑在本体论上，尚有第三特点，则温公讲"学"，乃更以"治心"为所求之究极目的。质言之，即在形而上学中，宁尊究竟观（或目的论）也。他说："学者，所以求治心也。学虽多而心不治，何以学为？"（《迂书·学要》）东原亦云："学者大患，在自失其心。"（《郑学斋[1]

---

① 《晨报副镌》1924年8月22日，第一版。

记》)其言之互相发,如此。但是温公这样的治心主义,与王介甫那样的验物主义迥不相同,我们也可推知了。假使我们承认温公的治心主义是以唯心论为出发点,那么介甫的验物主义也许是以唯物论为出发点了。介甫的验物说与辨物说,其根本观念是一致的。介甫尝言:“辨物居方者,物之终始也。”他这段话,我在前“戴东原与王介甫”一节已征引过了。他在《书义序》里又说要“操之以验物,考之以决事”,这话颇可代表介甫自己的见解。验物、辨物的(实验主义的)方法,或亦可说是由唯物论导演而得。这种由唯物论里发展出来的实验论,也可说是一种机械观,与温公的究竟观,恰是针锋相对!这些——唯心论与唯物论、究竟观与机械观问题,都是形而上学里的问题。如果观点——论点没有错误,我们也可以说:介甫与温公的名学,至少有一部分得名曰形上学(或玄学化)的名学。戴东原亦自有其形上学的名学,但是指点心源,其学风略与温公相近;此亦研究温公底形上学的名学者所宜着眼以观其通也。

运形上学的眼光以观察他两家的名学,其所得的印象,略如上述。往下再从认识论的名学上看去。

温公的认识论,与介甫亦有异。介甫侧重后天的经验,温公侧重先天的理性。温公说:“体以受性,性以辨名。”(《潜虚》)所言“性体”,与他自己在形上学所建立的唯心论,是一致的。心性之学,是他的严格的名学之出发点,故云“性以辨名”。他的名学的特点,在能将事实判断、价值判断分析明白。价值判断,以审善为鹄。事实判断,以求是为鹄:故云:“去恶而从善,舍非而从是!”(《迂书·同心》)又欲用此种判断力,以整理实际社会的生活关系,而归于躬行,故云“名以立行”(《潜虚》)。又云:“礼者,履也,循礼则事无不行;义者,宜也,守义则事无不得。圣人执礼义以待事,不为善而善至矣。”(《绝四》)其“守义以待事”,期赴全称肯定的价值判断之鹄,在人事论的名学上极有重大意义。再从方法论上解释之,则“执礼义以待事”,其法又近于演绎,犹东原所云“以其则正其物”也。温公的认识论倾向于理性主义

（或可说是唯理派），则其由先天的综合原则演绎出来，以顺应事物而自为受用，亦其心能上的自然发展也。

如前所说，关于温公之形而上学的名学及其认识论的名学，除《潜虚》外，取材于他的《迂书》（《司马文正公集》卷六十五）者为多。他的《迂书》，差不多可算是他的自己最有受用的道德哲学。在这一方面，他的方法论的名学，又侧重演绎，宜乎无视归纳矣；然而我们涉览他《通鉴》，竟至处处发现他的严格的归纳最高手段。所以然者，何哉？则以温公笃嗜史学，深受中国文化史训练，又能专从史料之搜集与鉴别这条大路上，作大规模的新建筑故也。

再将温公的名学系统，总括起来略说几句：他的名学原理，植基于形上学与认识论。他的名学方法，在受用方面侧重超越的演绎，在运用方面侧重严格的归纳！其运用得最圆活而致密的，尤其是在文化史（新史学的）一方面。东原的说法，也有些可与温公相比较的：若纯从推理的判断上着眼，则温公之“著生于微”“执义待事”的“名以命之”说，与东原之“因物通则”“以则正物”的“精其裁断”说，固未尝无共通点存乎其间也[①]。

三十一、东原与北宋的新孟韩派

前面九节（下篇第二十二节至三十节）除“戴学的宋学化”（第二十二节）一节是一篇第三部分的总冒外，其余八节，从大体上看，差不多可说都是政论派。他们的名学，也可称为政论派的名学。此派人物，以范文正为先驱，司马温公为后劲。范希文是一位人治主义家，其政论的名学之特征，存乎兼听与公断；温公是一位无治（无为而非）主义家，其政论为名学之特征，存乎“去非而从是”。其名学底系统，视希文益致密精进矣！亦有李泰伯（觏）者，希文最得力之一学友也。

① 《晨报副镌》1924年8月22日，第二版。

其政论颇呈礼治主义的色采，而尊重效率的学风，转似开王介甫之先。范、李、司马三表均能文，而不肯专以文鸣。惟介甫与欧、曾、三苏专力于此，为后世谈“古文辞”者所推崇。其实诸家之文，在历史上能占相当地位，固由其提倡思想，提倡怀疑，能致其真知以“修之于身，施之于事，见之于言”，而美术文抑其末也。东坡以诗人做政论，雅有名学的趣味，而析理入微，犹当让子由出一头地。子由邃于玄学，故其名学思想较为彻底。老泉虽于政治上无甚因缘，而亦好著权书，其造诣似颇近于术治主义的名学也。（老泉未立专章）三苏均为文治主义的领袖欧阳永叔所推重；惟文学的色彩，较诸他家，总觉浓厚得多，因此与理学家的脾胃不甚相合；复以其他种种的背景为学派歧分之助缘，而末流益多争论矣。永叔留心研究董、郑之学，而其在名学原理上的贡献，却与批评主义哲学为近。至曾子固的穷理主义出，益为新儒家的名学建设一新信仰；在哲学思想史上大放异彩。益信欧、曾之为欧、曾，未可厚非也。介甫尊效率，重实验，其学风与李泰伯（觏）极相近，所标新法治主义更可向文治派宣布独立；然与欧、曾因缘颇深，均推尊扬子云。温公立说，虽与介甫异撰，而亦服膺子云；故此诸家可统谓之为“新子云派”，能探汉学之源于千载下者也。子云者，审是主义的名学家，韩退之以与孟、荀相提并论者也。苏氏于子云，虽偶有异议而其服膺韩氏，则与欧、曾、王相应和，故文治派诸家又可统称之为“新昌黎派”，能汲唐学之流而扬其波者也。欧、曾均邃于史学，而永叔受刘知几的影响尤深。刘氏固唐代的新国学界之英物，最善于运用归纳法的名学者也。温公之文化史的大系，成就尤在前贤之上；关于名学方面，持论最为闳通。其谓“不诬事实，近于至公”，仍与韩退之的“据事迹实录，则善恶自见”的求真的史学观极相近。惟温公秉性，绝似荀卿，故于孟子“不得不疑”。余如文治派诸家，虽皆颂扬孟氏，在名理上仍少发明。及纯正哲学派诸子出，始集全力以谋先秦儒家名学之复兴。孔氏而外，得力于孟、荀者最深，自是学术界浸以“新孟荀派”为中心矣。

戴东原运着极谨严的名学的精神，以研究子云之学至二十余年之久。其所遵的途辙与北宋的“新子云派”相共同；其疏证《孟子》，于韩氏之“观”法，深叹为不可易，与北宋的“新昌黎派”，亦觉先后同揆。至若“受听施断”的说法、“尽是非之极致”的说法，其与范希文、司马君实的遗绪，最相密接，自有参观互证的必要。顾余在此节“北宋的政论派的名学”之尾声中，尤有不能已于言者，则东原之去私解蔽论，与温公之言实互相发也。温公说：

> 有我则私，私则生蔽；无我则公，公则生明。（《迂书·绝四》）

东原说：

> 智也者，言乎其不蔽也。仁也者，言乎其不私也。（《疏证》卷下叶十六）

又说：

> 私生于欲之失，蔽生于知之失。（《疏证》卷上叶九）

又说：

> 去私莫如强恕，解蔽莫如学。（《原善》卷下叶二十）

“强恕”之说，涉及修养，此受用上事；“解蔽”之说，切于论理，此推知上事。强恕之说，导源于孟；解蔽之说，导源于荀：颇可供研究北宋的新孟荀派的哲学的人们底参考。其从情感、理智两方面，平列“私”“蔽”两失，与温公的“私则生蔽”说，以“蔽”为生于“私”之失者，区以别矣。然务撤却主观的偏见，则二家未尝不同也。

东原还有几句话，最足发人深省，使我们一方面对于前面述的北宋的政论家的名学起一种回忆；又一方面，对于后面快要谈的北宋的

(不限于北宋的)哲学家的名学发生一种新趣味。我因此把这些话述于左方:

> 人皆有不私之端,其厚也。问学所得,德性日充,亦成为厚。人皆有不蔽之端,其故也。问学所得,德性日充,亦成为故。温故然后可语于致广大,敦厚然后可语于极高明。(戴氏《原善》卷下叶四)

"人皆有不私不蔽之端",此种善端有普遍性,有必然性,故曰"人皆有之"。廓然大公,故曰"不私";物来顺应,故曰"不蔽"。一方面尊重先天的理性,又一方面复注意后天的经验;要使元知、推知,发挥圆满。从理学上言之,固兼有"尊德性"与"道问学"两学派之长。从名学上言之,实亦高揭纯理主义与经验主义之粹言;卓然在批评主义的认识论(超名学)界,新树一开国规模者也。东原在新宋学化的名学史上的位置,其重要如此。往下专就北宋的哲学家的名学,略加观测,仍望诸君稍安俟之①。

三十二、戴东原与邵尧夫

北宋时代的政论化的名学,前几节已约略谈过了,现今再谈那时代的哲学化的名学。哲学化与政论化,原来是大概的分别。其实那些超然的政论家,并不必无哲学思想,那些伟大的哲学家,亦不必无政治思想,只是他们侧重之点,很有些不同;我们为解说上的方便起见,正复不妨作此区分。哲学化的名学界,在北宋时代,以周濂溪、程明道、伊川、张横渠、邵尧夫五先生为重要代表。余如谢上蔡、杨龟山等,亦皆后起之秀。在诸家中,康节的学风很觉别致,故此把康节的名学提前述说。在相当范围内,仍〈覆〉[附]带述戴学。

---

① 《晨报副镌》1924年8月23日,第一版。

哲学家的邵尧夫，其品格之高洁，与郭有道、管幼安相伯仲，纯然平民的哲人也。即置后汉、三国而遐观西汉，觉董仲舒、扬子云的哲学思想，与邵康节的，仍可比较其异同。

尧夫的哲学，能将玄学（形而上学）与名学（知识论）融成一片，此一大特征也。他的形而上学，不独推求宇宙的根元，亦且探究人生的本体。他说："学不际天人，不足以谓之学。"（《观物外篇》）所云"际天人"与董仲舒说的"天人相与之际"意同，盖言宇宙与人生之关系也，但董子"观天人相与之际，甚可畏也"，而邵子则曰："学不至于乐，不可谓之学。"（《观物外篇》）可见仲舒之宇宙观为畏天的，康节的宇宙观为乐天的，此其异撰一也。仲舒的畏天观，以客观界的有意志的主宰为前提，可说是主意论；尧夫的乐天观，以主观界的能统整的精神为根据，可说是唯神论的。可见董、邵两家，虽同有唯心论的倾向，而亦有客观与主观的殊趣，此其异撰又一也。就两家评判之，尧夫之说，似更操之有要。他虽假定有神，却并不陷于迷信。请问：什么叫作"有"？尧夫说："能知能见者为有。"（《观物外篇》）又问："神"在那里？康节说："人之神存于心。"（同上）既"能知见"而"存于心"矣，尚何迷信之有？但是所谓"能见"，系包举浑融的直观，不定是止说的智慧。须知智慧的出发点在分析物形事象，直观（直觉）的功能在渗透心灵的潜力，虽同出一源，而为用不同。尧夫说："形可分，神不可分。"可分者，缘形而起之零件的物象也，以分析为主，此智慧上事也；不可分者，与生俱来之整个的灵原也，以融透为主，此直觉上事也。整个的灵原，是绝对的。零件的物象，是相对的。相对性的智慧与绝对性的真觉，交互为用，足窥进化之全。由邵氏之说推之，智慧所以应"用"也，直觉所以立"体"也，"体用交而人物之道于是乎备"（《观物内篇》）。此邵氏之观法，所为能在董仲舒的名学之领域外，另辟一新国土也。

邵氏的名学，与他的玄学是融成一片的，视汉儒董仲舒的说法，更觉透澈心源，既如前述矣。往下再看邵尧夫的说法，视汉儒扬子云的，又何如？

邵氏的哲学，能以数学的名学为基础，此又一大特征也。此种学风，却与汉代审是主义家的扬子云的学风相类似。子云的名学方法极为致密，吾前既言之矣；抑其名学原理，涉及玄学各方面者，颇复影响于邵尧夫，义当于述邵氏名学的时候追叙一笔也。原来子云在他作《解嘲》的时候，早已声明他要独守《太玄》。其于彼时代的历算学，亦颇有相当的了解。康节研究子云之学，独能运其一副玄学的、数学的眼光，看出其要点来。他说："扬子作《玄》(作《太玄》以拟《易》)，可谓见天地之心者。"子云之唯心论的宇宙观，康节见之最明，故言之亲切有味如此。康节又说："扬雄知历法又知历理。"(《观物外篇》)这更像是对于子云之历算学的原理、原则，无条件地承认。他这种数学的名学(其学说之师承问题，昔人论之已详，兹不更赘)，虽说另有渊源，就其所自得者言之，总觉与子云之学有些相类。朱子所谓"康节之学似扬子云"，其言果信而有征也。

但是在研究康节之数学的名学的时候，须得了解数学之意义、数学与名学之关系。什么是数学？我们连一点也不迟疑地答道："数学者，应用符号推论结果之学科也。"数学与名学有关系么？我们连一点也不迟疑地答道："有的！"大抵每种纯粹的数学都可从纯粹名学的几个公理和公法中推求出来，因此推测的方法，很觉重要。我以前屡次说过："推测是思维作用的三大形式之一。"今兹又见推测之方，为治数学者所莫能外；那么纯数学底关系，益可了然言下了。——明白了这层道理，再去治邵氏学，自能有个分晓。邵康节的数学，岂必有何种谬巧哉？亦惟应用符号以推论结果焉尔。其所用的符号，究竟是表示的一些甚么意思？除了康节自己，恐怕无人能道其详；但是由名学的眼光观之，仍不可谓非推测作用。康节自己也说过："天之象数，可得而推。"既"可推"测，似亦智慧上事，不涉玄虚矣；然而康节的纯数学，一方面可说是从纯名学中推演而出，另一方面又可说是从超名学(形而上学，一曰玄学)中发展出来的，何欤？意者，康节的超乎论理之上的形而上学之目的，固在实行其性质之微分与积分之演算；其于纯数学之妙谛，良亦不容恝然置之耶？此言若信，则数学的方法，当治形上学者所必宜采用，抑又明矣。夫微分、积分之学，乃数学上陈义甚高者也。治微分学者，欲明其还原之法，不得不治积分学；而治积分学者，欲明其反求之法，亦不得不治微分学；微、积二者迭相助长，如环无端，相需最殷，本来无庸轩轾；但在精于分析的科学化的哲学家，在方法论上，往往侧重微分学的精神。意谓要想明白了这方面的事与那方面的事的关系，就非用微分方程式把事物来研究到无穷小的境地，是不能精确的。此种义谛，在研究数学的名学者，不可不了解也。若换一方向言之，恐其悬拟无穷大的境地而思袒护积分者，亦未必无人也？——无论积分的演算、微分的演算，皆是推理，皆是智慧上事，似与直觉派的哲学家所专尚的直观，不相为谋矣[①]；而彼辈犹且乐道之，何也？则以形而上学中数学的方法，实自具体的实在所借来故也。因此，彼辈虽或不采敷理的方法所向之方向，却仍循着具体的实在之方向以行。此种具体的实在是什么？由康节的意思解释之，即心神也，理性也。唯心主义自是他的形上学底立脚点，而必兼言“神”则何居？康节却说是为的“其神用不可得而测也”。又说：

> 神无所在，无所不在。至人与他心通者，以其本于一也。道与一，神之强名也。以神为神者至言也。(《观物外篇》)

照此说来，“神”就是直觉，超乎推测(智慧)之上，故曰“不可得而测”；不在利害关系上计较，故曰“以神为神”；不落名相，故“无所在”；遍一切时，遍一切处，故“无所不在”。此直觉主义的一元论，即康节的形上学之主要部分。直觉即前所云“具体的实在”也，简言之，即“实体”是已。康节之玄学化的数学，实从此中悟出。直觉派的哲学家不讳言数学，殆亦由此。

---

① 《晨报副镌》1924 年 8 月 16 日，第一版。按：8 月 16 日、17 日、18 日，本应刊载《三十、戴东原与司马光》篇，却误刊《三十二、戴东原与邵尧夫》篇。

康节的形上学(玄学)既如前述,兹更述其认识论(纯理的名学)。他的认识论与他的形上学是融成一片的,以为理性与心体是相依托的,故云:

性非体不成,体非性不生。

他又以为此性是先天的,说道:

所以谓之性者,天之性也。

以先天的理性为综合的原则,这是康节之理性主义的认识论之要点,但他一面言"天性",另一面仍不屏却感觉所经验的事物,他并且承认理不出乎"物"之外。说道:

所以谓之理者,物之理也。

他又以为理性是数学之所从出。舍理性而言数学,康节所不为!他说:

象起于形,数起于质,名起于言,意起于用。天下之数出于理,违乎理则入于术。世人以数而入术,故失于理也①。

知"数出于理",便知康节并不是要做普泛的数学底甜梦。其以纯数学为纯名学之导线,亦无非欲循具体的实在之方向以行而已。此具体的实在——实体之奥窔,惟直观能深入其内而达于绝对之境。所云"直观",或即康节说的"以物观物"。请问!何以谓之"观物"呢?康节云:

夫所以谓之观物者,非以目观之也。非观之以目,而观之以心也。非观之以心,而观之以理也。(《观物内篇》)

---

① 《晨报副镌》1924年8月16日,第二版。

既重心观，宜若无视“物观”矣，而必曰“以物观物”——此何谓也？康节说：

> 圣人之所以能一万物之情者，谓其能反观也。所以谓之反观者，不以我观物也。不以我观物者，以物观物之谓也。

直观哲学家的邵康节，其所谓物，与常识上的解说不同。直觉派学者以为物者非他，“浑然之流转”，不断之变化耳，于内界转化有关焉。盖物为逆转，心为顺转，逆转（物）必攀结于顺转（心）始得延长。哲学者参悟乎顺转（心），则逆转（物）自易审矣。康节之观物（逆转），贵“观之以心”（顺转），即以顺转之心，静观逆转之物；不假安排，而自然与浩然大化相感通也。既与浑然的不断的大化相感通，自然能通人我而为一，视古今犹旦暮，而人生观与宇宙观之究竟，亦将得其调和。邵氏之人生观，即建立于此种见地之上，而表显其超名学的直觉主义的学风。

邵氏的人生观之先决问题，在乎运用其直观的心法，以体会真正时间的绵延性，而遮拨世间“是古非今”或“蔑古趋时”的种种主观的偏见。他说：

> 夫古今者，在天地之间，犹旦暮也。以今观今，则谓之今矣；以后观今，则今亦谓之古矣。以今观古，则谓之古矣；以古自观，则古亦谓之今矣。是知古亦未必为古，今亦未必为今，皆自我而观之也。安知千古之前、万古之后，其人不自我而观之也？（《观物内篇》）

是知古今之异撰，起于观点之不同。谓必化除种种主观的偏见，乃能窥时间之真谛，达进化之奥窔，而建设一种宜古宜今的高瞻远瞩的新历史观。其能观的主体，仍存乎唯一的直觉。直觉者，有“超时间性”者也，即从空间关系言之，亦能不拘于墟。邵氏云：

易地而处，则无我也。

“无我”是直观哲学的精诣。纵观之则贯彻古今，横观之则能易地而处；不狃于我执，不陷于人蔽：此形上的、直观的正鹄，与科学的综析研究之最后的效果，殊途而同归者也。邵氏云：

人之至者，谓其能以一心观万心，一身观万身，一世观万世者焉。

此超科学的直观之效也。又云“心一而不分，则能应万变”也，此亦直观之效。其历程乃由综合而之分析，盖超越的演绎法然也，言直觉亦未尝离推理其言判断也，侧重价值判断，而亦未尝抹杀事实判断也。他说：

汉儒以反经合道为权，得一端者也。权所以平物之轻重。圣人行权，酌其轻重而行之，合其宜而已。故执中无权者，犹为偏也。

酌其轻重，言乎价值上的判断；行之合宜，言乎行事上的根据。验诸行事，所以精义也。邵氏的人生论的名学，以此为归宿矣。邵氏云：

天下将治，则人必尚行；
天下将治，则人必尚义。
尚行必入于义也。
言之于口，不若行之于身；行之于身，不若尽之于心。

邵氏一面说“名起于言”以示名学底缘起；另一面又说“言之于口，不若行之于身”，以示名学底归宿。他的名学的体系，略可推见。前面既说过邵氏的名学与西汉董仲舒、扬子云的说法可相比勘，兹再就先秦儒家名学上言之，亦觉邵氏对于《易经》《春秋》《孟子》名学，有相当的了解。邵氏尝谓“《春秋》为名分之书”，此与先民的说法尚无甚出入。至云“治《春秋》者，不辨名实，不定五霸之功过，则未可言治《春秋》；先定五霸之功过而治《春秋》，则大义立。若事事求之，则无绪矣”，却与孟子所述孔子“其义则近窃取之矣”云云相通。最可注意的，尤在邵氏“《春秋》，尽性之书也”数语，盖治《易经》《孟子》之学者的梯航也。邵氏又云：

> 知《易》者不必引用讲解，是为知《易》。孟子之言未尝及《易》，其间《易》道存焉，但人见之者鲜耳。人能用《易》，是为知《易》，如孟子所谓善用《易》者也。

观此，益信谢上蔡所云“尧夫精《易》”，实是一句有根据的话；而朱晦翁评“康节能尽得事物之变”，亦极有见地也！——经过此番观察以后，仍复取戴东原的学说相比勘，觉得可注意之点：

(1)邵尧夫的名学，可说是数学的名学，东原的名学，似乎也可以这样说，但是他们的立脚点，迥不相同。尧夫的立脚点，在玄学不在科学；东原的立脚点，在科学不在玄学。惟其然也，故尧夫的数学，纯是玄学的数学；由科学家看来，或者不无微词。而东原的历算学，却是科学的数学；不但与现代的数学趋势不相违，并且在相当限度内，可供数理家的采用。此其相异之特征，导源于立脚点之不同。宜注意者一。

(2)邵尧夫与戴东原，在数学上所用的方法也迥不相同。邵氏重主观的悬拟，而戴氏则肆力于客观的纂校。主观的悬拟，其特点在自适其适，而非其人则并其所用的符号亦不能了解，更安能据以推证而断切于实用？然则邵氏的数学，亦只成为历史上之一名词而已，吾侪正复不必深求也。客观的纂校，其主脑在乎实事求是；用此方法以整理国故，最便后学。戴氏对于中国古代几部算经，用全力从事纂校，其功不可泯也！说到东原关于数学的著作，有《策算》和《勾股割圆记》。《勾股割圆记》，说者认为“是一种变象的三角法”，谓：“一部《勾股割圆记》，全基于所谓‘同限’[①](同限就是今日所谓相似)的道理，而借‘异乘同除’(异乘同除就是今日所谓比例)的法子去‘证算’。”这样看来，戴氏的算学，最好用现代几何三角学理重新解释。其与邵氏的“数学”，乃绝相反而不相为谋也。现代几何三角形的方法，差不多可说都是据定理以为推。用今语表之，可说是用的演绎法的精意。用戴氏的话表之，就是“以其则正其物”。戴氏的“以则正物”的演绎论，曷为与数学的方法论有共同之点？则以其名学为客观的科学的名学故也。——此宜注意者二[②]。

(3)东原之纂校的方法，不单是在读算学书的时候合用，并且在读其他古书的时候也合用。兹但就算学书籍的纂校言之。东原之治《张邱建算经》也，务“详加校勘，补旧有图今缺者四，补脱字若干”。其治《五曹算经》也，务“参伍考校，俾还旧观”。其治《夏侯阳算经》也，必“寻绎编次，条贯其文”。其治《九章算术》也，必“尽心排纂成编，并考订讹异，附案语”。此等纂校方法，都是极精严、极致密的科学的名学的方法。即治他书，亦可酌量采用。质言之，在研究邵氏名学者，亦宜采用东原的科学的方法，以补一段下学的实功也。——此宜注意者三。

(4)“东原是一位融会贯通的超名学家……妙在能将《周易》名学与《孟子》名学融成一片，而自为建设。”(拙稿“上篇”第五节《戴东原与儒家的名学二》)我在先已说过了，今证诸邵尧夫的“孟子善用《易》，能用《易》是为知《易》”云云，益可沟通《易》《孟》，而比勘邵、戴之同异。此宜注意者四。

(5)戴、邵两家，虽皆对于汉代的思想学术曾经出过苦功，而其观察点则迥不相同。东原极近许、郑，尧夫稍近董、扬。即在子云之学的一块田地上，而进行的路线仍不同。尧夫从玄学入手，评判子云的历算学。东原却从科学入手，整理子云的《方言》学。此宜注意者五。

---

① 《晨报副镌》1924 年 8 月 17 日，第一版。

② 《晨报副镌》1924 年 8 月 17 日，第二版。

(6)邵、戴两家，皆留心研究形上的真理。邵氏侧重直觉，以为直觉的“神用不可得而测”。戴氏侧重推理，务“尽是非之极致”。其言论态度诚不同矣，然东原归结到“知天”以尽“修理之极”，则与邵氏的究竟目的相近也。此宜注意者六。

(7)东原的认识论，原要兼擅理性派与经验派之长，而仍不免侧重经验，故以言辞之分析判断为梯航，而以类为性之大别。尧夫于大别似未道及，而其提挈先天的综合判断，则确是侧重纯理，与戴氏微异也。此宜注意者七。

(8)东原与康节，均曾酌论权变；但是东原的“变则非智之尽能，辨察事情而准，不足以知之”的说法，从经验论里导出，而康节的“心一而不分，则能应万变”的说法，却从唯理论里导出。戴说纡徐密察，邵氏直截了当。此宜注意者八。

(9)邵、戴皆主破除我执。戴氏从积极方面说明意见之为蔽，邵氏则从消极方面说明无我之无咎。此宜注意者九。

(10)戴、邵两家皆知义之必要。邵氏言义，从最初的动机说起，故曰“尚义”，其立脚点在乎行为论。戴氏却从成熟的别裁力立论，故曰“精义”，其立脚点在乎知识论。比而论之，邵氏于濂溪、明道为近；戴氏则与伊川、横渠相近。此其学说之大较，为吾侪所宜注意者，十也。

凡此十端，皆戴东原与邵尧夫的名学之比观也。尧夫的讲友，最著者，如前一节所说的司马温公。至尧夫的学侣，则有张横渠、程明道、程伊川[①]。

三十三、戴东原与张横渠

现今谈一谈张横渠的名学，略作戴东原与张恒渠之比较观底准

① 《晨报副镌》1924年8月18日，第一版。

备。(横渠哲学,拟另作专篇详论之。)我们宜附带注意的,就是他的人格化的名学思想之渊源。关于此点,史家以为导源于范高平。(回看下篇二十三节)范文正曾教横渠看一部儒家的哲学书——《中庸》。子厚当时研究的方面很多,初不以此自限;然其观察力之致密刻入,却非寻常人所能及。子厚自己也说过:“某观《中庸》义二十年,每观每有义,已长得一格。”(临潼横渠书院本《张子全书》卷六,《经学理窟》三,义理篇)他如此看重《中庸》,益令人联想到他和希文的关系之密切。然而能有此种致密刻入的观察力者,横渠先生也。横渠的判断力之锐进,即从观察力之训练得来。所云“观义”,观者观察之谓,义者判断之谓也。所云“每观每有义”,即谓判断力之推行,每随观察力之递增而骈进也。续云“已长得一格”,即谓人格之长成,皆观察判断种种推理之学的精诣所醇化也!他的名学,不愧为一种人格化的名学,其主要之论据,于此可见一斑矣。戴东原昌言义理之学,力从“明其区分,精其裁断”上作鼓吹。若执其说以释横渠,则东原之所谓“明其区分”,尤横渠之所谓“观”也,有事于观,所以明理也;东原之所谓“精其裁断”,犹横渠之所谓“义”也,观辄有“义”,所由精义也。存“理”集“义”,务期自己“长一格”,此为己之学也。欲明张、戴两家的共同路线,须先于此中求之!

横渠哲学的路线,有时作直线形,有时作曲线形,表现不同,言诠自异。由名学的眼光观之,直所从言之异路,在他哲学的系统上,初无所谓矛盾,所以他有时从形上学言之,有时从美学上言之,有时从认识论上言之,有时从工夫论上言之,有时从行为论、政治论上言之……参伍错综,相络如网。究切观之,义本相成,于问学上、德性上皆有裨益,学者所宜理会也。横渠说:“学者〈方〉用心未熟,以《中庸》文字辈,直须句句理会过,使其言互相发明。纵其间有命字未安处,亦不足为学者之病。”(凤郡祠本《张子全书》卷七叶二,《经学理窟》四〈书〉,学大原下)果以他读《中庸》的方法重绎横渠之书,使其言互相发明,未必非张子之所许也。则试分析论列之:

(一)形上学的名学

从前的人，或刻意于名分，而不闻性道；或醉心于玄学，而屏绝言蹊。虽皆持之有故，究未执其两端；及横渠出，始有意折衷，而先在形上学的名学方面开一新机运。横渠说：

> 形而上者，得意斯得名，得名斯得象；不得名非得象者也。故语道至于不能象，则名言亡矣。（《全书》卷二叶九，《正蒙》，天道篇第三）

又说：

> 形而上者，得辞斯得象矣。神为不测，故缓辞不足以尽神；化为难知，故急辞不足以礼化。（仝上，神化篇第四）

又说：

> 形而上者，得辞斯得象矣。故变化之理，须存乎辞；言所以显变化也。《易》有圣人之道，而曰以言者尚其辞。辞者，圣人之所以圣。（《全书》卷十一，《易说》叶十五）

据此三证，可见子厚之治形而上学，实从名学入手。"得名""得辞"，"以显变化"。其所显者，宇宙也，实境也；其所以显者，认识也，名言也。名言既可以显实境，那么宇宙也当是人们所能认识的了。若谓能尽认识，横渠又将不以为然。他明明谓有"难知""不测"而"不能象"者在，此即言形上学之可以离认识论而独立也。戴东原尝言："义有所通，亦有所穷。"（《戴氏遗书》，《文集》卷三叶九）吾谓认识之于本体，有所通亦有所穷，其说殆为张学与戴学之一共通点矣。

曷言乎有所穷也？前不云有难知而不测者存耶？"不测"者"神"也，"难知"者"化"也。云何"神化"？横渠说：

神化者，天之良能，非人能；故大而位天德，然后能穷神知化。（《张子全书》卷二叶十，《正蒙》，神化篇第四）

惟“非人能”，故认识之力，有时而穷，不能不质成于神化也。横渠所谓“神化”，非他，即天德良能而已，犹孟子所谓圣而不可知之者也。横渠的不可知论，即植基于此。他说：

圣不可知者，乃天德良能，立心求之，则不可得而知之。（同上，叶十一）

超乎经验之上者，不必为感官之所辖，故云“不可得而知”。纯乎理性的本然之善，乃天之所予我者，故谓之“天德良能”。良能者，孟子所谓“不学而能”者也。此种本能，他无所由，乃出于天，不系于人，故谓之“天德良能”，故谓之“神”。戴东原之心能说的精神论，实与此说相近。东原说：“思者，心之能也。”又说：“心之精爽有思……所谓神也。”（《疏证》卷上六叶）照此说来，戴氏之所谓“神”，即是心之精爽，即是心之能，与横渠之“良能”说的“神化”观，其意实互相发明也①。

复次，横渠之“天德”说的“神化”观，与良能说一致，回味前言，已可了然矣。知天德与良能之为一致，则宇宙的共通原理与生命的根本原理之为一致，亦可了然矣。戴东原之宇宙观与人生论之为一致，于天德的观察点上，亦可窥见一斑焉。东原以仁、礼、义为天德之纲领、至善之条目。其言曰：“生生者仁乎！生生而条理者，礼与义乎！”（《文集》卷三叶十七，《原善》下）又云：“同于生生条理，则圣人之事。”（《原善》卷上叶二）所谓“生生”，即生命之创造的永续的进化也，横渠亦云：“生生，犹言进进也。”（《全书》卷十一叶九，《易说》）永续不断的生命之创造的进化，即所谓“难知”之“化”，“不测”之“神”也。顾转化之“神”，虽绝难测知，而以言显之，则“神”不离“知”；推理之“知”，或

① 《晨报副镌》1924年8月24日，第一版。

不专述“神”，而欲其藏主，则“知”不离“神”。横渠说：

> 非神不能显诸仁，非知不能藏诸用。（《全书》卷十一叶十八，《易说》）

“神”即东原之所论“生生”者也，“知”即东原之所谓“生生而条理”者也。显藏无间之旨，东原实继横渠而畅发之。东原说：

> 生生之呈其条理，显诸仁也；惟条理是以生生，藏诸用也。（《原善》卷上叶四）

申言之，生命之呈其逻辑，见本体之不离现象也；由逻辑以体验生命，见现象之不离本体也。即本体即现象，即生命即逻辑；能、所不二，体、用一源。达斯神旨，“天德位”矣，可与“穷神”而“知化”矣。横渠云“大而位天德，然后能穷神知化”，正谓此也。东原之条理化的生生论，实与此说相通。明乎横渠之主知论的演化观，天德说的神化观，与东原之说，实互相发，则于形而上学的名学之真谛，思过半矣。

《易》曰：“形而上者谓之道，形而下者谓之器。”谓之“器”，所以示别于“道”也，形而上与形而下之区别，益复显然。欲说明形而上的道学之本义，自须先行酌定其界域，以示别于其他。横渠与东原，其于此义，盖先后各有所发明焉。横渠说：

> 形而上，是无形体者也，故“形以上者谓之道”也；形而下，是有形体者也，故“形以下者谓之器”。无形迹者即“道”也，如大德敦化是也；有形迹者即“器”也，见于事实，如礼义是也。（《全书》卷十一叶二十一，《易说》）

超客观的、抽象的、浑融的德化，此形上之道也；纯客观的、具体的、散着的事物，此形下之器也；此横渠之道器观也，亦其形上学所由示别于形下者也。东原说：

成形质者则器也，其体物者则道也。（《原善》卷上叶二）

体贴人物之衷情者，直觉也；裁成现象之关系者，推理也。直觉几于道，推理涉乎器，此东原之道器观也。虽未如横渠之断言形上、形〈上〉[下]的区别，然比而观之，固可推见他俩皆〈名〉[各]有所自得焉。

横渠、东原，虽皆道器并重，而在本体论上则颇侧重“道”的观念。横渠说：

运于无形之谓“道”，形而下者，不足以言之。鼓万物而不与圣人同忧，天道也，圣不可知也。元心之妙，非有心所及也。（《全书》卷十一叶二十二，《易说》）

东原说：

盈天地之间，“道”其体也。（《文集》卷三叶十五）

本体即是本体，运于无形，不滞于迹。执此而名之曰“道”，得毋与“体用一源”之旨有不合欤？由横渠的意思辨答之，并无不合。为的是“方其不形也，有以知朋之故”，故其浑言“运于无形”，乃所以统摄形而下者，而济其所未足也。更端言之，自可反求。果能洞悉“幽”“明”之故，则最高的共相——“法象”以立；而形上学之论理的基础，益见巩固矣。横渠说：

盈天地之间者，法象而已。文理之察，非离不相睹也。方其形也，有以知幽之故；方其不形也，有以知明之故。（《全书》卷十一叶六，《易说》）

由“其形以知幽之故”，此言从现象推到本体；由“其不形以知明之故”，此言从本体推到现象：一切“幽明之故”，皆系乎法象。东原推本《易》学，益复深信“法象莫大乎天地”之说，重新建设一种“法象论”

的宇宙观(《文集》卷三叶十四,《法象论》,宜精读),可说是横渠先生启之也。《法象论》一篇,语语精纯,于"成象""效法"之义,知之甚审。由分化以知"生"之故,而在道问学的路线上开一新机运;由集化以知"息"之故,而在尊德性的路线上开一新机运。博观条理,约举统会,而孔颜之相授受,及孟氏之所透发者,咸可于戴氏的《法象论》中得一新概念焉。(回看上篇第四节《戴东原与儒家名学一》)饮水思源,益不能不归功横渠之浚发矣!东原之言曰:

> 君子之学也如生,存其心以合天地之心如息。为息为生,天地所以成化也。

所云"君子之学也如生",此言问学上事;"存其心以合天地之心如息",此言德性上事。"尊德性"的理据,近于唯理论;"道问学"的理据,近于经验论。唯理论与经验论,通常列入认识论的范围,但在主张将认识论与本体论融为一片者,则又列之于本体论的范围内。世尝言认识论为超绝的名学,吾亦谓本体论为超绝的名学也。融合此两者为一,则东原所谓道之至也。东原说:

> 天所以成象,地所以成形,圣人所以立极:一也,道之至也。(《文集》卷三叶十六)

此戴氏《法象论》的宇宙观之绝诣,亦即形而上学底究竟观,通于认识论者也。形上的认识,亦即戴氏之所谓"天德之知"。他说[①]:

> 天德之知,人之秉节于内,以与天地化育侔者也。(《原善》卷中叶一)

"知天德",斯可语"知天"矣。他说:

---

① 《晨报副镌》1924年8月25日,第一版。

言乎条理之极，非知天不足以尽之。（《疏证》卷下叶十三）

“尽”乎“条理之极”，则“道之至也”。横渠说：

知崇，天也，形而上也。通昼夜而知，其知崇矣。（《全书》卷三叶五，《正蒙》，至当篇第九）

横渠所谓“知崇”，犹东原所谓“条理之极”或“道之至”也，皆言“形而上”的真理也。所云“昼夜”，乃时间也。古今旦暮，莫非时间也。昼夜不舍，犹言旦暮遇之。往古来今之相续不穷，亦犹是也。于时间之转化中，可理会到创造的绵延，此“通古今而知”之所为可贵，而“通昼夜而知”之所以为“知崇”也。于时间之创造的绵延，可理会到生命之创造的绵延。生命之永续的创造，与宇宙相融合、相终始，此即东原之所谓善也。善者共相也，戴氏的系统哲学之名学的中心点也。东原说：

言乎共同谓之善。（《原善》卷上叶十六）

善以言乎天下之大共也。（同上，叶三）

此善为共相之显证也。共相，一名也，此“善”之名所举之实〈维〉[为]何？东原连一点也不迟疑地答道：

言乎人物之生，其善则与天地继承不隔者也。（叶三）

是则其所谓善者，亦“人物之生”而已矣，一生命而已矣。生命者，能为永续的创造者也，能与宇宙的创化相融合、相终始者也。放大言之，则如东原说的“与天地继承不隔”；缩小言之，则如横渠说的“通昼夜而知”其“通”而“不隔”一也，其“知天”一也。横渠说：

学至于知天，则物所从出，当源源自见。知所从出，则物之当有当无，莫不心喻，亦不待语而知。（《全书》卷十三，《文集》叶

一，《答范巽之书》）

横渠的“知天”说，与东原说的，意多相通。诚使相信“条理之极，惟知天足以尽之”，而组成一种新形上学的名术之体系，宁独或横渠、东原两先生之美而已哉？——以上述形上学的名学略见，往下再谈他们的美学的名学、认识论的名学等等①。

（二）美学的名学

在作横渠、东原之美学的比较观之前，须先问一问美学与名学是否有关？如果与名学丝毫无关，自不必列入名学史观之内；但是由秩序论上看来，美根于逻辑，美与逻辑是并行的，或者也可说是交互为用的。不过就美学与名学二者比较起来，觉得为解说的方便起见，须先治名学后治美学，这是次序上的分别。我所以说：“固然，情感方面的学问，也大有研究的必要，即美学亦不失为名学之最亲爱的益友；然使不先承认名学有存在的价值，则言语道断，连美字也无从说起，又安有所谓美学？”（“上篇”第一节，《导言》）由今思之，先秦、汉、唐的名学，我已经按照前定的计划，略加分析了；名学所固有的存在的价值，已算是有了承认的表示。惟于美学尚付阙如，此殆有待而然。及夫重绎横渠先生之遗书，乃益觉美学的名学之〈型〉[形]成，宜归功于横渠也。自横渠出，而先秦儒家的美学，始大有复兴的趋势；自横渠出，而先秦儒家的美学，始与名学重新结合而通于人格化的生活观，是真横渠创造力的表现也。横渠说：

> 知至学之难易，知德也；知其美恶，知人也。知其人且知德，故能教人使入德，仲尼所以问同而答异以此。（《全书》卷二叶二十四，《正蒙》，中正篇第八）

读此，则名学的美学的人格感化之妙用，具见矣。原来归纳的名

---

① 《晨报副镌》1924年8月25日，第二版。

学最重要之大法，在求同求异及同异交求。而伟大的人格者之施教也，一面务就所教的诸对象求其共性所同然，一面又就所教的各个对象求其自性的异撰，最后又要使这些共通性相（共性）与其特殊性相（自性）得其调和，而彻始彻终出其能施教、能推理的原动力（心能）为之枢纽。若是者可以说是，一种名学的教育或是一种教育观的名学，而且这能施教、能推理的原动力（心能）也分两方面发展：其能“知至学之难易”的知，发展到极限，可以“尽是非之极致”；能“知其美恶”的知，发展到极限，可以“尽美丑之极致”。东原说：

惟人之知，小之能尽美丑之极致，大之能尽是非之极致。（《疏证》卷下叶三）

这几句话实与横渠之说相发明。“美丑是非”，皆判断也。惟美丑之知，泰半是直接的；是非之知，泰半是间接的。间接之知，多根于学识（经验的）；直接之知，或本诸才性（合理的）。直接知之最精粹者，是即横渠、东原之所谓美也。横渠以为人们有“才甚美”的，也有“才未美”的。（《全书》卷三叶二十二，《正蒙》，乐器篇第十五）这种区分，严格说来，恐怕也该属于间接之知？（或亦可以证明美根于逻辑之说）但是他的原意，总以为与其寻方法论上的根据，不如求认识论上的根据。而合理主义的认识论，以先天的善性为出发点，尤有本体论上的根据，所以横渠三致意焉。他说：

向善急便是性美，性不美则学得亦转了。（《全书》，横渠书院本，卷十二叶五，《语录抄》）

又说：

充内形外之谓美。（《全书》卷二叶二十四，《正蒙》，中正篇第八）

“向善急”的善，犹横渠所谓“知崇”，东原所谓“天下之大共”也。

对"向善急"下一肯定,说"是性美",即肯定此大共,而以性美为之名状也;美又性之名状也。这样理性主义的美学,导源于先秦儒家,而通于《诗》学;超经验主义的名学之通于"礼"学,在美学史、名学史上均有相当之价值。横渠对于儒家的美学,得力于《孟子》者最深。除《西铭》一篇透发"自同然而之独然"(理一分殊)之旨,足以代表他自己的唯美的人格主义(人格化的美学)的见解外,当推"充内形外之谓美"一语,最能道出美底真正意义矣。孟子云"充实之谓美",此语殆为横渠的美论所自出。"充"言充遍,"实"言实现。"美体"者,充遍宇宙者也;"美相"者,实现于人生者也。此种唯美的宇宙观及其人生观,其最幽邃的心源,就是孟子所谓"浩然之气"。吾前言"孟子解释浩然之气……不限于名学"(上篇第四节,《戴东原与儒家的名学二》),为其悟性已深入美学的门奥而新铸成一种超绝的名学故也。今观横渠的美论,亦带有超绝的名学的色彩,故知其深有得于孟氏之学也。横渠说:

凡不形以上者,皆谓之"道"。惟是有无相接与形不形处,知之为难,须知气从此首。盖为气能一有无,无则气自然生,是道也,是易也。(《全书》,凤郡祠本,卷十一叶二十一,《易说》)

联想到《孟子》书里"敢问何谓浩然之气?曰:'难言也……'"孟子之"难言",谓是气难以名言尽也。横渠说的"知之为难",亦谓气化所从来这个问题的中心,知识底效力不易透入,因之不易得到圆满的解决也。然若畏其难知,而不思所以解决之,横渠又将不谓然矣。他以为研究此问题,须取证于真正时间的创化及其在名学上的最高的肯定。他说:

天之化也运诸气,人之化也顺夫时。非气非时,则化之名何有?化之实何施?

所谓气也者,非待其蒸郁凝聚,接于目而后知之。苟健顺动

止浩然湛然之得言，皆可名之象尔。然则象若非气，指何为象？时若非象，指何为时？(《全书》卷二叶九，《正蒙》，神化篇第四)

横渠运超越的名学眼光，以观照浩然、湛然的才性之美，而是认其在名学上应得的肯定，其有合于孟氏之学，大略可见。戴东原所昌言的"德性之美""才质之美"，在在与子舆氏及横渠之说相发明，实有作比较的、会通的研究之价值。东原说：

德性之美，不可胜数。(《疏证》卷下叶十五)

若夫德性之存乎其人，则曰智、曰仁、曰勇[①]。三者才质之美也。因才质而进之以学，皆可至于圣人。(同上，叶十二)

又说：

质美者进之于礼，无饰貌情漓之弊。(同上，叶十四)

关于"才质之美，德性之美"的问题，可以隶属于本体论、认识论(超名学)底范围内。其对于质美、性美所下的界说，与横渠不必尽同；而其"进之以学""进之于礼"云云，这种严正的、精卓的名学鼓吹，却与横渠的意思十分相合。他们俩的意思，都主张美学底名学化，由美学的观感再进一步受名学的训练。为什么要这样呢？横渠说：

天资美不足为功……(《全书》卷五，横渠书院本，叶十四)

东原说：

才虽美，犹往往不能无偏私。(《疏证》卷下叶四)

看来有了美学的素养的人，最好再治名学以锻炼心能，而使美感高情随真知灼见而骈进。此横渠、东原的美学的名学底比观之所由

① 《晨报副镌》1924年8月26日，第一版。

作也[①]。

（三）认识论的名学

横渠之认识论的名学与他的形上的美学的名学，极有依倚关系。至于认识论的主要问题，自不外乎知识本源问题、知识本质问题及知识界限效力问题。横渠的认识论的资料，颇可与此相印证；而其原用的术语，如“德性”“问学”云云，与后来的尊德性派、道问学派非无关系，在横渠自己的哲学系统上，亦颇关重要。从德性方面建立一种理性主义，从问学方面建立一种经验主义，更兼取两者之长，而组成一种批评主义。在宋明哲学界，差不多成了共同的路线、共同的目标。从他们学风的影响上说，其影响最大者自然是：北宋要推伊川，南宋要推晦庵，明代要推阳明。若从学风的背景及其交光上说，则其他诸家均有研究的必要。而横渠的《西铭》，首揭唯美的人格主义之目标，为纯理性的超经验的哲学者力导先路，虽以程朱之醇懿深博，犹先后俯首悦绎焉，则其在学术史上固有的位置，更可深长思已。

横渠之纯理性的超经验的认识论之〈型〉[形]成，纯由名学的功能，精炼成熟，因此“合其异而反其同”，组合各样殊异的经验而返于人类共同的理性之域。而先在的理性与后天的经验相得益彰而不至于相悖，则批评哲学之特色也。从理性论上言之，其特征在明“一统而万殊”；从经验论上言之，其特征在明“万殊而一贯”。理性的本体世界是唯一的、相同的，经验的现象世界是多面的、悬殊的。依据一元论的根本学理建立理性主义，而不屏绝“万殊”，则不至于偏废经验矣。再酌多元论的相当理由组成一种经验主义，而不违反“一贯”，则不至于蔑弃理性矣。照此说来，横渠对于理性经验所持的态度，纯是一种极公允、极切至的批评态度。他的理性主义，可说是批评的理性主义；他的经验主义，也可说是批评的经验主义。分别异同，各有归

① 《晨报副镌》1924年8月26日，第二版。

趣，正所谓"分立而推理一也"。此横渠的批评主义的哲学，在认识论的名学史上大放异彩者也。由东原的哲学上言之，则其所云，"生生之呈其条理"，实与横渠的"一统而万殊"的意趣相近；东原所云"惟条理是以生生"，实与横渠的"万殊而一贯"的意趣相近：此亦治史者之所当察也。

横渠之批评的理性主义，以先天的综合原则为根据，故其论点多涉及形上学。他说："天地之塞吾其体，天地之帅吾其性。"(《张子全书》卷一叶一，《西铭》)此言性体之取法于宇宙也。其前提在"乾称父，坤称母，予兹藐焉，乃混然中处"云云。晦庵解得最好：

> 乾者，健而无息之谓，万物之所资以始者也；坤者，顺而有常之谓，万物之所资以生者也：是乃天地之所以为天地而父母乎万物者，故指而言之。(同叶，紫阳朱熹注)

又说：

> 乾阳坤阴，此天地之气塞乎两间，而人物之所资以为体者也。故曰："天地之塞吾其体。"
>
> 乾健坤顺，此天地之志为气之帅，而人物之所资以为体者也。故曰："天地之帅吾其性。"
>
> 深察乎此，则父乾〈父〉[母]坤，混然中处之，实可见矣。(仝上)

参照晦庵所下的解释，则横渠所举的宇宙与生命之实——先天的因子，约略可见。其根据此点发展出来的一条总合原则，就是：

> 民吾同胞，物吾与也。(《西铭》)

这条原则，晦庵解得极好：

> 人物并生于天地之间，其所资以为体者，皆天地之塞；其所

得以为性者，皆天地之帅也。然体有偏正之殊，故其于性也，不无明暗之异。

惟人也，得其形气之正，是以其心最灵，而有以通乎性命之全体，于并生之中，又为同类而最贵焉，故曰“同胞”；则其视之也，皆如己之兄弟矣。

物则得乎形气之偏，而不能通乎性命之全，故与我不同类而不若人之贵。然原其体性之所自，是亦本之天地，而未尝不同也，故曰“吾与”；则其视之也，亦如己之侪辈矣。

惟同胞也，故以天下为一家，中国为一人。惟吾与也，故凡有形于天地之间者，若动若植，有情无情，莫不有以若其性，遂其宜焉。此儒者之道，所以必至于参天地、赞化育，而非有所强于外也。（仝上，叶二，朱注）

吾以为横渠之先天的综合原则论——超越的演绎论，实由《易经》《孟子》诸书里导演而得（于墨学中最精粹的一部分，亦有相当的受用），故其造论涉乎“乾坤”而察乎“天地”。晦翁而外，东原的学说极于横渠的相近，特未如晦翁之明言“予作《西铭解》”耳。东原说的“人物之生，其善与天地继承不隔”（前面已征引过），此察乎“天地”之证也。其所谓“善”，犹晦翁说的“其所资以为体，所得以为性者”，“皆天地之塞，皆天地之帅”，故曰“以言乎天下之大共也”（戴氏语）。此张、朱、戴三家哲学中的共相，所据以建立先天的综合原则，而“原其体性之所自”，不惜在本体论上作全称的肯定断定者也。不宁唯是，东原所断言的“成象之谓乾，效法之谓坤”（《文集》卷三叶十四，《法象论》），此涉乎“乾坤”之证也。其所谓“成象”，犹晦翁所谓“健而无息”；所谓“效法”，犹晦翁所谓“顺而有常”。其所以谓的名虽或不同，而其所谓之实则并无不同。其务以心能中所起之名举“乾坤”之实，是则张、朱、戴三家之所同。此亦研究他们的超越的演绎论者所宜注意观察也。

复次，横渠的“民胞物与”这条原则，晦庵从同类、不同类的观点上去下注脚，实开戴氏之先[①]声。东原复以“类”的观念为人的“性”格与物的“性”格之所由分，而于“类”的异同，辨之甚审。他说：

> 性虽不同，大致以类为之区别。
>
> 一类之中，又复不同。
>
> 言同类之相似，则人物之性，咸分于道，成其各殊者而已矣。异类之不相似明矣。(《疏证》卷中叶六)

运用分类法的根本学理以解释人格(人的性格)问题与物格(物的性格)问题，此东原学风近于考亭之点。考亭之注解《西铭》，本来多以孟子学说为基础；至东原则明言疏证《孟子》，而暗合于横渠学说。以相似、不相似为类的异同之所由分，托源于《孟子》，而横渠的《西铭》的重大意义乃益为之复昭，则以张子之学，本由孟子书得来，其疏证《孟子》，实亦治横渠哲学所应由之路也。若推引东原之说，以同类相似的性为“民胞”观念的基础，以异类不相似的性为“物与”观念的基础，而复组合之以解释横渠之说，然后再与晦庵所加大解释作比较观，或当有如下之结论：

运用求“同”求“异”的归纳法以从事于分“类”，此朱、戴两家之所同也。然戴氏分“类”，纯从性相的相似与否的观点上去下事实判断，而朱子则不徒下事实判断，且言“人……于并生之中……为最贵；……物……不若人之贵”，参用其价值判断焉。是则相异之点也。

前文不云乎，子厚的“民胞物与”这条原则，是从先天的综合判断发现出来的。更端言之，民胞也，物与也，两样对举，仍是带有相对性的分析的判断，不必尽为绝对的综合判断也。依此推来，横渠的理性主义至少带有一点经验的意味，不趋于一极端，不多下无限制的断定。我所以说“他的理性主义，可说是批评的理性主义”也！

然则他的经验主义又何如耶？自我观之，亦一批评的经验主义

---

① 《晨报副镌》1924年8月27日，第一版。

而已[①]。

横渠之批评的经验主义，以后天的分析判断为要件，其论点多涉及方法论。方法论（工夫论）与形而上学（本体论）是交互为用的，所以横渠的《西铭》极力提挈本体，仍复有教人做工夫处。朱晦庵评判此篇，批隙导窾，语语精要。他说："横渠说这般话，体用兼备，岂似他人只说得一边？"又说："《西铭》前一段如棋盘，后一段如人下棋。"棋盘以喻本体，人下棋以喻作用。"体用"两喻，故曰"兼备"也。又说："'民吾同胞'，至颠连而无告者也，乃统论如此。'于时保之'以下是做工夫处。"（《全书》卷十五附录叶六。可参看卷一《西铭》原文）所云"统论"，即言乎综合原则之确立；所云"做工夫处"，是即分析判断之所存也。〈也〉[他]又说："横渠《西铭》初看有许多节，却是狭，充其量是甚么样大，合下便有个乾健坤顺意思。自家身已便如此，形体便是这个事物，性便是这个事物。'同胞'是如此，'吾与'是如此，'主脑'便是如此。尊高年所以长其长，慈孤弱所以幼其幼，又是做工夫处，后而节节如此。'于时保之'，子之翼也；'乐且不忧'，纯乎孝者也。其品节次第又如此。"晦庵所言"主脑"，即指横渠之综合原则也；所言"其品节次第"，即指横渠之分析判断也。其分辨"品节次第"，即是说明"做工夫处"。晦庵用此等名以举《西铭》后一段之实，恰如其真；见得横渠之分析判断，其理据多涉及工夫论，是诚研究横渠的经验哲学者所宜遵之梯航也已。若由东原之说评释之，则其"合则得其和"云云，可移评横渠之批评的理性哲学；东原的"分则得其专"云云，可移评横渠之批评的经验哲学。而且，在横渠哲学底批判这种路线上，晦庵所说的"主脑"，犹东原所谓"道之统会"也。东原又云："分也者，道之条理也；合也者，道之统会也。条理明，统会举，而治化出矣。"（《文集》卷三叶十四，《法象论》）此言于横渠的"理一分殊"之旨，尤若合符节也。治斯学者，更安可不"合其异而反其同"耶？

---

① 《晨报副镌》1924 年 8 月 27 日，第二版。

如前所说，横渠的《西铭》，含义宏深，可算是他的哲学的代表杰作。此外还有一部《正蒙》，亦是他的哲学的代表杰作。两种著作，均纲举目张，并不囿于一曲。比而观之，《西铭》精简，《正蒙》严密。惟精简也，故多直下承当之论；惟严密也，故寓条分缕析之法。若运批评主义的认识论的眼光视之，则《西铭》可谓批评的理性主义的代表杰作，《正蒙》可谓批评的经验主义的代表杰作也。

横渠说："别生分类，《孟子》所谓'明庶物''察人伦'者与？"（《全书》卷三叶五，《正蒙》，作者篇第十）所云"分别"，就是经验论的出发点。感觉的经验，可据以辨察伦类、明核群物，而耳目者感官也，所以承受感觉所经验的种种事物的印象者也。横渠颇能采取近于经验论的看重感觉的说法，而参以一己所自得，新建一批评的经验主义。他说："人谓己有知，由耳目有受也。"（《全书》卷二叶十七，《正蒙》，大心篇第七）又说："耳目虽为性累，然合内外之德，知其为启之之要也。"（同上）若舍却耳目感觉之知，而徒恃冥想，则是遗弃外物而空守其内，非"合内外"之道也，非所以"明庶物察人伦"也。横渠于此，不甚谓然，故宁承认耳目见闻之知为"启之之要"以便察言观色，善竭其耳力目力。然犹虑其偏于经验论的一极端也，故又欲人回顾理性论而知"合内外于耳目见闻之外"。他说：

> 人之有受，由内外之合也。知合内外于耳目之外，则其知也，过人远矣。（《正蒙》，大心篇第七）

又说：

> 人病其以见闻累其心，而不务尽其心，故思尽其心者，必知心所从来而后能。（同上）

又说：

> 见闻之知，乃物交而知，非德性所知；德性所知，不萌于见

闻。（同上）

"德性所知"，是理性上的直觉，可说是直接之知；"见闻之知"是经验上的推理，可说是间接之知。理性本是良好的，然若误以幻觉、错觉为直觉，则不能体物矣；经验有好的也有不好的，若于好坏之间不能选择、不善判断，则误妄见为真知，而反以"梏其心"：此横渠之所深惧也。他说：

> 大其心，则能体天下之物。物有未体，则心为有外。世人之心，止于闻见之狭。圣人尽性，不以见闻梏其心，其视天下无一物非我。孟子谓"尽心"，则知性、知天以此。天大无外，故有外之心不足以合天心。（《正蒙》，大心篇第七）

谈及"知性""知天"，则不独回顾理性主义的认识论，并且追溯到本体论上去矣。言"尽心"则超经验的合理性的工夫在焉，故尽其量则"能体天下之物"，而并不"止于闻见之狭"，是真批评的经验主义之特采也。

横渠之批评的理性主义既如彼，其批评的经验主义又如此；则再进一步组合为一种纯理性的超经验的批评主义，亦是很合理的事。横渠重新提出"明""诚"二字，其思想之进展，正循此轨也。他说：

> 自明诚，由穷理而尽性也；自诚明，由尽性而穷理也。（《全书》卷二，《正蒙》，诚明篇第六）

"穷理"者，即物而穷其理之谓也，犹东原所谓"因物而通其则"也；"尽性"者，尽其所学之性之谓也，犹东原所谓"以其则正其物"也。因物通则，即归纳法；以则正物，乃演绎法。先归纳而后演绎，是谓"由穷理而尽性"，即横渠所谓"自明诚"也。"自诚明"以理性为前提，此“尊德性”之特征也，犹东原所谓“存其心以合天地之心”[①]也；“自明诚”以经验为阶梯，此“道问学”之特征也，犹东原所谓“进之以学”也。尊“经验”而又“言超经验”者，何也？盖欲其不与理性相违反也，横渠说：

> 不尊德性，则学问从而不道。（《全书》卷二，《正蒙》，中正篇第八）

学以为己，故有“道问学”底必要。自我批导（道）以视一味盲“从”他界而自己漫无主脑者，倜乎远矣，非善尊经验而能不与理性相违反者，其孰能与于斯？东原一面贵“效其能”以容受感觉的经验；一面尤贵“正其可否”，运用大我的批导力，使与先天的良能（理性）相融合：可谓知“道”者矣。

如前所选，横渠的认识论的名学之根据，可见崖略。他的系统的认识论，以纯理性的超经验的批评主义为中心，尤足代表关学之主潮，而与濂、洛哲学并美齐辉。虽说关于知识本源问题之理据，几居泰半，但是关于知识本质问题的见解，亦附见焉。其主脑不外乎以能“合内外之德”能认识的本性为知体，殆介乎实在论与观念论之间而近于现象论焉。其关于知识界限效力问题之见解，虽于独断论与怀疑论无所偏废，然其由怀疑论入手，则颇显而易见。他说：

> 所以观书者，释己之疑，明己之未达；每见每知所益，则学进矣；于不疑处有疑，方是进矣。（《全书》卷六，《经学理窟》，义理篇叶五）

又说：

> 在可疑而不疑者，不曾学！

① 《晨报副镌》1924年8月28日，第一版。

学则须疑。

譬之行道者，将之南山，须问道路之出自。若安坐则何尝有疑？（《全书》卷七，《经学理窟》四，学大原下，案四）

又说：

义理有疑，则濯去旧见以来新意。（同上）

读此数条，横渠之怀疑主义的精神，跃如与吾侪相接矣。此种主义之运用，横渠亦不做斟酌。他生平不肯轻做无限制的断定，故曰："无不知则无知。"（《全书》卷二叶二十四，《正蒙》，中正篇第八）他以为酌下有限制的断定，这却是发展知识能力、开拓知识范围的正当途径，故曰"有不知则有知"（同上）。据此看来，他的怀疑论，可说是有定的怀疑论，故其所持的态度是积极的，不是消极的。若要讨论他的积极的思想态度，是否成功为一种终极主义，那就须得再研究他的工夫论（方法论）的名学，在认识论的名学的污点上，暂且说到这里为止。读者若能取法横渠"于不疑处有疑"，而更兼采东原"空所依傍"的长处，返而认识自己，则此节认识论的名学之比勘，庶不为徒托空言也已[1]。

（四）工夫论的名学

横渠与东原的工夫论（方法论）的名学之比观，是戴学化的名学史观的主要部分之一。若兼运戴氏之批评的哲学见解，去评述横渠的方法论的哲学，则可注意的论点，凡有十端：

(a)有趣味的前进

横渠、东原之教人做学问也，其先施的口号都不外乎"前进！前进！"东原说："理义在事情之条分缕析，接于我之心知，能辨之而悦之。其悦者必其至是者也。"（《疏证》卷上叶六）"至是"者，"明其区

① 《晨报副镌》1924年8月28日，第二版。

分，精其裁断”之极诣。换言之，即最高的真理也。臻于“至是”者，成学之事；而“悦”其“至是”[者]，则始学之事也。理义悦心，最高的美趣存焉，此习学之所以贵能悦也。横渠说：“慕学之始……知其有美不疑，步步进则渐到。”（《全书》，《经学理窟》四，学大原下，卷七叶一）“慕学”者，悦学之谓也，有做学问的趣味之谓也。东原又云：“其悦者，必其尤美者也。”（《疏证》卷上叶六）此与横渠“慕……其有美”，意颇相近。谈到“步步进”，则上正式做学问之坦途矣。东原说：“惟学可以增益其不足而益进于智。”（《疏证》卷上叶六）教智之言，令人起敬，而横渠之进学观，则又其先得我心者也。横渠说：“为学须是要进，有以异于人。”（《全书》卷六叶九，《经学理窟》三，学大原〈下〉[上]）前进复前进，其从学问中得来的乐趣，亦为之相引无穷，故云：“乐则生矣，学至于乐则自不已，故进也。”（仝上，叶十一）有趣味的前进，在工夫论的名学上的意义，大略如此。

(b)大其心以见夫道之大

东原说：“非大其心无以见夫道之大。”（《文集》卷五叶四）他这句话在已说过有趣味的前进之后，颇觉得有重大意义。横渠之哲学系统，中间尤有先立其大之概。他说“立本既正，然后修持”（《张子全书》卷五叶十），又说“极其大而后中可求”（《全书》卷二叶二十，《正蒙》，大心篇第七）。此言欲下折持折中的判断，须先立宏大的规模也。又云“学者大不宜，志小气轻”（《全书》卷七叶六，《经学理窟》四，学大原下），又云“学者所志大，犹恐所得浅，况可便志其小？”（卷五叶十，《经学理窟》二，气质篇），又云“心大则百物皆通”（仝上，叶九），又云“大其心则能体天下之物”（卷二叶二十一，《正蒙》，大心篇第七），此言持志体物，宜以“大其心”为要件也。其下“大”之界说，尤贯通儒、墨。其书曰：“大者兼之富。”（卷三叶四，《正蒙》，至当篇第九）又云：“塞乎天地之间之谓‘大’，大能成性之谓‘圣’。”（大心篇第七）其充实光辉，视孟子何多让焉？从方法论的哲学上言之，与颜子之博文，极有依倚关系；而立言造论，与东原所谓“立乎至博”，尤觉后先同揆。横渠又说：“欲以致博大之事，则当以博大求之；知周乎万物，而道济天下也。”东原释“知周”“道济”数语，亦云：“此精于道之谓也。”横渠又说：“只有持得术博，凡物常不能出博大之中。”（卷五叶九，《理窟》，气质篇）熟玩横渠之言，则东原的“大其心以见〈乎〉[夫]道之大”，在工夫论的名学上之根据，又可略推矣。

(c)精其心以察乎义之精

东原又说：“非精其心无以察夫义之精。”（《文集》卷五叶四）这一条例，与前面说的“大其心以见夫道之大”，应该并重。横渠博学，极博大又极精密，确已做过“大其心，精其心”的实功。从他的哲学系统上看，颇复带“博学于文”的特彩。他说：“道理〈义〉须从[义]理生，集义又须是博文。”（《全书》卷七，《经学理窟》四，学大原下）又说“博文则可以力致”（卷五叶九，《经学理窟》二，气质篇），又说“博文所以崇德”（同上）。照此说来，条理（或原理）是辞义的来源，为集义起见，不可不立乎至博，不可不从博文方面切实致力。其始也，致力于问学以增益其学力；其究也，由学术的精诣醇化而完成其道力。故曰：“博文所以崇德也。”顾其学文既已博矣，而必思所以表显之，则辞尚焉。修其辞乃所以察夫义之精也，故欲精其心者，益不可不从事修辞。横渠说：“辞之尽理而无害者，须出于精义。”（横渠书院本《张子全书》卷十一叶十一，《易说》下）又说：“必至于圣人，然后其言乃能无蔽，盖由精义所自出也，故辞不可以不修。”（仝上）盖谓从事知“言”解“蔽”之学，须从修辞入手，而以精义为其所从出也。东原说：“精义者，精其裁断也。”吾则以为判断力之训练，总在事事审求其是，决去其非，积累久之，心与理一，自然无入而不自得。如此则辞气之肯定、否定，纯由心中发出；而其辞之精芜亦纯由自己负责任。此真“精其心”之要道，而亦治横渠哲学者之所当察也。熟玩横渠之言，则东原的“精其心以察夫义之大”，在工夫论的名学之根据，又可了然矣。

(d)公平

东原说:“极高明者,不以私害之,夫然后能道中庸。”又说:“道中庸,是以不私也。”所云“不以己之私害之”,即言公平之足尚也。东原深信公平之有益,以“道中庸”为尚公持平所必由的轨辙,与横渠之《潜观中庸》一书,用意初无违反;但横渠之“公平”观,以虚心为出发点,此则微相殊异之点。他说:“心既虚则公平,公平则是非较然易见,当为、不当为之事自知。”(《全书》卷六叶九,《经学理窟》,学大原上)横渠此言,最为精当。诚能虚心以受,公平以施,则动静交养之道具矣。东原的意思,亦颇有足相印证者。他说:“官乎动者,其用也施;官乎静者,其用也受。天之道施,地之道受。‘施’故遍物也,‘受’故不有也。”(《文集》卷三,《原善》上叶十九)引申言之,善受者无私,善施者无蔽。惟无私也,故不占有、不捣毁;惟无蔽也,故能创造、能整理。应用在此,受用亦在此,故曰动静[1]交养之道也。且夫“不有”之端,人皆有之;“遍物”之端,人皆有之。惟贤者能无丧耳,亦惟贤者能扩而充之耳。其虚心以受,所以扩充其“不有”之端也;公平以施,所以扩充其“遍物”之端也。方其扩之,方其充之,若火之始〈然〉[燃],泉之始达,宇宙观、人生观之真际咸在焉。要是想在工夫论上求得权柄,则横渠的“见”“知”二字尽之矣。见义理之是非,知事体之当为、不当为,则知明而行无过矣。苟不能见其是,则义理莫由显;不能见其非,则妄见无由祛。不知其所当为,则不能为其所不为;不知其所不当为,则不能不为其所不为:此性之事、能之训练,所为有赖于真知灼见也。而横渠之希见知之圣,于虚受平施之道,尤三致意焉。其卒能绍前圣,开来学,信非偶然也。——此横渠公平之训条,在工夫论的名学上之根据,良亦兼治张、戴之学者所宜澄心以观其会通也[2]。

---

① 《晨报副镌》1924 年 8 月 29 日,第一版。

② 《晨报副镌》1924 年 8 月 29 日,第二版。

(e)**通变**

东原之论变也，谓“非智之尽能易，辨察事情而准，不足以知之”。横渠之不肯轻议变，意亦近是。横渠说：“学未至而好语变者，必知终有患。盖变不可轻议，若骤然语变，则知操术已不正。”(《全书》卷六叶一，《经学理窟》，义理篇)观此，则知语变宜俟诸学既至之后，并非反对演变之说矣。故又云：“变则化，由粗入精也。化而裁之谓之‘变’，以著显微也。”(卷上叶十，《正蒙》，神话篇第四)从工夫论的名学上看来，由粗入精，以著显微，纯是严格的归纳的法程，与汉儒的“推见至隐”的儒家名学观，足相印证也。清儒戴东原所昌言的“因物而通其则”，其要义与此相通。此亦兼治张、戴名学者所宜三复也。

(f)**贵能化**

能化与通变，似同而实异。变之特征在乎改造，化之特征在乎融会。改造不遗其粗且著者，而融会则以吸取精华为要务。以东原、横渠之力尊客观，而均不以记问之学自限，诚贵其化也。东原说：“记问之学，入而不化者也。”又说：“苟知问学犹饮食，则贵其化，不贵其不化。”(《疏证》卷上叶九)说得精切之至！横渠说：“大而未化，未能有其大，化而后能有其大。”(《全书》卷二叶二十，《正蒙》，中正篇第八)又云：“化则无成心矣。成心者，意之谓与？”(叶十九，大心篇第七)此所谓“意”，犹东原所谓“意见”也。东原极力破除意见，而横渠贵无成心；要其贵乎能化，则一而已。此项工夫，亦兼治张、戴名学者之所宜留意也。

(g)**比较的研究**

比较的研究，与归纳的研究，其价值之重要实相等。横渠、东原于归纳的研究之法之外，颇复注意比较的研究法。东原论学，极欲比而合之以解天下之惑。其从事著述，务必“比类合谊”，期以“灿然端委毕著”(东原《原善自序》中语,可回看下篇第四节《戴东原与许叔重》)。横渠之析理入细,亦得力于“比”事。他说:“其始亦但知大总,更去其间比较,方尽其细理。”(《全书》卷十二,《语录抄》)固然,他说的“总”,与前言“形上学的名学”一段极有关系,他说的“知其大总”,与前言“认识论的名学”一段极有关系;但是就工夫论的名学上说,则“比较”二字,尤可谓“顶门一针”也。此比较的研究,亦兼治张、戴名学者之所当注意也。

(h)求诸前哲之言与事

比较的研究及融化的功力,诚可贵矣,然使不多搜客观的资料,研究对象先已贫乏,其将何所凭借以为比勘或〈融〉[熔]铸之资耶?惟有力从自然界或实际社会,多方采集原料,并留意他人的意思,然后其所凭借者多,而可以自广;然犹虑其为时代状况、时代思潮所拘束也,故尤必放开炯眼,通观千载。东原于此,妙能用极严肃的否定语气,激发后学积极向上的精神。他说:“不求诸前古贤圣之言与事,则无从探其心于千载下。”(《文集》卷二,《郑学斋记》中语,下篇第八节《戴东原与郑康成》引)对于过去思想、过去事实之注意研讨,其意义之重大,有如此者。横渠云:“修持之道,既须虚心,又须得礼,内外发明,此合内外之道也。当是畏圣人之言,考前言往行以畜其德,度义择善而行之!”(《全书》卷五叶九,《理窟》,气质篇)又云:“人平居又不可以全无思虑,须是考前言往行,观昔人制节如此,以行其事而已!”(同上)横渠屡言“考前言往行”,犹东原之研“求前古贤圣之言与事”也,此亦最重要之工夫论,为兼治张、戴名学者所宜三致意也。

(i)不以己自蔽

东原之自道也,谓“其得于学,不以己自蔽”(下篇第八节《戴东原与郑康成》引)。由横渠哲学之观点上解释之,即“无我观”的工夫论是已。横渠说:“学者当无我。”(《全书》卷七叶六,《经学理窟》四,学大原下）又说："无我而后大。"（卷二叶十，《正蒙》，神化篇第四）又说："无我然后得正己之尽。"（同上，叶十二）力言"无我"的训条之必要及其在宇宙观、人生观上的根据，要归于不以己自蔽而已。此破除己蔽的名学观，亦兼治张、戴的工夫论者之所宜注意也。

(j)不以人蔽己

东原之自道也，又谓"其得于学，不以人蔽己"（下篇第八《戴东原与郑康成》节引）。若由横渠哲学之观点上解释之，其积极的目的，乃在乎自寻义理；而能寻者己心也，非由外铄我也，我固有之也。横渠说："正心之始，当以己心为严师。"（《全书》卷六叶九，《经学理窟》，学大原上）能自得师，归求有余，决非死守一先生之言，姝姝而自悦者可比，此其所以能"不以人蔽己"，而于义理之学，卓然独辟一新国土也。他说："学者只是于义理中求。"（卷七叶四，《理窟》，学大原下）又说："道理须义从理生。"（同上，叶五）又说："义理之学，亦须深沉方有造。"（卷六叶三，义理篇）其勉人深造自得之意，至深切矣。他又说："闻见之善者，谓〈则〉[之]学则可，谓之道则不可。须是自求！己能寻见义理，则自有旨趣；自得之则居之安矣。"（同上，叶二）夫既"自求"而"自得之"矣，尚何有"以人蔽己"者耶？此横渠之深造自得，为他的工夫论的名学之极诣，与东原"不以人蔽己"，实先后同揆者，吾人不可不深长思也！

上述横渠、东原之工夫论的名学，提出十点，促人注意：有趣味的前进，一也；大其心以见夫道之大，二也；精其心以察夫义之精，三也；公平，四也；通变，五也；贵能化，六也；提倡比较的研究，七也；探求前哲之言论与事实，八也；不以己自蔽，九也；不以人蔽己，十也。此十条目，虽说多半是以戴释张，然横渠精意之所宜存，正可于此中求之也。横渠、东原之工夫论的名[1]学，其共通的纲领、共同的目标，在乎

① 《晨报副镌》1924年8月30日，第一版。

特创一种思辨哲学的新学风！换言之，就是谋自出其思辨哲学之体系，与学术界共见！东原深信“思”为“心之能”，其所自具之建设能力，又足以副其所见，故批评界往往以“精思”美之；横渠则力从精思上做工夫，自言“精思多在夜中”，凡是过来人，都应该深识此中甘苦。尤妙在“精思”所得，居然“说得出”，此其名学所以为知言之学也。晦庵先生说的好：

> 横渠云：“吾学既得于心，则修其辞；命辞无差，然后断事；断事无失，吾乃沛然。”看来理会道理，须是说得出！一字不稳，便无下落；所以横渠中夜便笔之于纸，只要有下落！（《张子全书》卷十五，附录叶七）

又说：

> 横渠之学，是苦心得之。
>
> 近看得横渠用功最亲切，直是可畏！（同上，叶八）

呜呼！可“畏”者，圣哲之言也。横渠能知言，能立言，能自运其精心，切实做苦功，而卓然完成其严密之系统，在中国文化史、学术史上，建设一最大之光荣，则其为晦庵之所深畏也亦宜。

明乎此，则知横渠之名学系统，实由他自具的高峻健实的人格的活力醇化而成。吾常昌言人格化的名学，欲使名学化成人格的。经过这番工夫以后，益信工夫论的名学，实为人格化的名学之最要阶梯，而横渠先生做工夫的过程，尤为后人治学之正路。设使舍正路而不由，不独非所以自名，亦且深负横渠先生教智之苦心已。——以上述横渠之工夫论的名学（或横渠与东原的工夫论的名学之比观）略竟[①]。

前面四节，对于横渠、东原名学之比观，系根据形上学、美学、认

---

① 《晨报副镌》1924年8月30日，第二版。

识论、工夫论的见地，从事说明，所以名之曰“形上学的名学”“美学的名学”“认识论的名学”“工夫论的名学”。在相当限度内，颇复撷取两家论据之足相发明者，以为对勘融贯之资。现今趁着尚未总结横渠的名学的系统之先，再就政治论、行为论的见地上，说明横渠名学的人格化之可能及其价值；仍复采取东原之说相印证，而名之曰“行为论的名学”“政治论的名学”，继于前四者之后。

(五)行为论的名学

东原之行为论的名学，与横渠的说法，果真足相印证耶？曰：“恶在其不足相印证也？”东原说得极好：“圣人之言，无非使人求其至当以见之行。”(《疏证》卷下叶二十三)看来既详作知识论以后，尤不可不励躬行也。详论知识，所以立乎至博也；敦励躬行，所以立乎至约也。东原说：“‘约’谓得其至当。语行之‘约’，务在修身而已；语知之‘约’，致其心之明而已。”(《疏证》卷下叶二十二)必行其所知，乃可谓之真知的实行化、真理底实务化，故又云：“行也者，行其人伦日用之不蔽者也。”(《疏证》卷下叶十九)而所以举此行其所不蔽之实者，仍存乎智慧，故云：“智也者，言乎其不蔽也。”(卷下叶十六)所举之行实，与所以举之名言，融无间，斯无蔽矣。无蔽无间，斯得其至当矣。故就其至约处言之，其与横渠之“精思力践”(晦庵赞横渠语)，正复异代同符也。横渠自己不曾说过“命辞”与“断事”的交互关系么？谓必断事无失，其心乃沛然；则其判断力之运用，必验诸行事，从可知矣。至其判断之标准，务以求是为鹄，与欧阳永叔“唯是之求”意颇想通；惟从拟议上谈到言动，尤见其行为论在认识论上之根据。横渠说：“《易》曰：‘拟之而后言，议之而后动。’只是要求是也。”(《全书》卷十一叶十一，《易说》)又说：“凡一言动，是非可不可随之而生，所以要慎言动。拟之而后言，议之而后动，不越求是而已！”(同上)探求良心之肯定于言论行动之中，其视河间献王实事求是主义之精神，岂多让哉？横渠说：“汉儒极有知仁义者，但心与迹异。”(《全书》卷六叶九，

《经学理窟》,学大原上)病其知行之不合一也,此固一时矫枉之谈,然其超汉学之精神,正可于此得其仿佛焉。钱竹汀之称东原也,谓其“实事求是,不偏主一家,亦不过骋其辩以排击前贤”(《潜研堂文集》卷三十九,叶十四,《戴先生传》)。余谓以横渠之精于思辨,度越昔贤,而仍盛称“汉儒极有知仁义者”,此所谓“不过骋其辩以排击前贤”者非耶?东原受学江氏,而戴学之独立自若也。横渠受学范公,而关学之独立自若也;亦岂“偏主一家”不能戛戛独造者哉?东原致书其友,兢兢焉以“得于行事”与“得于学”者并举。竹汀传之,极力保证东原所自道者之可靠,而东原之真知的实行化,乃益永著不朽。君子以是益叹横渠之精思力践,不得专美于前矣。——横渠、东原之行为论的名学之比观,其略如此。

(六)政治论的名学

横渠、东原之政治论的名学,亦有比较研究的可能。横渠的政治论,循着他所理想的、均平的原则而发展,与绝对真理、相对真理所以为政治哲学之先决问题者,辨之最审。其论绝对的原理之最高的肯定,则曰:“天下义理,只容有一个是,无两个是。”(《全书》卷六叶四,《经学理窟》三,义理篇)此绝对求是之说也。然而评判实际问题,则必默察当时此地之特殊现状,而变通尽利,以求协于时宜;最好相对求是,而不必多唱过高之论调,动辄下全称的否定,予他方面以难堪。他说:“天下国家无皆非之理。”(《全书》卷二,《正蒙》大心篇第七,叶二十三)又说:“必物之同者,己则异矣;必物之是者,己则非矣。”(卷三叶二,《正蒙》二,至当篇第九)特此种鉴空衡平的态度,以评判政治问题,绝不至卷入党争的漩涡,绝不染党同伐异、嚣竞诡讦之恶习。由或种意义解释之,他这种超然客观的态度,在政治舞台方面,虽然比较的难于腾达,然而横渠品格之高洁正在乎此。其判断的心能之运用,比他人平允得多,亦由于此。当时诸贤,除了范祖禹外,恐怕只有吕大防,能够有以合乎横渠这种鉴空衡平的轨辙?吕氏固横渠之同调也。若东原者，其所处的时代，所见的事势，均与横渠不侔，宜其思想之互异矣；然其政治论的见地，各皆求合乎所自建的名学（超名学的）系统，二家未尝全异也。东原说："治天下之民，莫不育于仁，莫不条贯于礼与义。"（《原善》卷中叶三）此与横渠政论之"民胞物与""理一分殊"的义谛，岂相违哉？抑横渠深明"无皆非之理"，而不"必物之是"，乃所以求民物之育于仁，而得政治之条贯也；故知东原"条贯尽致"的政治观，在研究横渠之政治论的名学者，尤当引为重要的参考资料也。——横渠、东原之政治论的名学之比观，其略如此。

如上所述，固所以比勘横渠、东原两家名学思想之异同。就横渠方面看，觉着他的名学化的哲学系统，也比从前诸贤，更见细密峻整，我们可以说这是时代精神的进化之一特征。他的政治论的行为论，和他的形上学、美学、认识论及工夫论的见解，率皆从名学的立脚点，为多方面的〈方〉[发]展。就中精心独辟之处，最为程、朱所称许，至以比孟子焉。朱子谓"横渠严密，孟子宏阔"，而程子之评《西铭》也，一则曰"此横渠文之粹者也，自孟子后，盖未见此书"，再则曰"《西铭》，某得此意，只是须得子厚如此笔力，他人无缘做得。孟子以后，未有人及此"。鉴裁至精，毫无溢美；惟子厚教人以礼为先，颇复兼采荀学之长。知孟学与荀学之交互为用，则陆学与朱学之交互为用可知矣。陆学"尊德性"，朱学贵"道问学"，分道扬镳，末流颇多争论。由横渠的教训推断之，两皆可以益我，而不必太偏于一方面。横渠说：

> 每日求多少为益，知所亡，改得少不善，此德性上之"益"。读书求义理，编书须理会有所归著，勿徒写过；又多识前言往行，此学问上"益"也。（《全书》卷十四叶四，《拾遗》）

又说：

今且只将尊德性而道问学为心，日自求于[1]同学者有所背否？于德性有所懈否？此亦是博文约礼，下学上达！以此警策，安得不长？（同上）

这种训条，大文向来极为悦服。今证诸东原"立乎至博，立乎至约"（上篇第四《戴东原与儒家的名学一》节引），以期"问学所得，德性日充"（《原善》卷下叶四）的说法，益觉得他们俩（横渠、东原）的深思自得的精神，未尝不相共通也。《四库全书总目》里，有一段批评张子著作的话，说：

张子之学，主于深思自得……此本所录，虽卷帙无多，而去取谨严。横渠之奥论微言，其精英业已备采矣！（《四库全书总目》卷九十二页三，子部儒家类二，张子全书条）

这里虽替排纂横渠遗著的人说了几句话，而横渠之纯思辨学的、超思辨学的著述精神，实已概括地陈说于吾侪之前。吾侪于此，亦可略告段落，听下回另谈一位哲学家——周茂叔矣！[2]

① 《晨报副镌》1924 年 8 月 31 日，第一版。
② 《晨报副镌》1924 年 8 月 31 日，第二版。

东原二百年纪念号缘起

戴东原虽然在中国学术史上占有重要的位置，但是他的治学精神和他对于中国学术的贡献，在我们后人的思想中并不怎样的普遍，所以有重新提倡的价值。

发起纪念戴东原的二百年生日，还是数月以前的事。因为大家都忙，所以筹备得不甚周妥。本刊收得的文稿，又因时间匆促，不能一天登载出来。梁先生本有三篇，其第三篇《东原哲学》须一二日后始能脱稿。胡适之先生一个极新颖的题目"不讲理的戴东原"，就是今日纪念会场上的讲演，也因时间匆促不能录出原稿，将来当可刊登他的讲演记录。尚有陈展云先生《戴东原的天算学》，周良熙先生《东原续天文略与续通志天文略》，汪震先生《心理学史上之戴震》等三篇，都须在明后日报上逐日登载。本报并拟将先后登载关于戴东原之文稿汇印一小册列入丛书云。

以下略述纪念会筹备的事。

一、东原生日，本在阴历十二月二十四，换算阳历在我们普通人是不很容易的，幸有中央观象台高曙青台长担任这事。中央观象台是热心推行阳历，并且实际上代人将生日换算阳历的。

二、戴东原的遗像，我们几乎搜求了半年，国内收藏家大都找遍了，胡适之先生并到他的故乡休宁去找也没有找着。我们以为无望的了。不料高曙青先生竟于纪念会前二三日找得一帧，大家真是喜出望外。其经过情形，详高先生跋语。

三、关于纪念祝典，本拟略事铺排。但我们纪念的是学术上的戴东原,其他仪节都是可有可无。现在依照欧洲纪念年会的办法,在安徽会馆之纪念会纯以讲学为纪念主体,对于遗像可以自由瞻仰,但没有形式的仪节。

记者[①]

① 《晨报副镌》1924 年 1 月 19 日,第一版。

戴东原先生传

后学梁启超纂述

启超谨案：关于东原先生传记之资料，最详者为洪初堂所著《行状》及段茂堂所著《年谱》。次则王述庵著有《墓志铭》，钱竹汀著有《传》，凌次仲著有《事略状》，孔㢑轩著有《遗书总序》。次则阮芸台之《国史·儒林传稿》，钱东生之《文献征存录》，江子屏之《汉学师承记》，李次青之《先正事略》，咸各有专篇。洪为先生同里后学，其《状》作于乾隆丁酉六月，先生卒后之一月耳。洪于先生所学，能深知其意，且时近地切，见闻最真，故所记实为一切资料之基本。段为先生门下老宿，所作《年谱》最为详赡，但书成于嘉庆甲戌(《谱》中未记著作年月。据《经韵楼集》卷七《东原先生札册跋》知之)，距先生卒三十八年，茂堂年且八十矣。所追忆或涉影响，其大节目则多取诸洪也。王、钱、凌、孔皆先生同时挚友或后辈，所记足互相补者尚不少。阮《传》为国史馆稿，荟集众篇，务取简洁。钱、江、李以下则钞录旧文而已。本篇以洪、段二氏为主，参以诸家。其本集及[其]他文集、笔记中有可取材者亦附入焉。不敢云备，庶可见先生风裁学诣之崖略云尔。体例依前代史稿，专采前人成文，不自撰一语。时或为行文便利起见，窜易增加数字而已。私见所及，则别为案语缀各段之后。所据重要篇目及其略号如下：

洪　榜　《初堂遗稿》内《戴先生行状》(略称《洪状》)

段玉裁　《戴东原先生年谱》(略称《段谱》)

王　昶　《述庵文钞》内《戴先生墓志铭》(略称《王志》)
钱大昕　《潜研堂集》内《戴东原传》(略称《钱传》)
余廷灿　《戴东原事略》(略称《余略》)
凌廷堪　《校礼堂集》内《东原先生事略状》(略称《凌略》)①
孔广森　《𩔖轩骈俪文》内《戴氏遗书总序》(略称《孔序》)
江　藩　《国朝汉学师承记》(略称《江记》)
李元度　《国朝先正事略》(略称《李略》)

先生姓戴,讳震,字慎修,一字东原。戴氏当唐时有自江西饶州乐平迁安徽歙州者,卒葬休宁之隆阜,因家焉,故世为休宁人。父名弁,母朱氏。(《洪状》)先生以雍正元年十二月二十四日乙巳生于里第。(《段谱》)乾隆十六年补县学生。二十七年举于乡。三十八年奉召充四库全书馆纂修官。四十年赐同进士出身授翰林院庶吉士。越二年卒于官,(《王志》)实乾隆四十二年五月二十七日。时客京师崇文门西范氏之颖园。年五十有五。(《段谱》)

先生生而体貌厚重,性端严。(《洪状》)十岁乃能言,盖聪明蕴蓄者深矣。(《段谱》)就傅读书,授《大学章句》至"右经一章"以下,问其塾师曰:"此何以知其为'孔子之言而曾子述之'?又何以知其为'曾子之意而门人记之'?"师应之曰:"此先儒朱子所注云尔。"即问:"朱子何时人?"曰:"南宋。"又问:"孔子、曾子何时人?"曰:"东周。"又问:"宋去周几何时?"曰:"几二千年矣。"又问:"然则朱子何以知其然?"师无以应,大奇之。(《洪状》)读《诗经》至"秦风"小戎篇,即自绘"小戎图",观者咸讶其详核。(《凌略》)读书每一字必求其义,塾师略举传注训解之,意每不释然。师不胜其烦,授以许氏《说文解字》。先生大好之,学三年尽得其节目。(《洪状》)性强记,《十三经注疏》能尽举其辞。尝语段玉裁曰:"余于疏不尽记,经注则无不能倍诵也。"(《段谱》)时年十六七耳。(《洪状》)

---

① 《晨报副镌》1924年1月19日,第一版。

先生家极贫，无以为业。（《洪状》）年十八，随父客南丰，设塾于邵武，课童蒙自给。越二年乃归。（《段谱》）时婺源江慎修先生永治经数十年，精于三礼及步算、钟律、声韵、地名沿革，博综淹贯，岿然大师。先生一见倾心，（《段谱》）偕其县人郑牧，歙人汪肇漋、方矩、汪梧凤、〈於〉[程]瑶田、金榜师事之，先生独能得其全。（《凌略》）及江先生卒（乾隆二十七年），先生为之状其行实及著书数上之史馆。秦蕙田纂《五礼通考》，延先生商榷。先生因出所藏江氏《推步法解》示秦，秦全采载入。后朱筠督学安徽，为祠祀江，且檄取江书尽上之朝，亦由先生力为表扬也。（《洪状》）

启超谨案：魏默深谓："戴为江永门人，及名既盛，书中称引师说，但称'同里老儒江慎修'，不称先生，背师盗名。"（周寿昌《思益堂日札》引）启超谓先生所以推慎修者，具见于所撰《江慎修先生事略状》（《文集》卷十二），其不背慎修不俟辨。至其曾否受业慎修称弟子，则难确考。先生《与姚姬传书》谓："古之所谓友，固分师之半。仆与足下无妨交相师。"（《交集》卷九）段茂堂上书称弟子，先生复札云："古人所谓友，原有相师之义。我辈但还古之友道可耳。"（《段谱》叶十六）其平日持论如是。则其所以事慎修者，固当率此义以行。况其学原非尽出慎修耶？且子贡、子思，皆字称仲尼，未有疑其慢者。甚矣！魏氏之责人无已也。

自宋以来，儒者多剽袭释氏之言之精者以说经。其所谓学，不求之于经而但求之于理；不求之于故训、典章制度而但求之于心。好古之士，虽欲矫其非，然仅取汉人传、注之一名一物而辗转考证之，则又烦细而不能至于道。于是乎汉儒经学、宋儒经学之分，一主于故训，一主于义理也。先生则谓："义理不可舍经而空凭胸臆，必求之于古经。求之古经而遗文垂绝、今古悬隔，然后求之故训。故训明则古经明，古经明则贤人圣人之义理明，而我心之同然者乃因之而明。义理非他，存乎典章制度者也。彼歧故训义理而二之，是故训非以明义理，而故训何为？义理不存乎典章制度，势必流入于异学曲说而不自知。"（《凌略》）先生自十七岁时即有志闻道，谓当先从事于字义、制度、名物以通"六经"之语言。为之三十余年，灼然知古今治乱之原。（《与段茂堂书》，《段谱》引）盖自其蚤岁，稽古综核，博闻强识，而尤长于论述。晚益窥于性与天道之传，于老、庄、释氏之说入人最深者辞而辟之，使与"六经"、孔孟之书截然不可以相乱。其学之本末次第大略如此。（《洪状》）

先生之论治学也，曰："寻求所获，有十分之见，有未至十分之见。所谓十分之见，必征之古而靡不条贯，合诸道而不留余议，巨细毕究，本末兼察。若夫依于传闻以拟其是，择于众说以裁其优，出于空言以定其论，据于孤证以信其通；虽溯流可以知源，不目睹渊泉所导，循根可以达杪，不手披枝肄所歧，皆未至十分之见也。以此治经，失不知为不知之意，而徒增一〈感〉[惑]以滋识者之〈办〉[辨]也。"（《文集》九《与姚姬传书》）又曰："为学之道：不以人蔽己，不以己自蔽；不为一时之名，亦不期后世之名。有名之见，其蔽二：非掊击前人以自表暴，即依傍昔贤以附骥尾。二者不同，而鄙陋之心同。"（《文集》九《答郑用牧书》）又曰："学有三难：淹博难，识断难，精审难。三者仆诚不足以〈与〉[于]其间，其私自持暨为书之大概，端在乎是。"（《文集》九《与是仲明书》）又曰："知十而皆非真，不若知一之为真知也。"（段玉裁《经韵楼集·娱亲雅言序》引）又曰："学者莫病于株守旧闻而不复能造新意，莫病于好立异说而不深求之以至其精微所存。"（《文集》十《春秋究遗序》）其治学之方大略如此。时东吴惠栋，三世传经，信而好古。王鸣盛尝合评两家曰："方今学者，断推两先生。惠君求其古，戴君求其是。"（《洪状》引）钱大昕曰："先生实事求是，不偏主一家，亦不过骋其辨以排击前贤。每立一义，初若创获，及参互考之，果不可易。"（《钱传》）可谓知言。

先生之学无所不通，而其所由以至道者则有三：曰小学，曰测算，曰典章制度。（《凌略》）

先生以为：经之至者，道也；所以明道者，辞也；所以成辞者，字也。必由字以通其辞，由辞以通其道，乃可得之[①]。（《洪状》）尝谓：今人读书，尚未识字，辄薄训诂之学，夫文字之未能通，妄谓通其语言；语言之未能通，妄谓通其心志。此惑之甚者也。（《钱传》）于是考诸篆书，由《说文》以睹古圣人制作本始。更念《尔雅》为承学津筏，又殚心其书。旁推交勘，尽得古画、古义、古音声。有一字不准六书，一解不贯群经，即无稽者不信，不信者必反复参证而后即安。（《余略》）其小学之书，有《声韵考》四卷、《声类表》十卷、《方言疏证》十三卷。夫字书主于故训，韵书主于音声，二者恒相因。音声有不随故训而变者则一音或数义；音声有随故训变者，则一字或数音。其例或义由声出，或声同义别，或声义各别。唯洞究其旨。凡异字异音绝不相通者，其误自能别之。庶释经论字，不至茫然失据也。自汉以来，转注之说失传。徐铉、徐锴，郑樵，戴仲达，周伯琦，皆穿凿附会不得其解。而萧楚、张有诸人以转声为转注之论为尤谬。虽好古如顾炎武，亦不复深省。先生则谓指事、象形、谐声、会意四者为书之体，假借、转注二者为书之用。一字具数用者为假借：依于义以引申，依于声而旁寄，假此以施于彼也。数字共一用者为转注：如初、哉、首、基之皆为“始”，〈卬〉[印]、吾、台、予之皆为“我”，其义转相为注也。转注与假借正相反。《说文》于“考”字训之曰：“老也。”于“老”字训之曰：“考也。”即转相为注也。以《说文》证《说文》，可不复致疑矣[②]。（《凌略》）

自汉以来，古音浸微。学者于六书谐声之故，靡所从入。《广韵》东、冬、钟、江、真、谆、臻、文、欣、元、寒、桓、删、山、先、仙、阳、唐、庚、耕、清、青、蒸、登、侵、覃、谈、盐、添、咸、衔、严，凡共三十五韵有入声，外此如支、脂等二十二韵无入声。顾氏《古音表》反是。先生则谓有入、无入之韵当两两相配，以入声为之枢纽。真以下十四韵与脂、微、

① 此段非戴震原话，故而不加“ ”。后仿此。

② 《晨报副镌》1924 年 1 月 19 日，第二版。

齐、皆、灰五韵同入声。东以下四韵及阳以下八韵与支、之、佳、吹、箫、宵、肴、豪、尤、侯、〈函〉[幽]十一韵同入声。侵以下九韵之入耳,则从《广韵》无与之配。鱼、虞、模、歌、戈、麻六韵,《广韵》无入声,今同以铎为入声,不与唐相配。而古音递转及六书谐声之故,胥可由此得之。此古人所未发也。(《凌略》)

其测算之书,有《原象》四篇,《迎日推策记》一篇,《勾股割圆记》三篇,《续天文略》三卷,《策算》一卷。(《凌略》)先生以算在六艺,古者以宾兴贤能,教习国子。《周髀》之书虽传于今,历家不能通其用。有"正北极"及"北极璇玑"之名,有"七衡""六间""冬至日当外衡,夏至当内衡,春秋分当中衡"之规法。释《周髀》者数家,未解"北极璇玑"所指。先生以为"正北极"者,今之赤道极也;所谓"北极璇玑"者,今之黄道极也。赤道极为左旋之枢,黄道极为右旋之枢。自中土言之,皆在北方,故通曰"北极"。赤道极不动,黄道极每昼夜左旋环绕之而过一度,每一岁而周四游。故《周髀》谓赤道极曰"正北极",而黄道极无其名,取诸测器之名命之。用是知唐虞时设璇玑环转于中,拟夫黄道极者也。此论匪惟得《周髀》之解,并以见古璇玑玉衡之遗制。(《洪状》)曾自指点巧匠,制成其器,藏于孔继涵家;继涵又曾命工仿造云。(《段谱》)

自汉以来,九数佚于秦火。儒者测天,多不能尽勾股之蕴。明末西人传弧三角之术,推步始为精密。其"三边求角"及"两边夹一角求对角之边"加减捷法,梅氏用平仪之理为图阐之,可谓剖析渊微。然用余弦折半为中数,则"过象限"与"不过象限"有相加相减之殊,犹未为甚捷也。先生则谓用余弦者或加或减,易生歧惑。乃立新术,用总较两弧之矢相较折半为中数,则一例用减,更简而捷矣。盖余弦者矢之余也。八线法:弧小则余弦大,弧大则余弦小;弧若大过象限九十度,则余弦反由小而渐大。唯矢不然:弧小则矢小,弧大则矢大;弧若大过象限九十度,则矢更随之而大。是矢与弧大小相应,不似余弦之参差,故以易之。此二法之根,先生所常言者,亦皆古人所未发也。

(《凌略》)先生在四库馆,校《周髀经》,悉心正其讹舛,补图以进。又于《永乐大典》内得《九章》《五曹》算经凡七种,自通人王寅旭、谢野臣、梅定九诸子,皆以算名家,未之获见。先生则正讹补脱,审〈知〉[如]刘〈征〉[徽]《注》内旧有图而今阙,补之以进,而古书之晦者以显。(《洪状》)

启超谨案:先生于天文学,所言不能与今世科学家吻合,此自时代所限,不容苛求。先生之功,则在能考古术,知吾国二千年前(周髀时代)之天文学如是而已。其在数学上所创造,上不逮王(寅旭)、梅(定九),下不逮汪(孝婴)、李(尚之),然搜校诸遗籍于暗昒既久之后,能理棼正舛而复其旧,使人知三国六朝间此学之若何发达,而因以引起研究兴味以促斯学之独立,则先生之功也。

清初治地理学者,有顾景范、顾亭林、阎百诗、胡朏明、黄子鸿、赵东潜、钱竹汀诸家,然皆以郡国为主而求山川,先生则以山川为主而求郡县。(《李略》)尝谓:因川原之派别,知山势之逶迤;由山镇之阴阳、水行所经过,知州郡之沿革迁徙。大凡水之上流,川出于两山之间,历千百年如其故道;至其委流,地平衍而土疏斥,不数岁辄迁徙不常。是以滹沱、桑干、漳水之流,号最难考。先生屡应志局之聘,文书图册杂错纠纷于前。先生披图览册,有谬误即图上批示,令再图以进。户吏始不服,及亲履其地,果如先生言,无不惊叹以为神奇。后魏郦道元《水经注》一书,流传至今,经注溷淆,前后错简,文章家以为掇拾辞采之书而已。先生究心于是者八九年,寻其义例,按以准望,整之俾还其旧。(《洪状》)其所得经与注分别之例有三(《段谱》):一曰独举、复举之不同,经文甚简,首举水名,下不再出;注文繁,一水内必详其注入之小水,是以主水名,屡举而不厌。一曰"过"与"径"之不同也,经必曰"过某",注则必曰"径某",所以别于经。一曰某县及某县故城之不同也,注所谓某县故城者,即经之某县也;经时之县,注时多为故城，经无言故城者也。执此三例，沛乎莫御，厘之有如振槁。承学读至白首不解者，豁然开朗。(《经韵楼集》卷七《与梁曜北论戴赵二家水经注》)时杭州赵东潜研磨《水经注》数十年，鄞县全谢山七校是书，深窥秘奥，而其说皆往往与先生同。(《段谱》)先生又尝应直隶总督方观承聘，修《直隶河渠书》百十一卷。未成而方卒，稿藏后任总督周元理家。嘉庆间，为王履泰所窃，删其半，益以乾隆己丑以后事实，易名《畿辅安澜志》。后先生嗣子携原稿入都，欲为辨正，不果云。(《李略》)

启超谨案：赵东潜与先生同时先后并校《水经注》，而所校什九相同。于是孰为剽窃，成为学界一场公案。以启超观之，盖纯属闭门造车，出门合辙，绝不成为道德责任问题。其事实始末及两造争论之点，别于拙著《东原著述考》篇中详叙之。

又案：《直隶河渠书》稿晚出。故初堂、述庵、竹汀、次仲诸《状》《志》皆未言及，惟《段谱》记其大略。此书亦与东潜有关。段氏复有与方葆岩两书及《赵戴直隶河渠书辨》，记始末颇详。具见《东原著述考》中。

其典章制度之书未成。(《凌略》)有《考工记图》二卷，盖少作。(据《段谱》)又因西人龙尾车法作《嬴旋车记》，因西人引重法作《自转车记》，皆见《文集》。(《凌略》)

启超谨案：此两篇及《原象》卷四所记璇玑玉衡制法，皆足见先生之垂意工学。

先生发愿成《七经小记》。"七经"者，《诗》《书》《易》《礼》《春秋》《论语》《孟子》也。谓："治经必分数大端以从事，各究洞原委。始于六书九数，故有《诂训篇》，有《原象篇》；继以《学礼篇》，继以《水地篇》，约之于《原善篇》。"《诂训》《学礼》两篇未成；《水地篇》三十卷，成者仅一卷；《原象》《原善》则已成。(节《段谱》文)

启超谨案:《七经小记》之著述体例,略见《段谱》卷末。观此可见先生治学方法及其精神。盖先生虽以考证名家,然所考证并非枝枝节节,疲精神于一字句一名物之间。彼每研究一对象,必贯通群籍而断之以己之所自得。其言曰:"最要体会条理二字。得其条理,由合而分,由分而合。"(《段谱》卷末引)所谓极分析综合之能事也。

先生之言曰:"六书九数等事,如轿夫然,所以舁轿中人也。以六书九数等事尽我,是犹误认轿夫为轿中人也。"又尝与段玉裁书曰:"仆生平著述之大,以《孟子字义疏证》为第一,所以正人心也。"噫!是可以知先生矣。(经韵楼本《东原集》段玉裁序)先生以为"宋以前,孔孟自孔孟,老释自老释。谈老释者高妙其言,不依附孔孟。宋已来,孔孟之书,尽失其解,儒者杂袭老释之言以解之。于是有读儒书而流入老释者,有好老释溺于其中,既而触于儒书,乐其道之得助,因凭借儒书以读老释者。孔子曰:'道不同,不相为谋。'言徒纷然词费也"。(《文集》卷八,《答彭允初书》)于是为《原善》三篇,寻衍之为三卷。又著《绪言》三卷,晚更改名为《孟子字义疏证》。(约《段谱》语)盖先生至道之书也。(《凌略》)其大旨以为:释道自贵其神识,而儒者在善治事情。凡人之[1]患二:曰私,曰蔽。私,生于欲之失;蔽,生于知之失。异氏尚无欲,君子尚无蔽。异氏之学,主静以为治。君子强恕以去私,而学问以去蔽,主以忠信而止于明善。凡生于其心必发于其事。私者,逞己以纵欲,无良而惨不畏明。无私矣,尚不能无蔽。蔽者,不求诸情事,以其意见信为义理,公而不能明,廉洁而流于刻。记曰:"夫民有血气心知之性,而无喜怒哀乐之常。应感起物而动,然后心术形焉。"凡有血气心知,于是乎有欲。性之征于欲,声色臭味而爱畏分。既有欲矣,于是乎有情。性之征于情,喜怒哀乐而惨舒分。既有欲有情矣,于是乎有巧与智。性之

① 《晨报副镌》1924 年 1 月 19 日,第三版。

征于巧与智，美恶是非而好恶分。生养之道，存乎欲者也；感通之道，存乎情者也。二者自然之符，天下之事举矣。尽美恶之极致，存乎巧者也，宰御之方，由斯而出；尽是非之极致，存乎智者也，圣贤之德，由斯而备。二者亦自然之符，精之以底于必然，天下之能举矣。君子之治天下也，使人各得其情、各遂其欲，勿悖于道义。君子之自治也，情与欲使一于道义。夫遏欲之害，甚于防川；绝情去智，充塞仁义。人之饮食也，养其血气；而其问学也，养其心知：是以贵乎自得。血气得其养，虽弱必强；心知得其养，虽愚必明：是以贵乎扩充。君子独居思仁，公言言义，动止应礼，竭所能谓之忠，履所明谓之信，平所施谓之恕，驯而致之仁且智，不私不蔽者也。君子之未应事也，敬而不肆以虞其疏，事至而动，正而无邪以虞其伪，必敬必正而要于致中和，以虞其偏与谬。戒疏在乎戒惧，去伪在乎慎独，致中和在乎达礼精义至仁尽伦。天下之人同然而归之善，可谓至善矣。夫以理为学，以道为统，以心为宗，探之茫茫，索之冥冥，不若反求诸"六经"。此《原善》之书所以作也。(《洪状》)

启超谨案：先生之学，体大思精。《原善》《孟子字义疏证》两书，语极简而义极丰，殆于一字一金。洪氏此《状》，颇能撷其要点，故全录之。其他精语，别于拙著《东原哲学》篇中分别征引。

先生自述其著书之意曰："……当孟子时，群共称其好辩。而孟子曰：'我知言。'盖言之谬，非终于言也，将转移人心。心受其蔽，必害于事，害于政……是又后乎孟子者之不可已也。苟吾不能知之亦已矣；吾知之而不言，是不忠也，是对古圣人贤人而自负其学，对天下后世之仁人而自远于仁也。吾用是惧……"(《孟子字义疏证序》)然则所谓害政者如之何？先生曰："理与事分为二而与意见合为一，是以害事。"(《疏证》叶十)又曰："惟以情絜情，故其于事也非心出一意见以处之。苟舍情求理，其所谓理无非意见也。未有任其意见而不祸斯民者。"(《疏证》叶五)又曰："程朱以理为如有物焉得于天而具于心，启后世人人凭在己之意见而执之曰理以祸斯民。更淆以无欲之说，于得理益远，于执其意见益坚，而祸斯民益烈。岂理祸斯民哉？不自知其为意见也。离人情而求诸心之所具，安得不以心之所具？安得不以心之意见当之？”（《文集》卷八，《答彭允初书》）又曰：“圣人之道，使天下无不〈发〉[达]之情，求遂其欲而天下治。后儒不知情之至于纤微无〈感〉[憾]是谓理，而其所谓理者同于酷吏之所谓法。酷吏以法杀人，后儒以理杀人……”（《文集》卷九，《与某书》）先生所不能已于言者，以此。

先生终身在贫困中。年三十时，家中乏食，与面铺相约，日取面屑为饔飧。以其时闭户著《屈原赋注》。三十三岁避仇入都，行李衣服皆无有，寄旅于歙县会馆，饘粥或不继，而歌声出金石。是时纪昀、王鸣盛、钱大昕、王昶、朱筠俱甲戌进士，以学问名一时，耳先生名，往访之，莫不击节叹赏。于是声重京师，名公卿争纳交焉。秦蕙田方纂《五礼通考》，延主其邸，朝夕讲论。王安国延之课子，子即念孙，最能传先生学，复以传其子引之，所谓高邮王氏父子也。既屡试不第，旅食诸方。尝游山西，修《汾州府志》《汾阳县志》；游直隶，修《直隶河渠书》。尝主讲浙东金华书院。五十岁，当乾隆三十八年，四库馆开，以举人充纂修官，盖异数也。旋，特赐进士出身授庶吉士。在馆五年，校《水经注》《算经》等书，积劳卒于官。（以上约举《洪状》《段谱》语）先生事亲至孝，夫妇躬操井臼，酒浆饮食，亲自进之。父性方严，先生怡怡孺慕，曲得其欢。治家和而有法。尝言子弟有小过，当〈主〉[力]加斥责；至有大过，当微示以意。苟显揭之，令不可为人，则自弃于恶矣，所谓“中也弃不中”也。行己严介，然不为矫激之行。谋人之事，惟恐其不忠；扬人之善，如恐其不及。其教诲人终日矻矻，不以为倦也。先生之言，平正通达，近而易知。博极群书，而不事驰骋。有所请各如其量以答之，未尝不有所得也。其学虽未设施于时，既没，其言立，所谓不朽者欤？（《洪状》）

先生终其身未尝一日废学。《声类表》一书，为临终十数日前所作，五日而成。《答彭允初书》五千言——段茂堂所谓“以六经孔孟之旨还诸六经孔孟，以程朱之旨还之程朱，以陆王佛氏之旨还诸陆王佛氏”者，亦临终前一月作也。（约《段谱》语）易箦时，语人曰：“生平读书，绝不复记。到此方知义理之学可以养心。”（《王惕甫未定稿》引戴衍善所述）世人或引为先生忏悔所学而复归于宋儒。焦里堂（循）曰：“不然，东原所著书，惟《孟子字义疏证》最为精善。盖精魄所属，故临殁时往来于心。其所谓‘义理之学可以养心’者，即东原自得之义理，非讲学家《西铭》《太极》之义理也。”（《雕菰楼集》申戴篇）

梁启超曰：同治间戴子高撰《颜氏学记》，谓东原之学，衍自颜李，信也。李恕谷尝南游，而程绵庄、恽皋闻大弘其学于江介，东原合有闻焉。不然，何其揆之相合若此甚也。然习斋尊行绌知，东原则言“强恕以去私而学问以去蔽”，知行并进，视习斋周矣。其踸踔蹈属不如习斋，弟子中又无恕谷其人，故学中斩焉。当时学者虽万口翕然诵东原，顾能知其学者实鲜。王述庵、钱竹汀所撰《传》《志》，美其能考证，而于其自得之学无所发明。洪蕊登之《状》善矣，原稿全载《答彭进士书》，而朱笥河怫然，谓：“何图更于程朱之外复有论说，戴氏可传者不在此。”蕊登虽上书力争（看《初堂遗稿·上朱笥河先生书》），然无如何，其孤竟削《状》中此文云。凌次仲极能知东原者，犹曰：“义理固先生晚年之极诣，非造其境者亦无由知其是非。”是又以《原善》诸篇所谓为东原一家之“意见”，而侪诸其所谓“探之茫茫，索之冥冥”者，岂为知东原哉？乾嘉诸老揭橥汉学以傲宋学，乃其神识所濡染、所充塞，皆宋学之余也，汉学则以哗世而自文已耳。其不能有契于东原也固宜。东原之学，其朋辈中能受之者，莫如程易畴，次则金檠斋；其乡后学能受之者，莫如洪蕊登，次则凌次仲。蕊登寿仅三十五，倘假以年，亦东原之恕谷也。其弟子最著者段茂堂、孔㢲轩、王怀祖及其子伯申。语其一曲，知或过师；虽然，未可云能传东原学也。无已则私淑艾之焦里堂乎？

本篇因拘于史稿体例，修纂陈言，不能尽发吾意。且属稿仓猝，仅以一昼夜之力成之,益用不慊。姑存以俟更端。

一月十五日·启超自记[①]

① 《晨报副镌》1924年1月19日,第四版。

东原著述纂校书目考

梁启超

焦里堂曰:“东原生平所著书,惟《孟子字义疏证》三卷、《原善》三卷最为精善。其他说经之书,皆未卒业。盖非精神所专注也。”(《雕菰楼集》申戴篇)吾谓东原即此二书,自足千古,余皆筌蹄耳,不著不足为轻重。百五十年来,学者罕知东原。其诵美之者,亦不过欲使之与当时所谓汉学家争一日之短长,务侈陈其著述之富而尸祝之。甚者,为之张目攘臂以与赵东潜争《水经注》。夫东潜无《水经注》,则不复能为东潜;东原则虽《水经注》无一字自已出,岂有损于东原毫末者哉!其他著述准此可知也。东原所矢宏愿,在《七经小记》之六种。《原善》即其一,余五种未就。《集》中诸文,多其长编。夭于中寿,不竟所业,差可惜耳!其少作,则《考工记图》《勾股割圆记》,皆称绝业。《诗补传》《尚书义考》等虽未成,然经始义例,后此作者津逮也。《汾州府志》《直隶河渠书》等,皆因前旧,有所是正,固非专著。《汾志》凡例,则斯学楷式矣。《五礼通考》之观象授时一编,殆经其发凡鉴定。《四库提要》闻出先生手者不少,但除手校各书外(目详下),其他篇亦未由确指也。先生殁后,遗著多存曲阜孔继涵家。继涵,先生挚友。其子广根,先生女夫;从子广森,先生高第弟子也。孔氏拟尽刻先生书而未能,已刻者名曰《戴氏遗书》,凡十五种:

《毛郑诗考正》五卷

《杲溪诗经补注》二卷(未成)

《考工记图》三卷

《孟子字义疏证》三卷

《声韵考》四卷

《声类表》十卷

《原善》三卷

《原象》一卷

《续天文略》二卷

《水地记》一卷

《方言疏证》十三卷

《水经注》三十五卷

《策算》一卷

《勾股割圆记》三卷

《文集》十卷

原刻于《毛郑诗考正》题为“遗书之一”,《诗经补注》为“遗书之二”,《原善》《疏证》仝为“遗书之九”,《声韵考》《声类表》仝为“遗书之十四”,《原象》为“遗书之十五”,《文集》为“遗书之二十三”。《段谱》云:“未识次第之意,后人勿疑已刻有二十三种也。”此外则:

《屈原赋注》七卷(广州广雅书局刻本)

《绪言》三卷(南海伍氏粤雅堂刻本)

《尚书义考》二卷(贵池刘氏聚学轩刻本)

《经考》五卷(南陵徐氏许斋刻本)

《重编文集》十二卷(金坛段氏经韵楼刻本)

先生著述现存者尽此矣。其所校算书,收入孔氏微波榭《算经十书》中。自余所校经典,有聚珍板。《汾州府志》《汾阳县志》,当地皆有刻本。

本篇依段著《年谱》,以著作先后为次,无论已成、未成、已刻、未刻、或存、或佚、为著、为校、独著、共著皆列入。仿朱氏《经义考》例,全录原序。有应考证论列者,则缀以案语。

癸亥十二月十一日·启超记

一、著述年月可考者

《策算》一卷（乾隆九年先生二十二岁著，孔氏微波榭《算经十书》本，有自序）

书成于乾隆甲子长至日。先生著述，此为最先。初名“筹算”，后增改，更今名。（据《段谱》）其书首策式，次乘，次除，次命分，次开方。孔继涵刻《古算经》，以附《九章算术》之末。段玉裁曰：“凡学《九章》者，必发轫于此。”

自序云：

> 《汉书·律历志》：“算法用竹，径一分，长六寸，二百七十一枚而成六觚，为一握。”古算之大略，可考如是。其一枚谓之一“算”，亦谓之“筹”。《梅福传》：“福上书曰：臣闻齐桓之时，有以九九见者。”所谓“九九”，盖始一至九，因而九之，终于八十一。《周髀算经》商高曰：“数之法出于圆，圆出于方，方出于矩，矩出于九九八十一”是也。以九九书于策，则尽乘除之用，是为“策算”。“策”取可书，不曰“筹”而曰“策”，以别于古“筹算”，不使名称相乱也。策列九位，位有上下。凡策，或木或竹，皆两面：一与九、二与八、三与七、四与六，共策；五之一面空之，为空策。合五策而九九备。如是者十，各得十策。别用策一，列始一至九各自乘，得方幂之数，为开平方。“策算”法虽多，乘除尽之矣。开方亦除也。平方用广，立方罕用，故“策算”专为乘、除、开平方举其例。略取经史中资于算者次成一卷，俾治《九章算术》者首从事焉。乾隆甲子长至日，东原氏戴震叙。

《六书论》三卷（乾隆十年先生二十三岁著，已佚，有自序）

《段谱》云：“今其稿未见，故不著录。”然则此书自茂堂时已佚矣。《集》中存一“叙”，可见其崖略。六书之最难解而滋聚讼者，莫如“转注”。先生释“转注”为“互训”,实千古创见。大约本书所注重者,专在此点。其说详《答江慎修先生论小学书》(见《文集》)。

自序云〈书〉:

> 自昔儒者其结发从事,必先小学。小学者,六书之文是也。《周官》保氏掌之以教国子,司徒掌之以教万民;而《大行人》所称“论书名、听声音”,又属瞽史,分职专司。故其时儒者治经有法,不歧以异端。后世道阙,小学不修,古文绝于嬴氏,佐隶起于狱吏。汉兴盖百年,始征小学之士,令说文字未央廷中。光武时,马援上疏论文字之讹谬,及贾侍中修理旧文,而许叔重从受古学,撰《说文解字》,则在安和已后。今考经史所载汉时之言六书也,说歧而三:一见《周礼注》引郑司农解;一见班孟坚《艺文志》;其一则叔重《说文解字序》,颇能详言之。班、郑二家虽可以广异闻,而纲领之正宜从许氏。厥后世远学乖,罕睹古人制作本始。谓“谐声最为浅末”者,后唐徐锴之疏也。以“指事为加物于象形之文”者,宋张有之谬也。谓“形不可象则指其事,事不可指则会其意,意不可会则谐其声”者,诸家之纷紊也。谓“转声为转注”者起于最后,于古无稽,特萧楚诸人之臆见也。盖“转注”之为“互训”,失其传且二千年矣。六书也者,文字之纲领,而治经之津涉也。载籍极博,统之不外文字;文字虽广,统之不越六书。纲领既违,讹谬日滋。故考自汉以来迄于近代,各存其说,驳别得失,为《六书论》三卷。凡所不载,智者依类推之,以拾遗补艺,将以取乎此也。时乾隆乙丑孟冬,戴震撰。

《考工记图》二卷(乾隆十一年先生二十四岁著,乾隆二十年先生三十三岁为补注,二十年河间纪氏刻本,《遗书》本有自作后序,有纪昀序)

此书成于乾隆十一年丙寅,后序所谓“柔兆摄提格”也。越八年。纪文达昀谋刻之,先生乃〈傅〉[附]以注,故《段谱》题曰“考工记图注”。纪序云:“戴君[1]东原始为《考工记》作图也,图后附以己说而无注。乾隆乙亥夏,余初识戴君,奇其书,欲付之梓。迟之半载,戴君乃为余删取先、后郑注而自定其说以为补注。又越半载,书成,仍名曰《考工记图》,从其始也。”然则此书初本有图有说而无注,今本乃徇纪文达之请续增者也。

后序云:

《考工》诸器,高庳广狭有度,今为图敛于数寸纸幅中,或舒或促,必如其高庳广狭,然后古人制作昭然可见。不则如磬氏之磬,何以定其倨句;栗氏之量,何以测其方圆径幂;韗人之皋陶,何以辨其晋鼓鼖鼓。又如凫氏之钟,后郑云:“鼓六,钲六,舞四,其长十六。”又云:“今时钟或无钲间。既为图观之,直知其说误也。勾股法,自铣至钲,八而去二,则自钲至舞,亦八而去二。铣为钟口,舞为钟顶。《记》曰铣,曰钲者,径也;曰铣间,曰钲间,曰鼓间者,崇也;曰修,曰广者,羡也。羡之度举舞,则钲与铣可知;而钲间因铣、钲、舞之径以得其崇。然则《记》所不言者,皆可互见。若据郑说,有难为图者矣。其他戈、戟之制,后人失其形似;式崇式深,后人疏于考论;郑氏《注》固不爽也。车舆官室,今古殊异,钟、县、剑、削之属,古器犹有存者。执吾图以考之群经暨古人遗器,其有合焉尔。”

《转语》二十章(乾隆十五年先生二十五岁著,已佚,有自序)

自序云:

人之语言万变,而声气之微,有自然之节限。是故六书依声托事,假借相禅,其用至博,操之至约也。学士茫然,莫究所以,今别为二十章,各从乎声以原其义。夫声自微而之显,言者未终,闻者已解,辨于口不繁,则耳治不惑。人口始喉下〈底〉[抵]

---

① 《晨报副镌》1924年1月19日,第五版。

唇末，按位以谱之，其为声之大限五，小限各四，于是互相参伍，而声之用盖备矣。参伍之法，台、余、予、阳，自称之词，在次三章；吾、卬、言、我，亦自称之词，在次十有五章。截四章为一类，类有四位。三与十有五数，其位皆至三而得之，位同也。凡同位为正转，位不同为变转。尔、汝、而、戎、若，谓人之词；而、如、若、然，义又交通。并在次十有一章。《周语》“若能有济也”，注云：“若，乃也。”《檀弓》“而曰然”，注云：“而，乃也。”《鲁论》“吾未如之何”，即“奈之何”。郑康成读“如”为“那”（乃个切）。曰乃，曰奈，曰那，在次七章。七与十有一数，其位亦至三而得之。若此类，遽数之不能终其物，是以为书明之。凡同位则同声，同声则可以通乎其义，位同则声变而同，声变而同则其义亦可以比之而通。更就方音言：吾郡歙邑读若“摄”（失叶切），唐张参《五经文字》颜师古注《汉书·地理志》已然。“歙”之正音读如“翕”，翕与歙，声之位同者也。用是听五方之音及少儿学语未清者，其展转讹溷必各如其位，斯足证声之节限位次自然而成不假人意厝设也。古今言音声之书，纷然淆杂，大致去其穿凿自然符合者近是。昔人既作《尔雅》《方言》《释名》，余以谓犹阙一卷书，创为是篇，用补其阙。俾疑于义者以声求之，疑于声者以义正之。说经之士，搜小学之奇觚，访六书之逸简，溯厥本始，其亦有乐乎此也。时乾隆丁卯仲春，戴震撰。

启超案：此书《孔序》云未见，《段谱》云未成。绎序文，盖已成而佚耳。清初学者，颇注意从发音上是正文字。吴修龄、刘献廷皆有所撰述，惜其书并佚。皖人方以智作《通雅》，黄生作《字诂》，皆注意及此。先生之《转语》二十章，或颇受方、黄影响，其书若存，亦今日议造新字母者之资也。

《尔雅文字考》十卷（乾隆十四年先生二十七岁著，未刊，有自序）

自序云：

古训故之书，其传者莫先于《尔雅》，六艺之赖是以明也。所以通古今之异言，然后能讽诵乎章句，以求适于至道。刘歆、班固论《尚书》古文经曰："古文读应《尔雅》，解古今语而可知。"盖士生三古后，时之相去千百年之久，视夫地之相隔千百里之远无以异。昔之妇孺闻而辄晓者，更经学大师转相讲校而仍留疑义，则时为之也。余窃谓儒者治经，宜自《尔雅》始。取而读之，殚心于兹十年。是书旧注之散见者六家：犍为文学、刘歆、樊光、李巡、郑康成、孙炎，皆阙逸难以辑缀；而世所传郭《注》，复删节不全；邢氏疏尤多疏漏。夫授《尔雅》以释《诗》《书》，据《诗》《书》以证《尔雅》，由是旁及先秦以上凡古籍之存者综核条贯，而又本之六书音声，确然于故训之原，庶几可兴于是学。余未之能也，偶有所记，惧过而旋忘，录之成帙，为题曰若干卷《尔雅文字考》，亦聊以自课而已。若考订得失，折衷前古，于《尔雅》万七百九十一言合之群经传记靡所扞格，姑俟诸异日。

《段谱》云：是书未知何年所成。据"于兹十年"之语，则自十七岁有志闻道潜心训诂始，成书盖在戊辰、己巳、庚午间也。曰"姑俟诸异日"，则意有未满之辞。然先生之于小学始基之矣。书稿藏曲阜孔户部家——苏州吴方伯蠡涛俊者，先生壬午同年也。户部既殁，方伯之子慈鹤就其家取诸户部长子博士广根，云将付梨枣，今书稿尚在吴处，未刊。

《屈原赋注》七卷、《通释》二卷、《音义》三卷（乾隆十七年先生三十岁著，二十五年歙县汪氏刻本，广州广雅书局重刻本，有自序，有卢文弨序，有汪梧凤跋）

屈原赋目录序云：

汉《艺文志》屈原赋二十五篇，自《离骚》迄《渔父》，屈原所著书是也。汉初传其书，不名"楚辞"，故《志》列之赋首。又称其作赋以风，有恻隐古诗之义。至如宋玉以下，则不免为词人之赋，非诗人之赋矣。今读屈子书久，乃得其梗概。私以谓其心至纯，其学至纯，其立言指要归于至纯。二十五篇之书，盖经之亚。说《楚辞》者既碎义逃难，未能考识精核，且弥失其所以著书之旨。今取屈子书注之，触事广类，俾与遗经雅记合致同趣，然后瞻涉之士，讽诵乎章句，可明其学、睹其心，不受后人皮傅用相眩疑。书既稿就，名曰《屈原赋》，从《汉志》也。

启超案：《段谱》引汪跋有"自乾隆壬申秋得戴氏注读之"语，知书成于壬申前。壬申，先生年三十耳。又云："《戴氏遗书》皆孔户部刊板，虽已刻者皆重刊，独此书但有歙汪氏刊板而已。"汪刻今极难得，光绪末复刻于吾乡广雅书局，可喜也。卢抱经文弨《序》云："戴君……以余力为《屈原赋》二十五篇作注，微言奥旨，具见疏抉。其本显者不复赘焉，指博而辞约，义创而理确。其释'三后纯粹'，谓指楚之先君；'夏康娱以自纵'，谓'康娱'连文篇中凡三见，不应以为夏太康……《九歌》《东皇》等篇，皆就当时祀典赋之，非祠神所歌。《九章》无次第，不尽作于顷襄王时。《怀沙》一篇，则以《史记》之文相参定……"(《抱经堂文集》六)孔䎖轩《戴氏遗书总序》云："……研音之下，雅爱三闾。以为娀台访女，近窈窕之遗声；湘水搴芳，续榛苓之逸响。叔师注而未详，辨招附而不可。核之《汉志》，名从主人，为《屈原赋注》四卷。"(䎖轩所著书五十九)据此知先生此注，创解甚多，且于篇次亦重加厘定[①]也。

《诗补传》无卷数(乾隆十八年先生三十二岁著，未成，有自序，《遗书》中《杲溪诗经补注》似即此书)

自序云：

"《诗》三百，一言以蔽之，曰：思无邪"，夫子之言《诗》也。而《风》有贞淫，说者因以无邪为读《诗》之事，谓《诗》不皆无邪也，

① 《晨报副镌》1924年1月19日，第六版。

非夫子之言《诗》也。先儒为《诗》者，莫明于汉之毛、郑，宋之朱子。然一诗而以为君臣朋友之辞者，又或以为夫妇男女之辞；以为刺讥之辞者，又或以为称美之辞；以为他人代为辞者，又或以为己自为辞。其主汉者必攻宋，主宋者必攻汉，此说之难一也。余私谓《诗》之辞不可知矣，得其志则可以通乎其辞。作诗者之志愈不可知矣，断之以“思无邪”之一言，则可以通乎其志。《风》虽有贞淫，《诗》所以表贞止淫，则上之教化时或浸微，而作诗者犹觊挽救于万一，故《诗》足贵也。三百之皆无邪，至显白也。况夫有本非男女之诗，而说者亦以淫泆之情概之。于是目其诗则亵狎戏谑之秽言，而圣人顾录之。淫泆者甘作诗以自播，圣人又播其秽言于万世，谓是可以考见其国之无政，可以俾后之人知所惩，可以与《南》《豳》《雅》《颂》之章并列之为经，余疑其不然也。宋后儒者求之不可通，至指为汉人窜入淫诗以足三百之数，欲举而去之，其亦妄矣。今就全诗考其字义、名物于各章之下，不以作诗之意衍其说。盖字义、名物，前人或失之者，可以详核而知。古籍具在，有明证也。作诗之意，前人既失其传者，非论其世知其人，固难以臆见定也。姑以夫子之断夫三百者各推而论之，用附于篇题后。司马氏有曰：“《国风》好色而不淫，《小雅》怨诽而不乱。”又曰：“《诗》三百篇，大抵贤圣发愤之所为作也。”汉初师传未绝，此必七十子所闻之大义也。余亦曰：三百篇皆忠臣、孝子、贤妇、良友之言也。其间有立言最难、用心独苦者，则大忠而托诸诡言逊辞，亦圣人之所取也。必无取乎小人而邪僻者之秽言以与贤圣相杂厕焉。时乾隆癸酉仲夏，戴震撰。

启超案：《孔序》云：“别为《诗补传》未成。成《周南》《召南》二卷。”是以《遗书》中之《杲溪诗经补注》即《诗补传》也。《段谱》亦云“‘补传’改称‘补注’”，此书盖先生累年草创而迄未成者也。其论无邪之旨是否切当且勿论，至其专就全诗考其字义、名物于各章之下，而不以作诗之意衍其说，则洵治《诗》良法也。

《勾股割圆记》三卷（乾隆二十年先生三十三岁著，二十三年歙县吴氏刻本，微波榭《算经十书》本，有吴思孝序）

卷末自识云：

> 总三篇。为图五十有五，为术四十有九，记二千四百一十七字。因《周髀》首〈草〉[章]之言衍而极之，以备步算之大全，补六艺之逸简。治经之士，于博见洽闻，或有涉乎此也。

吴序云：

> ……戴君以所为《勾股割圆记》示余。读其文，殆非秦汉已后书。其于古今步算之大全，约以二千言而尽，可谓奇矣……《记》中立法称名一用古义，盖若刘原甫之《礼补亡》，欲踵古人传记之后，不得不尔也。余独虑习今者未能骤通古，乃附注今之平三角、弧三角法于下……

启超案：书中有题“吴曰”，即吴思孝（字行先）以今术附注也。惟据《段谱》云：“注亦先生所自为，假名吴君。如左太冲《三都赋注》假名张载、刘逵也。”张皋文谓“此书务为简奥，变易旧名，恒不易了”，似颇中其病。

《金山志》无卷数（乾隆二十二年先生三十五岁著，已佚）

《段谱》谓：先生客扬州卢转运（见曾）所，曾作此书，系诸本年。

《原善》三卷（乾隆十八九年至二十八九年先生三十一二岁至四十一二岁著，段辑《文集》本，《遗书》本，有自序）

自序云：

> 余始为《原善》之书三章，惧学者蔽以异趣也，复援据经言疏通证明之，而以三章者分为建首，次成上、中、下三卷。比类合义，灿然端委毕著矣。天人之道，经之大训，萃焉。以今之去古圣哲既远，治经之士，莫能综贯；习所见闻，积非成是。余言恐未

足振兹坠绪也，藏之家塾，以待能者发之。

启超案：此书失著作年月。据《段谱》推定为先生三十至四十，约十年内所作也。《文集》（经韵楼本）与《遗书》两收之，而其文不同。《文集》本即《序》所谓始为三章也。别有《读易系辞论性》《读孟子论性》两篇，不入正文。《遗书》本则修改之本，《序》所谓成上、中、下三卷者也。每卷各冠以《文集》本之三章，而杂引群经之文为左证。上卷十一章，中卷五章，下卷十六章。其每卷之首章，虽即《文集》本，而语加详。其以下各章所引经证，亦不限于《系辞》《孟子》。合两本读之，可以见先生著述之谨慎与进德之绵密也。

《原象》一卷、《迎日推策记》一卷（先生四十岁以前著，《遗书》本）

《段谱》云：此二书，《遗书》合为一册。《原象》凡八篇。一篇、二篇、三篇、四篇，即先生之《释天》也。初名《释天》，以《尧典》璇玑玉衡、中星，《周礼》土圭、洪范五纪四者命题，而天行之大致毕举。璇玑玉衡，汉后失传，先生乃详其仪制于四篇之末。五篇、六篇、七篇，即《勾股割圆记》之上、中、下三篇也。其八篇则为矩以准望之详也。《迎日推策记》亦旧时所为，玉裁与《释天》皆于癸未抄写，则成书皆在壬午前可知。（案壬午为乾隆二十七年）至晚年，合九篇为《原象》，以为《七经小记》之一，天体算法全具于此。

《声韵考》四卷（乾隆三十一年先生四十四岁著，段氏蜀中刻本，李氏广州刻本，孔氏曲阜刻本，《遗书》本）

卷一上半，论反切之始、韵书之始、四声之始。卷一下半及卷二，论隋陆法言《切韵》、宋祥符《广韵》、宋景德《韵略》、宋景祐《礼部韵略》、宋宝元《集韵》。卷三，论古音。卷四，则附以杂论音韵之文六篇。《段谱》云："李、孔二刻与段刻详略不同。"今《遗书》本，殆即孔刻重印也。

《绪言》三卷（乾隆三十一年先生四十四岁著，南海伍氏《粤雅堂丛书》本）

启超案：此书不见于《遗书》。钱竹汀（大昕）、王述庵（昶）、洪蕊登(榜)、孔𫍯轩(广森)所述先生著书皆不著录,独粤雅堂采刊之。伍崇曜《跋》云:"曲阜孔氏所刊《戴氏遗书》及阮文达、江郑堂、纪先生著撰,均未及是书。此册与《原善》单行,不知何人所刻。"今据段茂堂《经韵楼集》,知此书即《孟子字义疏证》之初稿也。段集有《答程易田丈书》,内述程书云:"《孟子字义疏证》,孔渶谷所刻者尚非定本。其定本改名《绪言》,抄本现在……"又第二书云:"《绪言》丙申影抄时,戴本首叶有'壬辰菊月写本'六字。自壬辰至丙申未尝改窜。"段氏复书,反[①]覆证明《疏证》之为定本,文多不具引。(看《经韵楼集》卷七五二至五五页)今以两书对勘,相同者十而六七,而《疏证》组织更为精密,则此书为彼书稿本无疑。然彼书所芟汰之部分,其粹语仍不少。粤雅刻此以存其创,不可谓非戴学之功臣也。(后有好事者重刻《疏证》,而以所删之《绪言》附各条之末,亦一佳事也。)诸家著录者皆以此书为《疏证》前身,故不复列。但内容既有出入,前功不容湮没,仍以两存之为是。又案:《段谱》以《疏证》为先生四十四岁时所著,因其年先生尝语茂堂谓"近日做得讲理学一书"也。既《疏证》为改定后命名,则此年所著者正是《绪言》耳。

《直隶河渠书》一百十一卷(乾隆三十三年先生四十八岁著,无刻本?)

《段谱》于乾隆三十三年条下云:是年应直隶总督方恪敏公(启超案:恪敏名观承)之聘,修《直隶河渠书》一百十一卷,未成。会恪敏薨,接任者前大学士杨公(廷璋),不能礼敬先生,辞之入都。己丑春,谓玉裁曰:"吾固乐此不疲,惜未能竟,闻后莅事者请余君仲林(萧客)为之,恐其才不足。予书经水、支水先后延接,皆按地望、地脉,次第不可稍移,恐仲林不能耳。"先生殁后,此书清稿一藏曲阜孔[户]部府中,一在直隶总督吴江周公(名元理)家。嘉庆己巳,有吴江王履泰者,捐纳通判也,其父乃周公之甥婿,履泰因此得先生之书,掩为已

① 《晨报副镌》1924年1月19日,第七版。

有，删削几半，益以乾隆己丑以后事实，易名《畿辅安澜志》，缮写进呈。上谓："此有用之书也。"命武英殿刊板恩赏履泰同知，发永定河试用。先生嗣子中孚闻之，之曲阜，取原稿百十一卷入都，意欲辨正，而无肯言于上者。中孚抑郁携归，以存玉裁所，属玉裁校刊。玉裁谓："我力能校而不能刊也。"其书首《卫河》七卷（今履泰改永定河第一，失先生自南而北次第之意），次《漳水》十一卷，次《滏水》三卷，次《大陆泽》五卷，次《宁晋泊》一卷，次《虖沱河》八卷，次《东西淀》《合唐河》《沙河》《滋河》《府河》《易水》《涞水》《清河》共三十一卷，次《白河合潮河》《榆河》《大通河》共十九卷，次《蓟运河合下淀河》共九卷，次《陡河》一卷，次《泺河合热河》一卷，惟《泺河》《热河》仅有纲领，而条目未详，其他皆考之古而无不贯通，核之近今而无不确实。《尚书·禹贡》《周礼·职方》，《春秋》经、传之地名，班之《地理志》、郦之《水经注》，以及历代史事、百家著述、国朝典故，辨别是非，元元本本，非恪敏不能聚储其书籍，非先生不能综贯其条理。惜恪敏云殂，一篑未竣。今上一见，即谓有用之书，刊板颁行。圣明鉴赏，如日月之照临，地下有知，定应涕泗感激。至于小夫攘窃，正天之欲显此有用之书，为国家水利农田利泽无疆之助，而假手斯人，在先生及恪敏应不以为憾也。特彼以不学妄为删改，深可张目，有力者应奏请重刊。

启超案：此书为先生一大著述，被驵侩冒窃涂改，深可痛惜！段茂堂有与方葆岩两书[信]。（启超案：葆岩名维甸，观承子也）其一叙本书编纂及被窃始末，请为申理；其二则商量付刻。不知究竟刻否。其原本初在曲阜孔氏，次归先生子中立，次归方氏（方氏所得不知为原本抑录副），若未刻，则恐已不复在人间矣。

启超又案：方恪敏修此书，先聘赵东潜（一清），后聘先生。故此书为赵著为戴著，复滋疑议。段茂堂有《辩》一篇，考定为赵氏原本，戴为删定，持论最允。今全录之以备掌故。

《赵戴直隶河渠书辩》（段玉裁《经韵楼集》七）：

戴东原师卒于乾隆丁酉，遗书皆归曲阜孔户部荭谷继涵。

《直隶河渠书》六十四册，蒸谷装为二十四册，计百单二卷。以卷帙重大，故蒸谷未能刻藏于家。蒸谷于吾师为执友，其子广根又吾师之婿，故遗书收藏、刊刻引为己任也。始桐城方恪敏公总督直隶，聘吾师修此书未竣，而恪敏薨。嘉庆十四年，有吴江捐职通判王履泰，进《畿辅安澜志》一书，蒙恩赏录，命武英殿刊行，实窃取戴书删改而成者。履泰系直隶督周公元理姻戚，周公系方公后任，于时葆岩制府方十二龄，故书稿入于周氏，而王氏得之。吾师之子中孚，意欲赴阙〈伸〉[申]辩而未能，爰于孔府携书稿二十四册至苏州，属余校定，此十五年二月也。余披读往复，见其书繁重，纤悉毕备，因思吾师惟戊子年在恪敏处，一年内何以能成书之多至此？每与李松云太守言，此必有底稿，断非出戴师一人之手也。是年冬，松云入都。杭州何梦华元锡来，言："《直隶河渠书》乃赵东潜作，于戴先生无涉。往者孔蒸谷文收入《戴氏遗书》中，误也。"余以二十四册者示之，彼云赵氏之书尚多一倍，不止此也。余曰："吾固疑吾师一年内不能成书至百二卷之多，今足下云赵书乃更倍此，然则赵为草创而戴为删定乎？"属其将赵书寄来一观，未至也。十六年春正月，松云自都还，以武英殿聚珍板《畿辅安澜志》相示，知其确为窃取戴书而删繁就简，不学无术，所为顿失庐山真面。盖此书之美在繁，而彼尽将夹行细注删去，令考订古今者俱怅怅焉在幽室之中，是可惜也。二月，松云复以葆岩制府札相示，知梦华已将赵本钞送葆岩，而葆岩问："赵氏作此书可有证据？"松云属余考之。余谓："赵氏为此书，惟《汪韩门集·保定旅怀诗》道及之，而堇浦、谢山皆其老友，集内皆未道及之，即《东潜文稿》亦无道及之语。然其书稿藏于家，固确然可信为东潜之作也。至于吾师之书，则有孔蒸谷之收藏，有洪舍人榜之《戴氏行状》，有孔检讨扮约之《戴氏遗书总序》，有程方正易田之《答余书》，有余亲闻吾师说撰此书之语，有吾师亲笔'戊子，余应方制府之请，寓保定莲花池园内，适河间同知黄君寻泺河源至之语’，皆可据证。梦华乃云此书无预戴氏，乃非确语也。”松云云：“东原先生，非攘窃人书者。若非东原大为删润，断不抄其副本，自称己书。盖赵草创而戴删改，必矣。”松云所见，正与余合。古人改定他人之作，有并存集中者，如卢、韩之《月蚀诗》是也。今者二公之书，固当并存。赵虽精于地理，而地理之学尚不及戴，文章之学亦不及戴；在今日而论，自当以戴为主，以赵书校勘其讹字。戴书《唐河》卷一中有云：“杭人赵一清补注《水经》，于地理学甚核。尝游定州，为定州牧姚立德作《卢奴水考》，并附于右。”下附《卢奴水考》云云。今此篇见《东潜文稿》，吾师方采撷赵文，此岂得谓戴书即赵书耶！赵名《直隶河渠水利书》，吾师曰《直隶河渠书》，则水利二字，吾师所删，以河渠足以包之也。赵本一百三十二卷，吾师一百单二卷，则卷数较少者，三十正吾师所删也。赵本始《卫河》终《唐河》，戴本始《卫河》终《陟河》《泺河》，则其次第之大不同也。戴于《泺河》一卷未成，而赵有无《泺河》若干卷，则余所未知也。梦华口说赵《泺河》十一卷，恐未可信，必须葆岩以目录相寄，乃可。果有《泺河》十一卷，则可补戴书成完璧矣。梦华谓东潜为丙辰词科，据《鲒埼亭集》及词科掌录，则丙辰词科者乃东潜之父谷林、叔父意林，而非东潜父子同词科也。辄书其梗概以复松云。

《汾州府志》三十四卷（乾隆三十四年先生四十七岁纂，汾州刻本）

《段谱》乾隆三十四年条下云：是年夏……先生与朱文正公善。文正时为山西布政司使，先生偕玉裁往。玉裁主讲寿阳书院，先生客文正署中。已而，汾州太守孙君和相聘修府志，是年成《汾州府志》三十四卷。其书之详核，自古地志所未有。志莫难于辨沿。先生辨《元和志》一条中纷然不治者有六，详见《与曹给事学闵书》。先生考“子夏设教西河”，在龙门西河，不在汾州，谒泉山著作不可假借也。从晁以道之说，以汾州之吕梁、狐岐释《禹贡》“治梁及岐”。辨旧说及苏子瞻、曾彦和、阎百诗、胡朏明之穿凿，详晁以道之所不能详，斥蔡仲默引《书》耳食之病，使学者晓然知经文梁、岐以下治冀州，汾、沁、泽、潞及其间诸山涧、溪谷不当牵合；治河，惟壶口为治河耳。修一志而大经以明，非细故也。玉裁曾节抄《府志》例言、图表、沿革、星野、疆域、山川、古迹，将付诸梓，以为修志楷式。

启超案：章实斋有与先生《论修志书》，而先生《集》中未有论此者。《汾志例言》，亟宜录出单行也[①]。

《汾阳县志》□□[②]卷（乾隆三十六年先生四十九岁纂，汾州刻本）

《段谱》乾隆三十六年条下云：是年会试不第，修《汾阳县志》。季冬，有《温方如西河文汇序》云："己丑秋，再至山西。余至汾阳，应太守孙公之召也，属纂次《府志》，为之考订累日月。今李侯复以《县志》邀之，再至，又有代某作《董愚亭诗序》。壬辰，玉裁因公诖误入都，见先生案上有新修《汾阳县志》，举一条相示云云，今已忘之。《汾州[府]志》，玉裁于卢学士家得之；《县志》，今不可得也。

《校水经注》四十卷（乾隆三十八年先生五十一岁校成，自刻本，武英殿聚珍版本，《遗书》本，有提要，有自序，有孔继涵后序）

自序云：

> 后魏御史中尉范阳郦道元，字善长，撰《水经注》四十卷。萧宝夤之乱，道元叱贼而死，赠吏部尚书、冀州刺史、安定县男。善长虽依经附注，不言《水经》撰自何人，《唐书·艺文志》始以为桑钦撰。钦在班固前，固尝引其说，与《水经》违异。晋以来注《水经》凡二家，郭璞注三卷，唐时犹存。杜君卿言"二家皆不详所撰者名氏，亦不知何代之书"，则景纯已不能言其作者矣。《崇文总目》："《水经注》，亡者五卷。"今所传即宋之残本，后人又加割裂，以傅合四十卷之数。如注文"江水又东径巫县故城南"，注讹列

① 《晨报副镌》1924年1月19日，第八版。

② 卷数不明，梁启超先生原文中即以口代之，姑仍其旧。

为经，遂与前经文“又东过巫县南”割分异卷。《唐六典》注云：“《水经》所引天下之水，百三十七。”今自河水至斤员水凡百二十三，应脱逸十有四水，盖在五卷中者也。王伯厚《通鉴地理通释》引《水经》四事，惟魏兴安阳一事属经文，余三事咸郦注之讹为经者，故其作书时世益莫能定。《水经》立文首云某水所出，以下无庸重举水名，而注内详及所纳群川，加以采摭故实，彼此相杂，则一水之名不得不更端重举。经文叙次所过郡县如云“又东过某县”之类，一语实该一县，而注则沿溯县西以终于东，详记所径委曲。经据当时县治，至善长作注时，县邑流移，是以多称“故城”，经无言故城者也。凡经例云“过”，注例云“径”。以是推之，虽经、注相淆，而寻求端绪，可俾归条贯。善长于经文“涪水至小广魏”，解之曰：“小广魏，即广汉县也。”于“钟水过魏宁县”，解之曰：“魏宁，故阳安也。”晋太康元年改曰晋宁。然则《水经》上不逮汉，下不及晋初，实魏人纂叙无疑。史言善长好学，广览奇书，故是注之传，或以其综核，或尚其文词。至于触类引伸，因川源之派别，知山势之逶迤，高高下下，不失地防，取资信非一端，然讹舛既久，虽善读古书如阎百诗、顾景范、胡朏明诸子，其论述所涉犹辄差违，斯订正之不可以已也。审其义例，按之地望，兼以各本参差，是书所由致谬之故，昭然可举而正之。至若四十卷之为三十五，合其所分，无复据证。今以某水各自为篇，北方之水莫大于河，而河以北、河以南众川因之得其叙矣；南方之水莫大于江，而江以北、江以南众川因之得其叙矣。惟以地相连比，篇次不必一还其旧，庶乎川渠缠络，有条而不紊焉。休宁戴震。

孔继涵《序》云：

东原氏之治《水经注》也，始于乾隆乙酉夏。越八[年]壬辰，刊于浙东，未及四之一，而奉召入京师，与修《四库全书》。又得《永乐大典》内之本，兼有郦道元自序，乃仍其四十卷，而以平日所得详加订正，进之于朝。令数百年经注溷淆、前后错简者，整之还其旧。而曩时东原氏所刊，某水各自为篇，为十有四册，循其注之纲目，复逐条画分，俾读者易见端末。虽遵修旧文，不增一语，固晓然如视掌文矣……前数年，东原为予言曰："是书经、注相淆，自宇文、欧阳二子发之，而未之是正。至于字句讹舛，非检阅之勤不易得也。子曷与我共治之?"予因旁搜群籍，积至数十事，东原氏盖有取焉，且属予撰序。东原氏既书其详于目录，予谨举其第次之意以告读是书者。

《段谱》乾隆三十九年条下云：是年十月，先生校《水经注》成，恭上。《水经注》自北宋以来，无善本，不可读。先生读书既久，得经、注分别之例有三。一则《水经》立文，首云某水所出，以下无庸再举水名；而注内详及所纳群川，加以采摭故实，彼此相杂，则一水之名，不得不更端重举。一则经文叙次所过州县，如云"又东过某县"之类，一语实赅一县，而注则沿溯县西以终于东，详记所径委曲；经据当时县治，至善长作注时，县邑流移，是以多称"故城"，经无有言"故城"者也。一则经例云"过"，注例云"径"，不得相淆。得此三例，迎刃分解，如庖丁之解牛，故能正千年经、注之互讹，俾言地理者有最适于用之书。《大典》本较胜于各本，又有道元自序，钩稽校勘，凡补其缺漏者二千一百二十八字，删其妄增者一千四百四十八字，正其臆改者三千七百一十五字。顾此书自先生校定后，宋以来旧刻必尽废更。数十百年后，且莫知先生发潜之功。故聚珍版足贵，好事者当广其传也。

又乾隆三十七年条下云：是年主讲浙东金华书院，刊自定《水经注》。至癸巳，未及四分之一，而奉召入都矣。后，在都踵成之。今不用校语之本，是也。聚珍版本依旧时卷第，全载校语，而经、注相淆者悉更之。得之者，可以知宋后本之无不舛误。自刻本悉去校语，悉将正文改定；于注文，循其段落，每节跳起，难读处可一目了了；而不分卷数，为十四册。以今所存水百二十三，每水为一篇。以河、江为纲，按地望先后分属于江、河左右为次。得之者，可以撇弃校订，专一考古。善长之书，合二本无遗憾矣。自刻本有先生自序及曲阜孔户部序，与聚珍板同时而出者也。

启超谨案：校定《水经注》实先生毕生大业之一。经始于乾隆三十年乙酉，越九年，至三十八年癸巳乃告成。乙酉八月初，校定一卷。自记云："夏六月，阅胡朏明《禹贡锥指》引《水经注》，疑之。展转推求，始知朏明所由致谬之故，实由唐以来经、注互讹……今得其立文定例。就郦氏所注考定经文，别为一卷，兼取注中前后倒紊不可读者，为之订正，以附于后。是役也，为治郦氏书者棼如乱丝，而还其注之脉络俾得条贯，非治《水经》而为之也。"(《文集》六，《书水经注后》)段茂堂云："按此《水经》一卷，今未著录。然别注于见经，令经、注不相乱，此卷最为明晰。后，召入四库馆纂修此书，纲领不外乎是，特以讨论字句加详耳。(《年谱》十五叶)据此可见先生著此书之动机及其先后研精进益之迹。此书大段成于壬辰以前，癸巳入四库馆，不过据《永乐大典》本稍补葺耳。聚珍本全列校语，最能表出先生研索之勤，《遗书》实宜刊此本。聚珍版为官书，反可以用《遗书》写定本也。

启超又案：孔㢡轩《总序》题此书为四十卷，即聚珍版卷数，循宋以来之旧也。《遗书》本以水为篇，不复厘分卷数，其理由详自序中。

启超又案：与先生同时先后校《水经注》者，有赵东潜(一清)及全谢山(祖望)。赵、戴所校，大体相同。赵年辈稍先于戴，而其书由梁曜北(玉绳)、处素(履绳)兄弟刊行，传布在聚珍版戴本后。于是，此事成为疑案。为赵、戴暗合耶？为赵剿戴耶？为戴剿赵耶？聚讼至今不决。段茂堂谓："赵书经梁处素校刊，有不合者据戴本以正之。"(《段谱》叶一十六)段又有《与书梁曜北》诘问此事，凡千余言。略云："……赵书成于乾隆甲戌，戴书成于乙酉，相距十二年，赵先于[1]戴；戴书出于甲午，赵书出于丙午，相距十三年，戴先于赵。其果闭户造车出门合辙耶？何以东原氏条举义例，诚夫不著一字也。两先生之齿，

① 《晨报副镌》1924年1月20日，第一版。

赵长于戴，其将谓戴取诸赵欤？则东原之德行，非盗窃人物以欺天下者也……且两先生者，面未尝相识也，足未尝相过也，音问未尝相通也。诚夫之书，秘藏高庋，至其孙刊行，未尝稍传于外也。此两家子弟附知，不可诬者也。谓将赵取诸戴欤？则诚夫之学，亦必非盗窃人物以欺天下者也。未详其卒年，即乙酉以后，获闻东原氏之说补缀己书，亦必明言所出，断不深没其文默默而已也。此仆所不能无疑也。丙午、丁未间，卢召弓先生为予言：'梁氏曜北、处素昆仲校刊赵氏《水经注》，参取东原氏书为之。'仆今追忆此言意，足下昆仲校刊时一切仍旧，独经、注互讹之处不从戴则多不可通，故勇于从戴，以补正赵书以成郦书善本，与戴并行，所以护郦，而非所以阿赵。足下昆仲之意则善矣，但亦不宜深没其文默默而已也……"（《经韵楼集》卷七）据此，似赵、戴原无互剿之事，所以生此疑案者，全由梁氏兄弟。曜北《清白士集》中亦未有《复茂堂书》辨此事（处素前卒），似是默认。惟魏默深（源）则为赵鸣不平，其《书赵校水经注后》云："……考赵氏书未刊以前，先收入《四库全书》。今四库书分贮在扬州文汇阁、金山文宗阁者，与刊本无二。是戴氏在四库馆时先睹、预窃之明证。其后聚珍官板刻行，又在其后。若谓赵氏后人刊本采取于戴，则当与四库著录之本判然不符而后可。岂四库书亦为赵氏后人所追改乎？……"（此文不见《古微堂集》，据周寿昌《思益堂日札》卷四引。）张石洲（穆）似亦有是说。（据徐时栋《烟〈与〉[屿]楼文集》云然，张氏《月斋集》中无此文。）果尔，则召弓、茂堂之对于曜北兄弟所怀疑，纯属错误，而东原竟不免盗窃之罪矣。然据孔葓谷为戴本作序称："东原治《水经注》，始于乾隆乙酉夏。越八年壬辰，刊于浙东，未及四分之一，而奉召入都……"则先生未入四库馆以前之八年，已经从事此书，且有刊本。茂堂亦言："先生更正经、注，定于乾隆乙酉。入都即以示纪文达、钱晓征、姚姬传及玉裁，不过四五人。钱、姚皆录于读本，玉裁亦以明人黄省曾刊本依仿以朱分勒，自此传于四方。"（《段谱》叶二十五）然则，东原必非入四库馆后睹赵著而剽窃，固无待言。东原固必非穿窬，潢谷、茂堂又岂妄语者哉！窃意赵、戴之于此书，皆用过十年苦功，造诣各臻其极；其治学方法又大略相同，闭门造车，出门合辙，并非不可能之事。茂堂尊师太过，以为似此绝诣非东原莫能，及睹赵书，愕眙之余，乃误疑曜北。又因茂堂扬戴抑赵，引起反动，致有石洲、默深之反唇，实则两皆失之也。兹案关系东原人格，吾故不惮词费，胪举两造之说而平亭之如右。

启超又案：魏默深又云："戴氏臆改经、注字句，辄称《永乐大典》本，而《大典》现贮翰林院，源曾从友人亲往翻校，即系明朱谋玮等所见之本，不过多一郦《序》。其余删改字句，皆系戴之伪托。"启超未见《大典》，不敢置一词，且于《水经注》素未研究，更不敢断言戴氏"臆改"者之是否悉当；但以为如其当也，则虽不出《大典》何害？戴氏之学，本空诸依傍而以求是为主也。

校《周髀算经》二卷（乾隆三十八年至四十二年先生五十一岁至五十五岁校成，《算经十书》本）

启超案：先生在四库馆五年所纂辑校定之书□种。除《九章算术》《五经算术》（俱三十九年）、《海岛算经》《仪礼识误》（俱四十年）四种聚珍版记有年月外，其余则段氏据浙江文澜阁四库本，不能得其校上年月。今类列于此。

《段谱》云：此经为《算学十书》之首，而三千年来学者昧其旨趣。先生谓：此古盖天之法，自汉以迄元明皆主浑天。明时欧罗巴人入中国，始称别立新法。然其言"地圆"，即所谓"地法覆槃滂沱四隤而下"也。其言南北"里差"，即所谓"北极左右夏有不释之冰""中衡左右冬有不死之草"，是为寒暑推移随南北不同之故也。其言东西"里差"，即所谓"东方日中西方夜半""西方日中东方夜半""昼夜易处加四时相反〈及〉"，是为节气合朔加时早晚随东西不同之故也。《新法历书》述第谷以前西法三百六十五日四分日之一，每四岁之小余成一日，即所谓三百六十五日者三，三百六十六者一也。西法出于《周髀》，所谓"天子失官，学在四夷者"欤。而刻本脱误，多不可通。古本五图，而失传者三，讹舛者一。凡皆正之、补之，学者可以从事，如“道河积石”，源流正矣。有《提要》一首。

纂校《九章算术》九卷（乾隆三十八年至四十二年先生五十一岁至五十五岁校成，《算经十书》本）

《段谱》云：《九章算术》，晋刘徽撰。先生以世人罕有其书，近时以算名者，如王寅旭、谢野臣、梅定九诸子，咸未之见。丁亥岁，因曹君竹虚入翰林院，观《永乐大典》，知有是书，病其离散错出，思缀集之而不能。癸巳奉召，乃尽心排纂成编，并考订讹异，附案语。其注中所指朱实、青实、黄实之类，皆按图而言。图既不存，则注猝不易晓。因推寻注意，为之补图，以成完帙。纯皇帝御制诗冠于端首，命聚珍版刊行，而古九数之学大显矣。已而，屈君鲁传刻于常熟，孔户部复刻于曲阜云。

纂校《五经算术》二卷（乾隆三十八年至四十二年先生五十一岁至五十五岁校成，《算经十书》本）

《段谱》云：《五经算术》二卷，举《尚书》《孝经》《诗》《易》《论语》《三礼》《春秋》之待算乃明者列之，而推算之术。悉加“甄鸾按”三字于上，故知是书甄鸾所撰也。唐有李淳风注唐明算科《五经算》，即是书，于《永乐大典》中得之，先生校成恭上，有《提要》一篇。

纂校《海岛算经》一卷（乾隆三十八年至四十二年先生五十一岁至五十五岁校成，《算经十书》本）

《段谱》云：《海岛算经》亦晋刘徽撰，唐李淳风注。徽本以《周礼》九数中“重差”命名，不名“海岛”，后人因卷首以“海岛立[两]表”设问，遂改名之。唐《选举志》称：“算学生《九章》《海岛》，共限习三年，试《九章》三条，《海岛》一条。”其书惟散见《永乐大典》中，先生与《九章》同为表章，有《提要》一首。

纂校《孙子算经》三卷（乾隆三十八年至四十二年先生五十一岁至五十五岁校成，《算经十书》本）

《段谱》云：唐之《选举》“算学，《孙子》《五曹》共限一岁习肄”。旧本久佚，从《永乐大典》裒集编次为二卷，朱锡鬯《文集》跋云："出于孙武。"先生辨其非是，有《提要》一首。

纂校《张邱建算经》三卷（乾隆三十八年至四十二年先生五十一岁至五十五岁校成，《算经十书》本）

《段谱》云：是书亦唐人明算科十经之一也，限一年业成。此书久佚，有毛晋汲古阁影钞宋椠，犹北宋时本，先生详加校勘，补旧有图今缺者四，补脱字若干，有《提要》一首。

纂校《夏侯阳算经》三卷（乾隆三十八年至四十二年先生五十一岁至五十五岁校成，《算经十书》本）

《段谱》云：唐《选举志》所列算书十种，此亦居其一。传本久佚，《永乐大典》内有之，逐条割裂，分附《九章算术》各类之下，几不得其端绪。幸有原序、原目可考，先生寻绎编次，条贯其文。今裒辑排比，又得元丰京监本，厘为三卷，有《提要》一首。

纂校《五曹算经》五卷（乾隆三十八年至四十二年先生五十一岁至五十五岁校成，《算经十书》本）

《段谱》云：《五曹算经》作者不知为谁，唐时明算科《孙子》《五曹》共限一岁业成。元明以来无刻本，散见《永乐大典》内，经文尚逐条完善。先生参伍考校，俾还旧观，遂为绝无仅有之善本。

校《大戴礼记》□卷（乾隆三十八年至四十二年先生五十一岁至五十五岁校成，刻本有无未详）①

《段谱》云：是经经卢运司见曾刊于扬州，学士卢文弨洎［及］先生庚辰冬、辛巳夏二次校定，称善本矣。但辛巳所校，未及剜改。先生在四库馆《永乐大典》内散见者，仅十篇，以与各本及古籍中摭引《大戴礼记》之文参互考核，附案语于下方。是经乃可与"三礼"并读，有《提要》一首，四十二年六月恭校上。

校《仪礼集释》□卷（乾隆三十八年至四十二年先生五十一岁至

① 《晨报副镌》1924年1月20日，第二版。

五十五岁校成，武英殿聚珍本）

《段谱》云：《仪礼集释》，宋李如圭撰，全录郑康成注而旁征博引，以为之释。先生据以补注疏本脱字二十四，改讹字十四，删衍字百六。其《乡射》《大射》二篇已阙，参取惠（栋）、沈（大成）二家本，所校宋本，证以唐石经，以成《仪礼》完帙可诵习，有《提要》一首。

纂校《仪礼释宫》□卷（乾隆三十八年至四十二年先生五十一岁至五十五岁校成，武英殿聚珍本）

《段谱》云：《仪礼释宫》，宋李如圭撰。从《永乐大典》中录存，有《提要》一首。

纂校《仪礼识误》□卷（乾隆三十八年至四十二年先生五十一岁至五十五岁校成，武英殿聚珍本）

《段谱》云："《仪礼识误》，宋张淳撰。朱子云：'号为精密，较他本最胜。'于《永乐大典》内缀录成编，先生加案语正其得失，俾瑜瑕不相掩。有《提要》一首。"

《方言疏证》十三卷（乾隆三十八年至四十二年先生五十一岁至五十五岁校成，武英殿聚珍本，《遗书》本）

自序云：

> 案《輶轩使者绝代语释别国方言》十三卷，汉扬雄撰，晋郭璞注，汉、魏晋已来，凡引是书但称《方言》者，省文也。雄采集之意，详见于《答刘歆书》。考雄为郎，在成帝元延二年，时雄年四十三，《汉书·传赞》所谓"初，雄年四十余，自蜀来至游京师"，是也。刘歆遗雄书求《方言》，则当王莽天凤三四年间。未几而雄卒，《答书》内所谓"二十七岁"，于今《传赞》所谓"年七十一，天凰五年卒"是也。《答书》有云："语言或交错相反，方复论〈总〉[思]详悉集之，如可宽假延期，必不敢有爱。"然则《方言》终属雄未成之作，歆求之而不与，故不得入录。班固次雄《传》及《艺文志》，不知其有此。至应邵集解《汉书》，始见征引，称扬雄《方言》，其《风俗通义序》又取《答书》中语，具详本末，而云《方言》凡九千

字，今计正文实万一千九百余字，岂劭所见与郭璞所注传本微有异同欤？歆遗雄书曰："属闻子云独采集先代绝言、异国殊语，以为十五卷。"雄《答书》称"殊言十五卷"，郭璞序亦云"三五之篇"，而隋《经籍志》"《方言》十三卷"，《旧唐书》作"《别国方言》十三卷"，其并十五为十三，在璞注后，隋已前矣。许慎《说文解字》、张揖《广雅》多本《方言》，而自成著作，不加所引用书名。（四库馆《校方言序》有云："魏孙炎注《尔雅》，莫、貘、螳螂、蝆字引《方言》。"案叔然于《释诂》"耇、老，寿也"下，引《方言》云："燕代北鄙，谓耇为梨。"《释言》"甂娗也"下，引《方言》云："楚、郑或谓狡狯为娗。"《释器》"金镞剪羽谓之鍭"下，引《方言》云："关西曰箭，江淮谓之鍭。"《释虫》"蛰、蜻蜻"下，引《方言》云："有文者谓之螓。"《释鸟》"鸤鸠鴶鵴"下，引《方言》云："鸤鸠，自关而东谓之戴胜。""舒雁鹅"下，引《方言》云："江东呼为駉鹅也。"引书名可考者，于郭注前共得六事。)《魏书·江式传》式上表曰："臣六世祖琼，往晋之初，与从父兄应元俱受学于卫觊。古篆之法，《仓》《雅》《方言》《说文》之谊，当时并收善誉。"数世传习斯业，所以不坠。杜预注《左传》"授师孑焉"曰："扬雄《方言》'孑者，戟也'。"孔颖达疏云："扬雄以《尔雅》释古今之语，作书拟之，采异方之语，谓之《方言》。"盖是书汉末晋初乃盛行，故应〈书〉[劭]举以为言，而杜预以释经。江琼世传其学，以至于式。他如吴薛综述《二京解》，晋张载、刘[逵]注《三都赋》，晋灼注《汉书》，张湛注《列子》，宋裴松之注《三国志》，其子骃注《史记》，及隋曹宪，唐陆德明、孔颖达、长孙讷言、李善、徐坚、杨倞之伦，《方言》及注几备见援摭。其后独洪迈疑之，谓雄所为文尽见于自序及《汉志》，初无所谓《方言》，则并《传赞》内"自序"二字结上所录《法言自序》者未之审，又未考雄之文，如《谏不受单于朝书》《赵充国颂》《元后诔》等篇，溢于雄传及《艺文志》外者甚多，而轻置訾议，岂应劭、杜预、晋灼及隋唐诸儒，咸莫之考实邪。常璩《华阳国志》于林间翁孺、杨庄并云见扬子《方言》，李善注《文选》引张伯松曰："是悬诸日月不刊之书也。"亦直称扬雄《方言》曰："可证歆、雄遗《答书》附入《方言》卷末已久。"宋元已来六书故训不讲，故鲜能知其精核，加以讹舛相承，几不可通。今从《永乐大典》内得善本，因广搜群籍之引用《方言》及注者，交互参订，改正讹字二百八十一，补脱字二十七，删衍字十七，逐条详证之，庶几汉人故训之学犹存于是，俾治经读史博涉古文词者得以考焉。

启超谨案：四库《方言》校本，题乾隆四十四年五月恭校上。时先生没已两年矣。然《提要》云："逐条搜引诸书，一一疏通证明，具列案语。"盖全部采用《疏证》。其《提要》亦先生手撰也。据《段谱》，先生三十三岁时曾将《方言》分写于《说文》每字之上，知先生治此书盖二十余年矣。

《仪礼考正》一卷（先生在四库馆时著，未刻）

孔巽轩《戴氏遗书总序》云：君入书局，分淹《礼》，乃取忠甫《识误》，德明《释文》，殚求亥豕之差，期复鸿都之旧。互相参检，颇有整齐，削康成长衍之条，退《丧服》厕经之传，为《仪礼正误》一卷。

《段谱》云：今其书藏曲阜孔氏，玉裁未得见。

《孟子字义疏证》三卷（乾隆四十二年先生五十五岁写定，《遗书》本有自序）

自序云：

余少读《论语》端木氏之言曰："夫子之文章，可得而闻也；夫子之言性与天道，不可得而闻也。"读《易》，乃知言性与天道在是。周道衰，尧、舜、禹、汤、文、武、周公致治之法焕乎有文章者，弃为陈迹。孔子既不得位，不能垂诸制度礼乐，是以为之正本溯源，使人于千百世治乱之故，制度礼乐因革之宜，如持权衡以御轻重，如规矩准绳之于方圆平直。言似高远，而不得不言，自孔子言之，实言前圣所未言，微孔子孰从而闻之，故曰不可得而闻。

是后私智穿凿者，亦警于乱世，或以其道全身而远祸，或以其道能诱人心有治无乱，而谬在大本，举一废百。意非不善，其言只足以贼道。孟子于是不能已于与辩。当是时，群共称孟子好辩矣。孟子之书有曰："我知言。"曰："游于圣人之门者难为言。"盖言之谬，非终于言也，将转移人心。心受其蔽，必害于事、害于政。彼目之曰小人之害天下后世也，显而共见；目之曰贤智君子之害天下后世也，相率趋之以为美言，其入人心深，祸斯民也大，而终莫之或寤，辩恶可已哉？孟子辩杨、墨，后人习闻杨、墨、老、庄、佛之言，且以其言汩乱孟子之言，是又后乎孟子者之[不]可已也。苟吾不能知之亦已矣，吾知之而不言，是不忠也，是对古圣人贤人而自负其学，对天下后世之仁人而自远于仁也。吾用是惧，述《孟子字义疏证》三卷。韩退之氏曰："道于杨、墨、老、庄、佛之学而欲之圣人之道，犹航断港绝，潢以望至于海也。故求观圣人之道，必自《孟子》始。"呜呼，不可易矣。休宁戴震。

段茂堂云：先生《原善》三篇、《论性》二篇既成。又以宋儒言性、[言]理、言道、言才、言诚、言明、言权、言仁义礼智、言智仁勇，皆非"六经"、孔孟之言而以异学之言糅之。故就《孟子》字义开示，使人知"人欲净尽天理流行"之语病。所谓理者，必求诸人情之无憾而后即安。不得谓性为理。(《年谱》)

又云：先生是年(乾隆四十二年丁酉)《与玉裁书》云："仆生平著述之大，以《孟子字义疏证》为第一，此正人心之要。今人无论正邪，尽以意见名之曰理而祸斯民，故《疏证》不得不作。"(《经韵楼集》七《答程易田丈书》)

启超谨案：是书目次，理十五条，(卷上)天道四条，性九条，(卷中)才三条，道四条，仁义礼智二条，诚二条，权五条。(卷下)虽就《孟子》引其端，实则贯通群经，自成一家言。诚哉！著述之大，此为第一也。据段氏所考证，其书盖创始于乙酉、丙戌，成于乙丑，名为《绪言》；改定于丙申冬后、丁酉春前，更名《孟子字义疏证》。(《答程易田

[丈]书》)盖前后凡经十二三年,至临殁前数月,始泐为定本也[1]。

《声类表》九卷(乾隆四十二年先生五十五岁著,《遗书》本)

《段谱》云:丁酉五月上旬,作《声类表》,凡九卷。所云"九卷"者,即与予书所谓"九类",每类为一卷也。先是癸巳春,先生在浙东金华书院,以古音分为七类。至丙申与予书,则七类又改为九类。至临终十数日之前,因成此书。孔户部刻诸微波榭,而冠以《与段若膺论韵》六千字者是也。九卷每类于今音、古音无不兼综,户部书云:"凡五日而成。"固由精熟诣极,然先生神思亦恐大瘁矣。形太用则极,神太劳则敝。乌呼!熟知此为先生著书之绝笔也哉!户部书至蜀,命予作序,彼时予恐浅陋不敢为;今三十年后乃成之,并蒗谷亦久下世矣。(启超案:段序见《经韵楼集》六)

二、著述年月失考者

《毛郑诗考正》四卷(《遗书》本)

此书仅有《周南》《召南》。余未成。

《尚书义考》二卷(贵池刘氏《聚学轩丛书》本)

启超谨案:此书未入《遗书》,《段谱》亦未言及,惟孔顨轩《总序》及王述庵(昶)所作《先生墓志铭》有其目。而洪蕊登(榜)所作《行状》别有《今文尚书经》二卷,殆即此书异名也。卷首有"义例"十四条,三千余言。先生所著书,未见有申明义例郑重如是者,殆其精心结构之作。惜仅得《尧典》一篇而止。使天假之年,此书获成,必能掩江(声)、段(玉裁)、王(鸣盛)三家之书而上之也。

《春秋即位改元考》一卷(《文集》本)

《段谱》云:癸未以前,癸酉、甲戌以后十年内作。先生自言:"倘能如此文字做得数十篇,《春秋》全经之大义举矣。"

---

① 《晨报副镌》1924年1月20日,第三版。

《学礼篇》（未成,《文集》本）

《段谱》云:《学礼篇》,先生《七经小记》之一也。其书未成,盖将取"六经"礼制,纠纷不治,言人人殊者,每事为一章发明之。今《文集》中开卷《记冕服》《记爵弁服》《记朝服》《记玄端》《记深衣》《记中衣裼衣襦褶之属》《记冕弁冠》《记冠衰》《记括发免髽》《记〈绖〉[绖]带》《记缫藉》《记捍决极》,凡十三篇,是其体例也,尝言此等须注乃明。

《大学补注》一卷、《中庸补注》一卷（未成,未刻）

《段谱》云:二书向未得见,今乃得哲嗣中孚邮寄读之,盖亦癸未以前所为,未暇竟成之耳。其言理皆与《原善》《孟子字义疏证》无纤微不合者,皆存郑注而补之。《大学》之说"亲民"、说"格物",《中庸》之说"致中和"、说"上下察",尤可补先儒所不到。始户部与玉裁书,欲刊《大学补注》,然未果而卒。

《经考》五卷（南陵徐氏《鄦斋丛书》本）

启超谨案:此书不见诸家著录,惟《洪状》有《经论》四卷,似即指此,然书名及卷数均有异同。徐氏所刻,卷端题云"段福山王氏天壤阁传钞本",盖王文敏(懿荣)所曾藏也;卷末一短跋云:"是书从河间纪先生所借录,经余姚邵二云手校一过,无甚讹错矣。乾隆己丑九月十八日,益都李文藻记于京城虎坊桥柏永顺胡同巷寓。"李文藻尝刻《声韵表》,见《段谱》,盖服膺戴学之一人。己丑为乾隆三十四年,先生四十七岁耳。此书所记,诸经皆遍。每条皆录前人之说,末加按语,亦有并无按语者,盖随时札记以作资料,实长篇之体也。其中有已采入《集》中者,如二卷"尧典中星""璇玑玉衡"两条,一部分已采入《原象》;卷五"称元""周正朔""书王"等条,一部分已采入《春秋即位改元考》;卷五"尔雅"条,一部分已采入《答江慎修先生论小学书》;其余尚多。先生著作最矜慎,凡自认为"未至十分之见"者,弃之不稍顾惜。段、孔诸贤不著录此书,岂先生志欤?然后学得此,可以察先生用力之次第,则徐氏传刻之功,盖不在伍氏刻《绪言》下矣。此书殆作于早年。卷四"大戴礼记八十五篇"条下有按语题"乾隆丁丑夏东原氏记”，丁丑为乾隆二十〈五〉[二]年，大抵全书皆丁丑前后作也。

《历问》一卷、《古历考》二卷(《历问》未刻;《古历考》,《遗书》本名《续天文略》)

《段谱》云：洪舍人榜撰先生《行状》，有此二书，玉裁皆未之见，而孔检讨作《总序》有之，则其稿在孔户部家可知矣。户部所刊，乃有《续天文略》二卷，而无《历问》《古历考》，疑《古历考》即《天文略》也。先是朝廷开馆，续郑樵《通志》，盖当事者挽先生为之，既而未用，欲改名《古历考》，而舍人《行状》内遂改其名耳。此二种成书年月，今皆不能考。《续天文略》自序曰：“天文一事，樵所不知，而欲成全书，固不可阙而不载。是以徒袭旧史，未能择之精、语之详也。今更为目十：曰星见伏昏旦中，曰列宿十二次，曰星象，曰黄道宿度，曰七衡六间，曰晷景短长，曰北极高下，曰日月五步，曰仪象，曰漏刻。”其书未成，“北极高下”已上为卷上、卷中，其“日月五步”已下为卷下，盖阙如也。然以此发明释天，已令学者畅然满志矣。

《水地记》三十卷(未成，《遗书》本一卷)

《段谱》云：此书刻于孔户部者只一卷，自昆仑之虚至太行山而止。洪舍人《行状》则曰：“未成书《水地记》七册。”盖所属草稿尚不止此，葓谷取其可读者为一卷刻之，其丛残则姑置之。国朝之言地理者，于古为盛，有顾景范、顾宁人、胡朏明、阎百诗、黄子鸿、赵东潜、钱晓征，而先生乃皆出乎其上。盖从来以〈群〉[郡]国为主而求其山川，先生则以山川为主而求其〈群〉[郡]县。其叙《水经注》曰：“因川源之派别，知山势之逶迤，高高下下，不失地防。”为《汾州府志》发凡曰：“以水辨山之脉络，而汾之东西山为干为枝，为来为去，俾井然就序。水则以经水统其注入之枝水。因而编及泽泊、堤堰、井泉，令众山如一山，群川如一川。府境虽广，山川虽繁，按文而稽，各归条贯。”然则先生之《水地记》，固将合天下之山为一山。合天下之川为一川，而自《尚书》《周官》《春秋》之地名以及战国至今历代史志建置沿革之纷错，无不依山川之左右曲折安置妥帖，至赜而不乱。此书固非旦夕之所能成；先生志愿之大，以为必有能助之者，而不料其所成止此也。《水地记》亦《七经小记》之一，使经之〈稽〉[言]地理者于此[稽]焉。

启超案：先生书之未成者，最可惜莫如此书。《段谱》所记，极能说明其治地学之方法。后有好学者，可踵事而成也。

《唐宋文知言集》二卷（未刻）

《段谱》云：《集》上五十九篇，《集》下七十二篇，旋又有删去，及上移下者，皆于宜兴储在陆《唐宋十家》文内摘取者也。玉裁请问分上、下之旨，曰："《集》上理、兴、辞俱无憾，《集》下则不惟其理，惟其辞也。"昔抄目录，今尚谨藏，观其别裁，可以见先生古文之学之一斑矣。

《气穴记》一卷、《藏府象经论》四卷、《葬法赘言》四卷

右三书皆见《洪状》。想已佚。

《文集》十卷（《遗书》本）、**《戴东原集》十二卷**（段氏经韵楼本）

启超谨案：孔荭谷刻《遗书》，以《文集》十卷列诸"二十三"。凡文已附见诸专书者，则不复录，盖合诸书为《全集》也。〈叚〉[段]茂堂重纂《戴东原集》，〈入〉[将]《论音韵》《论六书》《论转注》《论义理〈元〉[之]学》诸大篇仍补入，复有书札为荭谷所未及见者，泐为十二卷，其文略以类从。卷一为通释群经之文，卷二为考证"三礼"名物、数度之文，卷三为论小学训诂之文，卷四为论音韵之文，卷五为论天象之文，卷六为论水地之文，卷七为论算学之文，卷八为论义理之文，卷九为泛论学术书札，卷十为诸书序跋，卷十一为酬赠杂文，卷十二为传、状、碑志等。段氏自序云："略以意类分次，其先后不分体如他文集者，意欲求其学者之易为力也。"①

---

① 《晨报副镌》1924年1月20日，第四版。

戴东原的天算学

陈展云①

一

自明朝末叶到清朝末叶三百年来的学术潮流，近人多比之于欧洲的“文艺复兴”，这种比喻实在不能说他是拟于不伦。因为这两个潮流内的学者全是由复古而得解放。他们治学的精神都是以“实事求是”“致用”……为归。他们治学的方法都带有科学的态度：屏主观而尚客观，轻冥证而重实验，避内的、心的、情感的，而趋于外的、物的、理智的。而且这一时代里的学者，不但治学的精神和方法处处与欧洲文艺复兴后的学者完全一致，就论到他们所研究的对象，也有许多与欧洲文艺复兴后的学者所研究的相同。他们所研究的对象，如地理、金石等不消说都属于“物”的学术，就是典章制度、小学等一样的是客观的材料。此外还有一部分学术纯粹属于自然科学的，也为三百年来的学者所努力研究，便是所谓“天文算学”了。——其实这一般学者所研究的自然科学，本不限于天文、算学，如力学、光学……以至于种种制造都在研究之列。不过天文、算学二种，学的人较为普遍，所以举这二种作代表。

① 陈展云(1902－1985)，笔名爝火。祖籍云南昆明，生于北京。1920年夏中学毕业后，考入北京农商部实业债券局。次年5月，考入中央观象台第一期测候训练班，师从王应伟(中国光学之父王大珩之父)。结业后，留任气象观测员。在职期间，考入北京大学，一生致力于天文实测与古代天文历法研究工作，著述颇丰。

三百年来天算专家之多，固然较那一个时代都胜过几倍，就是以经学家的资格而精于天算的，也不可胜数。我们为研究这个时代的天文、算学史上的便利起见，可以将他分为四个时期：明崇祯时代为第一时期，清初到康雍时代为第二时期，乾嘉时代为第三时期，同光时代为第四时期。第一时期里，西法初入中国，这时候正当《大统》术步天不合，所以得尽量输进。在这时期里的天文、算学，完全是西法的世界。当时的学者，可以徐光启、李之藻为代表。第二时期里的学者，于阐发西法之余，渐注意于中法之整理，但仍以研讨西法为主，古算的整理不过是将萌芽而已。这时期的学者，可以梅文鼎、王锡阐为代表。到了第三时期，当时的西法固已畅输无余——《历象考成后编》成于乾隆时——而古籍的搜辑校勘、古法的研究也猛进不已。这时期的学者，可以戴震、钱大昕为代表。到了这时期，西法的输入虽暂中止，而古法却渐昌明，并且天文、算学两门的研究，几乎普遍于当时的经师。提倡之力，不能不推功戴东原了。第四时期为西法复又传入时代，一切声、光、电、化等科学都于这时候尽量输进；中法的整理，也于这时期里告一结束。这时期的学者，可以李善兰、华蘅芳为代表。

在上段的简略叙述里，我们可以比较出第三时期与其他时期的异点：第三时期里的天算学者多系经学家，而其他时期里的天算学者多系天算专家；第三时期里的较重要成绩是古法整理，而其他时期里的较重要成绩是西法输入。三百年来的天文算学所以如此发达，原因固然很多，而一般经师提倡的力量也着实不小。梁启超在《清代学术概论》里说：

> 天算者，经史中所固有也，故能以附庸之资格，连带发达……

所以这时期里的天算学者，虽多半不是天算专家，而我们却反不可忽视。

由此我们可以理会出戴东原在近代天算学史上的位置。研究各种学术史,最要紧的是要了解各个学者在学术史里所占的种种不同的地位,正如研究文艺史,先要考察各个文艺作家的个性一般。戴东原是一个经学家的资格而肯努力于研讨天算者,是古天算学整理队[伍]里的一位重要人物,所以他在近代天算学史里,应当占极重要的地位。

古天算学里的各种学说和古算学里的旧法,在今日看起来,已不算稀奇,并且有许多不适用的了——戴东原的学说自然也在内——然而,论起他在当时的价值,却不可一笔抹杀。而先辈治学的精神和他们对于实学重视的态度,尤足为我们后进的模楷。我这篇介绍东原的论文,也特于这一点上注意。

二

戴东原的生平,他的弟子段玉裁为他作的《年谱》记载很详,此外散见于诸家所作传、状、事略、墓志……的材料也不少。他是一个极淹博而又精审的学者,除天算外,还精通小学、地理、工艺……这篇专论他的天算学说,所以我以段氏《年谱》为线索,兼采诸家传、状,单将他的关于天算的事迹摘要记下,仍以年谱为体裁。(下面所记的年月,有应当注意的地方。原来雍正元年实在是一七二三年。东原是雍正元年旧历十二月生的,按阳历换算,便成为一七二四年了。他的生年我虽然给改过了,而他的岁数我却没有改,所以下面所记的岁数,不能用下面所记的年数推算。)

一七二四年一月十九日(清雍正元年十二月二十四日)**,先生生。**(《年谱》)

先生姓戴,名震,字东原,安徽休宁县人。

一七三二年,十岁。

是年,就傅。(《年谱》)

一七四二年，二十岁。

是年，就学江永。(《年谱》)

按：东原受江慎修的影响很深。慎修所精擅的学问是步算、钟律、声韵、地理，这几种学术也是东原所最嗜好的，所以他们师生相得甚欢。东原初见慎修的情形，也有足纪的。洪榜所作的《戴东原行状》里说：

> 婺源江先生永治经数十年，精于三礼及步算、钟律、声韵、地名沿革，博学淹贯，岿然大师。先生一见倾心，因取平日所学就正焉。江先生见其盛年博学，相得甚欢。一日，举历算中数事问先生曰："吾有所疑，十余年未能决。"先生请其书，谛观之，因为剖析比较，言其所以然。江先生惊喜叹曰："累岁之疑，一日而释，其敏不可及也。"

江藩《汉学师承记》也有同样的记载。并且载着：

> 江先生曰："今之定九也。"(按：定九系指梅文鼎)

由这里可以见出东原见重于慎修的地方，并可以知道东原自幼就精于步算。洪氏《行状》又载：

> 盖先生历、律、声韵之学，亦江先生有以发之也。

钱大昕所作《戴东原传》也说：

> 少从婺源江慎修游，讲贯《礼经》，制度、名物及推步天象皆洞彻其源本。

凌廷堪所作《戴东原事略状》也说：

> 时婺源江君永，精《礼经》及推步、钟律、音声、文字之学。先生偕其县人郑牧，歙人汪肇隆、方矩、汪梧凤、金榜师事之，先生

独能得其全。

李元度所作的《国朝先正事略》里《江慎修先生事略》也说：

休宁戴震，少不誉于乡曲，先生独重之，引为忘年交。震之学得诸先生为多。

由这里可以见出东原得力于慎修的地方。

一七四四年，二十二岁。

是年，成《策算》一卷。（《年谱》）（按：《策算》即《经史筹算》，近人有分为二书的，非是。）

一七四六年，二十四岁。

是年，《考工记图注》成。（《年谱》）

按：东原不但对于自然科学中的天文算学肯研究，即至于工艺制造也都肯潜心研讨，决不似一般书呆子专向圣经贤传里讨生活，而鄙视工艺为奇技淫巧。《考工记图注》虽然为考古而作，但是著成这部书，也是非有制造的知识不能成功的。而数学的知识也是一样的需要。东原在《与是仲明论学书》里说：

不知少广旁要，则考工之器，不能因文而推其制。

凌氏《事略状》也说：

又因西人龙尾车法，作《嬴旋车记》；因西人引重法，作《自转车记》。

段氏《年谱》也说：

璇玑玉衡，虞、夏书观天之器，自汉以后失其传，而先生神悟于四千年之下，即详其制于《原象》第四章，令善读者可构造矣。曾自指点巧匠为之，藏于孔户部（按：指孔继涵）家。（阮元《畴人

传》也有同样的记载）

又说：

地图，先生之所制也。丙戌，见先生自画地图，白纸红格，每格方减寸许，画方计里用晋裴秀法，而里数之远近，即可计北极之高下。凡直省、府、厅、州、县、方乡，四至八到，无少差误。

由这些记载里可以看出东原对于各种技术的擅长，对于各种实学的重视。

一七五二年，三十岁。

按：洪氏《行状》载：

年近三十，乃补县学生。用是绝志举子业，覃思著述。家屡空而励志愈专，所为《考工记图注》《屈原赋注》《勾股割圆记》诸书皆成于是时矣。

王昶所作的《戴东原墓志铭》也说：

年近三十，《考工记图注》《屈原赋注》《勾股割圆记》诸书已成。

段氏《年谱》对于《勾股割圆记》的成书年月未有记载，惟记东原补休宁县学生于一七五二年，作《屈原赋注》成于本年。照以上的记载推测，《勾股割圆记》大概也是成于这两年。

一七五四年，三十二岁。

是年，入都。（凌氏《事略状》、王氏《墓志铭》）

按：东原获交钱大昕、秦蕙田都是借于“入都”的机会，所以特记一笔。

按：段氏《年谱》记东原于乾隆二十年（一七五五）入都，而凌氏《事略状》则谓乾隆十九年入都，不知孰是。但王氏《墓志铭》说：

余之获交东原，盖在乾隆甲戌（十九年）之春。维时秦文恭公蕙田方纂《五礼通考》，延致于味经轩。偕余同辑“时享”一类，凡五阅月而别。

根据这段话，我姑且假定东原入都在这一年。

是年，获交钱大昕、秦蕙田。（钱氏《传》、王氏《墓志铭》）

按：钱《传》载：

时金匮秦文恭公蕙田兼理算学，求精于推步者，子辄举先生名。秦公大喜，即日命驾访之，延主其邸，与讲观象授时之旨，以为闻所未闻。

据此，则东原获交秦味经是由于钱竹汀的介绍。东原入都[在]这一年，与味经获交也在这一年，可见与竹汀获交也一定在这一年了。竹汀在当时和东原齐名，他两个同是擅长步算、小学等学问。在步算的研究上，两个人又同是于考古一方面的成绩居多，竹汀并且和东原辩论过天算上的问题。李元度《国朝先正事略》里《钱竹汀先生事略》云：

时休宁戴东原亦在朝列，戴故婺源江氏弟子。江精西法，恒曲护西人之短。戴墨守师说，先生遗书辨之，谓江氏论岁实、论定气，大率祖欧罗巴之说而引伸之，其意颇不满于宣城（按：指梅文鼎），而吾益以见宣城学之高。盖宣城能用西学，江氏则为西学所用而已……（罗士琳《续畴人传》记载得更详）

于此可见东原和竹汀的关系。至于东原与味经，也是有很大的关系。最重要的，要算替他纂修《五礼通考》里《观象授时》一事了。东原和王述庵替他辑“时享”一类，前面已经说过。至于“观象授时”一类，前十卷是东原和宋宗元替他作的，后十卷是竹汀和宋宗元替他作的。这部书的价值很大，留待后文再述。

一七五五年，三十三岁。

是年，成《周礼太史正岁年解》二篇、《周髀北极璇玑四游解》二篇。（《年谱》《文集》）

按：东原在天算学上的重要成绩，在古法整理。《周髀北极璇玑四游解》二篇，可以算是代表之作，他的内容留于后文介绍。

一七五八年，三十六岁。

是年，歙人吴行先名思孝为序刻《勾股割圆记》成。（《年谱》）

按：现在《勾股割圆记》前面有吴思孝作的一篇序。序里有：

> 余独虑习今者未能骤通古，乃附注今之平三角、弧三角如下。

《记》中凡遇用西名解释的地方都有“吴曰”二字，但这实在是东原和他串的把戏，东原冒他的名自注的。段氏《年谱》里有下面所记的一段话：

> 《勾股割圆记》以西法为之注，亦先生所自为，假名吴君思孝。

一七六二年，四十岁。

《迎日推策记》《释天》，均成于本年以前。（《年谱》）

段氏《年谱》载：

> 《迎日推策记》亦旧时所为，玉裁与《释天》皆于癸未抄写，则成书皆在壬午以前可知矣。

按：《迎日推策记》不仅成于壬午以前，据我的推测，大概成于东原二十几岁的时候，理由详后。

是年，江先生卒于家，先生作《江慎修先生事略状》。（《年谱》）

按：东原一生学术，得之于慎修的很多——天算当然在内，东原笃守师说已见于前，所以他对于慎修的学说极为表彰。洪氏《行状》载：

大司寇秦文恭公方为少宗伯，编纂《五礼通考》，迎先生邸舍，就与商榷……先生因出其笥中所藏江先生《推步法解》一书以示秦公，秦公取全书载入焉，先生因尽言江先生之学于秦公。后江先生卒，先生状其行实及著书卷数，上之《续文献通考》史馆，以备采择。其后，学士朱公督学安徽，檄取江先生书上于朝，亦由先生力为表扬之也。

按：《四库全书》里也收入慎修《数学》。于这些记载里，可以看东原对于他的天算学术的来源的重视。

一七七三年，五十一岁。

是年，入四库馆充纂修官。（《年谱》）

按：东原在天算学上所立的功绩，以校辑古籍一事为最重要。而他立这种功绩的机会，不消说由于充四库馆纂修官了。东原在《九章算术序》里说：

予访求二十余年不可得。拟《永乐大典》或尝录入，书在翰林院中。丁亥岁，因吾乡曹编修往一观，则离散错出，思缀集之，未之能也。出都后，恒寤寐乎是。及癸巳夏，奉召入京师与修《四库全书》，躬逢国家盛典，乃得尽心纂次，订其讹舛。

不仅《九章》得之匪易，就是《海岛》《孙子》等书也都是东原费很大的辛苦由《永乐大典》里辑出来的。

一七七七年，五十五岁。

是年，各种算经均校定。（《年谱》）

是年，先生卒于京师。（《年谱》）

段氏《年谱》载：

案先生所校官书，皆天文、算法、地理、水经、小学、方言诸书，皆必精心推核、失之毫厘则〈缪〉[谬]以千里者，而《仪礼》《大戴礼》二经古本薶蕴已久，阐发维艰。先生悉心耘治，焚膏宵分不倦。至于身后，馆臣乃以《大戴》《方言》二种进呈，谓先生鞠躬尽瘁，死于官事可也。又况先生自所著述，亦刻无少休。

据此可见东原对于校勘官书所下的牺牲。按：东原所校的书，天文、算法两种占一大部分。我们今日得着这种遗赐，对于辛苦校成的人不能不表示十分的感谢！

东原的天算著作，除了前面所记的《勾股割圆记》《迎日推策记》《释天》外，还有一种未成的《续天文略》，一种未见刊本的《历问》和一种未见刊本的《古历考》。

东原一生关于天算的事迹，在我能力中所能考出的，只有这一点。至于传受他的学说的人，要推孔广森。凌氏《事略状》载：

先生卒后……测算之学，则有曲阜孔检讨广森传之……

罗士琳《续畴人传·孔广森传》也说：

少曾师事休宁戴震，因得尽传其学

孔㢑轩也是一个了不得的人，他曾著有《少广正负术》内外篇等书，在当日天算学界中也是占有很重要的位置的。他的叔父孔继涵也是东原的挚友，对于东原极为钦佩。他受了东原提倡天算的影响，曾刊有《算经十书》，取唐代十书所含——阙《缀术》一种，加以东原所著《九章算术补图》《策算》《勾股割圆记》合成。

三

今日我们对于戴东原天算学首先应当表彰的：第一，是他治天算学的精神，他对于天算学重视的态度；第二，是他替我们所开辟的研究中国天算史的道路；第三，才轮到他的天算学说。他的天算学说，在今日虽然有一部分已属过去时代的落伍者，但在当时的价值却不可埋没，所以我也略叙一下，不过着重点在前二者而已。

数学是一切科学的基础科学，不但在效能方面讲，他能供给我们许多利用的地方，就是论到训练思想上，数学也是很重要的。今日中国的数学教育可以算是普及了，但进一步考察学的人对数学的兴趣，便不能不令人大失望。原来今日一般学生对于数学，除了治自然科学的一部分外，十之七八都是抱着诅咒态度的，他们都以数学和他们所学的漠无关系为理由。在这种情形之下，我们不能不极力表彰戴东原来改变这种风气。戴东原是一个宽袍大袖埋头于灰色皮线装书的人，是一个研究孔二先生的学说的人，是一个下过科场而且不只下过一次的人。我们如果按今日的情形向前推想，他应当怎样地痛绝机械地测天、量地……呢！却不料他老先生不但不有常人所揣想的情形，而且根据所谓“洋鬼子”的“引重法”作什么《自转车记》。他将天文、算学……以及一切所谓末技的制造，都捧得高而且高。这种思想如果出之于二十世纪受过科学洗礼的人并不足为奇，出之于十八纪初期古色斑然的中国里的、宽袍大袖埋头灰色皮线装书的戴东原，便不能使我们不佩服了！

戴东原不仅直接提倡天算而已，他并且以经师的资格，对于当时的经生，鼓励他们学习天算。他在《与是仲明论学书》里说：

> 至若经之难明者，尚有若干事：诵《尧典》数行，至“乃命义和”不知恒星七政所以运行，则掩卷不能卒业；诵《周南》《召南》，自《关雎》而往，不知古音，徒强以协韵，则龃龉失读；诵古《礼经》，先“士冠礼”，不知古者宫室、衣服等制，则迷于[其]方，莫辨其用。不知古今地名沿革，则《禹贡》《职方》失其处所；不知少广、旁要，则《考工》之器不能因文而推其制；不知鸟兽、虫鱼、草木之状、类、名号，则比、兴之意乖。……凡经之难明，右若干事，儒者不宜忽置不讲。仆欲究其本，始为之。

看这段的意思，可以晓得他以为想读《尧典》，先要懂得天文学（知恒星七政所以运行）；想读《考工记》，先要懂得数学（知少广、旁要）；想读……，先要懂得……。他以天文、数学、训诂、地理以及一切名物、制度，为治经所必修的预备科目。当时抱这种态度的不只东原一个人，不过东原可以说是代表者罢了。梁启超在《清代学术概论》里论考证一派，有下列的一段话：

> 因矫晚明不学之弊，乃读古书。愈读而愈觉求真解之不易，则先求诸训诂、名物、典章制度等等，于是考证一派出。

以制数为造经的阶梯，在当时已成一种风气。所以，那时的经学家，什之七八都兼能天算。东原以前如顾炎武、黄宗羲、方中通、刘献廷、江永，同时如钱大昕，稍后如孔广森、凌廷堪、焦循、阮元等都是。这种态度表示得最明显、最严格的，要推戴东原。《四库全书》天文算法类提要，怕都是出于东原之手，里面有一段说：

> 宋代诸儒，尚虚谈而薄实用。数虽圣门六艺之一，亦鄙之而不言。即有谈数学者，亦不过推衍河、洛之奇偶，于人事无关。故乐屡争而不决，历亦每变而愈舛。岂非算术不明，惟凭臆断之故欤！

由这段话里，不但可以看出当时的考证学派反对宋学，而且可以看出他对于数学的重视。他在《题惠定宇先生授经图》里说：

> 古圣贤之义理非他，存乎典章制度是也……义理而不存乎典章制度，势必流入异端曲说而不知矣。

王氏《墓志铭》记他所说的话，也有和《与是仲明论学书》可以相发明的。这段话关于天算的较多，所以我也摘抄在下面：

> 又经之难明，在一事必综其全而核之，巨细必究，信乃有征

……不知古今推步之法，则如《夏书》之“辰不集于房”，鲁太史引以为正阳之月孟夏，东晋古文《尚书》系之季秋。《小雅》“十月之交”，郑康成以为周正十月，刘原甫以为夏正十月。《春秋》“日食三十六”，历代史志载，步算家上考，曲合其一，而卒违其一。儒者何以识古书之真伪，辨笺[解]之得失，决鲁历至朔之当否……

又说：

制数之不明，于古人之文多不省矣。

东原根据他这种思想，所以对于一切制数全都精心研讨。洪榜称他：

凡天文、历算、推步之法、测望之方……少广、旁要之率……靡不悉心讨索。(《行状》)

王昶称他：

名物象数，靡不穷源知变而归于理道。(《墓志铭》)

东原根据他这种思想和历年研究所得，想作一种《七经小记》。段氏《年谱》说：

《七经小记》者，先生朝夕尝言之，欲为此以治经也。所谓七经者，先生云《诗》《书》《易》《礼》《春秋》《论语》《孟子》是也。治经必分数大端以从事，各究洞源委，始于六书、九数。

洪氏《行状》说：

先生尝为《七经小记》之书，凡经中训诂、制度、象数、水地诸事，以及天人之道、经之大训，皆比较合义、具其端委、论其指归，俾学者因是以求六经，用力约而功多。

东原以“象数”为治经应先从事的数大端之一，于这里也可以看出。这部《七经小记》没有作完，幸而“象数”一端已经脱稿。作成功的有四种：《原象》一卷，《原善》一卷，《学礼篇》一卷，《水地记》若干卷。《原象》所论的，就是关于“象数”的一部分。洪榜还有专论东原对于“象数”极笃嗜的话：

> 先生以算在六艺，古者以宾兴贤能、教习国子，治经之士所当知。故自其早岁以名家，论多前人所未发。（《行状》）

东原弟子段玉裁，根据他这种主张，将《周髀》《九章》两种书和“十三经”并列。他说：

> 宜增《大戴礼记》《国语》《史记》《汉书》《资治通鉴》及《说文解字》，《周髀算经》《九章算术》，皆保氏书、数之遗，集是八家为二十一经。（章炳麟《清儒》）

今日鄙视算学的人，请回过头看看这位二百年前的经学家！

四

我们研究近三百年的天算学史，对于介绍西说的功劳，前期要推徐、李，后期要推李、华。对于沟通中西法的功劳，要推梅氏祖孙（文鼎，珏成）。至于论到开古算研究之先河，便不能不推戴东原了。——虽然在东原以前，研究古算的并不乏人，不过论到贡献最大、影响后人最深的，三百年来，除了东原更没有第二个人。东原对于古天算史上的贡献有三：第一，是辑出许多古算书；第二，是给我们研究中国天文算学史的立了一种规模，使我们于研究上得到种种的便利；第三，是对于古天算书的难明了的地方，与以新的解释。

东原所校的算书，除有少一部分是得自私家善本校正外，大部分是由《永乐大典》里辑出来的佚书，排比次第、订正讹谬都煞费苦心，并且有增加图说、案语的地方。兹分述于下：

(一)《周髀算经》

这本书在当时虽有刻本，但脱误的地方不少，字句多不可通。东原据《永乐大典》详加校正，补脱文一百四十七字，改讹舛者一百一十三字，删其衍复者十八字。旧有李籍《音义》，别自为卷，东原仍其旧。内凡为图有五，而失传者三，讹舛者一，东原据正文为之一一补订。

(二)《九章算术》

这部书和《周髀》同是后世流传的两部最古的算书，但在当时已佚失，东原曾说“访求二十余年，不可得”，后来还是在四库馆时从《永乐大典》里辑出。他在《四库全书提要》里叙述得很详，如下：

> 北宋以来，其术罕传……书遂几于散佚。洎南宋庆元中，鲍澣之始得其本于杨忠辅家，因传写以入秘阁，然流传不广，至明又亡。故二三百年来，算术之家，未有得睹其全者，惟分载于《永乐大典》者，依类裒辑，尚九篇具在。考鲍澣之后序称：“唐以来所传旧图，至宋已亡。”又称：“盈不足、方程之篇，或缺淳风注文。”今校其所言，一一悉合，知即庆元之旧本。盖显于唐，晦于宋，亡于明，而幸逢圣代表章之盛，复现于今……谨排纂成编，并考订讹异，各附案语于下方。其注中指状表目，如“朱实”“青实”“黄实”之类，皆就图中所列而言。图既不存，则其注猝不易晓。今推寻注意，为之补图，以成完帙。

(三)《孙子算经》

(四)《海岛算经》

以上两种旧本早佚，全是由《永乐大典》里辑出来的。

(五)《五曹算经》

这部书自元明以来，世间就没有刻本。藏书家传写讹舛，殆不可通，也散见于《永乐大典》里。原书本有甄鸾、韩延、李淳风诸家的注，已不见，惟经文到还逐条完善。东原也参互考究，辑复旧观。

(六)《五经算术》

这部书也是世无传本，惟散见于《永乐大典》中，但被割裂失次。东原循其义例，以各经之叙推之，考出旧第，辑成完书。

(七)《夏侯阳算经》

这部书也是由《永乐大典》里辑出，但次第被割裂得散碎不堪。《四库全书提要》云：

> 今传本久佚，惟《永乐大典》内有之。然诸条割裂，分附《九章算术》各类之下，几于治丝而棼，不得其端绪。幸所载原序、原目，犹可以寻绎编次，条贯其文。今裒辑排比，仍依元丰监本，厘为三卷。共十有二门，亦从原目。

(八)《张邱建算经》

这部书的搜辑校订，《四库全书提要》记得也很详，如下：

> 此本乃毛晋汲古阁影抄宋椠，云得之太仓王氏。今详加校勘，其上卷起自乘除之数至第十二问为勾股测望，十三问为勾股和较，十四问为重勾股颠倒测望，十五问为卧勾股左右进退测望。此四问皆借图以明，旧本所无，今特依义补入……下卷首问失题，又“细草”下亦脱二十余字，以有后文可据，谨为补足。其鹿、垣、仓三条，亦为之图，系诸原问之左，俾学者得以考见其端

委焉。

(九)《辑古算经》

这本书也是毛氏藏本,《四库全书提要》说:

> 其书罕流播,此乃宋元丰七年秘书监赵彦若等校定刊行旧本,常熟毛扆得之章邱李氏而影抄传之者。今详加勘正,其文间有脱阙,不敢妄补;仅撮取其义,别加图说,附诸本文之左,以便观览云。

(十)《数术记遗》

这部书的校订,仅见于凌氏《事略状》和阮元《畴人传》里“戴震传”。《四库全书提要》里,只有些指斥这书非古本的话。

以上各书,经东原分别辑出校正后,在当时的影响很大,学术界上可以说是发现了一块新大陆。孔继涵刊《算经十书》,就是受了东原的影响。这种书出现后,当时的天算学界,才于介绍西说之外,另树了一种新帜。李俨《中国数学源流考略》里说:

> 自《算经十书》出,研求古算之风亦盛。吴烺有《周髀算经注》,冯经有《周髀算经注》;李潢著《九章算术细草图说》九卷,附《海岛算经》一卷,共为十卷,又著《辑古算经考注》二卷;程瑶田著《周髀矩数图注》《周髀用矩述言》。古算昌明,佚书大显,是为最近世复古之初期。

所以我说在东原以前,研究古算的虽不乏人,而贡献最大、影响后人最深的,除了东原,更找不出第二个。

五

戴东原在《中国天文算学史》上的第二种功绩，是给我们立了一种研究中国天文算学史的规模。他在四库馆的成绩是不消说了，就是他参与编辑的《五礼通考·观象授时》和他自撰的《续天文略》，也是我们研究中国天文算学史所不可少的参考书。

中国天文算学发达最早，历代国家也都视“观象授时”为一件紧要的事，所以史书上关于天文的零碎的、片段的记载也很不少。可惜，到现在还没有一本有系统的《中国天文学史》，这真是一件憾事！这部《观象授时》在正式的天文学史没有出现以前，实在可以当得起唯一的替代者。他的编辑体裁，是就天文学的纲领处先分成若干问题，然后以每一个问题为线索，将自古至今关于这个问题的见解和记载，按时代前后一一罗列，最后附以编辑者的意见。这部书共有二十卷——指“观象授时”一类而言，所搜辑的材料虽不算极丰富，而上自正史书志，下至私家笔记，凡属紧要的材料，大都网罗无遗。他这种编辑体例，我们若以天文学史看他，固然很不能使我们满意，但我们若单以天文学史预备材料的眼光对待他，那末，可以说是再好不过了。他搜罗的宏富，足以供我们参考；他分类的适当，足以便利我们检查。所以我说他是中国天文学史未出现以前唯一的替代者。《五礼通考》总编辑虽然是秦味经，但我们对于出力参校的戴东原等，应当一样地向他们表示谢忱！

中国的步算事业，在从前既为一般人所重视，所以无论是正史的书志或文献书籍里总有一两篇“天官书”“律历志”一类的著作。无论作者是否天文学的内行，都不能不有一两篇点缀一下，但史官不一定兼理台官，史学家不一定兼是天文学家，所以他们所作的记载总有些不十分恰当的。《三通》总算文献书中的重要著作。大名鼎鼎的郑渔仲，他所作的《通志》，又是《三通》中为一般人所尤称许的，但他的《天文略》只是抄上《步天歌》和《晋书》所列“天汉起没”“十二次度数”“州郡躔次”，加以《隋书》所列“七曜”，便草草完卷了。所以，东原对于他这一篇极不满意，而且所不满的还不只材料枯窘一事，如“语涉灾祥”“未解岁差”“不知地理沿革”诸点，都施以严厉的掊击。他在《续文天略》里说：

> 樵称：……不语休祥，而注内仍不免涉灾祥休咎。至若十二次宿度，杂举刘歆、费直、蔡邕三家，则由未解岁差故，故存其殊致，莫之折衷。其以郡隶州国也……（原文甚长，故略之）《晋书》此条讹舛特甚，既无从是正，不宜取以滋惑。盖天文一事，樵所不知，而欲成全书，固不可阙而不载，是以徒袭旧史，未能择之精、语之详也。

因此他发宏愿想作一篇完备而又精审的《续天文略》，以补渔仲所不及。他在《续天文略》里说：

> 今更为目十：曰“星见伏昏旦中”，曰“列宿十二次”，曰“星象”，曰“黄道宿度”，曰“七衡六间”，曰“晷影短长”，曰“北极高下”，曰“日月五步规法”，曰“仪象”，曰“漏刻”，或补前书阙遗，或赓所未及，凡占变推步不与焉。考自唐虞以来，下迄元明，见于六经史籍，有关运行之体者，约而论之，著于篇。

前面说过《观象授时》可以当得起中国天文学史的唯一的替代者，这部《续天文略》可以当得起唯一的天文志——天文学史和天文志不同，他的区别处是：后者以事实为主，前者以学说为主——他的编辑体例，是以十目中每一目自为纲领，举“六经”、史籍中关于运行之体的记载，按时代先后一一志下，然后低一格写，用己意述说他的原因。譬如“星见伏昏旦中”一目，举《尧典》《夏小正》等载籍，历数星见、伏、昏[中]、旦中古今不同的事实，然后论其原因，归之于岁差。又如“北极高下”一目，举《唐书·天文志》《元史·天文志》所载各地北极出地度数为事实，然后论其原因，归之于地圆。又论借测北极高度以求赤道，较比借土圭测日景法为有据而易明。凡他所下的断语，虽是东原个人的见解，但对于前人的意见，无论是和自己一致的或是反对的，也一律叙述，是者是之，非者非之，所以评断的话，大都较记叙的话为多。这种办法，不但在东原个人可以表示大公无我，就在读者方面也可以比较前后诸说的不同。我们可以说，每目记述后面的论断，可以当作简单的中国天文学史读。

这部精审的著作，可惜没有完成。东原原意想作三卷，自“星见伏昏旦中”至“黄道宿度”为上卷，自“七衡六间”至“北极高下”为中卷，自“日月五步规法”以下为下卷。今日所刊行的，只有上卷、中卷，而没有下卷，于此却有一个极有趣味的问题发生。段氏《年谱》载：

> 《历问》一卷（《仪郑堂总序》作二卷）、《古历考》二卷，洪舍人榜撰先生《行状》有此二书，玉裁皆未之见，而孔检讨作《总序》有之，则其稿在孔户部家可知矣。户部所刊乃有《续天文略》二卷，而无《历问》《古历考》，疑《古历考》即《天文略》也。先是，朝廷开馆续郑樵《通志》，当事挽先生为之，既而未用，欲改名《古历考》，而舍人《行状》内遂改其名耳。

据此，则知《续通志》的当事者曾挽先生为之作《天文略》。我们翻开《续通志·天文略》、东原《续天文略》一对照，不但题目相同，就是内容也几乎完全相同——所差异的只是字句间事，段氏所说“既而未用”的话，可见靠不住了。并且《续天文略》里除了起首的引言用“臣震谨案”作冒外，其余的论断都用“臣等谨案”作冒。如果是东原个人的著作，用“等”字作什么？至于《续通志·天文略》的后几篇是否出于东原之手，抑或他人所作？我将他的内容略读一遍，以为不是出于东原之手，但因为没有旁证，现在还不敢断定。

《四库全书》子部天文算法类的提要，大概多数出于戴东原之手。每部书的提要都有作者的考证、版本的来源、书中内容的特点、书中见解的当否等，可以当得起“简而精”三个字。我们读这部提要，知他于著录和存目的取舍之间，极有分寸。凡属于存目的，多系比较的无价值的，或者虽有价值而因避重复，遂归入存目，如《梅氏丛书辑要》因有《历算全书》已著录，故也录入存目。凡属于著录的，虽不必都是有价值的，但所收的在著者当时却有相当的价值，或者虽无价值而在当时确占一种势力的书，也一并著录，而于提要里批评他的谬点。这种功，作我们后人研究古天算书上，实在有很大的补助。

六

戴东原在中国天文算学史上的第三种功绩，是对于古算书的难明了的地方，与以新的解释。《周髀算经》是中国古代的一部奇书。他的成书时代至迟要在汉朝，唐以后渐不为人重视，而且刻本误谬读不可通的地方很多。东原详加校正，并且以新的解释将这书和西说暗合的几点提出，此书的价值才大显于世。他在《四库全书提要》里说：

> 欧逻巴人入中国，始别立新法，号为精密。然其言“地圆”，即《周髀》所谓“地法覆槃滂沱四溃而下”也。其言“南北里差”，即《周髀》所谓“北极左右，夏有不释之冰，物有朝生暮获；中衡左右，冬有不死之草，五谷一岁再熟。是为寒暑推移，随南北不同之故。春分至秋分，极下常有日光；秋分至春分，极下常无日光。是为昼夜永短，随南北不同之故也”。其言“东西里差”，即《周髀》所谓“东方日中，西方夜半；西方日中，东方夜半。昼夜易处，如四时相反。是为节气合朔，如时早晚，随东西不同之故也”。
>
> 又李之藻以西法制《浑盖通宪》，展昼短规使大于赤道规，一同《周髀》之展半衡使大于中衡。其《新法算书》述第谷以前西法“三百六十五日四分日之一，每四岁之小余成一日”，亦即《周髀》所谓“三百六十五日者三，三百六十六日者一”也。

这种论断固然很有精采，不过他的发现有许多并不始于东原，梅定九已有此说，东原于《周髀》里另有旁的精辟议论。东原论“周髀”的定义说：

> 是书内称：周髀长八尺，夏至之日晷一尺六寸。盖髀者，股也。于周地立八尺之表，以为股，其影为句，故曰“周髀”。其首章周公与商高问答，实勾股之鼻祖。

《周髀》里“北极璇玑”一段很难解释，《书经》里“璇玑玉衡”一段也是解释纷纭。东原以“北极璇玑”和“北极枢”解为“黄道”“赤道”，便一切都贯通了。《书经》的“在璇玑玉衡，以齐七政”二语，自来解释的，由汉儒的马融直到宋儒的蔡沈都以“璇玑”为美珠所饰的环子，以“玉衡”为玉制的窥管。这种解释将仪器看得太重了还不说，并且《周髀》里“北极璇玑”一段也无法解释。《周髀》说：

> 欲知北极枢，璇周四极，常以夏至夜半时北极南游所极，冬至夜半时北游所极，冬至日加酉之时西游所极，日加卯之时东游所极。此北极璇玑四游。正北极枢，璇玑之中。正北，天之中。

常人都知道，北辰是不动的。如果将《周髀》里的“北极”解作“赤道北极”，“游”字便讲不通了。东原解作“黄极”，极恰当。他说：

> 今人所谓“赤极”者，即《鲁论》之“北辰”，《周髀》之“北极枢”也。今所谓“黄极”者，“黄道”之极，即《周髀》之“北极璇玑”也。《虞书》“〈察〉[在]璇玑玉衡，以齐七政”，盖设“璇玑”以拟“黄极”，故《周髀》即以“璇玑”为“黄极”之名。或言古人不知“黄极”，非也。“黄极”“赤极”，古通曰“北极”而已。此曰“北极南游”，则专指“黄极”为“北极”，而“赤极”乃谓之“正北极”。“黄极”每昼夜环绕“赤极”一周而又过一度。冬至夜半，“黄极”在“赤极”下、正北之位，是为“北游所极”。卯时，在“赤极”左、正东

之位，是为“东游所极”。午时，在“赤极”上、正南之位，是为“南游所极”。酉时，在“赤极”右、正西之位，是为“西游所极”。此一日之四游所极也。(《五礼通考·观象授时》)

这种解释已经使得我们满意了，而东原又详细地解《周髀》原文“但举二至”和“错举冬至卯酉”的原故，由于恒星日与太阳日不同。他说：

冬至夜半起于正北，一周而过一度(按：恒星日速于太阳日约四分钟，地球自转一周经过360度，所以每四分钟所经的度数约＝360/(24×60)×4＝1/4×4＝1度。)虽每日之推移甚微，渐进而至四分周之一，则春分夜半，实为东游所极。(按：由冬至至春分约九十一度左右。每日逾一度，所以到春分时已逾九十一度左右，约为一象限，所以说东游所极。)故夏至夜半，南游所极；秋分夜半，乃西游所极。(理约同上)此一岁之四游所极也。古者冬夏致日，但举二至，则二分可知。又错举冬至卯酉，则每日皆可知矣。(《五礼通考·观象授时》)

以上是就天文学理上讲，至于就字义上讲，东原也有剖解的文字。《续天文略》里说：

臣等谨按：“璇机”，今《尚书》作“璇玑”。《伏生大传》及《隋书》所引并作“璇机”。“璇”取〈璇〉[旋]转之义，“机”即枢机。“衡”者，准之赤道而平也……是赤道极居中，黄道极环绕其外，昼夜旋转而有移徙，故古人以“璇极”名之。盖同为枢机，而有移徙、不移徙之殊，“璇”以言乎其移徙也。

东原这种解释，于《虞书》、于《周髀》、于学理上、于训诂上，都能贯通而无矛盾之弊。《周髀》里还有“七衡六间”之说：

凡为日月运行之圆周，七衡周而六间，以当六月节，六月为百八十二日八分日之五，故曰“夏至，在东井，极内衡；冬至，在牵牛，极外衡”也。衡复更终冬至，故曰“一岁，三百六十五日四分日之一。一岁一内极，一外极。三十日十六分日之七，月一外极，一内极”。

这里所说的“衡”字、“间”字，究竟应当怎样解释？东原以为“七衡”是赤道和与他平行的六个距等圈，“六间”是这七衡在黄道上所截的段落。他在《五礼通考·观象授时》里说：

古未有“黄、赤道”之名，但谓之“衡”。《虞书》之“璇玑”既为“黄极”，则“玉衡”以界黄道而定节气。黄道必别为侧络之衡，准黄极取正，赤道准赤极取正也。此七衡皆准赤极取正，以侧剖黄道为六间。《虞书》不必定有七衡，而“衡”之名出于古无疑。日在内一衡，夏至。右旋发南，交于次二衡，大暑；交于次三衡，处暑；交于次四衡，秋分；交于次五衡，霜降；交于次六衡，小雪；终次七衡，冬至；右旋敛北，交于次六衡，大寒；交于次五衡，雨水；交于次四衡，春分；交于次三衡，谷雨；交于次二衡，小满；复至内一衡，夏至……第四衡曰中衡，即赤道。

又前面曾引道他所说：

衡者，准之赤道而平也。

读了这种解释，对于“衡”“间”的界说，当然可以了然。我为补充这段解释，使他更易明了起见，特绘一图如下：

东原不但对于古算书——如前引《周髀》里的难题多给予新的解释，就是一切经史里凡关于象数的地方，都有精密的注语，而且又有许多借经史以讲测算的地方，这不消说是基于他的注重制数的思想的原故。如借《书经·尧典》“日中星鸟”一段和《诗经·豳风》“七月流火”一句说明岁差（《书补传》和《毛郑诗考正》）；借《周礼》大司徒“以土圭之法测土深、正日景，[以]求地中”一段说明里差（《续天文

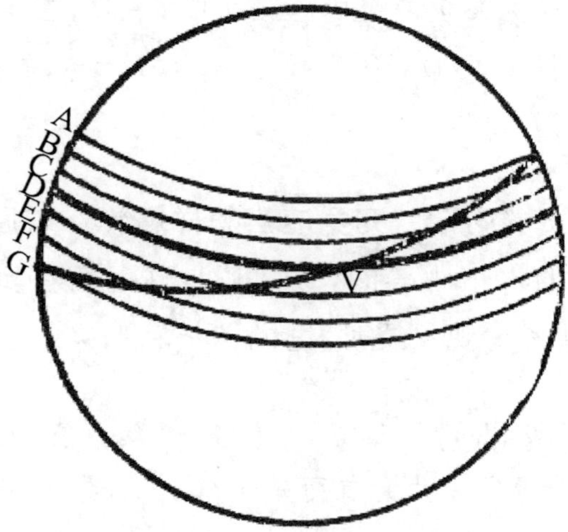

D 圈为赤道，即第四衡。A、B、C、E、F、G 各圈为各衡。

GV 圈为黄道。GV 与 A、B、C、E、F、G 各圈斜交，所割六段，即六间。

略》)；借甲子解释《诗经·豳风·七月》“一之日觱发”一节的“一之日，二之日……”、借《诗经·十月之交》一面由推步的理论说明日食时期，一面又由经文发挥交食的道理。(《书小雅十月之交篇后》)总之，他是将经、史打成一片。古代的学术，不如后世条理分得那般清楚。东原的意思，大概以为经、史中包括好多的步算材料，所以为治经史便不得不研求步算，一面为治步算文不得不由经、史中探讨材料。东原以步算解经的材料很多，除了以上所引诸条外，还有《周〈正〉[礼]太史正岁年解》二篇、《记夏小正星象》一篇。(均见《文集》)此外，散见于《五礼通考·观象授时》《续天文略》等也不少，本篇不能一一〈偏〉[遍]举了。

七

戴东原关于天文上的著作，最重要的要算《释天》和《续天文略》。《续天文略》的大概，前面已略为介绍。现在再以《释天》为主，将东原的天算学说概括地叙述一下。东原最重要的天算著作要算《原象》。《原象》是以《释天》四篇、《勾股割圆记》四篇合成，因为《勾股割圆记》应当属于数学，所以我单提《释天》。《释天》而外，还有《迎日推策记》一篇，但不很重要。刘光汉《戴震传》说《原象》是《释天》四篇、《勾股割圆记》三篇、《释准望》一篇、《迎日推策记》一篇合成的，而段氏《年谱》则说《迎日推策记》是孔继涵刊《戴氏遗书》时所加的。我以段说为是，因为不但《迎日推策记》在《戴氏遗书》里有独立的题目（其余各篇都以《原象一》《原象二》……为题），而且《迎日推策记》和《释天》有许多相同的地方。《释天》既然将"天行之大致毕举"（段玉裁语）了，无须再合以《迎日推策记》。

《释天》共分四篇：第一篇论的是日月暨历法，第二篇论的是恒星，第三篇论的是授时；第四篇是一篇综合的天文学总论，并附以"璇机玉衡"的考证。现在逐篇略为叙述一下：

第一篇，旧以《尧典》"璇机玉衡"命题。论地球公转、自转，黄道、赤道之关系；十二中气，恒星月与会合月，置闰成岁法，交食之理，黄白大距，黄赤大距，分、至、启、闭，七衡六间，南北里差与寒暑之故。

第二篇，旧以《尧典》"中星"命题。全篇可分为三段：第一段论星之[见]伏昏中旦中古今不同，第二段为二十八舍与十二次之对照，第三段论假恒星以识日月之躔逡以知岁差。这篇所论和《续天文略》里"星见伏昏旦中""列宿十二次"两篇的内容差不多。

第三篇，旧以《周礼》"土圭"命题。首叙土圭测影法系根据南北里差及东西里差；次叙土圭之应用；最后论因地系球体，故与天相应。这篇所论和《续天文略》里"晷影短长""北极高下"两篇的内容差不多。

第四篇，旧以《洪范》"五纪"命题。全篇可分为四段：起首引《洪范》一段，加以申论，可以当得一篇天文学总论。原文如下：

《洪范》五纪：一曰岁，二曰月，三曰日，四曰星辰，五曰历数。

> 分至启闭，纪于岁者也；朔望朏霸，纪于月者也；永短昏昕，纪于日者也；列星见伏昏旦中，日躔月逡，纪于星辰者也；嬴缩经纬，终始相差，纪于历数者也。纪于岁者，察之日行发敛；纪于月者，察之日月之会，交道表里；纪于日者，察之昼夜刻漏，出入里差；纪于星辰者，察之十有二次；纪于历数者，随时测验，积微成著，修正而不失。

这篇的第二段论天九重。第三段论日月五步规法。（按：东原《续天文略》有“日月五步规法”一目，属于未成三篇内的。我们读了这段，也可以晓得他的大概。）第四段是“璇机玉衡”的考证。段氏《年谱》所谓“即详其制于《原象》第四章”的就是指这一段，现在将原文录于下：

> 古写天之器，莫善于“璇机玉衡”。汉以降失其传也久，而征可复也。为仪象考识日躔，浑圆而中规之，象“赤道”。距规四分圆周之一，设其枢，象“天极”也。为规载之，曰“子午之规”。半由于“地平规”，随北极高下，以察各方之永短昏昕。斜络赤道外内为规，象“黄道”。距黄道四分圆周之一，是为南北“璇机”。“璇机”者，黄道极也。准赤道为规法：二分之规曰“中衡”，赤道也；冬至之规，曰“外衡”；夏至之规，曰“内衡”。凡为衡者五，应一岁之分至启闭。衡百度，度六之，应昼夜之漏刻。刻七十有二分，以知里差。经岁三百六十有五日不满四分日之一，以是为日躔黄道之度分。是故黄道，日也；赤道，刻也。星仪考识昏、旦中，设其枢以象“星极”，为游规而载之，以知岁差。规设天极焉，载于子午之规，以周知一岁。婺女为玄枵之维首，而周分十有二次以纪日月之躔离。察玉衡以知左旋，察璇机以知右旋，天行之大致举矣。

我读这段文揣摩“璇机玉衡”的构造，大概是分为两部分：(1)仪象，是识日躔的；(2)星仪，是识昏、旦中的。仪象又分为两部分：①赤道仪，测时刻用的，以一个经圈、五个纬圈构成。五个纬圈就是五衡，中间的纬圈就是赤道。经圈(子午规)上载着枢，象“天极”。②黄道仪，测日躔用的，以一个经圈、一个纬圈构成。经圈上载着南北璇机，象“黄极”。至于星仪，不过是一个赤道经圈，他和子午规不同的地方，就在一个是动的(游规)，一个是静的。

东原这种构想是根据《周髀》而得，但《周髀》原有“七衡六间”之说，为什么东原所构想的“璇机玉衡”只有五衡呢？这层理由，他在《续天文略》里曾说过：

> 古未有二十四气，盖准八节为之，宜设五衡……周末，准十二中气，故设七衡。

东原以为从前只有八节(分、至、启、闭)，所以揣想当时只有五衡。到了《周髀》才有十二中气、十二节气，所以他以为七衡是后世修改过的。

《迎日推策记》是一篇详论天文学上的各种差数的书。如日行之岁差、最卑行、均数时差、月之最高行、月之迟疾、月之正交行、行星之最高行、地心差、蒙气差等，这篇所用的推步术全是“轮法”。我在前面《年谱》里说过《迎日推策记》大概成于东原二十几岁的时候，就是根据这层理由。

《历象考成后编》成于一七四二年，虽然说那时学术的传布不如今日这样的快，但东原决不至于到四十岁的时候，还不晓得椭圆术。既晓得，便不至于牢守着这种呆笨的轮法而不肯改革。东原的先生江慎修是一个最能吸收西说的人不消说了，就是东原虽然不曾努力传布西说，至少也是能容纳西说的人。况且，《四库全书提要》里《历象考成后编提要》明明将“椭圆术”的特点提出，可见东原决没有门户之见。那么，《迎日推策记》成于东原早年无疑。

“岁差”之说创自晋朝的虞喜，但那时只知其当然，而不知其所以然。到了隋唐的时候，刘焯、僧一行等便有“天自为天，岁自为岁”的规定。宋朝的朱熹又主张“先论太虚”，他以为太虚是绝对静的，而恒星却有微移。东原极以他这说为然，他说：

> 天本无度，因日躔而有度，故曰“在天成度，在律成日”，此古法也。自岁差之说谓“日躔不及天度”，而分天周、岁周。然则天度与日躔既非一致，犹设为度之奇零者以合天，其于天果合乎否也？今细考之：黄极在天环绕一岁而周四游，无有不及……日躔一岁之发敛，亦无有不及也。二者相应，所以成寒暑往来；有不及，则未成岁矣。以是言之，分天周、岁周者，未密也。推其故，由不知差在恒星，不在太虚中之天周。朱子所云“当先论太虚”，诚步算家之要言。盖天自为天，恒星自为恒星，不可不辨。至若太阳行天一周而成岁，则天周、岁周本一致，古人“在天成度，在律成日”之意未尝不善，而授时灭岁余增天周之法，究与天违也。（《五礼通考·观象授时》）

东原以为恒星也是向右旋转的，岁差之生由于恒星向右旋转，不是日躔不足。不过于此难免有人误会，说东原指恒星为动的（其实，严格地讲起来，恒星确是动的），他却不如此想。他以为恒星的动，是全体的“恒星天”动转，而不是个个恒星的动转。他在《续天文略》里说：

> 古以列宿部星为恒星，又谓之“经星”，终古如斯，初无变动。至若星之右旋以成岁差，乃浑体全转，而座位相距之度分不改。

这里所谓浑体，就是指恒星天而言。可见东原并不有将恒星、行星混为一谈，虽然恒星天在今日已成为过去的学说。在今日，我们知道岁差的发生，由于地轴有锥形的旋动，使赤道荡漾，春分点西移所致。但在当时，这种解释还没发明的时候，东原这种见解确是很难得的。岁差的争执，在中国天文学史上要算一件重要的公案。东原这种见解，又是这桩公案里的一种重要的主张，所以我特在这里提出。

东原天文学说的大概，不过如上所述。可惜《古历考》《历问》二书没有下落，致使他的学说中的一部分不得而知了。《古历考》，段氏说他就是《续天文略》（见前），这话恐怕不大可靠。古代"天文"和"历数"很有分别，《周官》推步掌于冯相氏，占变掌于保章氏，各有专司，所以《史记》有了天官书，另外又有历书。（正史多仿此例）那时的天文学只限于占星学，和推步是不相干的。东原晓得这层道理，所以他的《续天文略》的范围虽然较《史记·天官书》《通志·天文略》的范围大了，但对于历法，并没有详细地讨论，而且谈恒星的话很多，决不像《古历考》应有的文字，所以我说他决不是《古历考》的改名。

八

现在该谈到戴东原的数学了。东原关于数学的著作有《勾股割圆记》三卷、《策算》一卷。"策算"就是当时西法的"筹算"，是一种辅助笔算的方法。他的用法，我将另作一篇《策算浅说》介绍。现在只述他的《勾股割圆记》。

《勾股割圆记》，在《原象》里占了四篇。常人都知道《原象》的五、六、七三篇是《勾股割圆记》，不知第八篇也归入《记》中的第一卷了。单行的《勾股割圆记》和《原象》里所载的详略不同，《原象》里所载的没有注语而且没有图，大概因为《原象》是《七经小记》之一，文词要他简雅，所以比较的概括。我们如果读他，还是用单行本为上。

《勾股割圆记》是一种变象的三角法。阮元《畴人传·戴震传》说：

> 取梅文鼎所著《三角法举要》《堑堵测量》《环中黍尺》三书之注，易以新名，饰以古义，作《勾股割圆记》三篇。因《周髀》首章之言衍而极之，以备步算之大全，补六艺之逸简。凡为图五十有五，为术四十有九，记二千四百一十七字。

《勾股割圆记》所载的"矩分"等名词，就是以半径为单位的三角函数。

证算的方法,以“相似三角形相应各边互成比例”一个定理为主。我们可以说,他是“几何法的三角术”。现在,我引用原文将他的主要名词先解释一下:

> 割圆之法,中其圆而觚分之。截圆周为弧背,絙弧背之两端曰“弦”,值弧与弦之半曰“矢”。

这段话不难明了,将下图一看即知:

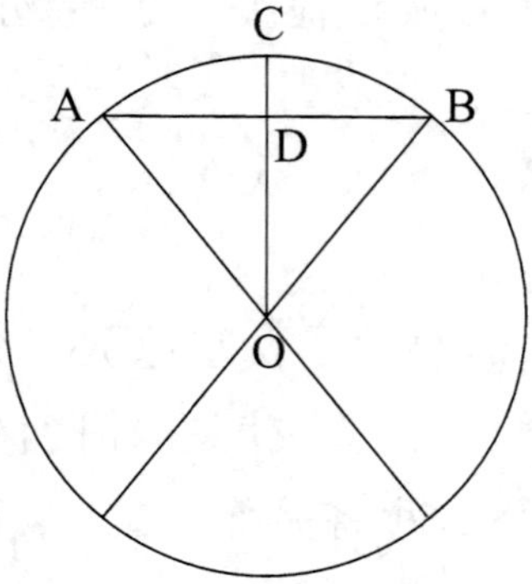

∠AOB 为觚,就是现在所谓角。AB 为弦,和现在的名词一样。$\widehat{AB}$为弧,和现在的名词一样。AD、BD 为半弧弦,就是现在所谓半弦。CD 为矢。

> 弧矢之内,成相等之勾股二:半弧弦为“勾”,减矢于圆半径为“股”,絙勾股之两端曰“径〈偶〉[隅]”,亦谓之“弦”。

仍用上图说明:

AD、BD 为句,就是现在所谓三角形的底边。

OD 为股,就是现在所谓三角形的垂边。

[AD、BD 为半弧弦,就是现在所谓半弦。]

AO、BO 为弦,就是现在所谓三角形的斜边。弦,又名“径隅”。

> 弧背外之勾,谓之“矩分”;弦谓之“径引数”;股得圆半径也。次弧背外之股,谓之“次矩分”;弦谓之“次引数”;勾得圆半径也。半弧弦谓之“内矩分”,次弧弦之半以为股,谓之“次内矩分”。

如下图：

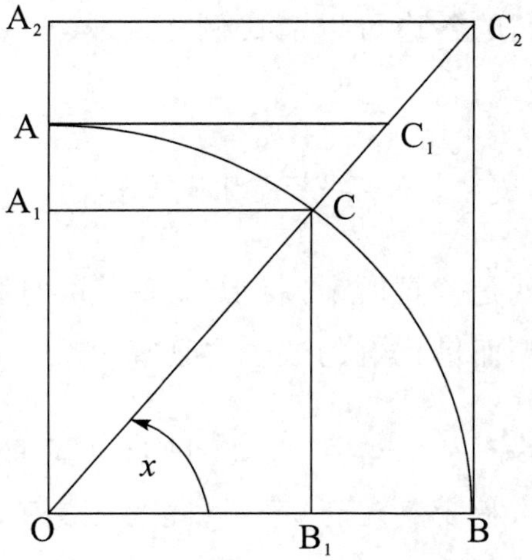

AC_1 为矩分。OC_1 为径引数。BC_2 为次矩分。

OC_2 为次引数。A_1C 为内矩分。B_1C 为次内矩分。

设圆半径 OC＝1

∠BOC 命为 X

则次内矩分＝B_1C/OC＝SinX

内矩分＝$A_1C/OC=B_1O/OC$＝CosX

次矩分＝$BC_2/OC=BC_2/OB$＝TanX

矩　分＝$AC_1/OC=AC_1/OA$＝CotX

次引数＝$OC_2/OC=OC_2/OB$＝SecX

径引数＝$OC_1/OC=OC_1/OA$＝CscX

由这里可以看出，"矩分"等名词就是以斜边为 1 的三角函数。

弦之外内，其勾股弦平行观之，成同限之勾股三：

勾	股	弦	
内矩分	次内矩分	径隅	（表一）
矩分	圆半径	径引数	（表二）
圆半径	次矩分	次引数	（表三）

如图$\triangle A_1OC$（$\triangle B_1OC$同），$\triangle AOC_1$，$\triangle A_2OC_2$（$\triangle BOC_2$同）是相似三角形，所以他们的各边可以借比例法互求，这就是《勾股割圆记》的基础定理。原文说：

……凡勾股弦，三者平行，则必同限。

这里所谓“同限”，就是今日所谓“相似”。一部《勾股割圆记》，全基于所谓“同限”的道理，而借比例的法子去证算。

……此古算家用勾股测望，用异乘同除、大小互求之故。……神而明之，极步算之巧，平圆、浑圆之变不出此矣。

“异乘同除”，就是今日所谓“比例”。设所求数为内项之一，则另一内项和他是同项，两外项和他是异项。若是所求数为外项之一，那末，另一外项和他是同项，两内项和他是异项了。举例如下：

勾股第十术：

……有次内矩分，有内矩分，求矩分。以圆半径乘内矩分，次内矩分除之，得矩分。……

如前图知B_1C、A_1C，求AC_1。

因$\triangle A_1OC$、$\triangle AOC_1$相似，

则$AC_1 : A_1C = AO : A_1O$（即B_1C），

故$AC_1 = A_1C \times AO/B_1C$。（即以圆半径乘内矩分，次内矩分除之，得矩分）

三篇之中，第一篇所论的就是今日的平面三角；第二篇所论的，就是今日的正弧三角；第三篇所论的，就是今日的斜弧三角。全是列出许多同限勾股（相似三角形）的表，然后用比例去推求。

第二篇论正弧三角的算法说：

经纬之限界其外，经纬之弧截其内，是为半弧背者四。以勾

股御之，半弧背之外、内矩分平行相应，得同限之勾、股、弦各四，古弧矢术之方直仪也。

现在仍用原书上的图来说明：

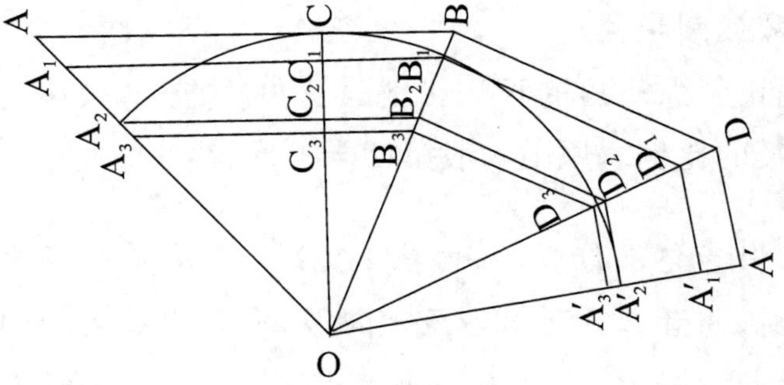

∠AOC 为纬度，∠BOC 为经度，∠BOD 为纬弧，∠A′OD 为经弧

这个图是将立体的图形展开的，我们要注意 OA 和 OA′实在是在一条线。看了下面这个图便明白了。（按：这个图为原书所无，是我给附加的。）

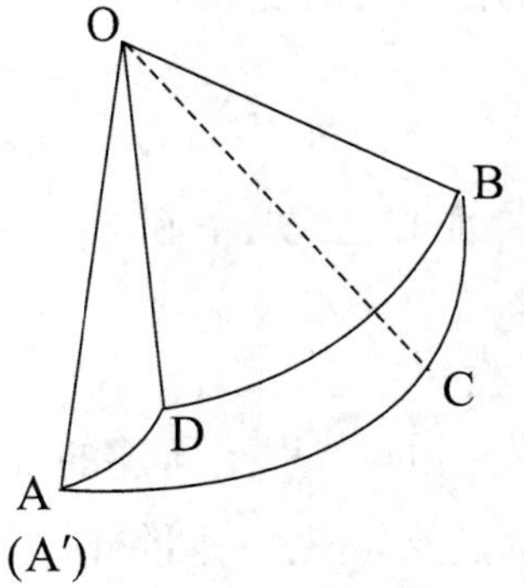

弧三角也是依比例法推求。原书列有许多的表，现在将第一个表抄在下面：

勾	股	弦	（互求率一）
经度（矩分）	圆半径	经度（径引数）	（表一）
经度（内矩分）	经度（次内矩分）	径隅	（表二）
圆半径	经度（次矩分）	经度（次引数）	（表三）

经弧(矩分)	纬度(次内矩分)虚	(表四)
经弧(内矩分)虚	纬弧(次内矩分)	(表五)

这里所谓“虚”,是指在图上可以寻得到,而没有名词可以表示的线。(既不是函数或圆半径)

第三篇论斜弧三角的算法。斜弧三角的算法,或用“垂弧法”,或用矢,和半径的比例。原书勾股第四十七术说:

> 三觚皆句于勾股,自内截之,分一觚及其对距为二,成圆度之句、股、弦者二。三觚一距于勾股,或自内截之,分倨于勾股之一觚及其对距为二;或自外截之,而倨于勾股之觚有外弧,亦皆成圆度之句、股、弦者二……

这段话所说的就是“垂弧法”。自斜弧三角的任一角顶至其对边引一垂弧,分原三角形为二个直角三角形,然后用正弧三角法求之。

至于三边求角可以用下面的比例法计算:

勾	弦	(本觚规度)	
矢半较(和度较度)	小规半径	大规半径	(表一)
矢较(较度对距)	小规之矢	大规之矢	(表二)

这一条定理是东原发明的。(以上所述的都是东原据梅定九的法子,推衍而成。)如果详细解释起来,不是一两句话可以说尽的。现在,暂时列在上面,将来我拟作一篇《梅戴勾股术同异辨》,再详细地解说。

九

回顾三百年来天文学、算学史上的灿烂之花,不能不使我们欣慰而奋勉,而在这个潮流里的经师于天算学上的收获,尤其使我们感佩,尤其能激起我们的努力。今日“以科学方法整理国故”的声浪弥漫全国，清代学问的提倡也同时澎湃海内。那末，我们对于国故中的纯自然科学又是清代学问中的主要部分之一的天文和算学，应当怎样竭力地爬梳呢？清代的一切学问，在今日都有人着手整理，而这堆天算材料，还在那里尘封未动，这种畸形发展的状况，真是令人抱憾的一件事！在二十世纪科学教育时代，而"谈玄鄙实"的风气如此盛行，我们自视对于十七八世纪科举时代的经师，能不惭愧吗？为唤起大家注意这个问题起见，所以我对于二百年前的戴东原先生的治学精神，和他对于天算的态度极力表彰，以作我们后学的模楷！不消说我们今日想做一本中国天文算学史，资赖于东原已成的成绩固然不少，但我觉得于他的治学精神方面尤应鼓吹，所以我以为提倡他的治学精神和他尊崇天算的态度，比较仅称赞他的功绩，或仅叙述他的学说为更有意义。

王昶、洪榜都称东原为：

其学弥博，而探旨弥约。（《墓志铭》《行状》）

东原自己也尝说：

淹博难，识断难，精审难。（《与是仲明论学书》）

又说：

一事必综其全而核之。（《墓志铭》）

由此可见他的学问，实在是由博反约的。他为研究经学，所以不得不研究经学的基础，如天算学。为研究天算学，又不能仅仅从事于狭义的测算法则，对于古籍中的天算材料，一样的要能会通。所以，可以称他的经学为"天算学化的经学"，称他的天算学为"经学化的天算学"。现在，我引阮元《畴人传·戴震传》的赞语作这篇文的结束：

论曰：九数为六艺之一，古之小学也。自暴秦焚书，六经遂湮。后世言数者，或杂以太一三式、占候卦气之说，由是儒林之实学，下与方技同科，是可慨已！庶常以天文、舆地、声音、训诂数大端为治经之本，故所为步算诸书，类皆以经义润色，缜密简要，准古作者，而又罔罗算氏，缀辑遗经，以绍前哲，用遗来学。盖自有戴氏，天下学者乃不敢轻言算数，而其道始尊。然则戴氏之功，又岂在宣城下哉！

一九二四，一，一一

本文原登于十三年一月二十二、二十三两日的北京《晨报》，当时因脱稿仓卒，错误罣漏的地方很多。现在乘编入丛书的机会，特将他增删一过，所以本篇和原文有些不同的地方。

一九二四，一，二五[①]

① 晨报社编：《戴东原二百年生日纪念论文集》，北京：明明印刷局，1924 年。

东原哲学

梁启超

一、研究东原哲学之主要资料

东原学术，虽有多方面，然足以不朽的全在他的哲学。他虽属著作等身，然关于哲学方面的书极简要；若但求字字经目而已，那么，尽一天功夫，任何人都可以读完。今将其目列下：

第一，初稿和定稿的两本《原善》。

《原善》是他二十一二岁时候著的，初时只有三篇，每篇不过千余字，经韵楼本《文集》卷八所收者便是。后来，又著《读易系辞论性》《读孟子论性》两篇附于末。累年有所增加，到四十岁内外，扩大成三卷：上卷十一章，中卷五章，下卷十六章，勒为定本，《戴氏遗书》所收者便是。《遗书》本篇〈辐〉[幅]虽比《文集》本增加两倍，但内容的实质依然如旧。每卷之第一章，即《文集》本之上、中、下三篇，不过字句稍有异同罢了。其每卷第二章以下，实则征引例证替第一章作注释而已。这书文字太简，几乎没有一个闲字，稍粗心读去，便不得其解。（指每卷之第一章言）学者先读《孟子字义疏证》后，再读他，似较省力。

第二，《孟子字义疏证》和《绪言》。

这部书是他四十二三岁时候动手做的，直到临终那年（五十五岁）才定稿。初稿名为"绪言"，《粤雅堂丛书》有刻本。后改"孟子字义疏证"，《遗书》所收者便是。本书凡三卷，专就《孟子》书中关于哲学的名辞逐一诠释。卷上：释"理"字凡十五条。卷中：释"天道"字四条，释"性"字九条。卷下：释"才"字三条，释"道"字四条，释"仁""义""礼""智"四字合二条，释"诚"字二条，释"权"字二条。《绪言》和《疏证》内容的实质相同者什之六七，但排列组织不同，每段字句差异也很多。学者自然是读《疏证》便够了，但是若想知道东原学问与年俱进的状况，拿《绪言》对照着读，那更好了。

第三，经韵楼本《东原集》卷八、卷九。

《东原集》有两本：一是洪蕊登、孔荭谷合编的微波榭十卷本，一是段茂堂编的经韵楼十二卷本。经韵楼本以各篇文的内容、性质分类排纂，最便学者。卷八、卷九，大半是关于哲学方面的文字。卷八除《原善》诸篇及《疏证序》外，还有一篇《法象论》，可以说是东原的宇宙观。其最重要者则为《答彭进士允初书》，允初是当时佛学大师，这篇书也可以说是儒佛之争。这篇书是东原临终前一个月写的，真算得晚年定论了，所以极重要。卷九各篇说的多半是治学方法，内中《与是仲明论学书》《与姚孝廉姬传书》《答郑丈用牧书》《与某书》《与方希原书》五篇最要。

以上所举，都是东原自身的著作。若要知道他的思想渊源和影响，那么，颜习斋的《存学编》《存性编》，和《颜习斋年谱》《李恕谷年谱》要看，因为我们深信东原学风和颜、李有关系。江慎修的《近思录集解》要看，因为慎修是东原的先生，那部书却引起他的反动。程易畴的《通艺录》里头的《论学小记》要看，因为易畴是东原最得力的学友，那部书是他们俩同在一个方向上研究各有各的自得的。焦里堂的《论语通释》要看，因为里堂最能知东原之学，那部书是和《孟子字义疏证》同一主义、同一模型的。此外还有两篇重要文章：一是洪蕊登《初堂遗稿》里头的《上朱笥河先生书》，一是焦里堂《雕菰楼集》里头的《申戴篇》，都是替"哲学家的戴东原"做辩护人的。

二、着手研究东原哲学以前应注意的几个问题

第一,我们最诧异的,是东原做那么一部“自成一家言”的哲学书,为什么书名叫作“孟子字义疏证”?照名目看起来,很像是一部注释专经而且偏重逐字训诂的,内容却全不是那回事,岂不可怪!我现在先解答这个问题。

东原说:“经之至者道也,所以明道者词也,所以成词者字也。由字以通其词,由词以通其道,必有渐。”(《与是仲明论学书》)这几句话,后来成了汉学家的口头禅,人人都说“通经宜先识字”,却是做了识字工夫便算完结,经通不通且不管。所以《尔雅》《说文》之学大兴,却于思想上更没一毫关系,把人都弄呆了。这是把手段看成目的,所以有此弊。东原却真是以识字为手段而别有“闻道”的目的在其后,这部书正是实现这种程序。

识字和闻道真有那么密切的关系吗?真是非由字不能通词、非由词不能通道吗?一点也不错。一个字表示一个概念,字的解释弄不清楚,概念自然是错误混杂或囫囵;概念错误混杂囫囵,所衍出来的思想当然也同一毛病。所以“辨名当物”是整理思想第一步工夫。有人说:“古今哲学家都是打的名辞上笔墨官司。”(不记得是欧州那位哲学家的话)这句话从一方面看像含有嘲讽的意味,从他方面看却是绝对的实情而且绝对的有用。中国思想界不能健实发展,正坐很少人做这步工夫。东原怕算是头一个哩!

人类的概念是一天比一天复杂的,语言文字无论长得怎样快、变得怎样灵活,总不能以同速率的进步来应新增概念的要求,所以不能借旧字、旧话来表新增的概念。字还是那个字,话还是那句话,里头所函的概念内容,早已相去万里了。名辞上笔墨官司,都是因为这样打起来的。在泰西那么灵话的语系里头,这种毛病尚且不能免,何况我们的文字那么呆的,用几千年前造下来有一定点画的一个字,凿四

方眼似的，硬要他尽那“表现几千年后逐年新增加概念”的职务，那里有不一塌糊涂的道理！我们天天读孔孟的书，却是拿后来新增递变的概念安在书中的字上头，那里还看得见真的孔孟？不信，试拿译外国语做个比方：佛典里头译过来的“空”字，我们一望便浮出“虚无”的概念。欧语译过来的“自由”字，我们一望便浮出“放纵”的概念。你想，和原来的意味差多么远？因此《心经》里头的“色即是空”，许多人都解作“女色是个虚局”；罗素著的《向自由之路》也可以解为“向放纵之路”。你想，这是多么大的危险？我们拿已经变质的概念放在古字里头去读古书，危险正复如此。东原说：“言之谬非终于言也，将转移人心，心受其蔽，必害于事害于政。”（《疏证》序）概念错误，生出思想错误，影响延及社会，这是当然的。东原这部书，把哲学上许多重要名辞，各各求出他本来的概念，确是思想上正本清源的工作。

第二，东原是很有自由思想的人，为什么他的书中像摆出孟子距杨、墨、韩愈攘佛老的牌子，像是要“别黑白而定一尊”，怕有点不对罢？我请解答这个问题。

思想是要自由的，但却不能囫囵，却不能模棱。对于和自己不同的见解，必要辩驳，或者乃至排斥。辩驳排斥，不能说是侵人自由，因为他也可以照样地辩驳我、排斥我。我们不赞成韩愈的态度，因为他要“人其人，火其书”；不赞成董仲舒的态度，因为他要“绝其道，勿使并进”。东原虽好辩，却没有这种样子。他对于敌派的攻击，是很公正的，很稳健的。洪蕊登说：“戴氏之书，非[1]故为异同，非缘隙酿嘲，非欲弃彼与此。”（《上朱笥河书》）这几句话批评得对极了。试拿毛西河攻击程、朱的书，陆稼书攻击陆、王的书，和东原各书相对照，便可以见出东原的态度确是“学者的”了，所以这一点不成问题。

还有一点：须知东原所最用力者，不在排斥敌派，乃在排斥那些“利用敌人资本，假冒本号招牌”的人。宋儒偷佛老的话作为自己的

---

① 《晨报副镌》1924 年 1 月 24 日，第一版。

家当，这种事实是不能不承认的。佛老见解对不对，另一个问题，但断不能说孔孟学术和佛老是一家，是不是呢？东原说："譬犹子孙未睹其祖父之貌者，误图他人之貌为其貌而事之，所事固己之祖父也，貌则非矣。实得而貌不得，亦何伤？呜呼！误图他人之貌者，未有不化为他人之实者也。"(《答彭允初书》)宋儒之说孔孟正是如此。东原的工作，则段茂堂所谓："以六经孔孟之旨还之六经孔孟；以程朱之旨还诸程朱；以陆王佛氏之旨还诸陆王佛氏。"(《年谱》叶三十四)以严格言之，也可以说东原并没有攻击别派的行为，不过将这派那派研究出他们的真相，理清楚他们的系统，叫他们彼此不相蒙混。这种工作，无论对于某种学问，在批评家或历史家是最必要的。我们认东原为最忠实于这种工作的人。

第三，东原这种哲学，总算他自己有独到之处的，为什么不老实说是姓戴的这样说，偏拉拉扯扯说是姓孔、姓孟的这样说？他常说："为学要空诸依傍。"(《与某书》)又说："以己说为圣人所言，是诬圣；借其语以饰吾之说以求取信，是欺学者。"(《疏证》卷中叶四)像他这样，还不是依傍孔孟吗？究竟他所说的孔孟是否真孔孟？自己有无假冒孔孟招牌？若说并非假冒，那么，姓戴的原没有什么创造，不过将姓孔、姓孟的所说背演一番，我们是否该叫他做"东原哲学"？况且孔孟去今二千多年了，如果东原的话即是孔孟的话，在今日是否还有时代价值？我现在请解答这个问题。

我信东原决非假冒孔孟招牌的。他做学问的方法，每立一义，"必征之古而靡不条贯，合诸道而不留余议，巨细毕究，本末兼察①，乃敢自认为十分之见"(《与姚姬传书》)。我们按着他的话去读《易经》《论语》《孟子》，处处都"涣然冰释"；按着和他反对方面宋儒们的话去读，便有许多扞格矛盾。因此，我们不能承认他的话和孔孟同条共贯。若问他自己有创造没有？我敢说：他的学问，并不是东涂西抹随

① 原文倒作"察兼"，今正之。

意拉孔孟几句话敷衍出来；他是自己先立出一个“假定的”见解，这见解本是他从实际生活上体验出来的，假定既立之后，还未自认为“十分之见”，再将这见解和从前各派各人所说的比较印证，觉得什么陆王、程朱、荀杨乃至释老都和自己不合，独有孔孟和自己合，再将孔孟许多方面的话，逐件拿出来磨勘自己的见解，觉得处处都合。他于是确信自己所见到的果然是真理，而这种真理是孔孟“先得我心之所同然”的；于是乎他毅然决然说自己见解和孔孟见解一致。王阳明说“六经皆我注脚”，东原正是如此。不信，试看《原善》这书的体例，自然可以明了。他是先作成每卷的第一章，标出自己见解；每卷第二章以下，却是引六经孔孟的话来注释第一章。到底还是“我注六经”呀，还是“六经注我”呢？我还有一句彻底的话：我确信绝对的创造是没有的，任何新颖、任何高奇的思想，总要受几分历史传下来的影响，只要在全人类千万年相续不断的“创造线”上添上一分半寸，就算是创造；所以东原的诵法孔孟不是因袭，乃是创造。

若问他所说既和二千年前的孔孟相同，是否在今日还有价值？这个问题很容易解答：凡学说有含时代性的，有不含时代性的。例如君主政治好么，议会政治好么，苏维埃政治好么，这是含时代性的；“民为贵社稷次之”的原理，这是不含时代性的。井田好么，共产好么，几尔特好么，这是含时代性的；“不患寡而患不均”的原理，这是不含时代性的。含时代性的学说，要估量他的时代价值；不含时代性的学说的价值，是不必且不该用时代去估量呢。东原所阐发的孔[①]孟学说，全部是不含时代性的，所以不发生时代价值问题。

有人说：依进化法则，二千年前人的学问，应该不及二千年后人。东原专从孔孟几部古书上讨生活，引为同调，岂不是往退化那条路上走吗？我说：此话不然。我们虽不敢说今人必不及古人，也不敢说古人必不及今人。不含时代性的学说，尽可以几千年前的人发明了，几

① 《晨报副镌》1924年1月24日，第二版。

千年后的人无以易之。况且一二千年的光阴，在我们短命的个人看起来觉得很长，放在那“有几十万年历史的全人类进化线上”其实很短。就令我们确信进化之说，也不能把这瞥眼一过的二千年太过夸大，说我们的智慧一定比二千年前人的智慧强。所以像东原这样将二千年有智慧的人——孔孟的话，研究出他的真相而加以引申发明，我认为是必要而且有益的事业。

三、东原时代思想界的形式及东原思想之渊源

自佛教入中国后，和中国固有之儒教思想所发生的关系凡三变：其始取各干各、不相闻问的态度，三国六朝时便是；其次取各树一帜、间相攻击的态度，隋唐间便是；其后取外貌分离、骨子混合的态度，宋至明便是。宋儒如周、邵、程、朱之流，都是出入释老多年，不知觉杂袭其说以傅会古经，遂造成“理学”一派。〔看《疏证》卷上叶十一、十四、十六、十九至二十二，卷中叶四，卷下叶二十六；《答彭进士书》（经韵本《文集》卷八）〕陆、王继起，愈趋极端，到明的末年，儒门的心学和佛门的禅宗，完全打成一片了。明清之交，反动四起。黄晦木、毛西河、胡东樵诸人，首先将宋儒几件法宝——太极图、河图、洛书等等三拳两脚打碎了；同时顾亭林又大倡“无所谓理学，经学即理学”之说，把学者眼光引到古来的经典上头；于是清代特色的考证学渐渐起来。然而，理学界中陆王学派的方面，还有孙夏峰、李二曲、黄梨洲、李穆堂等辈，都是很有魄力的人，在那里固守残垒。同时，有些不喜欢学陆王又不能做考证学的人，只好走程朱学派那条路上去。况且那时皇帝和满朝阔官，都极力替程朱捧场，所以康熙、雍正之间，可以说是程朱学和经学中分天下。

当时有异军突起的一个学派，倡之者为颜习斋和他的门生李恕谷。他们的学派，是要将孔孟和程朱分家的。他们反对周濂溪所谓“主静立人极”，反对程伊川所谓“有义理之性，有气质之性”，反对朱

晦庵所谓“心具众理”，所谓“人欲净尽天理流行”。他们解“道”字说：“道者，人所由之路也，故曰‘道不远人’，宋儒则远人以为道也。”（习斋《四书正误》卷四）解“理”字说：“理者，木中纹理也，指条理言。”（同卷六）“事有条理，理即在事中，离事物何所为理乎？”（恕谷《论语传注问》）“凡事必求分析之精，是谓穷理。”（习斋《存学编》二）“圣经无在伦常之外而别有一物曰‘道’、曰‘理’者。”（恕谷《中庸传注问》）他们说：“性本无恶，凡恶者由于引蔽。”（习斋《存性篇》）诸如此类，许多崭新的哲理，都和宋儒主张根本不同。这个学派，李恕谷在世时候，曾很发展过一会子，后来也渐渐衰落下去了。

到东原少壮的时候，考证学——即汉学在南方已大占优势。稍为前辈的人如惠定宇、江慎修等，皆卓然自成壁垒。东原同辈的人，如钱竹汀、王西庄、纪晓岚、卢抱经、王述庵等各各以考证经史之学为一时领袖。所谓“乾嘉学派”，在这时候确立了。但我们应该注意一件事：乾嘉学派大致是由亭林“经学即理学”那句话衍出来，但亭林的确是想在“六经”中求义理；乾嘉学派则将义理搁在一边，专以研索“六经”里头的名物、训诂为学问最终目的。他们对于什么朱陆之争、儒佛之争，纯采“不理”主义。换一句话说，就是跳出哲学的圈子外，专做他们考证古典零碎工作。若勉强问他们的人生观怎么样，对于哲学上几个重要问题作何见解，我老实不客气说，他们依然是“程朱中毒”。因为个个都从八股出身，从小读熟的《集注》《或问》，早已蟠踞住他们的下意识；长大之后，浑身扑在乱书堆中，对于这些问题都不复理会，自然是由着下意识支配了。所以那时许多鼎鼎大名的学者——他们虽然口头上鄙夷宋学，我敢说一句放肆的话：“一个个都是稀稀薄薄、朦朦胧胧的程朱游魂，披上一件许、郑的外套。”那时候思想界的形势大略如此。

还有一派，是彭允初、罗台山、汪大绅这班人，对于佛教有很深的信仰，专一要做会通儒佛的工作。在当时学界也有点势力，应该附记。

东原是安徽人，生在那个时代，他所受环境的影响怎么样呢？

第一，他的乡先辈，在明清之交有两位学者：一是桐城的方密之，一是歙县的黄扶孟。两位都是讲声音、训诂学有崭新见解的人。密之是一位老名士，他的书当然人人共读。扶孟的书，是东原在四库馆时采进的，可见他很推重他。东原受了他们两位的影响，所以从小就注意声音、训诂，用力日深，便生出“由字通词，由词通道”的见解。

第二，江慎修是他及门问业的先生。对于名物、度数、测算、训诂等等学问都极深造，却又极服膺程朱之学。东原在他门下，考证工作，既受过充分的训练；对于宋儒学说，比当时的汉学家也研究得独深。（看他著述中所征引，知道他对于周、程、张、朱的书是全部细读过的。）研究结果，促成他对于宋学彻底的反动。

第三，我深信东原的思想，有一部分是受颜李学派影响而成。虽然在他的著作中一点实证也找不出来，但我觉得这件事有可能性。试大略寻一寻他的线索：一、方望溪的儿子方用安为李恕谷门生，望溪和恕谷论学不合，用安常私自左袒怒谷，是桐城方家有能传颜李学的人。东原和方家人素有往来，方希原即其一（《集》中有《与方希原书》），所以他可以从方家子弟中间接听见颜李的绪论。二、恕谷很出力在江南宣传他的学派，当时赞成、反对两派人当然都不少。即如是仲明这个人，据《恕谷年谱》知道怒谷曾和他往复论学，据《东原集》又知道他曾和东原往复论学。《仲明年谱》中也有批评颜李学的话，或者东原从他或他的门下可以有所闻。三、程绵庄是当时江南颜李学派的大师。绵庄死的时候，东原已三十岁了。他们两位曾否见面，虽无可考，但程绵庄和程鱼门是挚友，鱼门东原交情也不浅。东原最少可以从二程的关系上得闻颜李学说乃至得见颜李的书。（我还打[算]做一篇《颜习斋与戴东原》，子细讨论这个问题。）

东原既是密之、慎修的乡后学，受他们影响，成就他的考证学。他却是“十七岁即有志闻道”的人（《与段茂堂书》，见《年谱》叶三），对于哲学上许多问题，不甘以“不理”态度自满足。中年得颜李学派的帮助，再应用向来的治学方法往前探讨，渐渐便镕铸出他的“东原哲学”来了。

四、东原哲学内容一 ——客观的理义与主观的意见

以上说了一大堆话，还没有到题，真成了“博士买驴”了。如今只好剪断残言，叙述东原哲学的内容。

宋儒自命其学曰“理学”，他们所谓理，“如有物焉，得于天而具于心”（《疏证》卷上叶三），所以他们的“理”可以说是先天的超时间、空间的。他们以为学问的最高目的，全在体验出这个“理”①，所以叫作“理学”。东原以为这样讲“理”，只能谓之“意见”而不能谓之“理”。他于是在《疏证》劈头第一段先给“理”字下一个定义。他说：

> 理者，察之而几微必区以别之名也，是故谓之“分理”。在物之质曰“肌理”、曰“腠理”、曰“文理”；得其分则有条不紊，谓之“条理”。（《疏证》卷上叶一）

依这话，“理”是要从客观的事物看出来的。《诗经》说：“天生〈蒸〉[烝]民，有物有则。”“物”是事物，“则”便是理。（以秉持为经常曰“则”；以各如其区分曰“理”。）“则”存于“物”中，舍事物而言理，便非古圣贤所谓“理”了。（卷上叶三，大意）所以宋儒说“理在人心”，东原说“理在事情”。（叶五）这话有什么根据呢？他引孟子“理义之悦我心，犹刍豢之悦我口”，释之曰：“味也、声也、色也，在物而接于我之血气；理义在事而接于我之心知。”（叶六）是“理”必为客观的存在，甚明。理既凭借客观的事物而始存在，所以“事物之理，必就事物剖析至微而后能得”。（卷下叶二十）东原所谓理，大略如此。

物理之客观的剖析是容易知道的，事理要怎样才能剖析呢？东

① 《晨报副镌》1924 年 1 月 24 日，第三版。

原以为，要从“情”和“欲”上头求出来。他说：“凡事、为皆有于欲，无欲则无为矣。有欲而后有为，有为而归于至当不可易之谓理。无欲无为，又焉有理？”（卷下叶二十四）。理之来源在“为”，“为”之来源在“欲”，既已得一种假定了。怎样才能“为而归于至当不可易”呢？东原以为关键在“情”。他说：“理也者，情之之不爽失者也。自然之分理，以我之情絜人之情而无不得其平是也。”（卷上叶二）这话怎么解呢？东原之意以为：既同属人类，则“一人之欲，天下人之同欲也”。（叶二）然则我欲这件事物，知道别人也欲；我不欲的，知道别人也不欲。所以《论语》说“己所不欲，勿施于人”，《大学》说“所恶于上，无以使下；所恶于下，无以事上……”“曰‘所不欲’，曰‘所恶’，不过人之常情，不言理而理尽于此，惟以情絜情故也”。（叶五）所以断不能舍情求理，所以他又说：“通天下之情，遂天下之欲，权之而分〈理〉[厘]不爽谓之理。”（卷下叶十九）

理既从同情同欲上看出来，所以可以得有客观的万人同认之标准。东原以为必须适合此标准才是理，而不然者，则不谓之理而谓之“意见”。他说：

> 孟子云：“心之所同然者，谓理也，义也。”心之所同然者始谓之理谓之义，则未至于同然存乎其人之意见者，非理也，非义也。凡一人以为然，天下万世皆曰“是不可易”也，此之谓同然。举理以见心能区分，举义以见心能裁断。分之各有其不易之则，名曰“理”，如斯而宜名曰“义”。是故明理者明其区分也，精义者精其裁断也。不明往往界于疑似而生惑，不精往往杂于偏私而害道，求理义而智不足者也，故不可谓之理义。自非圣人，鲜能无蔽，有蔽之深、有蔽之浅者。人莫患乎蔽而自智，任其意见执之为理义。吾惧求理义者以意见当之，孰知民受其祸之所终极哉？（卷上叶三）

“各有其不易之〈别〉[则]名曰理”，是就客观的事物本身言；“如斯而宜名曰义"，是就客观的事物相互关系言；"心之所同然"，是客观的标准。

"意见"从那里来呢？东原以为离却客观的事物条理与同情同欲的公认标准，而欲从主观上别求一个先天的"理"，便是"意见"。他说："宋儒言理无不在，视之如有物焉，将使学者皓首茫然，求其物不得。"（卷上叶十六）又说："既以为理为如有物焉，则不以为一理而不可。而事必有理，随事不同。故又言'心具众理应万事'。心具之而出之，非意见固无可以当此者。"（卷下叶二十）他的意思以为，他们既说有个"理"超出事情以外，这样东西又没有法拿出来给人看，只好是闭目冥想。况且依他们这种说法，那么，这个"理"自然该是一个浑一体。无奈客观的事物，各自有各的理，浑一的话到底说不过去，于是又拿"理"和"心"结合起来，说心里头本来包藏着种种的理，你的心包藏你主观的理，我的心包藏我主观的理，这不是各人的意见是什么呢？"理与事分为二而与意见合而为一"。（卷上叶十）你想这毛病多么大呢？东原觉得这种学说害人太大，所以说道：

> 程朱以"理为如有物焉，得于天而具于心"，启后世人人凭在己之意见而执之曰理，以祸斯民。更淆以无欲之说，于得理益远，于执其意见益深，而祸斯民益烈。岂理祸斯民哉？不自知其为意见也。离人情而求诸心之所具，安得不以心之意见当之。（《答彭允初书》）

为什么这种讲理法会祸民呢？他说：

> 既人人各自以心之意见当理，于是负其气、挟其势位、加以口给者理伸。力弱、气慑、口不能道辞者理屈。呜呼！其孰谓以此制事、以此治人之非理哉？即其人廉洁自持，心无私慝，而至于处断一事、责诘一人，凭在己之意见，是其所是而非其所非。方自信严气正性嫉恶如仇，而不知事情之难得，是非之易失于

偏，往往人受其祸，己且终身不寤，或事后乃明而悔已无及。呜呼！其孰谓以此制事、以此治人之非理哉？（《疏证》卷上叶四）

又说：

……及其责以理也，不难举旷世之高节，著于义而罪之。尊者以理贵卑，长者以理责幼，贵者以理责贱，虽失，谓之顺。卑者、幼者、贱者以理争之，虽得，谓之逆。于是下之人不能以天下之同情、天下所同欲达之于上；上以理责其下，而在下之罪，人人不胜指数。人死于法，犹有怜之者；死于理，其谁怜之！（《疏证》卷上页十二）

又说：

后儒不知情之至于纤微无憾谓之理，而其所谓理，同于酷吏之所谓法。酷吏以法杀人，后儒以理杀人。浸浸乎舍法而论理，死矣，更无可救矣……圣贤之理义，即事情之至是无憾。后儒乃别有一物与生俱生而制夫事……冥心求理……天下自此多迂儒。及其责民也，民莫能〈办〉[辨]，彼方自以为理得，而天下受其害者众也。（《文集》卷九，《与某书》）

哎，这几段话读起来多么沉痛呵！天下几多不平等不自由的事，受者不知感几大的苦痛，而施者以为当然。在家庭里、社会里、国家里充满了愁痛、郁抑、愤恨、乖离，不是酿起大乱，便是把全个社会憔悴销沉下去完结！据东原看起来，一切罪恶根源，都起于误拿“意见”当作“理”。他所以不能不大声疾呼以“正人心”者，在此①。

① 《晨报副镌》1924年1月24日，第四版。

五、东原哲学内容二——情欲主义

依前段所说，可知义理和情欲不能分为二事了，所以东原说："理者，存乎欲者也。"（《疏证》卷上叶十）然而宋儒不是这般说，他们以为"不出于理则出于欲，不出于欲则出于理"，所以严辨理、欲，说君子、小人之分就在这一点。他们做学问的最终目的，是要做到"人欲净尽，天理流行"。东原以为这种话有极大的流弊，所以驳他。

东原把"欲"和"私"分别讲。依他的见解，"欲"是中性的，说不上好坏，"欲之失为私"（卷上叶十一），是因"欲"过了制限生出来的，才可以说是坏。他从这里指出儒教和佛老根本不同之处，说道：

> 圣贤之道，无私而非无欲；老庄释氏，无欲而非无私。彼以无欲成其自私者也（案：谓"自私其神识"），此以无私通天下之欲者也。（卷下叶十九）

为什么儒教不主张无欲呢？他说：

> 孟子言"养心莫善于寡欲"，明乎欲不可无也，寡之而已。人之生也，莫病于无以遂其生。欲遂其生亦遂人之生，仁也；欲遂其生至于戕人之生而不顾者，不仁也。不仁实始于欲遂其生之心，使其无此欲，必无不仁矣。然使其无此欲，则于天下之人，生道穷促，亦将漠然视之。已不必遂其生而遂人之生，无是情也。（卷上叶九）

这段话含有很深刻的真理。善恶本来不是绝对的，仁与不仁，像是两极端，其实只是从一根线上发生出来。一个"欲"字，仁与不仁都要靠做根核，所以说是中性。然则我们到底要欲不要欲呢？便先要问你要生不要生。换句话说，问你要诅咒人生呀，抑或赞美人生。东原以为老氏自外其形骸、贵其真宰，所以要"使民无知无欲"（卷上叶十八），后之释氏，其说似异而实同。吾儒不然。

> 《诗》曰："民之质矣，日用饮食。"《记》曰："饮食男女，人之大欲存焉。"圣人治天下，体民之情，遂民之欲而王道备。（叶十九）

儒教以人生为立脚点，所以一切理义都建设在体人情、遂人欲上头。佛老立脚点不同，他们主张无欲，可以自成片段。宋儒并不打算脱离人生，却杂取佛老的话主张无欲，便闹成四不像了，所以东原要驳他。

东原以为："宋儒辨理欲之说，可以生出三种大毛病。头一件，令好人难做。有生命的人类，总是要生活的，生活自然离不了物质的条件。一切行为，都起于欲望，有欲望才有行为，才说得到行为之合理、不合理。无欲无为，还有什么理？圣人教人，只要人的欲望行为皆在合理的范围内活动，所以只讲无私，不讲无欲。至于'饥寒、愁怨、饮食男女、常情隐曲之感'，虽君子也，如何免得掉？辨理欲的道学先生们，专拿这些事来挑剔，这样'责备贤者'法，一定闹到满天下没有一个够人格的人了。第二件，养成苛刻残忍的风俗。说无欲便是君子，那些理命是君子的人，一点也不体贴人情，专凭自己的'意见'就说是'理'。种种横谬举动，自己觉得'不出于欲'，便说是问心无愧。凡自己'意见'所认为非的，便说这个人是'自绝于理'，这是多么残刻啊！第三件，迫着人作伪。古圣贤替社会、国家做事，总是体贴人情，凡实生活上细微曲折的都打算周备。尧、舜忧四海困穷，文王视民如伤，那一件不是替人民谋'人欲'？辨理欲的先生们，把理和欲认为不相容的两件事，自己修养，以'不出于欲'为合理，治人当然也以'不出于欲'为合理。举凡人类物质生活极重要的事项，轻轻拿'人欲'两字抹杀去，一切不在意，专讲什么'天理''公义'，孟子说得好'救死而恐不赡，奚暇治礼义？'除却以欺伪相应，更有何法，这不是率天下跑到作伪那条路吗？"（译《疏证》卷下叶二十四、二十五，大意）。东原提倡情欲主义的理由，大略如此。简单说一句：东原所以重视情欲，不过对于宋儒之"非生活主义"而建设"生活主义"罢了。

六、东原哲学内容三——性的一元与二元

宋儒所以把理、欲看成两橛，有他们哲学上的根据，他们以为人类的“性”由两部分合成：一部分是义理之性，是善的；一部分是气质之性，是恶的。他们做学问方法，是主张“变化气质”“明善以复其初”。东原以为他们的根本错误就在此点，所以很详细地驳正他。

原来中国哲学的起原和欧洲有点不同：欧洲哲学，以求知为出发点；中国哲学，以利行为出发点。欧[洲]人说“哲学起于惊异”，这话对于他们的老祖宗希腊人怕是对的。希腊人生在风景极佳的海边，养成爱美、好奇的性质，一切学术思想，都从“惊奇”之一念孕育出来。“宇宙万有从那里来呢？”“有他实在的本体没有？”“若有，是怎么样一件东西？”“主宰宇宙的神有没有？”……诸如此类，是他们哲学上的问题，所以生出来的派别，是“宇宙一元多元”“万有唯物唯心”“有神无神”“一神多神”，等等。这些事项，都是和现实的人生距离很远，为他们“惊奇的智识欲”所驱，一步一步向前追求。中国文化，起自大平原，向极现实、极平常的方面发展。一切思想，都以现实的人生为根核，所谓“本诸身，征诸庶民”者便是。所以他们那些问题，我们一概也没有。我们哲学史上发生最早而争辩最烈的，就是“人性”问题。详细点说，是“性善”“性恶”“性无善无恶”“性有善有恶”的问题。这个问题，是一切教育、一切政治之总出发点，因为有性恶、性善主张之歧异，教育方针当然各各不同，而一切社会组织、政治设施之根本观念都随而移动。这个问题，和现实生活之直接关系如此其深切，所以无论何派哲学家都参加讨论。东原便是最近一位有力的参加者。

性的问题，为什么会这样的纠纷复杂呢？因为人类生活包含精神、物质两方面，这两方面常常发现出矛盾现象。在许多人类里头，好的人、坏的人品类千差万别，即以一个人而论，好的事、坏的事，或先后杂做，或同时并做。这种现象所以然之故，我们的哲学家都要在

"性"上头找一个交代，所以论"性"的话在我们哲学书上占最主要的部分。孔子只是囫囫囵囵地说个"性相近"，后来儒家分出来两大派，孟子斩钉截铁地说"性善"，荀子斩钉截铁地说"性恶"，他们都能举出极强的理由，煞是好看。但和孟子同时的还有三说：第一说，"性无善无不善"。这是主张性是"无记性"的（用佛典术语），说不上善或恶。第二说，"性可以为善，可以为不善"。这是主张性有做善、不善的可能性，即两方都有可能性，那么他本身当然是"无记"的了，所以这一说也可以说是由前一说引申出来。第三说，"有性善，有性不善"。这说便主张没有万人同一的性。换句话，就是认[为]性没有普遍性。当时告子说的"性犹杞柳"便是采用第二说；又说"性犹湍水"，便是采用第一说。（其实两说本有连带关系的，刚才已说过）到后来董仲舒"性禾善米"之喻，是第二说的变相；扬雄的"性善恶混"，是第一说的变相；韩愈的"性[①]有三品"，是第三说的变相。宋学未发生以前，性论的形势大略如此。

性是儒家哲学最重大的问题，因为儒家讲的是人生哲学，非解决这问题不可。别家却没有看得那么重了，所以如《老子》、如《墨子》书中关于这问题的讨论很少。自魏晋以至隋唐，道家和佛教次第在思想界占势力。他们的哲学，可以说是超人生的——非现实生活的。他们的主要问题，不在人性而在超人的"真宰""真空"。（看《疏证》卷上叶十六、十七）这个问题本来不应该和性的问题混在一块讲的，宋儒受佛老学说的影响很深，却又不肯把儒家面目抓破，勉强想要会通，所以越弄越糊涂。（看《疏证》卷上叶十九、二十，卷中叶四、叶五、叶十九）。宋儒要把"真宰""真空"放在人性里头，却是"食色性也"的性，事实上无论如何也不能否认。他们没有法子，只好把性分为两橛；说是"有义理之性，有气质之性"。这种主张，我们给他起一个名字叫作"性的二元论"。

---

① 《晨报副镌》1924年1月25日，第一版。

性的二元论，在哲学界当了专制帝王将近一千年，对于他举叛旗的头一位是颜习斋，第二位便是戴东原。东原说：

> 宋儒以理为“如有物焉，得于天而具于心”，人之生也，由气之凝结生聚，而理则凑泊附着之。（原注：“朱子云：‘人之所以生，理与气合而已。天理固浩浩不穷，然非是气则有是理而无所凑泊。故必二气交感凝结生聚，然后是理有所附着。’”）因以此为完全自足。（原注：程子云：“圣贤论天德，盖自家元是天然完全自足之物。”）……其所谓理别为凑泊附着之一物，犹老、庄、释氏所谓“真宰”“真空”之凑泊附着于形体也。理既完全自足，故不得不分理、气为二本而咎形气。盖其说杂粹傅合而成，令学者眩惑……（《疏证》卷上叶十七、叶十九）。

“分理气为二本”，即我所谓性的二元论便是。这种二元论，据东原看来，是有历史的。他说：老、庄、释氏所谓“道”，专主所谓神者为言，目的要使神离形体而长存。（原注：老氏言长生久视，以死为返其真。所谓长生者，形化而神长存也。释氏言不生不灭。所谓不生者，不受形以生也；不灭者，即其神长存也。）所以歧而分之，内其神而以形体为传舍。他们的结论，归到分血气（物质的）、心知（精神的）为二本。荀子“性恶”之说，于一般人的心知外，别提出一个“礼义的圣心”，虽能合血气、心知为一本，然而别有一个礼义之本，也是二本。到程朱也是合血气、心知为一本，却又别增一本。所别增的一本，荀子说是圣人特别给我们的，所以叫作“圣心”；程朱说，是天特别给我们的，所以叫作“天理”。其实程朱之学皆借阶于老释，仅仅以一理字易其所谓“真宰”“真空”，而余无所易。（节译《疏证》卷上叶二十及叶二十三、二十四）又说：老释就一身分言之，有形体、有神识，而以神识为本。推而上之，以神为有天地之本。遂求诸无形无迹者以为实有，而视有形有迹为幻，故别形神为二本。宋儒以形气、神识同为己之私，而理得于天。推而上之，于理气截之分明，以理当其无形无迹之实有，而视有形有迹为粗，故别理气为二本。（卷中叶四）东原大反对这种二元论，说道：

> 天下惟一本，无所外。有血气则有心知，有心知则学以进于神明，一本然也。有血气心知，则发乎血气心知之自然者明之、尽之，使无几微之失，斯无往而非仁义，一本然也。苟岐而二之，未有不外其一者。（《疏证》卷上叶二十四）

性善、性恶，本来两方面都持之有故、言之成理。赞成那方面，原可听人自由。最不可解答者：宋儒口口声声推尊孟子，但把他们的话综合起来，倒反和荀子得同一的结论。东原是主张性善说的人，所以不得不和他们争辩。《礼记》有“人生而静，天之性也。感于物而动，性之欲也”几句话，程子因说：“人生而静以上〈上〉不容说。才说性时，便已不是性。”朱子又引申之说道：“人生而静以上，是人物未生时，止可谓之理，未可名为性，所谓‘在天曰命’也。才说性时，便是人生以后，此理已堕在形气中，不全是性之本体矣，所谓‘在人曰性’也。”（卷中叶十七引）这两段话都是宋学先生们认为最精深玄妙的。我们读起来，当然会联想到老子说的“有物混成，先天地生”，禅宗说的“看取父母未生前面目”那些话来。你想，这是离人生问题多么远啊！和儒家哲学的根本精神，岂有一毫相像？东原驳他们道：

> 如其说，是孟子乃是〈进〉溯人物未生、未可名性之时而曰“性善”。若就名性之时，已是人生以后，已堕在形气中，安得断之曰“善”？由是言之，将天下古今惟上圣之性不失其性之本体，自上圣而下，语人之性，皆失其性之本体。是孟子言“人无有不善”者，程子、朱子乃言“人无有不恶”！其视“理”俨如有物，以“善”归“理”，虽显遵孟子“性善”云云，究之孟子就人言之者，程朱乃离人而空论夫理……孟子不曰“性无有不善”而曰“人无有不善”。“性”者，飞潜动植之通名。“性善”者，论人之性也。

……举凡品物之性，皆就其气类别之……舍气类更无性之名。医家用药，在精辨其气类之殊，不别其性则能杀人。使曰“此气类之殊者已不是性”，良医信之乎？试观之桃与杏，取其核而种之，萌芽甲坼根干枝叶，为华为实，形色臭味，桃非杏也，杏非桃也，无一不可区别。由性之不同是以然也。其性存乎核中之白——即俗呼桃仁、杏仁者，形色臭味无一或阙也……何独至于人而指夫分于阴阳五行以成性者，曰“此已不是性也”，岂然哉？（《疏证》卷中叶十七、十八）

这段话的后半，拿桃仁、杏仁作比，说明性是整个的、单一的，不是凑合的外加的，最合真理。（杜里舒的生物哲学，只是发明此理。）宋儒乃于血气心知以外，别加上一件东西名之曰“理”，而这个理又在“人生而静以上”，明明不是本来所有的了。所以颜习斋说：“徒令人歆其所本无，而憎其所本有。”（《存性篇》）东原说：“宋儒为什么另截出一‘理义之性’而别归之于天呢？他们的意思以为，若说‘理’是由别处来，则‘理’像是我所本无；说‘理’是天给我的，便可以算得是本有。但既是本有，何以又须加学问去穷他、明他、存他呢？岂不是矛盾吗？所以又说是为气质所污坏，以便言本有纪转而如本无。因此便把‘性’的名移到‘理’上头，而气化生人生物适所以病‘性’了，岂不可怪！”（译卷中叶十八、十九，大意）须知习斋、东原这些话不是和宋儒争闲气，因为这是教育学上绝大问题。孔子说：“人能弘道，非道弘人。”依宋儒的说法，便要靠外来的一个道来弘人，相去多么远呢？

七、东原哲学内容四——命定与自由意志

命定与自由意志，是哲学上很重要的问题，这两件事像是绝对不相容。东原是两说都主张而令他不矛盾，他释“命”字之定义道：“如听于所制者然，之谓命。”（《原善》上，《文集》卷八叶四）又说：“据其限于所分而言谓之命。”（《疏证》卷下叶一）他还有较详细的解释，道：

凡“命”之为言，如命之东，则不得而西，皆有数以限之，非受命者所得逾……譬于大树，有华、实、叶之不同，而华、实、叶皆分于树[①]。形之巨细、色臭之浓淡、味之厚薄，又华与华不同，实与实不同，叶与叶不同。一言乎分，则各限于其所分。取水于川，盈罍、盈瓶、盈缶，凝而成冰，其大如罍、如瓶、如缶，或不盈而各如其浅深。水虽取诸一川，随时与地，味殊而清浊亦异，由分于川，则各限于所分……(《答彭允初书》，《文集》卷八叶四)

他说命定的意义大略如此。东原的文章，没有一个字不经过斟酌。他说“如听于所制者然”，显得并不是有什么造化主在那里宰制，却是像似有的样子。他所讲命定，全是“分限”的意思。分限从那里来呢？一曰遗传的分限，如树的华、实、叶之喻便是；二曰环境的分限，如水随时随地而异味、殊清浊之喻便是；三曰受动的——即别方面的动作加于我的分限，如水被汲于罍、瓶、缶之喻便是。这三种分限，我们都是不能不承认的。虽不是有什么造化主在暗中扯线叫我们如此如此，但我们在这几个分限的圈子内，没有法子跳出，比方任凭你怎样的讲求养生，你断不能活到一百五十岁。这种法则，叫作命定。

既有这种命定，然则我们种种活动不是白饶吗？又不然。孟子说：“口之于味也，目之于色也，耳之于声也，鼻之于臭也，四肢之于安佚也，性也，有命焉，君子不谓性也。仁之于父子也，义之于君臣也，礼之于宾主也，智之于贤者也，命也，有性焉，君子不可谓命也。”这段话向来最称难解。宋儒因说“气质之性，君子有弗性者焉”，借来替他们的性的二元论做武器。东原解得最好，他说：

……“谓”，犹云借口耳。君子不借口于性以逞其欲，不借口于命之限之而不尽其材。“不谓性”非不谓之为性，“不谓命”非

① 《晨报副镌》1924年1月25日，第二版。

不谓之为命。(《疏证》卷中叶二十二)

他的意思以为:耳、目、声、色之欲,越享用丰富越好,固然是人性所同然;但有环境、地位种种限制,不能借口于性,说是我该享用的,便求分限外的享用。仁、义、礼、智种种美德,有人得天独厚,做得很圆满,别的人为才质所限,比不上他。例如颜渊闻一知十,子贡闻一知二,我们或者闻十不能知五,岂不是智的分限吗?所以说是“命也”;但我们毕竟有能知之性,所以说“有性焉”。不能因为分限不如人,就不复求知,所以说“不谓命”——不借口于分限:虽有性而不借口于性以抹煞命,是承认命定说,叫人安心在遗传环境之下做分内事。虽有命而不借口于命以抹煞性,是承认自由意志说,叫人常常向上一步实践道德责任。这便是东原的意思。

八、东原哲学内容五——宇宙观(暂阙)

(这一节我是为时候不够,赶不及做,容将来再补成。学者若想自己研究,可看《文集》卷八叶一至三的《法象论》,叶四至五的《原善》上,《疏证》卷中叶一至四的“天道”条)。

九、东原哲学内容六——修养实践谈

前文说过,中国哲学以利行为出发点,东原当然也是如此。他极力阐发孟子性善之旨、积极的修养方法,不外“扩而充之”那句话。他著书中关于这一点,也有许多精语,但都是引申孟子的话,今不多述了。现在有一个紧要问题:依他说,人性皆善,性善的为什么会为恶?宋儒归咎气质,他既不以为然,那么,其咎究竟在何处?既已会为恶,怎样地对治那恶?宋儒讲的主静立极、格物穷理种种方法,他既不以为然,那么,该用什么方法?如今请看东原解答这个问题。他说:

人之不尽其才，患二：曰私；曰蔽。私也者，其生于心为溺，发于政为党，成于行为慝，见于事为悖、为欺，其究为私已；蔽也者，其生于心为惑，发于政为偏，成于行为谬，见于事为凿、为愚，其究为蔽已。凿者其失为诬，愚者其失为固，诬而罔省施之事亦为固。悖者在事为寇虐，在心为不畏天明。欺者在事为诡随，在心为无良。私之在下愚也，为自暴。蔽之在下愚也，为自弃。自暴自弃，夫然后难与言善。

去私莫如强恕，解蔽莫如学。(《文集》卷八叶七，《原善》下)

这一段是东原全部著述中极紧要的话，虽然文字太过简洁古奥，读下去还可以了解，我也不多加注释了，现在要详述他"去私""解蔽"两义。

"私"的来源在那里呢？他说："私生于欲之失。"(《疏证》卷上叶十一)又说："得乎生生者仁，及于是而害仁之谓私。"(《原善》下)人类之有欲望，是东原所承认的而且尊重的，因为仁的动机全从这里来；虽然，用之不得其当，却会生出不仁的结果。因为爱自己才有欲，爱便是仁的根核；但爱自己很容易弄到损人利己，所以也会趋到不仁。(看《疏证》卷上叶十)怎么才能除却那"欲之失"以去私呢？他说："人之知，小之能尽美丑之极致，大之能尽是非之极致。然后遂己之欲者，广之能遂人之欲；达己之情者，广之能达人之情。"(《疏证》卷下叶三)《乐记》说："感于物而动，性之欲也。不能返躬，天理灭矣。"东原解释道："及其感而动，则欲出于性。一人之欲，天下人之同欲也。故曰'性之欲'。遂己之好恶，忘人之好恶，往往贼人以逞欲。返躬者，以人之逞其欲，思身受之之情也。"(同上叶二)如是则"以我之情絜人之情而无不得其平"(同上)，这就叫作"强恕"。能恕，私自然会去，结果则"不私，即其欲皆仁也"。(卷下叶三)

以上讲"去私"的话，比较上也不过平平。其实，东原所最注重者，还在"去蔽"。他说："求去私不求去蔽，重行不先重知，非圣学也。"(卷下叶二十三)前文所引"人之知能极是非之致……"也可见连

“强恕”都是由“知”而来。所以“去蔽”是东原的修养第一义。

“蔽”的来源在那里呢？他说“蔽生于知之失”（卷上叶十一），又说：“得乎条理者智，隔于是而病智之谓蔽。”（《原善》下）又说：“朱子屡言‘人欲所蔽’，以为无欲则无蔽，非《中庸》‘虽愚必明’之道也。有生而愚者，虽无欲亦愚也。欲之失为私，不为蔽；自以为得理，而所执之实谬，乃蔽。”（卷上叶十一）又说：“宋儒曰‘人欲所蔽’，故不出于欲则自行无蔽。古今不乏严气正性、疾恶如仇之人，是其所是而非其所非，执显然共见之重轻，实不知有时权之而重者于是乎轻，轻者于是乎重，其是非轻重一误，天下受其祸而不可救。”（卷上叶十九）合这几段话看来，东原所谓“蔽”者，莫过于不顾客观的事情，而专凭主观的意见。他常说：“不以人蔽己，不以己自蔽。”（《文集》卷九，《答郑用牧书》）其实人苟真能不以己自蔽，那里会被人所蔽呢？所以蔽皆起于主观。

他说“解蔽莫如学”，怎样学法呢？他说：“最要体会孟子‘条理’二字。得其条理，由合而分，由分而合，则无不可为。”（《年谱》页四十五）拿现在话讲，即专从客观的虚心研究事物条理，综合一番又分析一番，分析一番又综合一番便是。不独如此，他还说：“明理者，明其区分也；精义者，精其裁断也。”（《疏证》卷上页三）综合分析都是“明其区分”的工夫，是偏重客观方面；还要“精其裁断”，便是看主观的判断力如何。不过这[①]种裁断，与区分工夫并行，自然和纯粹主观的意见有别了。

学为什么能去蔽呢？东原以为，学的功用在训练自己心知的官能。他说：“闻见不可不广，而务在能明于心。一事豁然使无余蕴，更一事而亦如是。久之，心知之明进于圣智，虽未学之事，岂足以穷其智哉？”（《疏证》卷下叶二十一）每研究一件事理，务要正面、反面、平面、侧面都观察到，求其彻底了解。这种工作，并不专为这一件事，是

① 《晨报副镌》1924 年 1 月 25 日，第三版。

要借来磨练我智慧,磨练多次,自然会成一个有智慧的人;所以他又说:“知得十件而都不到地,不如知得一件却到地也。”(《年谱》叶四十五)他于是极言学问功用之大,说道:

> 人之血气、心知,性也。血气资饮食以养,其化也,即为我之血气,非复所饮食之物矣;心知之资于问学,其自得之也亦然。以血气言,昔者弱而今者强,是血气之得其养也;以心知言,昔者狭小而今也广大,昔者暗昧而今也明察,是心知之得其养也:故曰“虽愚必明”。人之血气心知,往往不齐,得养不得养,遂至于大异。苟知问学犹饮食,则贵其化不贵其不化。记问之学,入而不化者也。自得之则居之安、资之深、取之左右逢其源,我之心知极而至乎圣人之神明矣。(《疏证》卷上叶九)

他所谓“解蔽莫如学”的大旨,大略如是。这些话骤看过去像是专从智识方面讲,无与于德性,其实不然。东原意思以为:天下罪恶起于蔽者什而八九,不蔽,则几于至善了。(《原善》下,末段大意)从这一点说,也可以说东原哲学是“新知行合一主义”。东原说:

> 儒者之学,将以解蔽而已矣。解蔽斯能尽我生,尽我生斯欲尽乎义命之不可以已。欲尽乎义命之不可以已,而不吾慊志也。吾之行已,要为引而极之当世与千古而无所增,穷居一室而无损。(《文集》十一,《沈处士戴笠图序》)

读这几句话,不独可以见出东原精粹的学术,并可以见出他俊伟的人格了。

十、东原哲学的反响(暂阙)

我要向读者告罪,因为我这篇文章,还没有做成。我对于这回东原生日纪念本打算做五篇论文:一是《东原先生传》,二是《东原著述考》，三是《东原哲学》，四是《东原治学方法》，五是《颜习斋与戴东原》。因为校课太忙，始终没有空执笔。其初本是在旧历十二月二十四日举行的，后来议定换算阳历，忽然提早十天，我越发赶不过来。现在已成三篇，都是尽十天工夫赶的。这一篇《东原哲学》，我是接连三十四点钟不睡觉赶成。〈胜〉[剩]下两节，实在没有法儿赶了。像这样草草属稿，如何能有称心文字？我觉得对不起东原，又对不起读者，容改日补过罢。我睡觉去了！

十三年，一月十九日，午前三时，启超[①]

---

① 《晨报副镌》2024 年 1 月 25 日，第四版。亦载于《戴东原二百年生日纪念论文集》(明明印刷局，1924 年)，此据前者录之。

东原图书馆缘起

梁启超

戴东原先生为前清学者第一人，其考证学集一代大成，其哲学发二千年所未发。虽仅享中寿，未见其止，抑所就者固已震铄往祀、开拓来许矣。岁癸亥十有二月二十四日为先生二百年生日。邦人士正谋所以讲明先生之学而衍其绪者，而东原图书馆亦于是经始焉。馆在休宁之隆阜，故先生读书处也，今为安徽第四女子师范学校。校长程君仲沂及奉职斯校之诸君子低回遗躅、观感实深，谓："名贤歌哭钓游之所，仅百余年而零落弇僿至此，乡后学之耻也。"夫岂惟其乡人，举国后学与有责焉已耳。于是胥谋设此馆，先收集先生著述、编订之书已成未成者悉致之，以次及先生所曾读之书，更进则先生愿见而未得见之书皆将网罗焉。夫一国中所贵有大师者，非谓其能尽治天下之学而造其极也，彼其人格足以为后进模楷，其于学能引端绪，使人由其涂焉以隅反而孟晋，则其所绳继而浚发者无穷极已。东原先生则正其人也。史公适鲁观孔子衣冠、琴、车、书，迟回留之不能去。后之履斯馆者，其亦同兹向往也欤[1]。

△ 东原图书馆募捐办法

一、本图书馆为戴东原先生二百周年纪念之建筑物，故定名为"东原图书馆"。

---

① 《晨报副镌》1924 年 1 月 25 日，第四版，附《东原图书馆募捐办法》。

二、本图书馆设在安徽省立第四女子师范学校内，以与该校互助合作为原则，但图书馆为独立机关。

三、本图书馆应有图书如下：

（一）东原先生本人之著作；

（二）东原先生参与之著作；

（三）其他与东原先生有关系之著作；

（四）师范学校应用之图书杂志报章；

（五）公众阅览之图书、杂志、报章，得视经济状况逐渐增备。

四、本图书馆募集金额为六万元。约以二万元为建筑费，二万元为第一次购备图书、杂志、报章费，二万元为逐年生息，维持扩充之基金。

五、致谢办法

（一）凡捐款、捐书均于结束时登报鸣谢；

（二）凡捐款、捐书上百元的均镌名永留纪念；

（三）凡捐款上千元的除（一）（二）两纪念外，并悬挂本人摄影纪念；

（四）本图书馆内设藏书楼、阅书厅、办公厅，等等。捐款上万元的除（一）（二）（三）项纪念外，即以捐款人的别号或他指定纪念的人的别号命名称为某某楼、某某厅；

（五）除上列各项纪念外，本图书馆依据捐资兴学褒奖条例，陈请政府分别给奖。

六、本图书馆设董事会监督馆务。董事十五人，由发起人及捐款人通信公推。会章另订。

七、收款处公请各埠中国银行担任。无中国银行之地方，公请屯溪程仲沂君担任。

八、收款据用三联单：一为收据，交捐款人收存；二为报告，由经募人交安徽屯溪第四女子师范程仲沂君收存；三为存根，由经募人自行收存。收款据印一千本，分送经募人使用。

九、募得之款由经募人即行用“东原图书馆”名义存交各埠中国银行，或径寄屯溪程仲沂君收。

发起人

范源濂	许世英	金猷树
洪有丰	熊希龄	江朝宗
江彤侯	陶行知	严　修
蒋梦麟	孙　洛	胡　适
梁启超	张广建	吴兴周
余鲁卿	程宗泗[①]	

① 《晨报副镌》1924年1月25日，第四版。

中国心理学史上的戴震

汪　震

今天是戴东原先生的生辰,我们研究心理学的人不能不把中国的大心理学家戴东原的学说表彰一下。我在十二年十月十日的《晨报副刊》上登出一篇《戴震的心理学》,已经把戴东原先生的心理学介绍了,但是那一篇文章只举出戴氏心理学的内容,至于历史上的地位等等都一字不曾提及。我今天就是要作这一件事情了。

我想,关于评判的方面,说空话是无用的,不如索性把戴氏的思想之传统与派别一发举列出来,容读者自己去估价评判好了。

中国的心理学的发生是一个很大的问题,但是有一种思想可以信为是从远古传下来的学说,如

> 《左传》昭公七年:"子产曰:'人生始化曰"魄"。既生魄,阳曰"魂"。用物精多则魂魄强,是以有精爽至于神明。匹夫匹妇强死,其魂魄犹能冯依于人以为淫厉。'"
>
> 《易·系辞》:"精气为物,游魂为变。"

心理学是"人的科学",最初研究人的天性的人,可以考见的有世硕。王充《论衡》说:

> 周人世硕以为人性有善有恶。举人之善性,养而致之,则善长;恶性,养而致之,则恶长。如此,则性各有阴阳,善恶在所养焉。故世子作《养书》一篇。(《本性》)

东周以后,学术发展,以教育家自命的儒家便不得不研究人的心

理了。孔丘说：

性相近也，习相远也。

孔丘的弟子也是讲性的，王充说：

〈密〉[宓]子贱、漆雕开、公孙尼子徒亦论情性，与世子相出入，皆言有善有恶。

孔丘之后，门弟子对于心理有零碎的研究，结果开出两大派来：一、孟轲，二、荀卿。

孟轲的心理学不能详细述说，不过他有两处特点：(一)性是善的，因为才与情是善的；(二)孟轲指出来人的心理上有一种“浩然之气”(伦理的情操)。

荀卿是一位大心理学家，恐怕在古代心理学史上，他是最伟大的一个人物。他对于“性”下的定义是：

性者，天之就也。(《正名》)
生之所以然者，谓之性。(《正名》)
性者，本始材朴也。(《礼论》)

又说：

性之好、恶、喜、怒、哀、乐，谓之情。情然而心为之择，谓之虑。心虑而能为之动，谓之伪。(《正名》)

荀卿对于心的功用也很有研究，但是我在这里只能举出几点了。荀卿说：

心者，形之君也，出令而无所受令。(《解蔽》)

荀卿论“意志”是：

人生而有知，知而有志。志也者，臧也。（《解蔽》）

荀卿论“注意”是：

心卧则梦，偷则自行，使之则谋。（《解蔽》）

心枝则无知。（《解蔽》）

荀卿论“辨别”与“判断”是：

心生而有知，知而有异。异也者，同时兼知之。同时兼知之，两也。然而有所谓壹。不以此一害彼一，谓之壹。（《解蔽》）

荀卿论“感觉”是：

形体色理以目异，声音清浊调节奇声以耳异，甘苦咸淡辛酸奇味以口异，香臭[芬]郁腥臊洒酸奇臭以鼻异，疾养沧热滑铍轻重以形异。（《正名》）

荀卿论“感觉的变态”是：

冥冥有行。见寝石以为伏虎也，见植林以为后人也，冥冥蔽其明也。醉者，越百步之沟以为跬步之浍也，俯而出城门以为小之闺也，酒乱其神也。厌目而视者，视一以为两；掩耳而听者，听漠漠而以为汹汹，执乱其官也。故从山上望牛者若羊，而求羊者不下牵也，远蔽其大也；从山下望木者，十仞之木若箸，而求箸者不上折也，高蔽其长也。水动而景摇，人不以定美恶，水执玄也。瞽者仰观而不见星，人不以定有无，用精惑也。（《解蔽》）

荀卿研究心理的结果，以为人的性是恶的。他的理由是：

今人之性：生而有好利焉，顺是，故争夺生而辞让亡焉；生而有疾恶焉，顺是，故残贼生而忠信亡焉；生而有耳目之欲，有好声

色焉，顺是，故淫乱生而礼义文理亡焉。（《性恶》）

又说：

欲者，情之应也。（《正名》）

人之情，食欲有刍〈养〉[豢]，衣欲有文绣，行欲有舆马，又欲夫余财蓄积之富也。（《荣辱》）

夫好利而欲得者，此人之情性也。（《性恶》）

所以必然是：

然则从人之性，顺人之情，必出于争夺，合于犯分乱理而归于暴。（《性恶》）

孟轲以为情是善的，所以说性善。荀卿以为情是恶的，所以说性恶。这是古代学术史上的一个大战争。

墨家的心理学，其详细已不能考见，《墨经》中很有些精彩的短句。《民铎》去年第四号登出一篇《墨子的心理学》，张纯一作出一本《墨学分科》，对于墨家的心理学都有很好的介绍，我在这里只举出几条如下：

【经上】：知，接也。【说】：知也者，以其知遇物而能貌之，若见。

以上论"感觉"。

【经上】：智，明也。【说】：智也者，以其论物，而其知之也著，若明。

以上论"知觉"。

【大取】：意楹，非意木也，意是楹之木也。意指之人也，非意人也。意获也，乃意禽也。

以上论“记忆”。

【经上】：必，不已也。【说】：必，谓台执者也。若弟兄，一然者，一不然者。必，不必也，是非必也。

以上论“意志”。

【经上】：卧，知无知也。

以上论“下意识”。

【经上】：利，所得而喜也。害，所得而恶也。

以上论“感情”。

【经上】：力，形之所以奋也。

以上论“运动”。

在东周以后，据我们所可考见的，荀卿与《墨经》这两派心理学占最重要的位置。两派各有各的供献，各有各的发明。不过这两派以后都衰微下来，《墨经》尤甚，直到现在有许多还弄不清楚，这是一件憾事。

我总结一句，东周时代是中国心理学的萌芽时代，各种心理学的名词都制造出来了，至于心理上的因果律，及更精密的组织，还是很少。

当时心理上的名词，有在几家的心理学上是不谋而合的，有彼此不相同的。如“虑”：

【经上】：虑，求也。【说】：虑也者，以其知有求也，而不必得之，若睨。

【荀子·正名】:情然,而心为之择,谓之虑。

以上这两条定义,从心理学的眼光看来是指的一种心理作用。又如:

【经上】:知,接也。

【易·系辞】:神以知来,知以藏往。

《墨经》的"知"是说"感觉",《易经》的"知"的范围又比感觉广了,这一点在心理学上是有区别的。

总结以上所说,东周以后有几种心理名词是大家公认的。我摘要举出几个如下:

性		Nature
情	本能	Instincts
	感情	Emotions
欲	本能	Instincts
	欲望	Desire
心		Mind
知	感觉	Sensation
	知觉	perception
	理性	Intellect(?)
意	思想	Thought
	印象	Image
	回忆	Recollection
	观念	Idea
才	本能	
	能力	Capacities
物	刺戟	Stimulus
气、身	有机体	Response-organ

(《礼记·内则》"养气体",《孟子》"气,体之充也……今夫蹶者、趋者是气也,而反动其心。")

东周心理学的萌芽,便是后来心理学的基础。戴东原先生是承继儒家心理学的人,他是承继孟子及其他儒家的心理学的人,他对于荀卿虽然不能说没有影响,但是他的心理学不属于这一系,所以对于荀卿的许多的精采的地方,没有什么补充与发明。

东周过了,强秦统一,什么学术也都无声无臭了。汉朝还有师傅弟子,但是他们都振作不起来。西汉的董仲舒、刘向、扬雄,对于心理学都没有供献,反而越讲越乌烟瘴气了。我把班固的"论性"举在下面,这一种理论很可以代表汉朝人讲学的色彩。

《白虎通·德论》:

> 情性者,何谓也?性者阳之施,情者阴之化也。人禀阴阳气而生,故六怀五性六情……性所以五,情所以六者何?人本含六律五行而生,故内有五藏六府,此情性之所由出入也……五藏者何也?谓肝、心、肺、肾、脾也……肝仁,肺义,心礼,肾智,脾信也。肝所以仁者何?肝,木之精也。肺所以义者何?肺,金之精也。心所以礼者何?心,火之精也。肾所以智者何?肾,水之精也……

人的性所以有仁、义、礼、智、信的原故,因为人有肺、肝、肾、心、脾,因为肺、肝、肾、心、脾是金、木、水、火、土之代表,所以有仁、义、礼、智、信之德。这种生理的心理学,未免太离奇了。很可惜的,东周以后的才萌芽的心理学到了汉朝人的手里完全被这一种东西充塞阻碍,不得再有进步了。虽然汉朝的末年出来了一位大逻辑家王充,但是王充对于心理学也没有供献。

佛学东来,执了思想界的牛耳。一方面,马、郑的注疏之学渐渐使学者的优秀分子失其所望,于是一般优秀分子都出而学佛。佛与儒的不同之处，宁可信佛，也不信儒。这个时候全国的思潮，都纳于佛教的学说之下。学者对于儒家的怀疑，即是思想解放，所以当时学者对于儒、佛的辩论极多，这个时候儒家的心理学完全失势了。颜之推的《归心篇》，可以代表当时学者怀疑儒者的言论。这一篇虽然说的不是心理学，然而却可以看出来当时学者对于儒的态度一〈班〉[斑]了。颜说：

天遥大之物，宁可度量？今人所知，莫若天地。天为精气，日为阳精，月为阴精，星为万物之精，儒家所安也。星有坠落，乃为石矣。精若是石，不可有光。性又质重，何所系属？一星之径，大者百里，一宿首尾相去万里；百里之物，数万相连，阔狭从斜，常不盈缩。又星与日光，色同耳，但以大小为其等差，然而日月又当石邪？石既牢密，乌兔焉容？石在气中，岂能独运？日月星辰，若皆是气，气体轻浮，当与天合，往来环转，不得错违，其间迟速，理宁一等。何故日、月、五星、二十八宿各有度数，移动不均，宁当？……天地初开，便有星宿。九州未画，列国未分，剪疆区野，若为躔次，封建以来，谁所制割？国有增减，星无进退，灾祥祸福，就中不差，悬象之大，列星之夥，何为分野止系中国？昴为旄头，〈胸〉[匈]奴之次，西胡东夷，雕题交趾，独弃之乎？……儒家说天，自有数义，或浑或盖，乍穹乍安，斗极所周，苑维所属，若所亲见，不容不同。若所测量，宁足依据？(《广弘明集》)

这种对于儒家宣战的文章，可以使儒家的权威扫地了。儒家的权威一倒，佛家的权威便代兴了。所以，颜之推又说：

何故信凡人之臆说，疑大圣之妙旨，而欲必无恒沙世界、微尘数劫乎？(同上)

以上这一段话，六朝时代一种欢迎印度文化的思潮已经跃然纸上了。六朝至于唐代，都是印度文化的全盛时期。这个时候，儒家自汉武以来所立的权威完全被印度思潮推翻了。所以,春秋以后儒家遗留下的一点心理学也就无人过问了。

但是“物极必反”,唐末以后有一个大发明出现:学者到了这个时代,能辨别出来周秦思想与两汉思想的异同来,以为周秦自周秦,两汉自两汉,先圣的学说不即是汉儒的解释。这一个大发明的结果是使古学重昌。在唐末时期所能知道的有啖助、赵匡等人,他们便是这一种发明上的人物。

宋朝的学术是打破汉儒的周秦,去探讨周秦的周秦,也可以谓之“文艺复兴运动”,或“复古运动”。在心理学上虽然未能将完全的周秦心理学发明出来,然而却有一部分的成绩,并且自己的创造的地方也很有可观。在濂、洛、关、闽之先,王安石便是心理学上的重要人物的。

王安石是一位大心理学家,他的论说很有许多有价值的地方。如说:

> 气之所禀命者,心也。视之能必见,听之能必闻,行之能必至,思之能必得,是诚之所至也。不听而闻,不视而明,不思而得,不行而至,是性之所固有而神之所自主也。

以上的话把心理学的“强迫注意”与“自由注意”便发明出来了。又说:

> 神生于性,性生于诚,诚生于心,心生于气,气生于形,形者有生之本。

以上的话在心理学里便是论身心的关系。又说:

> 夫狙猿之形,非不若人也。欲绳之以尊卑,而节之以揖让,则彼有趋于深山大麓而走耳。虽威之以威,而驯之以化,其可服邪?以谓天性无是而可以化之使伪耶?则狙猿亦可使为礼矣。

以上的话虽然是驳荀卿而说的，但是在心理学上却也是很重要的言论。不过王安石所创造的一种心理学没有人继续研究，所以没有进步，这是一件很可惜的事。

宋朝的周敦颐、程颢、程颐，都是神秘主义的哲学家，他们所议论的在心理学上都没有什么重要。他们说的有许多的话是很像心理学上的话，但是严格地一考察，只还是哲学上的话，并不算心理学上的话。如说：

> 见闻之知，乃物交而知，非德性所知。德性所知，不待于闻见。
>
> 闻见之知，非德性之知。德性所知，不由闻见。（《二程粹言》）

其余的谈天说性的地方，除去“形而上”的以外，便是乌烟瘴气了。如说：

> 气外无神，神外无气。（《明道语录》）

这便是极端的神秘主义的哲学，不是心理学。又如说：

> 在此而梦彼，心感通也。已死而梦见，理感通也。（《二程粹言》）
>
> 圣人无梦，气清也。愚人多梦，气昏也。（同）
>
> 草木在下，因升降而食土气。动物却土在中，脾在内也。非土则无由生。（《二程遗书》卷二上）

这种乌烟瘴气的学说更不是心理学了。

在宋儒当中，除去朱熹之外，张载是一位教育心理学家，他在心理学上也有许多的供献。他说：

> 心所以万殊者，感外物为不一也。

寤，形开而志交诸外也。梦，形闭而气专乎内也。寤所以知新于耳目，梦所以缘旧于习心。医谓“饥梦取饱梦”，与凡寝梦所感，语气于五藏之变，容有取尔。

张载的教育心理学在中国心理学史上是独创一帜的，也是中国几千年所没有的。他说：

勿谓小儿无记性，所历事皆不能忘。

学者不论天资美恶，亦不专在勤苦，但观其趣向养心处如何。

又说：

气者自万物散殊时，各自有所得之气。习者自胎胞中以至于婴孩时，皆习也。(《语录》)

张载的实地观察，给中国的学术史上增加了许多的心理的事实。张载之后，便是朱熹。

朱熹是宋儒当中最伟大的一个人物，他又是一位大哲学家，又是大教育家、大心理学家。他的心理学，在中国心理学史上占极重要的位置。

朱熹的学问的特色是能把周、张、程、邵各派的学问融合为一，组织有系统的宋学，所以朱熹的学说即可以代表宋学的全体。

朱熹对于心理学有极大的供献，简单说来，约有二端：(一)研究的对象广大；(二)散乱的材料加以组织。

关于(一)，朱熹是第一个心理学家，用比较的研究法。他说：

凡物有心，而其中必虚。如饮食中鸡心、猪心之类，切开可见，人心亦然。只这些虚处，便包藏许多道理，弥纶天地，该括古今，推广得来，盖天盖地，莫不由此。此所以为人心之妙欤！(《全书》四十五)

这一段话虽然是牵强附会，但是他所用的比较的方法却不得不承认。他还有比较得很精采的地方，这一种比较便开出戴东原的心理学来。朱熹说：

天之生物，有有血气知觉的，人兽是也；有无血气知觉而但有生气者，草木是也；有生气已绝而但有形质臭味者，枯槁是也。是虽其分之殊，而其理则未尝不同；但以其分之殊，则其理之在是者不能不异。故人为最灵而备有五常之性，禽兽则有而不能备，草木枯槁则又并与其知觉者而亡焉。但其所以为是物之理，则未尝不具耳。（卷四十二）

又说：

身之中，里面有五脏六腑，外面有耳、目、口、鼻、四肢。这是人人都如此。存之为仁、义、礼、智，发出来为恻隐、羞恶、恭敬、是非。人人都如此，以至父子、兄弟、夫妇、朋友、君臣亦莫不皆然。至于物亦莫不然，但其物拘于形、拘于气而不变。然亦就他一角子有发见处看，他也自有父子之亲，有牝牡便是有夫妇，有大小便是有兄弟。就他同类中各有群众，便是朋友；亦有主脑，便是有君臣。只缘本来都是天地所生，共这根蒂，所以大率多同。（卷四十二）

朱熹的这一种研究，开出来戴东原的比较观察。戴东原说：

气运而形不动者，卉木是也。凡有血气者，皆形能动者也。由其成性各殊，故形质各殊；则其形质之动，而为百体之用者，利用、不利用亦殊。（《孟子字义疏证》卷中九页）

又说：

若夫鸟之反哺，雎鸠之有别，蜂蚁之知君臣，豺之祭兽，獭之祭鱼，合于人之所谓仁义者矣，而各有性成，人则能扩充其知至于神明，仁义礼智无不全也。仁义礼智非他，心之神明所止也，知之极其量也。知觉运动者，人物之生，知觉运动之所以异者，人物之殊其性。（卷中九页）

凡血气之属皆知怀生畏死，因而趋利避害。虽明暗不同，不出乎怀生畏死者也。人之异于禽兽者，不在是。禽兽知母而不知父，限于知觉也。然爱其生之者，及爱其所生，与雌雄牝牡之相爱，同类之不相噬，习处之不相啮，进乎怀生畏死矣。一私于身，一及于身之所亲，皆仁之属也。私于身者仁其身也，及于身之所亲者仁其所亲也，心知之发乎自然有如是。人之异于禽兽者，亦不在是。（卷中八页）

拿以上的话与朱熹的话比较一番，便可以发见他们两人思想上的关系了。朱熹说：

气相迎，如知寒暖、识饥饱、好生恶死、趋利避害，人与物都一般。理不同，如蜂蚁之君臣，只是他义上有一点子明；虎狼之父子，只是他仁上有一点子明；其他更推不去。恰似镜子，其他处都暗了，中间只有一点光。（卷四十二）

关于（二），我想起陆志韦先生的一段话来。他说："中国之心理发达史与欧西情形略同，百家而后，汉、晋无心理可言，唐虽有研究心理者，然多带宗教色彩，直至宋儒出，心理学始成问题。自宋迄今，无大进步，仅王学及'儒而逃禅'者偶一论之，要为无系统之学。"（《心理》一卷一号）这话是不对的。朱熹的心理学已经很有系统，经过颜元，心理学是一个大进步，到戴震便有很精密的系统了。王学一派只是玄学，并不是心理学。我以为这一层，陆先生是错误的。朱熹根据程颐的"论气不论性，不备；论性不论气，不明"，及张载的"心统性情"，邵雍的"心者性之郛郭也，身者心之区宇也，物者心之舟车也"，

(邵雍在心理学上没有什么供献)三家的话来组织心理学的系统。我把朱熹的心理学系统介绍在下面：

性　人之所禀乎天而虚灵不昧,以具众理而应万事者也。

情　感于物而动。

欲　欲是情发出来的。

才　才是心之力,是有气力去做底。

心　心者气之精爽。虚明不昧,便是心。

自从张〈戴〉[载]说"心统性情",朱熹便把心、性、情、欲、才组织起来,成功一个具体的心理学的研究。他说：

性是未动,情是已动,心包得已动未动。盖心之未动则为性,已动则为情,所谓"心统性情"者也。欲是情发出来底。

性者心之理,情者性之动,心者情性之主。

问情与才何别？曰："情只是所发之路陌,才是会恁地去做底……情与才绝相近,但情之遇物而发,路陌曲折恁地去的,才是那会如此底。"

朱熹研究心理,他有一个很重要的譬喻。他说：

天命之谓性,命便是告札之类,性便是合当做底职事,如主簿销注,县尉巡捕,心便是官人,气质便是官人所习尚,或宽或猛,情便是当听处断,事情便是发用处。性只是仁、义、礼、智,所谓"天命之与气质亦相滚同"。才有天命,便有气质,不能相离。若阙一,便生物不得。既有天命,须是有此气能承当得此理。若无此气,则此理如何顿放？

又说：

天之所命,固是均一,到气禀处便有不齐,看其禀得来如何。

禀得厚，道理也备。尝谓：命，譬如朝廷诰敕；心，譬如官人一般，差去做官；性，譬如职事一般。郡守便有郡守职事，县令便有县令职事，职事只一般。天生人，教人许多道理，便是应付人许多职事。气禀，譬如俸给。贵，如官高者；贱，如官卑者。富，如俸厚者；贫，如俸薄者。封如三两年一任，又再任者。夭者，如不得终任者。朝廷差人做官，便有许多物一齐趁后来。

又说：

命犹诰敕，性犹职事，情犹施设，心则其人也。

朱熹的组织方法，我想无论什么人都不能否定，是中国心理学史上破天荒的第一个创举了。但是因为朱熹在先，所以他组织得不如戴东原的精密。戴东原说：

气化生人生物，据其限于所分而言谓之命，据其为人物之本始而言谓之性，据其体质而言谓之才。（卷下一页）

人生而后有欲，有情，有知，三者心知之自然也。给于欲者，声色臭味也，而因有爱畏；发乎情者，喜怒哀乐也，而因有惨舒；辨于知者，美丑是非也，而因有好恶。（卷下三页）

戴东原的知、情、欲，便是近代心理学的知、情、意的三分法。西洋心理学自从有三分法才达到一种的圆满的地步，中国的心理学到戴东原才到最完备的组织，这是自然的发展的步骤。

朱熹的心理学与所有的人都不同有两点：（一）心的观念；（二）性的观念。

心的观念在朱熹的心理学里便是意识。他说：

灵处只是心。

惟心无对。

有知觉谓之心。

心者性情之主。

心一而已，所谓觉者亦心也。

心，主宰之谓也，动静皆主宰。

心字只〈是〉一个字母，故性情字皆从心。

心似乎有影象，然其体却虚。

虚明不昧，便是心。

心之知觉，即所以具此理，而行此情者也。

关于性的观念，朱熹把性分作二种：(一)气质之性 Nature；(二)义理之性。

义理之性，程颢说的"人生而静以上不容说，才说性时便已不是性也。凡人说性，只是说'继之者善也'"。这个性的观念是心理学里的 Soul，是神秘派的哲学家所欢喜讲的，而为科学的心理学家所不肯说的。朱熹虽然并不非难这一说，但是他自己所讲的却与这一说不同。他说：

生之理，谓之性。

性是天生成许多道理。

性即理也，在心唤作性，在事唤作理。

又说：

论性要须先识得性是个甚么样物事。性毕竟无形影，只是心中所有底道理是也。

只是这一个道理在人。仁、义、礼、智，性也。然四者有何状，亦只是有如此道理。有如此道理，便做得许多事出来，所以能恻隐、羞恶、辞让、是非也。

这里"理"的观念便是心理学里的"能力 Capacities"，性便是这些能力〈能〉[的]集合体，这是朱熹的一个很重要的观念。明朝的王守仁不懂得这个“理”的意义，他去穷格竹子的“理”，七天，大病了一场。其实依朱熹的“理”的意义说来，竹子的出笋、生叶……各种原来的能力便是竹子的“理”，这个里面并没有什么神秘不可思议的“理”在内。

王守仁说：“天理人欲不并立，焉有‘道心为主，人心为从’之理？”这话说来好听，但是依心理学的眼光看来，是一件做不到的事。朱熹的话反而有实行之可能。朱熹说：

> 人心自是不能去除，但要道心为主，即人心自不能夺，而亦莫非道心所为矣。然此处极难照管，须臾间断，即人欲便行矣。

朱熹这种不彻底的话，听来很不满人意，但是确是经验之谈，不是唱高调，而且是在心理学上有根据的。朱熹又说：

> 心一而已。所谓觉者，亦心也。今以觉用心，纷拿迫切，恐其为病不但“揠苗”而已，不若日用之间以敬为主，而勿忘焉，则自然本心不昧，随物感通，不待致觉而无不觉矣。

看了朱熹的这一段话，他用苦心研究心理的情形可以了解了。

总结以上所说，宋儒的心理学的出发点约有两端：(一)程颢的《论性》；(二)程颐的《颜子所好何学论》及张载、邵雍的论性。前者是神秘主义的哲学，虽然是哲学，后来却发展为科学。

朱熹调和周、大程、小程、邵、张诸家的哲学，成功一种心理学，因之出了毛病，即是把程颢一派的玄学放在心理学里面了。程颢说：

> 生之谓性。性即是气，气即是性，生之谓也。人生气禀，性有善恶，然不是性中元有此两物相对而生也。有自幼而善，有自幼而恶，是气禀而然也。善固性也，然恶亦不可不谓之性也。盖生之谓性，人生而静以上不容说，才说性时便已不是性也。凡人说性，只是说“继之者善也”。孟子言人性善是也。

程颐也说：

气是形而下者。(《遗书》卷三)

朱熹不敢非难这一说,从而和之。于是他说:

性命,形而上者也;气则形而下者也。形而上者一理浑然,无有不善;形而下者则纷纭杂糅,善恶有所分矣。

朱熹的学说本是科学的,科学的发展便是推翻玄学。程颢一派的玄学所生的反动,便是清儒的科学。颜元是第一个人反对这种玄学,反对玄学打起的招牌便是拥护孟轲,不承认孟轲的论性是“继之者善也”。戴东原的《孟子字义疏证》便是推广颜元的思想,变本加厉,更创造出一种反宋学的哲学来,这是后话。

宋儒的心理学开出一条内省法来,宋儒差不多人人都是冥坐自省的。自省的结果虽然讲出来的太过于琐碎,但是后来的人,无论是谁,却不能不遵循宋儒的道路。颜、戴一般人反对宋学,但是宋人所成功的却也不得不承认。所以,在心理学史上,宋儒的心理学实在是中国心理学的中心。

陆九渊、王守仁都是程颢一流的玄学家,心理学史的沿革却是颜元直接承继朱熹,这一点是心理学与哲学的异点。

颜元是一位心理学家,他对于朱熹的心理学有三点改正的地方。这三点是:(一)不承认形而上的性;(二)不承认气质是恶的;(三)绝对拥护孟子,要以孟子的论性为出发点。

关于(一),颜元说:

玩程子云“凡人说性,只是说‘继之者善也’”,盖以《易》“继善”句作已落人身,言谓落人身便不是性耳。夫性字从生、心,正指人生以后而言,若“人生而静以上”,则天道矣。何以谓之性哉?

颜元这几句话,便把宋、元、明三朝的神秘哲学的形而上学的性打破了。因为颜元能打破这一层，所以才开出来清代的非玄学的性来，这一层颜元与戴震有直接的关系。

关于(二)，颜元说：

> 魏晋以来，佛老肆行，乃于形体之外别状一空虚幻觉之性灵，礼乐之外别作一闭目静坐之存养。佛者曰“入定”，儒者曰“吾道亦有入定也”。老者曰“内丹”，儒者曰“吾道亦有内丹也”。借四子五经之交，行楞严、参同之事。以躬习其事为粗迹，则自以气骨血肉为分外，于是始以性命为精，形体为累，及敢以有恶加之气质，相衍而莫觉其非矣。

又说：

> 恻隐、羞恶、辞让、是非也，发者情也，能发而见于事者才也，则非情才无以见性，非气质无以为情才，即无所谓性。是情非他，即性之见也；才非他，即性之能也；气质非他，即性、情、才之气质也。一理出而异其名也。

颜元对于宋儒这种猛烈的攻击，可以使宋儒的“气质之性是恶的”一说不能存在了。颜元的建设方面，如以气、骨、血、肉为分内，以情、才、气质为性之一部，这是戴东原的机能心理学的开路先锋。

关于(三)，颜元说：

> 贤如朱子，而有“气质为吾性害”之语，他何说乎？噫！孟子于百说纷纭之中，明性善及才性之善，有功于万世。今乃以大贤之谆谆然罢口敝舌从诸妄说辨出者，复以一言而诬之曰：“孟子之说原不明不备，原不曾折倒告子。”噫！孟子果未明乎？果未备乎？何其自是所见，妄议圣贤，而不知其非也！

这一段话在心理学上虽然没有什么重要，但是实在是戴东原著《孟子字义疏证》的引导。

颜元在心理学上也有建设的地方，建设的地方约有两端：(一)有机能心理学的趋势；(二)提出来理智在人生的重要。

颜元说：

> 若谓气恶，则理亦恶；若谓理善，则气亦善。盖气即理之气，理即气之理，乌得谓理纯一善，而气质偏有恶哉？譬之目矣，眶疱睛气质也，其中光明能见物者性也。将谓光明之理专视正色，眶疱睛乃视邪色乎？

颜元这一种论调便是机能心理学了。这一种应用生理来讲性，便是戴东原的心理学的出发点了。戴东原说：

> 性者分于阴阳五行，以为血气、心知，品物区以别焉。（卷中页）

戴东原的阴阳五行便是遗传的概念，血气是生理，心知是心理，戴东原所以有这样科学的心理学的概念，实在是颜元为之倡。

颜元又说：

> 仁、义、礼、智，性也。心一理而统此四者，非块然有四件也。既非块然四件，何由而名为仁、义、礼、智也？以发之者知之也。

戴东原说：

> 然人之心知，于人伦日用，随在而知恻隐、知羞恶、知恭敬、知辞让、知是非，端绪可举，此之谓性善。（卷中十页）

又说：

> 举理以见，心能区分；举义以见，心能裁断。（卷上三页）

这种看重理智在精神作用上的价值的心理学，颜元与戴震，谁先谁后，不难立见了。

拿颜元的心理学与戴震的比较一番，我们可以得以下的几条概念：

（一）颜元只打破朱熹的神秘主义，而没有融会朱熹的长处，而戴震融会了。这一点我举出两个例来：(1)如比较的方法；(2)如承认人的趋利避害，保持生命的举动是人的唯一天性。

以上的两条，朱熹有，颜元没有，戴震又有。戴震的研究心理能够广用观察的方法，如观察感觉及观察血气对于心知的影响，这实在是二千年的特色，能够上与荀、墨争光了。

（二）颜元的心理学在组织上比较朱熹没有进步，戴东原的组织更精密了。戴东原的三分法，解释人以“怀生畏死之心”为一切本能理智的渊源，这都是朱熹所没有说到的。这实在是心理学上的一个大进步。

（三）颜元反对朱熹，而自己的学说反有比朱熹更乌烟瘴气的地方。如把性分成三十二类，什么“四德之中、边、直、屈、方、圆、冲、僻、齐、锐、离、合、远、近……”，而每类之中又分什么“正之中、间之中、中之中、大中之中”，什么“中之边、间之边、斜之边、边之边……”。这一种无根据的分类，实在和汉儒用金、木、水、火、土分类一样的可笑，但在戴东原的心理学里，这些东西都不见了。

（四）颜元的心理学只有机能主义的趋势，而戴震成功的机能心理学。颜元的眼睛的譬喻不过偶然说一说好听，并没有应用研究一切的心灵现象。戴东原的研究性、心、感觉……都是用的这种方法。

（五）戴东原在心理学上有些枝枝节节的发明，而颜元没有。如三分法、生理对于心理的影响，又如戴东原说的：

> 味与声色在物不在我，接于我之血气，能辨之，而悦之。其悦者必其尤美者也。理义在事情之条分缕析，接于我之心知，能辨之，而悦之。其悦者必其至是者也。（卷上六页）

这种极深刻的人性的观察，在中国心理学史上，是在戴东原以前所没有的。又如说：

> 给于欲者声色臭味也，而因有爱畏；发乎情者喜怒哀乐也，而因有惨舒；辨于知者美丑是非也，而因有好恶。（卷下三页）

以上的话便是感情上的快与不快的观念。

戴东原的心理学的内容，我在十月间已经介绍出来了，我不再在这里叙说了。这一篇因为是一种历史的研究，我只说出以下的三点：

（一）戴东原的心理学在中国心理学史上的较比最完备；（二）戴东原的心理学结束孟子、宋儒一系的心理学；（三）戴东原的心理学是中国心理学史上最末后的一段，如果将西洋心理学的输入除外。

我再简单地把以上所举的几家心理学画一个系统表如下：

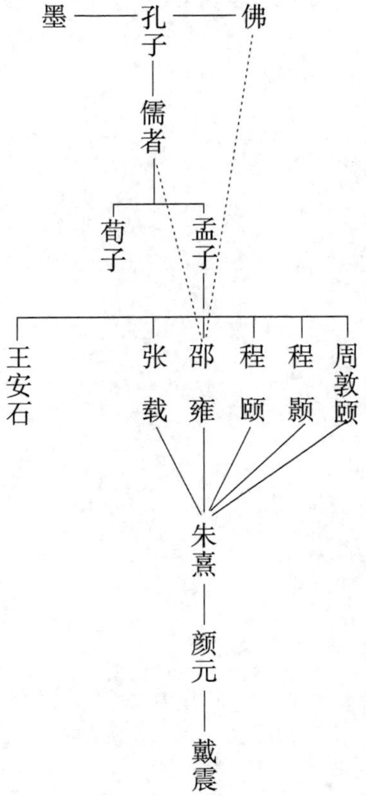

以上我只开出一条路来，各家学说之详细的条理及错误的改正，容慢慢地再补救吧。

十四，一，一九二四[①]

① 晨报社编：《戴东原二百年生日纪念论文集》，北京：明明印刷局，1924 年。

戴东原的《诗》学

吴时英[①]

导言

中国古经最难讲的是《易》《诗》《春秋》。昔人所谓"《易》无达占，《诗》无达诂，《春秋》无达辞"，但《诗》虽无达诂，而辞句简短、容易记诵，所以读经者多喜从《诗》入手。清代学者皆治小学，常借《诗经》中的训诂音韵作材料，因此清代的经师大半研究《诗经》。戴东原是集清学大成的人，小学尤为精通。他所著的《声韵考》《方言疏证》……关于小学的书，常引《诗》作证，可知他对于《诗》很有一番研究。而且，他不单就小学方面研究《诗》，对于《诗经》本身也很有独到的见解。可惜他的《诗经补注》仅做到《召南》，使我们不能得到他的全部意见。不过，仅就这二十五篇的注解，也很可以看出戴氏治《诗》的态度。再参考他的《毛郑诗考正》和《文集》中几篇短文，他治《诗》的方法与对于《诗》的重要见解，都可以得到。现在正当戴先生诞生二百年的纪念，国中学者多肆力于戴学的研究，我也不自揣量，大胆把他的《诗》学介绍于学人。

① 吴时英(生卒年不详)，四川人，早期中国共产党员。担任1920年2月4日成立的北京工读互助团第四组书记。由此，获得蔡元培先生允准在北京大学旁听。1924年，曾在《晨报副镌》连载长文《毛诗序考》。

戴东原时代的《诗》学

学者研究学问,常受时代的影响。无论是反动,是附和,都不能说与时代潮流无关。就以《诗》学而论,东汉以后《毛传》、郑《笺》盛行,说《诗》家皆以申毛、述郑为职志。南宋以后,朱熹《集传》为一般学者所尊奉,于是发明《集传》的著作也随处皆是,反攻朱说的也有一二。这都是顺时代潮流而产生的。我们要研究戴氏的《诗》[学],先也要知道当时《诗》学界的情况。

元、明两朝以科举取士,《诗》用朱子《集传》。数百年来,虽有少数拥毛、郑者时怀反侧,而多数学者都谨奉朱说无敢有异义,教授儿童也用《集传》作读本。如果不是专门研究《诗经》的人,简直不知道《毛传》、郑《笺》是什么,毛苌、郑玄是何如人。《诗》学只有《集传》独霸一时,风行天下,几乎成为家喻户晓的圣经。

清初的学者力攻宋学,于《诗》也就不能不加非议。他们不主张以己意说《诗》,总要谨守小序,准依汉儒。他们诋《集传》为臆说,多从事考究名物,训释字义,时或流于意气,虽一字一句都要力反朱《传》。《四库总目》说:

> 伸汉儒者,意亦不尽在于经义,愤宋儒之诋汉而已。各挟一不相下之心,而济以不平之气,激而过当,其势然欤。(《四库总目·诗类》)

当时反动的情形,即此可以概见。

清代取士虽仍用朱说,而钦定的《诗经传说〈类〉汇[纂]》《诗义折中》已不尽采朱说,而参用小序与古注疏。四库馆臣多汉学家,他们对于《诗》左袒毛、郑,排斥朱熹。《四库存目》中屏而不录的《诗类》,大约是宗朱的著述。以己意说《诗》者,屡遭诋疵。他们说:

宋郑樵恃其才辩，无故而发难端。南渡诸儒始以掊击毛、郑为能事……然朱子从郑樵之说，不过攻小序耳，至于《诗》中训诂用毛、郑者居多。后儒不考古书……遂并毛、郑而弃之，是非惟不知毛、郑为何语，殆并朱子之《传》亦不辨为何语矣。（《四库总目·毛诗正〈文〉[义]》）

先儒学问，大抵淳实谨严，不敢放言高论。宋人学不逮古，而欲以识胜之，遂各以新意说《诗》……末流所极，至于王柏《诗疑》乃并举二《南》而删改之。儒者不肯信传，其敝乃至于诬经，其究乃至于非圣，所由来渐矣。（《四库总目·诗补传》）

王柏也是以新意说《诗》的宋人之一，他以为《野有死麕》是淫诗，不应列于正经的《召南》，毅然删去。又以《何彼秾矣》篇中有“平王之孙”一语，断定这篇诗作于东迁以后。《甘棠》追美召伯，也不是周初的诗，一并移入《王风》。他这种办法当然无谓，不过也算一种见解。四库馆臣却对于他深恶痛绝，时加辱骂。

欧阳修是最初废序说《诗》的人，四库馆臣慑于他的大名，不敢谤议，便在他著的《诗本义》项下借题发挥道：

自唐以来说《诗》者莫敢议毛、郑，虽老师宿儒亦谨守小序。至宋而新义日增，旧说俱废。推原所始，实发于修。然……修作是书，本出于和气平心……未尝轻议二家（毛、郑）……后之学者或务立新奇，自矜神解，则变本加厉之过。固不得以滥觞之咎，归于修矣。

朝廷编纂的御书对于毛、郑《诗》说这般拥护，自然毛、郑的研究变作时髦的事情，大家都不敢自外，恰如现在治“国学”者研究戴学一样。

但自清初至戴氏的时候，《诗》学界的大势虽然是拥毛攻朱，详细考察起来，却有不同的两派。

第一派对于朱子《集传》施以强烈的攻击，特别标出拥毛的旗帜。

这一派中的重要人物是朱鹤龄、陈启源、阎若璩、毛奇龄、段玉裁诸人，可以称作激烈派。

陈启源的《毛诗稽古录》排斥朱熹的说法，而兼及其他不遵《传》说《诗》的人，详证博引、壁垒森严，可推为攻朱的主将。朱鹤龄的《毛诗通义》专以“通古序之义”为目的，对于朱说也是排弃不遗余力。阎若璩的《毛朱诗说》、毛奇龄的《白鹭洲主客说诗》《续诗传鸟名》多非难朱熹的话。奇龄更挟以意气，吹毛求疵，不问事实，专以攻朱为快，可以算攻朱的急先锋。段玉裁写定《毛诗故训传》，想把一切非毛之学逐出于《诗》学之外，尤其深恶朱《传》，他在《题辞》里很沉痛的宣言：

> 夫人而曰“治毛《诗》”，而所治者乃朱子《诗传》，则非毛《诗》也……夫人而曰“治毛《诗》”，而有其名无其实。然则《毛诗故训传》三十卷之编，乌可以已也？

他们的强硬态度，即此可以看出大概。后来，陈奂的《毛诗传疏》、胡承珙的《毛诗后笺》更是谨守家法，非发明毛传之言不言，毛学可算臻于极盛。

第二派主张调停朱、毛，折衷《序》《传》，双方兼采，不立门户。重要人物是惠周惕、严虞惇、范家相、姜炳璋、顾镇等，他们可以称作折衷派。

范家相的《诗沈》，顾镇的《虞东学诗》都是兼采毛、朱，间附己意。严虞惇的《读诗质疑》首列诗序，后附《毛传》、郑《笺》《集传》的解说。姜炳璋的《诗序广义》以小序为古序，以《大序》为后人所续，虽不废弃，却把它与小序分开，解《诗》也兼采两家的意见。

不过，这一派中除了惠周惕，其余诸人虽意在调和，实则偏袒毛氏。他们解《诗》多以小序为据，而以朱说为参考。严虞惇的《读诗质疑》把《毛诗正文》的序、朱熹《集传》的序同弁卷首，但他卷中解《诗》十之七八从毛，仅有十之二三从朱。姜炳璋要算这一派中最平允的了，可是他说：

> 古序为国史之定论，学《诗》津梁。《集传》集诸儒之大成，取士正鹄。《集传》未安，宁安古说。（《诗序广义总论》）

可见他们的态度实是侧重毛《诗》，并没把两家放平等的地位上。

这一派中最可注意的就是惠周惕，他的《诗说》“于《毛传》、郑《笺》、朱《传》无所专主，多自以己意考证”（《四库总目》），和戴氏的态度差不多。

惠周惕应受我们注意的，还不是在他能以己意考证，是在他的意见多与戴氏相合。惠氏在戴氏之前，戴氏的《诗》学或者不能不受惠氏的影响。

戴东原时代的《诗》学界情况，大约如此。

戴氏治《诗》的态度

戴东原也是折衷派中的一个，他的态度同惠周惕差不多，或者比惠周惕还平允。要是我们不避过甚之嫌，简直可以说是偏袒朱熹。在汉学弥漫的潮流中，而且自身在这个潮流中也要占重要位置，他的态度却能够这样平正，不带丝毫门户之见，真可以使我们佩服。

他的《诗经补注》解释二《南》二十五篇，没有一篇直引小序。只在《螽斯》《芣苢》《甘棠》三篇的总说里，引小序为附带的说明。《樛木》《行露》两篇便正式否认小序：

> 《毛诗篇义》（即小序）曰：“樛木，后妃逮下也。”未闻其审。
> 《毛诗篇义》曰：“行露，召伯听讼也。”未闻其审。

至于他自己对于这二十五篇的解说，没有一篇完全依小序，更没有每篇都归到“后妃之德”“文王之化”。还有一点可使人惊诧的是，这二十五篇中例有九篇不依毛、朱，自己以意解说，有几篇竟和后来痛驳诗序的崔述(东壁)差不多。

除了己意解说的九篇，仅有《汝坟》《摽有梅》的解说比较与诗序相近，其余各篇中和朱熹《集传》的"诗柄"(《集传》中每篇有几句总述诗意的话，俗称为"诗柄")相近的倒有六篇。为明白他的态度起见，我现在写出来比较：

《葛覃》篇：

后妃之本也。后妃在父母家，则志在女功之事……(毛序)

盖后妃既成绨绤而赋其事。(朱熹《传》诗柄)

不忘女功也……盖当服葛之时……而追赋之。(戴氏《诗经补注》"葛覃"总说)

《卷耳》篇：

后妃之志也……内有进贤之志……朝夕思念，至于忧勤也。(毛序)

后妃以君子不在而思念之，故赋此诗。(诗柄)

感念君子行迈之忧劳而作也。(戴说)

《芣苢》篇：

后妃之美也。和平，则妇人乐有子矣。(毛序)

妇人无事，相与采此芣苢，而赋其事以相乐也。(诗柄)

言室家之乐，以见治化之盛有征也。(戴说)

《草虫》篇：

大夫妻能以礼自防也。(毛序)

诸侯、大夫行役在外，其妻独居……而思其君子如此。(诗柄)

感念君子行役未返之诗也。(戴说)

《殷其雷》篇：

劝以义也。召南之大夫远行从政……其室家能闵其勤劳，劝以义也。（毛序）

妇人以其君子从役在外，而思念之，故作此诗。（诗柄）

感念君子行役而作也。（戴说）

《野有死麕》篇：

恶无礼也。（毛序）

南国被文王之化，女子有贞洁自守，不为强暴所污者，故诗人……美之。（诗柄）

言礼教之兴，虽里巷之女，无可犯以非礼者也。（戴说）

我们看这六篇没有一篇不照着《集传》的诗柄说，即使不完全照着诗柄，比较起来总是距诗柄近，离诗序远。这是戴氏对于毛序与朱诗柄的态度。

至于字的训诂、章句的意义，戴氏兼采《毛传》、郑《笺》、朱《集传》：有时取《毛传》、郑《笺》，有时取朱《集传》，有时三说兼用，而以己意评断。

戴氏解释《螽斯篇》"宜尔子孙蛰蛰兮"，便取毛、郑的说法：

毛、郑以"宜尔子孙"直言后妃，《集传》以为亦指螽斯。毛、郑是也。（《诗经补注》）

《毛传》曰：……"'蛰蛰'，相集也"，《集传》曰："'蛰蛰'，亦多意。"震按：《毛传》是也。（《诗经补注》）

戴氏解释《兔罝》篇"肃肃兔罝"，便是取《集传》的说法：

《毛传》曰："'肃肃'，敬也。"……《集传》曰："'肃肃'，整饬貌。"震按：毛、郑以为"肃肃兔罝"为其人之不忘恭敬，《集传》以

为罝之整饬。《集传》是也。(《诗经补注》)

《摽有梅》首章的注解,戴氏于毛、郑、朱三家的说法都不取。他说:

震按:毛、郑皆以此诗专为女子年二十当嫁者而言……又皆以梅之落喻年衰,郑则兼取梅落见已过春而至夏,似迂曲难通。《集传》以为女子贞信自守,惧其嫁不及时而有强暴之辱。岂化行之世,女宜有此惧耶?亦非也。(《诗经补注》)

《小星》首章,他又兼用三家的说法,他说:

震按:上二言《集传》是也,下二言毛、郑是也。(《补注》)

以上不过每种举一个例,其实他在每章的注解内都杂引《毛传》、郑《笺》、朱《集传》,很少有单用一说的地方。《毛郑诗考正》里面反驳毛、郑的话,更不可胜数。

自来说[诗]家〈诗〉对于训诂很少有非难《毛传》的,对于名物制度更不敢自抒己见了。独有戴氏时时非难,甚或加以诋斥。我试举几个例。

《卷耳》篇二章"我姑酌彼金罍",《毛传》穿凿其辞,解为"人君的黄金罍"。戴氏不以为然,驳《毛传》道:

金者,五金之统名,不限于黄金。(《诗经补注》)

《采蘩》篇"于以采蘩",《毛传》释为"公、侯、夫人执蘩以助祭"。戴氏驳他:

蘩不在七菹之数,其用未闻。毛谓:"公、侯、夫人执蘩……"因诗傅会,非礼制也。(《补注》)

他的《毛郑诗考正》里面考正《毛传》许多错谬,后面说到他的治

《诗》方法还要引证。这里为节省篇幅计，暂不多说。不过，单就上面所已引的各条例看来，我们已知道戴氏治《诗》不惟不偏袒毛、郑，还能以己之意说《诗》。清代学者斥人“以新意解《诗》”，而不知清学的领袖也是“以新意解《诗》”的一个人。二百年来也没有人注意到他，真可算是一件奇事。

戴氏诗在《诗》学界之位置

戴震虽然是折衷派中的一个，他解《诗》虽然兼取毛、郑、朱三家的说法，可是他每篇都以己意为衡，丝毫都不曲徇。

他的“诗说”和清初一般说《诗》家是不同的，他们的“诗说”是复古的、退步的，有的退到郑《笺》的时代，有的退到《毛传》的时代，至少也退到朱熹《集传》之后。只有惠周惕、戴东原两家的“诗说”是进步的，能够在朱熹前面进一两步。虽然他们两氏的进步很少，也许一只足前进、一只足稍往后退，但当我们想到当时反动的情形，便对于这两位能独抒己见的说《诗》家不能不表示十二分的佩服。

惠周惕著的《诗说》是札记体，不依次解《诗》。戴氏的《诗经补注》却依次解《诗》，而且每篇后面都有“总说”。“总说”的前两句，差不多可以算他自己替《诗》作的“序”。

就他的“序”看来，二《南》二十五篇有九篇是出于他自己的意思。这九篇中如：

> 《兔罝》，美用贤也。（毛序“后妃之化也”）
> 《行露》，美听讼者之诗也 。（毛序“美召伯聪讼也”）
> 《羔羊》，美官职修也。（毛序“鹊巢之功致也”）

还离旧说不远，不过不附会到后妃、夫人、召伯，而用抽象的说法，比旧说已很进步。至于：

《桃夭》，歌于嫁子之诗也。

《鹊巢》，言夫人始嫁之礼也……周初作之，以为房中之乐。

《采蘋》，女子教成之祭所歌也。

便和旧说大不相同，把指实事的诗一概解作不指实事的乐，扫除一切附会，可算《诗》学一大进步。

到了《驺虞》，他竟不遵《毛传》“驺虞，义兽也”的解释，简直把“驺虞”训作“驺御”“虞人”，而指这篇诗是：

言春搜之礼也。

这几篇还不算奇，最奇的是《关雎》与《樛木》两篇，竟与崔述《读风偶识》中的解释相近。崔述的《诗》学比朱熹进步，一般人都承认。崔氏自己也说过：

余独以为朱《传》诚有可议，不在于驳序说者之多，而在从序说者之尚不少……朱子既以序为揣度附会矣，自当尽本经文，以正其失。何以尚多依违于其旧说？此余之所为朱子惜者也。(《读风偶识序》)

就崔氏自己的《序》看，可见他的《诗》学的位置应当在朱熹之前。戴东原的《诗》学比朱熹的见解高，而又不及崔述。我们可以断定他的《诗》的位置是在朱、崔之间。

要证实我这个断定，只消把戴氏对于《关雎》这一篇的解说引来就够了，他的主要观念借此也可以得到。

《关雎》就序说应当是“后妃乐得淑女配君子”，朱熹心里不相信这句话，又不敢脱离诗序的范围，便曲解作：

周之文王生有圣德，又得圣女姒氏以为之配。宫中之人于其始至，见其有幽闲贞静之德，故作是诗。

朱氏的解释虽较《序》近情理，苦与诗意不合。戴氏便明白说：

古者天子、诸侯内官之人有数，皆不得任意广求……予绎此诗，盖言必窈窕淑女，乃宜配君子。未得其人，求之不可不专且至，所以明事之当重无过于此者。《关雎》之言夫妇，《鹿鸣》之言君臣，歌之房中，歌之燕飨，俾闻其乐章，知君臣夫妇之正焉。礼乐教远矣，非必指一人一事也。（《诗经补注》）

他又在"总说"里申论：

《关雎》，求贤妃也。故其三章曰"求之不得"，难之也。难之也者，重之也。盖周初作之，以为房中之乐……《南》《豳》《雅》《颂》有专为乐章，非咏时事者。（《诗经补注》）

他说了一大篇，不如崔述说：

此篇乃君子自求良配，而他人代写其哀乐之情耳。（《读风偶识》）

明白干脆。但戴氏提出一个重要观念：《诗》中有"专为乐章不指一人一事"的诗。他以己意解的几篇诗都应用这个观念（见前）。依这个观念，许多诗从前讲不通的也可以讲通，不必如从前说《诗》的人处处附会。这是《诗》学上很有价值的一个意见，戴氏似乎从惠周惕得来的。

惠氏说：

按：小序曰"《关雎》，后妃之德也。《葛覃》，后妃之本也。《卷耳》，后妃之志也"云云，未尝指言后妃、夫人为何如人。后之训诂家推迹其自始，以为太姒耳……今观其辞，有劝勉、教戒、讽喻之意。盖欲为后妃、夫人者，如诗言云尔，不必言后妃、夫人何人也……古之燕享皆有乐，乐必有诗。二《雅》如此者极多，何

《风》独不然邪？(《诗说》)

惠、戴两氏的意见完全相同，不过惠氏后来又下一个转语：

难者曰："然则《周南》《召南》与文王太姒无与邪？"曰："不然也。作诗主意或本于文王太姒，而周公棣以为房中乐，则以是告后之为后妃、夫人者矣。"

可见惠氏还不澈底，不如戴氏的"专为乐章非必指一人一事"的主张有胆力。

这个意见到了崔东壁(述)才成熟。他既不说是太姒，他也不用"乐章说"来敷衍，他直截了当以为一切诸侯夫人都有资格。他说：

旧说以此五篇(《关雎》《葛覃》《卷耳》《樛木》《螽斯》)皆为太姒之德，然玩其辞意，未见其必为太姒者。《毛传》、郑《笺》亦但言后妃，亦未指为何王之后。在文王太姒之德固应如是，即文王太姒之化亦当如是，正不必定属之太姒也。所谓"君子"云者，诸侯、大夫之通称，而"葛覃"之刈、"卷耳"之采，皆不似诸侯、夫人事……未可直以太姒也。(《读风偶识》)

就戴、崔两氏的话我们可以看出戴氏诗的位置，可惜戴氏的《诗经补注》仅有二《南》，使我们不能多得料。现在我再引朱、戴、崔三家释《樛木》篇的话比较一下，用以结束此篇。

朱熹《集传》：

后妃能逮下而无嫉妒之心，故众妾乐其德而称愿之。

戴震《诗经补注》：

《樛木》，下美上也。

《集传》以为"众妾乐后妃之德而称愿之"。恐君子之称不可通于妇人，乃云："自众妾而指斥后妃，犹言小君内子也。"是与他处"乐只君子"独别，不然矣。《诗》辞本无从知为后妃所作。

崔述《读风偶识》：

若《樛木》，则未有以见其必为女子而非男子也，或为群臣颂祷其君，亦未可知。要之，此二诗者(并指《螽斯》)皆上惠恤其下，而下爱敬其上之诗也。

朱熹还未脱诗序的说法，戴氏则排去一切，独出己意，和崔述相差不远了。

我在这一章里引的材料虽少，却可看出戴氏两种精神：(一)不附会；(二)依诗辞解经。

有这两种精神，他所解的《诗》一定比朱熹进步，而为《诗》学界辟一新境地。可惜，他的书没有完成，完成了的一部分又因他自己汉学家的头衔压住，竟没有人看他的意义，我想戴先生在九原之下一定没瞑目。

戴氏对于《诗经》中问题的见解

戴氏的《诗经补注》没有提到《诗经》中的问题。《毛郑诗考正》只是考证训诂、名物，也未讨论《诗》中的问题。他对于《诗》中问题的意见，仅有几篇短文可以参考。我且分别介绍出来：

(一)"赋""比""兴"的问题

《诗》中有所谓"六义"，出于诗序：

《诗》有六义焉：一曰"风"，二曰"赋"，三曰"比"，四曰"兴"，五曰"雅"，六曰"颂"。(《关雎》序)

只“风”“雅”“颂”序中有解释，“赋”“比”“兴”却没有解释。于是议论纷纷，成为《诗》中一个不能解决的问题。

关于“赋”“比”“兴”的意见虽然很多，大家都承认：

> 赋，比，兴，是诗之所用；风，雅，颂，是诗之成形。（孔颖达《毛诗正义》）

换句话说，就是：

> 风、雅、颂，诗之体也；赋、比、兴，诗之言也。（郑樵《风雅颂辨》）

再要详细一点，可以借成伯屿的话来作定义：

> 赋者，敷也，指事而陈布之也。然物类相从，善恶殊态；以恶类恶，名之为比……以美类美，谓之为兴。（成伯屿《毛诗指说》）

成氏以善、恶来分“兴”“比”，还沿袭汉儒的思想。朱熹才不加善、恶的观念，单说：

> 赋者，敷陈其事而直言之者也。（《葛覃》）
> 兴者，先言他物以引起所咏之辞也。（《关雎》）
> 比者，以彼物比此物也。（《螽斯》）

后来的说《诗》家都承认朱子的定义，不表异议。不过，“赋”“兴”“比”虽然分作三物，在《诗》中却很难分别，只有朱熹把三种分得清清楚楚。他在《集传》里注释诗句用“兴也”“比也”“赋也”“兴而比也”“赋而比也”“比而兴也”“赋而兴也”“赋而兴又比也”多种繁杂的语句。后人多以他过于琐碎，不表赞同。

《毛传》仅在以山川、草木、鸟兽起句的诗下面注“兴也”，“赋”“比”皆无说明。孔颖达以“《毛传》特言兴也，为其理隐故也”。惠周

惕说:“毛公传《诗》独言兴,不言比、赋,以兴兼比、赋也。”(《诗说》)

惠氏的说法不见得是毛公的本意,不过惠氏自己主张“兴包比、赋”,特借来作证明的材料。

戴氏对于这个问题独标新解,他以为:

> 诗之“比”“兴”,举“比”以通“赋”与“兴”……“赋”者,“比”之实也。“兴”者,“比”之推也;得“比”义于“兴”,不待言,即“赋”之中复有“比”义。(《诗比义述序》)

惠氏主张“兴兼比赋”已反乎从来说《诗》家“赋诗而备比、兴之义”的见解,戴氏主张“比通赋、兴”更是言人所不敢言。我们试看他所举的两个例:

《樛木》篇“南有樛木,葛藟累之”,本是“兴”,而又以樛木下垂葛藟得上蔓为后妃逮下众妾得亲附之“比”,这是“比通于兴”的例。

《十月之交》篇“日有食之,亦孔之丑。彼月而微,此日而微”,本是直赋其事,又因“日君象,月臣象”,遂以日失其明甚于月,喻君之亏弊甚于臣,这是“比通于赋”的例。

他的意见对不对是另一问题,这里无暇详论。但无论如何,总算一种新见解。

(二)《郑》《卫》风是否淫声的问题

就诗序的解释,《郑》《卫》风没有几篇淫诗,连“出其东门,有女如云。虽则如云,匪我思存。缟衣綦巾,聊乐我员”,描写吊膀子的诗,也说是“闵乱”。朱子以郑、卫淫声即是《郑》《卫》风,才敢把中间许多篇解作淫奔之诗。

后来拥护诗序者对朱说肆力攻击,甚至于大发感慨道:

> 夷雅乐于新声,杂淫哇于正始。经学之缪,未必不由此滥觞矣。(严虞惇《读诗质疑·论雅乐》)

信朱者又从而反攻，旗鼓相当，争辩不已，遂为《诗》中的一个大问题。这桩公案，可以借范家相的一段话来说明。

后之驳朱子者其说大抵有五：

谓：淫邪之人虽寡廉鲜耻，亦不至自道其淫私，播之歌咏，使道路传为非笑。况狭邪轻薄之人，未必尽工篇什。一也。

季札观乐，歌郑、卫之风，未尝斥言其淫。若如朱子说，则夫子犹将弃之，季子何故美之？二也。

《诗》为中声所止。如三百篇不必尽比于乐，则鲁之乐工何从取其声而歌之？三也。

郑伯如晋而六卿所歌皆淫诗，何以对上国之卿不歌雅音而歌邪音，好扬其本国之丑？四也。

诸儒皆以乐之非雅者为郑，故子夏以宋、郑、卫淫于色。而宋本无诗，其声亦郑声也。非郑风即为郑声。五也。（《诗沈》）

攻朱者的诉词已尽于此。替朱辩护者不过就朱说略为引伸，没有什么新意见，此处不多引。

拥护者丢开诗辞不管，专就古书考证，顶容易解决的问题闹得乌烟瘴气。戴氏也是如此，他说：

《乐记》：魏文侯曰“吾端冕而听古乐，则唯恐卧，听郑、卫之音则不知倦”，子夏谓其所好者溺音。许叔重《五经异义》以郑诗解《论语》“郑声淫”，而康成驳之曰：“《左传》说‘烦手淫声谓之郑声’，言烦手踯躅之声使淫过矣。”其注《乐记》“桑间、濮上之音”引“纣作靡靡之乐”为证，不引《桑中》之篇，明桑间、濮上其音由来久矣。凡所谓“声”、所谓“音”，非言其诗也……然则郑、卫之音非郑诗、卫诗，桑间、濮上之音，非《桑中》诗，其义甚明。（《书郑风后》）

戴氏对于这个问题的意见，不能免守旧之说，不如惠周惕爽快承认：

朱子释《诗》……凡于《郑风》小序刺时忽闵乱之作力诋其谬，改为淫奔之诗，其言亦辩而正。(《诗说》)

从这一点上，我们看出戴氏还不能尽脱汉学家的本来面目，但放开经文，单就考证来说，他的论证可算谨严。

(三)《雅》有无正变的问题

《雅》分正、变，出于诗序。汉儒以《小雅》中自《鹿鸣》至《菁菁者莪》二十二篇，《大雅》中自《文王》至《卷阿》十八篇为“正雅”。《小雅》自《六月》以下，大雅自《民劳》以下，皆为“变雅”。自来说《诗》家都遵依其说，只有郑樵倡“《雅》有小、大，无正、变”之论：

《雅》有小、大，已见于夫子未删之前，无可疑者。然无所谓正、变者。正、变之说，不出于夫子，而出于序，未可信也……盖《诗》之次第，皆以后先为序。文、武、成、康诗最在前，故二《雅》首之。厉王继成王之后，宣王继厉王之后，幽王继宣王之后，故二《雅》皆顺其序……则“无有正、变之说”，断断乎不可易也。(《雅非有正变辨》)

郑樵以《诗》依世代编次为理由，而谓“雅无正、变”。戴东原却以《诗》不依世代为理由，而谓“雅有正、变”，他的意见恰与郑氏相反。他说：

《鹿鸣》已下十二篇，汉经师以为正雅，亡其词者六，故郑康成《诗谱》云：“《小雅》十六篇为正经。”《采薇》《出车》《杕杜》，汉世有谓为懿王时诗者。据诗中曰“王命”、曰“天子”，毛、郑解为“殷王”，徒泥正雅作于周初耳。苟其诗得乎义之正，而为治世之正事，何非正雅乎？……《南陔》已下，则又周初雅乐，未可泥今之篇什次第定作诗时世也。(《书小雅后》)

戴氏虽论《小雅》不及《大雅》，而他的意见与郑氏针锋相对，〈杀〉[煞]是有趣。

戴氏能够破“诗依时代”的见解，纳三家诗的说法，以《采薇》《出车》《杕杜》为懿王时诗，而驳毛、郑，胆量之大、识力之高，令人猜想不到他是清初谨守家法的《诗》学界的人物。

以上介绍戴氏对于《诗》的三种见解，皆独标新解，自成一说，识力远大，迥非陈奂、胡承珙辈墨守家法为序作忠仆者可比，很有值得一看的价值。

戴东原治《诗》之方法

戴氏的《毛郑诗考正》引据翔实、考证谨严，纠正毛、郑的地方字字精审、句句允当，令人无懈可攻。毛、郑未讲通的语句，他也解释得意义明白。

但我们现在所应当注意的，不在他已考出的结果，而在他用来考正的方法。

他所用的方法，就是考据学的方法。“无稽者不信，不信者必反复参证而后即安”(钱大昕《戴震传》)，几句话可以表示他的方法的精神。考据方法的全体也无须我介绍，此处我仅指出他治《诗》学用的一个特别方法。

其实，这个方法在《诗》学中虽算特别，而在清代考据学中却是很普通的，即梁任公先生指出的：

> ……罗列事项之同类者为比较的研究，而求得其公则。(见《前清一代中国思想界之蜕变》)

我用戴氏的话来给它取个名字，叫作：

> “通证”的方法，或以《诗》证《诗》的方法。

这个方法的大概如此：

> 取《诗》中同样的字归纳拢来，求一个共通的解释。或者，取同样组织的辞句归纳来，得一个共同的辞例。

戴氏对于《毛传》同字随处易解很不满意，极力诋斥"缘辞生训"。他在《草虫》篇说：

> 《毛传》曰："草虫，常羊也。阜螽，蠜也。"……震按："阜"，大也，如"四牡孔阜"之"阜"。喓喓，状其声，故概曰"草虫"；趯趯，状其跃，故目之曰"阜螽"。螽之属不一，螽其统名也。草虫……则凡小虫草生者之通语也。《尔雅》"蛗螽，蠜。草虫，蛗蠜"……盖因诗辞而别其名类以傅合之。《尔雅》周秦之际所记解，解释《诗》《书》往往缘辞生训。以为尽可证实，则违经矣。(《诗经补注》)

他用"四牡孔阜"的"阜"来证明"阜螽"的"阜"应作"大"解，也是以《诗》证《诗》的一个例。又在《大雅·文王》篇中说：

> 经、传中言"丕显"多矣，古人金石铭刻多作"不显"，二字通用甚明。《传》《笺》各缘辞生训，失其本始。(《毛郑诗考正》)

又在《生民》篇中说：

> ……字义推之经中有通证，庶少差失。说者往往缘辞生训，偏举一隅，惑滋多[于是]矣。(《毛郑诗考正》)

又在《桑柔》篇中说：

> ……所施不同，义归于一。说者缘辞生训，一篇之中遂多差违。(《毛郑诗考正》)

以上就我所翻到的顺便引几条，借此可以看出戴氏的精神，也可以明白戴氏通证方法的意义。现在就他所已研究的材料引几个例：

（一）字义的通证

《周南》卷耳篇"采采卷耳"，《毛传》说："采采，事采之也。"朱熹说："采采，非一采也。"意思虽不同，都把它当动词，作"采取"解。

戴氏不以他们的解说为然，他断定"采采"是形容词，应作"众多貌"解。试看他的通证：

> 《诗》曰"采采芣苢"，又曰"蒹葭采采"，又曰"蜉蝣之翼采采衣服"，皆一望众多者。卷耳、芣苢，又以见其多而易得之物。（《诗经补注》）

戴氏的证法，在这段中很明白地表显出来。为使人明了他的精神，再多举几个例。

《螽斯》篇"宜尔子孙，振振兮"，《毛传》释为"仁厚也"。戴氏攻击道：

> 《毛诗》于"振振公子""振振君子"，皆曰"信厚也"。于"振振鹭"，曰"群飞貌"……缘辞生训，故说各不同。（《诗经补注》）

他自己把这些字归纳拢来作一番通证，结果断定：

> "振振"，仪容之盛也。

于是他在《麟之趾》《殷其雷》篇中释"振振公子""振振君子"，都不照《毛传》，而解为"仪之盛也"。（见《诗经补注》）

他又把《诗》中有"昭假"的诗句，收来作一番通证，而断定：

> 《诗》凡言"昭假"，义为：昭其诚敬以假于神、昭其明德以假于天。精诚表见，曰"昭"；贯通所至，曰"假"。（《毛郑诗考正·

周颂》)

他又把《云汉》篇中所有的“宁”字收拢来通证一番，说道：

宁，乃也，语之转。篇内“宁丁我躬”“胡宁忍予”“宁俾我遁”“胡宁瘨我以旱”并同。(《毛郑诗考正》)

他又把《诗》中凡有“绥”字的诗句收拢来，求其通证，断定：

诗中凡言“绥”者，如“绥以多福”“绥我眉寿”“以绥后禄”，辞义并归：主祭者受神降之福。(《毛郑诗考正·周颂》)

(二)校正讹字的通证

《卷耳》篇“云何吁矣”，《毛传》说“吁，忧也”，郑《笺》说“云何乎其亦忧矣，深闵之辞”。戴氏以为这个字是错了的，应当作“盱”。试看他的通证：

“吁”当作“盱”。《何人斯》之诗曰：“壹者之来，云何其盱。”《都人士》之诗曰：“我不见兮，云何盱矣。”皆不得见而远望之意。《尔雅》云：“盱，忧也。”《毛诗》于“盱”不复释，则皆蒙《卷耳》传矣。今此诗及《传》作“吁”者，后人转写之讹耳。(《诗经补注》)

这是他用通证法来校正讹字的例。为节省篇幅计，不多举例。

(三)数字同义的通证

《诗》中“聿”“曰”“遹”三字，《传》《笺》随处易解，或为“述”，或为“遂”。戴氏以为不便，他用通证证三字可以互用，同为承明上文之辞。他说：

诗中“聿”“曰”“遹”三字可互用……皆承明上文之辞耳。非

空为辞助，亦非发语词，而为"遂"，为"述"，为"自"，缘词生训皆非也。(《毛郑诗考正·唐风》)

戴氏证得的结果很有价值，虽尚有讨论的余地，但他的精神使我们佩服不已。

(四)语式的通证

《诗》中有许多语句可以求出一定的公式。譬如"亦孔之厚""亦孔之哀""亦孔之丑"，"侯栗侯梅""侯薪侯蒸""维熊维罴""以阴以雨"，"悠悠我思""悠悠我心""悠悠我里"，都可以求出一定的公式。照着公式，对于同样的语句很易解释。戴氏也注意到这一点，他对于"有"字曾加通证。

《宾之初筵》篇"有壬有林"，《毛传》解"壬，大也""林，君也"，意为"大君"，指祭祀的孝子而言。戴氏不承认他的话，自己通证后得一个结果：

《诗》中如"有蕡""有莺"之类，并形容之辞。

他就这个意思解"有壬有林"道：

此以形容百礼既至，礼无不备……壬壬然盛大，林林然多而不乱。(《毛郑诗考正》)

依戴氏的话可以成立一个公式：

"有"＋形容字＝形容字＋"然"。

一切同样的语句，都可以依此解释了。

关于语式的研究，戴氏的《毛郑诗考正》中不过初具端倪。我引这一个例，表示他曾经注意到此就够了。

在这篇里，我把戴氏的通证方法详细介绍，我的意思是使现在治

《诗》的人注意这个方法，向《诗经》本身里去寻解释，除去从前说《诗》家不问经文的毛病。

结论

戴氏对于《诗》学有许多有价值的意见，可以供现在研究《诗经》者的参考，而我们更应当特别注意的就是他的治《诗》方法。

历来说《诗》家解释《诗》中训诂不是望文生义（即戴氏所谓"缘辞生训"），就是放开经文闭眼考证，这种态度实在荒谬得很。

我们现在研究《诗》中最好是仿效戴氏的方法，在《诗经》本身里面去求解释，去归纳每个字的真义，然后这一堆瓦砾才可以弄清。

我诚恳希望：两百年前的大儒替我创造的工具，我们能应用来掘出埋没了几千年的瑰宝。

戴氏二百年纪念前晴之日[①]

① 晨报社编：《戴东原二百年生日纪念论文集》，北京：明明印刷局，1924 年。

东原《续天文略》与《续通志·天文略》

周良熙①

吾国在上古的时代，天学就很发达。经、史上所载的“容成造历”“南正司天”“尧命羲和”“舜齐七政”等，在中国学术史上看起来，诚然是些大发明家，就是在世界天文学史上，也各很占些荣誉。西儒尝说：“中国为天学之起最古者。”这话实在是有见地的。

但是从秦汉以来，甚么“太乙三式”“占候卦气”，各说各的，闹得烟雾弥天。谈天的人，每每用些吉凶话头来摇惑人心，因此，法律上特设了一种禁令，不准私家研习天文，只有世人所称为“畴人子弟”这般人，可以把他当作世业。纯粹的天文学，就一天一天地昏沉下去，中间偶然有一二明星，也不过随现随没罢了。

等到前清初叶，方始焕发光明。宣城梅文鼎，博通象数，阐发精微，有等身的著作，学者公认他为开山的祖师。东原氏继他而起，融会新旧法，集其大成，创获的地方，尤觉得多些。阮元说：东原“以天文、舆地、声音、训诂数大端，为治经之本，故所为步算诸书，皆以经义润色，缜密简要，准古作者”，这几句话，实在可以赅括东原天算的真相。

至于东原的著作，诸家传、志所载的，各不相同。其中，关于天文的只有《历问》《古历考》《原象》《续天文略》四种。这四种中，《历问》

---

① 周良熙(生卒年不详)，字庶咸，江苏上元人。精通西学，先后追随严复在安徽高等学堂、复旦公学、学部名词馆、北京大学掌管庶务。中国天文学会第一届会员，民国时期长期担任中央观象台主事。作有《说干支》(《观象丛报》第一卷)、《小引》(《中国天文学会会务年报》1927)、《恒星之年龄》(《中国天文学会会务年报》1930)、《清初新旧历法之争》(《宇宙》1940)等文章。

《古历考》,仅洪榜一人说过是有的,段玉裁亦言不曾见过。又疑《古历考》就是《续天文略》,可是孔广森所作的《戴氏遗书总序》,明明述及他。以我的推想,这稿当在孔继涵家,继涵大约是要想刊刻而未出版。我们试就孔刊《东原文集》看起来,他的标题为"《戴氏遗书》之二十三",全书乃不及二十种,可以想见他待刊的正多哩!段氏有此疑惑,似乎还未详考。这书的稿本,现在不知是否犹在人间,我很希望大家调查调查。

这么说起来,现在所存在的,只有《原象》及《续天文略》。《原象》一卷,为《七经小记》中的一种,并且其中有数篇互见在《文集》里头,这乃是东原谈天论文的汇刊。

《续天文略》,为东原最有统系的著述,这书在诸家传、志内叙述均不甚详细。段玉裁说:"先是,朝廷开馆续郑樵《通志》,盖当事者挽先生为之,既而未用,欲改名《古历考》,而舍人(舍人指洪榜言)《行状》遂改其名耳。"但这书决不是《古历考》改名,我已经详辨在前了。

《续通志·天文略》,经我子细查勘,前两卷的内容和东原《续天文略》十九相同,后四卷的节目和东原《续天文略总序》内所载亦没有什么差异。阮元《畴人传》谓:东原"著《续天文略》三卷,文多不载。载其目曰'星见伏昏旦中',曰'列宿十二次',曰'星象',曰'黄道宿度',曰'七衡六间',曰'晷影短长',曰'北极高下',曰'日月五步规法',曰'仪象',曰'漏刻',或补《通志》所阙遗,或广所未及"。虽然没有明言《续天文略》就是《续通志·天文略》,但这书是为续郑《志》而作的,当然毫无疑义。

现在吾们所怀疑的,就是诸家传、志没有说过东原曾入三通馆。但当时三通馆有四位总裁,刘墉就是其中一人,墉为文正公子。余廷燦所撰《东原事略》谓:"诏开四库全书馆,必得如刘向、扬雄者司雠校。君用诸城刘文正公荐,入馆充校理。"虽和诸家所说东原为于文襄公所荐举有些不同,但既有这一证,东原和三通馆当事的人确有渊源,线索可寻。《续通志·天文略》,说他全出东原手笔,大概可以不生疑问了。

但是孔氏所刊《续天文略》,只有上、中二卷,没有说及下卷已经散逸或尚未作成,大概只能说是一种发刻而未完工的书。若说他本来是不全的,何以《续通志·天文略》后四卷的节目,恰恰与《天文略总序》内所载的全同呢?

吾国自从经了秦火,古代经籍大都散亡。天学的书仅遗下巫咸、甘德、石申的残篇数种,但是这三家的记载又各不相同。司马迁世为史官,《天官书》亦复不甚详备。唐以后,台官观象大概根据李淳风晋、隋两志,和丹元子《步天歌》,更属自郐以下了。学者如欲研究天文,几乎无书可读。东原这部《续天文略》,可算得迥绝古今,因他夹在《续通志》中,大家遂不经意。如果有人能照前人刊行《通志二十略》的先例,把《续通志·天文略》刊印单行,嘉惠来学,岂不是一件顶好的事么!

我这一篇考证,对于研究东原天文学说的朋友们说不上有甚么贡献,但觉东原这么一个好成绩,却无声无臭地混杂在《续通志》里头无人知道,很是可惜。我特地提出,希望大家注点意。

东原的天学,本从婺源江慎修学来,慎修是他五体投地地佩服的人。他客在秦蕙田家的时候,蕙田正在那里编辑《五礼通考》,他便把慎修所著的一部《推步法解》请蕙田全数载入。像他这样尊崇师说,表章先哲,真是我们所当效法的。

《五礼通考》"观象授时"类中,蕙田也尝采东原的学说作他的考古旁证。细细地查了一查,约略也有许多条,我特地录出,很想把他整理整理,分门别类地排列,再加上别的书中所引他的话,为《原象》和《续天文略》里所没有的,合拢编起来,也不在少处,我想代他起个名字叫作"戴东原天学零拾"。大约研究东原天文学说的人,莫不欢迎这个的。不过,成书尚需些时日,姑先在此处作个附带的预告①。

① 晨报社编:《戴东原二百年生日纪念论文集》,北京:明明印刷局,1924年。

东原著述考

王　竞①

一、著述之种类与刊行

考孔广森所作《东原遗书总序》，谓已成者为《周南》《召南》二卷，《仪礼正误》一卷，《毛郑诗考〈证〉[正]》四卷，《考工记图》二卷，《学礼篇》一卷，《孟子字义疏证》三卷，《大学》《中庸》补注各一卷，《尔雅文字考》十卷，《方言〈考〉[疏]证》十三卷，《声韵考》四卷，《声类表》十卷，《屈原赋注》四卷，《九章补图》一卷，《原象》一卷，《古历考》二卷，《历问》二卷，《水经注》四十卷，《水地记》一卷，《直隶河渠书》六十四卷，都十九种。而江藩《汉学师承记》载戴震所著各书都二十种，无《尧典》《周南》《召南》《学礼篇》，《大学》《中庸》补注，而有《勾股割圆记》与《策算》，其种类微有同异，然东原著述自当以上列各种为根据也。又考段玉裁所订《戴氏年谱》(以下简称《年谱》)谓："孔户部刻《戴氏遗书》凡十五种：曰《原善》三卷；曰《孟子[字义]疏证》三卷；《勾股割圆记》三卷；《策算》一卷；《原象》全卷；《考工记图》三卷；《声韵考》四卷；《声类表》九卷并卷首为十卷；曰《文集》十卷；曰《续天文略》二卷，曰《水地记》一卷，此二种皆未成之书；《方言疏证》十三卷，此即

① 王竞(1882—1960)，又名啸苏，号疏盦，湖南长沙人。家素贫，初以课徒自给，后为中学教师。年五十，考入清华研究院肄业，师从梁启超、王国维、陈寅恪。毕业还湘，以诗文讲授于湖南大学预科。1958年，调湖南省文史研究馆任馆员。生平治经史，工诗词书画。著作有《校勘学》《苏庵诗存》《词存》《湖南近百年史杂记》《岳麓书院一千年》《西汉经史学》《魏源》《读易略述》《郑玄著作考》《公文程式略说》等。

四库馆聚珍颁行之本；一曰《毛郑诗考〈正〉》四卷，并《考郑氏诗谱》一卷，一曰《〈某〉[杲]溪诗经补注》一卷，此亦未成之一种；其《大学补注》《直隶河渠书》亦有意剞劂，未竟其志。已刻者：《毛郑诗考〈证〉[正]》为《遗书》之一，《诗经补注》为《遗书》之二，《原善》《疏证》合为《遗书》之九，《声韵考》《声类表》合为《遗书》之十四，《原象》为《遗书》之十五，《文集》为《遗书》之二十三，未识次第之意。其他已刻则不列次第，后之人勿疑已刻有二十三种也。"据以上所云则孔户部所刊行者都十五种，《总序》所列书目，多未刊行，其有附刊于他种丛书者，为《声韵考》及《文集》，均刊于"经韵楼丛书"内；《方言疏证》及《水经注》，均刊于"武英殿丛书"内；《绪言》二卷刊入"粤雅堂丛书"内（《绪言》即《孟子字义疏证》原名）；《毛郑诗考正》《考工记图》《〈某〉[杲]溪诗经补注》均刊于"学海堂经解"内；又有《总序》未列其书名而附刊于他种丛书者，如《经考》五卷则已刊入徐乃昌《鄦斋丛书》内焉。

二、散见于各书之著述

《年谱》二十二岁条下："乙亥挟策入都，金匮秦文恭公闻其善步算，即日命驾，延主其邸，朝夕讲论《五礼通考》中'观象授时'一门，以为闻所未闻也。其全书往往采先生说。"其四十一岁条下："按：江先生《古韵标准》'例言'云：'余既为《四声切韵表》，细区今韵，归之字母音等，复与同志戴东原商定《古韵标准》四卷、《诗韵举例》一卷，分古韵为十三部，于韵学不无小补云。'先生丙申与玉裁论韵书云：'江先生撰《古韵标准》时，曾代为举"艰""鳏"二字，辨论其偏旁得声，江先生喜而采用之。'"又《年谱》载：曾修《汾〈阳〉[州]府志》《汾阳县志》，并审定《寿阳志》，此亦著述之散见者也。

三、未成之著述

考东原著述之未成者，孔《序》谓："《尚书义考》未成，成《尧典》一卷。为《诗补传》未成，成《周南》《召南》二卷。”又云：“先生文集尚有《转语》二十章及《六书论》三卷自序，此二种遗稿未见。”而考《年谱》则云“先生欲作《七经小记》未成”，然《尚书义考》近刊入刘世珩《聚学轩丛书》内，是《尚书义考》似已成书。其《诗补传》一种，《年谱》四十四岁条下云：“注诗《周南》《召南》，名之曰《〈某〉[杲]溪诗经补注》。‘〈某〉[杲]溪’二字，盖以自别于诸言《诗》者。先生不随俗为别号，天下称‘东原先生’而已。先是，癸酉成《诗经补传》。已而，在扬州以此书之序及‘论郑声’一条示是仲明。仲明索观《诗补传》，先生辞，作书与之论学而已，盖亦自恐于斯未信也。至是始成二《南》，改称《补注》，作诗本旨详于某篇几章几句之下，其体例犹旧也。今二《南》著录，而《诗补传》已成者不著录，先生所谓‘昔人成书太早，多未定之说’者，于此可见，是《诗补》已脱稿，惟未著录耳。”其《转语》二十章及《六书论》两书，《年谱》亦载“未成”，仅有自序，则当为未成之书。又云“《大学》《中庸》补注各一卷未成，至‘柔远人也，怀诸侯也’而止”，谓为癸未以前所为。又云：“《七经小记》者，先生朝夕常言之，欲为之以治经也。所谓七经者，先生云：‘《诗》《书》《易》《礼》《春秋》《论语》《孟子》是也。’治经必分数大端以从事，各究洞原委，始于六书、九数，故有《诂训篇》，有《原象篇》，继以《学礼篇》，继以《水地篇》，约之于《原善篇》，圣人之学如是而已矣。假令先生如申公伏生之年，安见不如其志哉。”考其书已成者为《原象篇》《原善篇》《水地记》皆为《七经小记》之一，其《诂训篇》《学礼》皆未成。又云：“《学礼篇》，先生《七经小记》之一也。其书未成，盖将取六经礼制纠纷不治，言人人殊者，每事为一章发明之。”今《文集》中开卷记冕服，记爵弁服，记朝服，记玄端，记深衣，记中衣裼衣襦〈衣〉褶之属，记冕弁冠等，凡十三篇，是其体制也，尝言此等须注乃明。又《诂训篇》亦先生《七经小记》之一，经学非诂训不明，先生欲作此书而未及，为《转语》二十章亦未卒业，是《七经小记》固东原储蓄宏愿旦夕期成之书。其不果成者，则实年限之也[①]。

四、著述之年岁

据《年谱》所载：东原二十二岁成《筹算》一卷，后更名《策算》；二十三岁成《六书论》三卷；二十四岁成《考工记图注》；二十七岁成《尔雅文字考》；三十岁成《屈原赋注》；三十一岁成《诗补传》；三十三岁着手校写《方言》，后成《疏证》；四十四岁成《声韵考》及《孟子字义疏证》《诗经补注》；四十六岁修《直隶河渠书》一百六十卷，未成全书；五十一岁后则为入四库馆校书之时矣。又载：《原象》篇成于壬午以前，《原善》篇系于癸未抄写，其《历问》《古历考》二种，成书年月皆不可考，兹就著述年岁之可考者略具于此。

五、校雠及纂集之书

《年谱》五十五岁条下载：癸巳至丁酉在四库馆所校各书如《水经》《九章算术》《五经算术》《海岛算经》《周髀算经》《孙子算经》《张〈立〉[邱]建算经》《夏侯阳算经》《五曹算经》《仪礼释宫》《仪礼集释》《项氏家说》《蒙斋中庸讲义》《大戴记》《方言》等，均已付诸剞劂，而愚考所校算经，除上列八种外，尚有《缉古算经》一卷、《数术〈纪〉[记]遗》一卷，亦曾校定，孔氏微波榭汇为《算经十书》刊行之，并附东原自著《勾股割圆记》一卷。张南后《书目答问》载其细目，此又于《总序》《年谱》之外，所广为收罗者。又《年谱》载《九章》《海岛》《孙子》《五曹》《夏侯阳》等五种算经及《仪礼释宫》诸书，皆从《永乐大典》中纂录，参伍考校，俾还旧观，遂为可阅之善本。其于《仪礼集释》则正其讹脱，并将所阙之《乡射》《大射》二篇，参取惠栋、沈大成二家本所校

---

① 《晨报副镌》1924 年 2 月 12 日，第一版。

宋本，证以唐石经，以成《仪礼》完帙。其于《大戴礼》则屡经校定，并与各善本参互考核，附以案语，是于订谬正讹之外，兼收拾遗补阙之功，盖匪仅朝夕校雠从事丹黄已也。

六、治学方法

《年谱》载：先生十六七以前，凡读书每一字必求其义，塾师略举训诂传注语之意，每不解，塾师因取近代字书及汉许氏《说文解字》授之，先生大好之，三年尽得其节目。又取《尔雅》《方言》及汉儒传、注、笺之存于今者参伍考校，一字之义，必本六书贯群经以为定诂。由是尽同前人所合集，《十三经注疏》能全举其词。先生尝谓玉裁曰："余于疏不能尽记，经注则无不能倍诵也。"又尝云："经之至者道也，所以明道者其词也，所以成辞者字也，必由字以通其辞，由辞以通其道，乃可得之。"此则先生说经遵本肇始于小学，而其敏且专可知矣。又按：先生丁酉正月《与玉裁书》曰："仆自十七岁时，有志闻道，谓非求之六经孔孟不得，非从事于字义制度名物，无由以通其语言。宋儒讥训诂之学，轻语言文字，是犹渡江河而弃舟楫，欲登高而无阶梯也，为之三十余年，灼然知古今治乱之源在是。"又云："先生言为学须先读《礼》，读《礼》要知得圣人礼意；言《周易》当读《程子易传》；言郑康成之学尽在《三礼注》，当与春秋三《传》并重；言学贵精不贵博，吾之学不务博也；言知得十件而都不到地，不如知得一件却到地也；言总须体会孟子'条理'二字，务要得其条理，由合而分，由分而合，则无不可为；言守一说之确者，终身不易，乃是。"又《文集》九《与姚孝廉姬传书》云："凡仆所以寻求于遗经，惧圣人之绪言暗汶于后世也，然寻求而获有十分之见，有未至十分之见。所谓十分之见，必征之古而靡不条贯，合诸道而不留余议，巨细毕究，本末兼察。若夫依于传闻以拟其是，择于众说以裁其优，出于空言以定其论，据于孤证以信其通，虽溯〈潮〉流可以知源，不目睹渊泉所导，循根可以达杪，不手披枝肄所歧，皆未至十分之见也。以此治经，失不知为不知之意，而徒增一惑以滋识者之辨之也。”又《与是仲明论学书》云：“仆自少时家贫，不获亲师，闻圣人之中有孔子者，定六经示后之人，求其一经，启而读之，茫茫然无觉，寻思之久，计于心曰：‘经之至者道也，所以明道者其辞也，所以成辞者字也。由字以通其辞，由辞以通其道，必有渐。’求所谓字，考诸篆书，得许氏《说文解字》，三年知其节目，渐睹古圣人制作本始。又疑许氏于故训未能尽，从友人假《十三经注疏》读之，则知一字之义，当贯群经、本六书然后为定。至若经之难明，尚有若干事，诵《尧典》数行，至‘乃命羲和’，不知恒星七政所以运行，则掩卷不能卒业；诵《周南》《召南》，自《关雎》而往，不知古音，徒强以叶韵，则龃龉失读；诵古《礼经》先《士冠礼》，不知古者宫室、衣服等制，则迷于其方，莫辨其用。不知古今地名沿革，则《禹贡》《职方》失其处所；不知少广旁要，则《考工》之器不能因文而推其制；不知鸟兽虫鱼之状类名号，则比、兴之意乖。而字学故训，声与音又经纬衡从宜辨，汉末孙叔然创立反语，厥后考经论[韵]悉用之。释氏之徒，从而习其法，因窃为已有，谓来自西域，儒者数典不能记忆也。中土测天用勾股，今西人易名‘三角八线’，其‘三角’即勾股，‘八线’即缀术，然而三角之法穷，必以勾股御之。用知勾股者，法之尽备，名之至当也。管、吕言五声十二律，宫位乎中，黄钟之宫，四寸五分为起律之本。学者蔽于钟律失传之后，不追溯未失传之先，宜乎说之多凿也。凡经之难明，右若干事，儒者不宜忽置不讲。仆欲究其本始，为之又十年，渐于经有所会通，然后知圣人之道如悬绳树槷，毫厘不可有差。仆闻事于经学，盖有三难：淹博难，识断难，精审难。三者仆诚不足与于其间，其私自持暨为书之大概，端在乎是。”综观所言，其治学方法可以知矣[①]。

① 《晨报副镌》1924年2月13日，第一版。

七、学术概论

东原学问淹博，于天文、地志、算数、训诂、性理之学，皆能贯通，兹将所著者分别略述于后：

(甲)天文历数

有《古历考》《历问》《续天文略》《原象》《迎日推策记》等，今《古历考》《历问》不可见，而《原象》及《迎日推策记》，并“璇玑玉衡”“中星”“土圭”“九道八行说”“北极璇玑四游解”“《夏小正》星象”均载《文集》卷五中，江藩《汉学师承记》亦引之，其《续天文略》二卷孔继涵已为刊行，今《文集》卷五中有自序一篇，尚存崖略。

(乙)地志

有《水经注》《水地记》《直隶河渠书》及《汾州府志》《汾阳县志》《寿阳县志》《金山志》，其致力最勤者，厥惟《水经》，其大旨见《四库提要》，兹节录于后：

> 是书自明以来，绝无善本，惟朱谋玮所校盛行于世，而舛谬亦复相仍。今以《永乐大典》所引，各按水名，逐条参校，非惟字句之讹层出叠见，其中脱简有自数十字至四百余字者。其道元《自序》一篇诸本皆佚，惟《永乐大典》仅存，盖当时所据犹属宋椠善本也。谨排比原文与近本钩稽校勘，凡补其阙漏者二千一百二十八字，删其妄增者一千四百四十八字，正其臆改者三千七百一十五字，神明焕然，顿还旧观。

又《文集》卷六中《书水经注后》正胡朏明《禹贡锥指》之谬，兹节录于后：

夏六月，阅胡朏明《禹贡锥指》所引《水经注》，疑之。因检郦氏书展转推求，始知朏明所由致谬之故。是书至唐宋间遂残阙淆紊，经多误入注内，而注误为经，校者往往以意增改。如河水，“注北河，又东径莎车国南，北河又东南径温宿国”，“北河”皆当作“枝河”，蒙上“左合枝水”之文。今本作“北河”者，殆后人所改。又如济水，经文“东至北砾溪南”，注文“又东南砾石溪水注之。水出荥阳城西南，李泽东北，注于济，世谓之‘砾石涧’，即经所谓‘砾溪’矣”，经云“济水出其南”，非也。今注重列为经，胡朏明引其文，乃曰：“上有北砾溪，故此为南砾溪，石字衍。”不知注明言“〈石〉砾[石]溪东北注〈经〉济”，则济实过其北；且辨正经文不当，云“至砾溪南”，其无二砾溪固显然。南、北二字，殆后人误增。书中类此者不胜悉数。

（丙）算学

自著者有《九章补图》一卷，其所校者为《算经十书》，目录已著于前，而考《四库提要》天算一门，全出其手。阮元《畴人传》中亦为撮叙要略，其论最切要者，《年谱》五十五岁条下曾载之，兹录于后：

《周髀算经》为算学十书之首，而三千年来学者昧其旨趣，先生谓此古盖天之法。自汉以迄元、明，皆主浑天，明时欧罗巴人入中国，始称别立新法。然其言“地圆”，即所谓“地法覆槃，滂沱四隤而下”也；其言“南北里差”，即所谓“北极左右，夏有不释之冰”“中衡左右，冬有不死之草”“是谓寒暑推移，随南北不同之故也”；其言“东西里差”，即所谓“东方日中，西方夜半”“西方日中，东方夜半。昼夜易处，〈如〉[加]四时相反”“是为节气合朔加时，早晚随东西不同之故也”。《新法历书》述第谷以前西法三百六十五日四分日之一，每四岁之小余成一日，即所谓三百六十五日者三，三百六十六日者一也。西法出于《周髀》，所谓“天子失官，学在四夷"者欤，而刻本脱误，多不可通。古本五图，而失传者三，讹舛者一。凡皆正之、补之，学者可以从事，如"道河积石"，源流正矣。

(丁)训诂

所著有声《韵》《类》表、《尔雅文字考》《方言疏证》等书，其《文集》卷三中《与江先生论小学书》，及卷四《与段若膺论韵书》《顾氏音论跋》，暨《书玉篇声论反纽图后》，皆足与所著相发明。盖其声音、文字之学，至为精粹，惟以注释为转注，则治小学者多诋之，盖疏误之愆，虽专家而亦不能免也。

(戊)性理

所著有《大学》《中庸》补注各一卷，原为未成之书，而其精粹备具于文集卷八《答彭进士允初书》及《孟子字义疏证》中。东原尝言"做得讲理学一书"，谓《孟子字义疏证》也。其《答彭书》云："宋以前，孔孟自孔孟，老释自老释。谈老释者高妙其言，不依附孔孟；宋以来，孔孟之书尽失其解，儒者虽袭老释之言以解之，于是有读儒书而流入老释者，有好老释而溺其中，既而触于儒书，乐其道之得助，因凭借儒书以谈老释者。对同己则共证心宗，对异己则寄托其说于六经孔孟，曰：'吾所得者，圣人之〈征〉[微]言大义。'而交错旁午，屡变益工，浑然无罅漏。孔子曰'道不同不相为谋'，言徒纷然词费，不能夺其道之成者也。其意殆以六经孔孟之旨还之六经孔孟，以程朱之旨还之程朱，以陆王佛老之旨还之陆王佛氏，俾陆王不得冒程朱，释氏不得冒孔孟也。"又《孟子字义疏证》自序云："自孔子言之，实言前圣所未言。微孔子孰从而闻之，故曰'不可得而闻'。是后私智穿凿者亦警于乱世，或以其道全身而远祸，或以其道能诱人心有治无乱，而谬在大本，举一废百，意非不善，其意只足以贼道，孟子于是不能已于与辩。当是时，群共称孟子'好辩'矣。《孟子》之书有曰'我知言'，曰'游于圣人之门者，难为言’，盖言之谬非终于言也，将转移人心，心受其蔽，必害于事、害于政。彼目之曰‘小人之害天下后世也，显而共见’，目之曰‘贤智君子之害天下后世也，相率趋之以为美言，其入人心深祸斯民也，大而终莫之或悟，辩乌可已哉。孟子辩杨、墨，后人习闻杨、墨、老、庄、佛之言，且以其言汩乱孟子之言，是又后乎孟子者之不可已也。’”东原之意，盖在转移人心，去其蔽害，而慨然以后来之孟子自任，故其全书亦以孔孟、老释判然分离，以去蔽勿遏欲为要旨焉[①]。

东原学术略具于此，兹就有清乾嘉以来诸家评论撮述于后。

卢文弨《戴氏遗书序》云：

先生于顾亭林、阎百诗、万季野诸老之后，而其学足与之匹，精诣深造以求至是之归，故能折衷群言，而无徇矫之失。

钱大昕《戴震传》云：

少从婺源江慎修游，讲贯《礼经》制度、名物及推步、天象，皆洞澈其原本。既乃研精汉儒传、注及《方言》《说文》诸书，由声音、文字以求训诂，由训诂以寻义理，实事求是，不偏主一家，亦不过骋其辨，以排击前贤。(《潜研堂文集》三十九)

洪榜《答朱笥河书》末云：

夫戴氏论性道，莫备于其论孟子之书，而所以名其书者，曰“孟子字义疏证”焉耳，然则其言非性命之旨也，训诂而已矣，度数而已矣。要之戴氏之学，其有功于六经孔孟之言，使后之学者无驰心于高妙而明察于人伦庶物之间，必自戴氏始也。(江藩《汉学师承记》第六)

余廷燦《戴东原传》云：

---

① 《晨报副镌》1924年2月14日，第一版。

有一字不准六书，一字解不通，贯群经，即无稽者不信，不信者必反覆参证而后即安，以故胸中所得皆破出传、注重围，不为歧旁骈枝所惑，而壹秉古经以求归，至是符契真源，使见者闻者洒然回视易听。（《存吾文集》卷四）

段玉裁《戴氏年谱》附记云：

先生初谓："天下有义理之源，有考核之源，有文章之源，吾于三者皆庶得其源。"后数年，又曰："义理即考核文章之源也，义理又何源哉？吾前言过矣。"按先生《与方晞原书》曰："足下好道而肆力古文，必将求其本，求其本更有所谓大本者。大本既得矣，然后曰：'是道也，非艺也。'如马、班、韩、柳诸君子之文，恶睹其非艺与？"先生于"性与天道"了然贯澈，故吐词为经，如《勾股割圆记》三篇、《原善》三篇、《释天》四篇、《法象论》一篇，皆经也。其他文字皆厚积薄发，纯朴高古，如造化之生物，官骸毕具，枝叶并茂。尝言："做文章极难，如阎百诗极能考核，而不善做文章；顾宁人、汪钝翁文章较好。吾如大炉然，金、银、铜、锡入吾炉一铸，而皆精良矣。"盖先生合义理、考核、文章为一事，知无所蔽，行无少私，浩气同盛于孟子，精义上驾乎康成、程、朱，修辞俯视乎韩、欧焉。

梁启超论戴震所著《孟子字义疏证》云：

其斥宋儒之糅〈儿〉合儒、佛，虽词带含蓄，而意极严正。随处发挥科学家求真、求是之精神，实三百年间最有价值之奇书也。（《清代学术概论》卷一）

[余廷燦谓：]

震之学为人所重如此，然亦有加以攻击者，如《声韵考》一书，纪昀谓"宜删除"。（见余廷燦《文集》中《覆纪大宗伯书》）

唐鉴谓：

先生本训诂家，欲讳其不知义理，特著《孟子字义疏证》，以诋程朱。（见《国朝学案小识》）

江藩谓：

余萧客《古经解钩沉》已入四库经部，当日戴震谓是书有钩而未沉者，有沉而未钩者。然"沉而未钩"，诚如震言。若曰"钩而未沉"，则震之妄言也。（见《汉学师承记》卷二）

又方东树《汉学商兑》，亦多于东原致不满之词。然综合论之，卢、钱、洪、余、段、梁诸人所推重者，不外实事求是、井井有条，虽有因师友之关系，推挹或嫌过甚，而究非私人阿好之言；至其反对诸人，唐、方亦足深论，纪虽为一时切磋之友，然自云"东原有著作即见示，惟《声韵考》则未及讨论"，其意见参商，或由于此。江为萧客弟子，见东原贬其师说，因相诋毁，似亦门户之见。要皆不足据为定论也。

时至今日，距东原之生二百年矣，思维往哲，沾被实宏，其合于近代学术者厥有数端：

一承受其师江永之说，汉宋兼采，不尚专攻，有学术平等之精神。

一治学以求到地，分条理，为入手方法，以识断、精审为归宿（见前治学方法），合于今日科学务实际、明系统，注意观察之原则。

一博通天文、地志、历算诸学，期于致用，为乾嘉后谈经世学者之先进。

一注重制图、制器，与论学相表里。（如《九章补图》《考工记图》，及用晋裴秀法自制地图，并模制"璇玑玉衡"之类）

一由性理而研求哲学（如《孟子字义疏证》及《原善》《原性》诸篇），是为当时考证派之特色，并为宋学开一生面。

一论学皆朴实，说理不持成见，亦不对于他人为猛烈之攻击，实具有学者之态度。

八、师友及弟子

《年谱》二十岁条下云："是年，自邵武归。婺源江慎修先生永治经数十年，精于三礼及步算、钟律、声韵、地名沿革，博综淹贯，岿然大师，先生一见倾心，取平日所学就正焉。"又二十六岁条下云："纪文达公《考工记图序》曰：'戴君语余曰：昔丁卯、戊辰间，先师程中允出是书以示齐学士次风先生，学士一见而叹曰："诚奇书也。"'此二君者，皆为东原渊源所自，而其学术之得于慎修者实多。慎修于训诂、性理之学，极为深造，有《古韵标准》《四声切韵表》《音学辨微》《近思录集注》等书，故东原能光大其业。"

又《年谱》所载平生讲艺之友为纪昀、王鸣盛、钱大昕、王昶、朱筠、秦蕙田、方矩、卢文弨、惠栋、沈大成、朱奂、毕沅、卢见曾、朱珪、彭允升。又考江藩《汉学师承记·戴震传》云："卢学士文弨、纪宗伯昀、邵学士晋涵、任侍御大椿、洪舍人榜、汪孝廉元亮，皆为同志之友。"又《金榜传》载："与东原同出江慎修门下，少相友善。"是上列诸人皆东原商榷学问之俦也。

其受业称弟子者，《年谱》所载为段玉裁、王念孙及子引之、孔广森、胡士震、裘行简等，而姚〈之〉鼐亦在弟子之列。二王及段尤为及门中之佼佼者。念孙所著之《广雅疏证》《读书杂志》，引之所著之《经传释词》《经义述闻》，玉裁所著之《说文解字注》《毛诗小学》《周礼汉读考》等书均甚精粹，崭然为戴学之后劲。独惜东原所研求之天文、历算、性理诸学，及门中罕有能继起而发挥之者，是非仅戴学衰落之征，而亦中国近代学术界之不幸也。

愚之《东原著述考》止此，所学谫陋，未足窥东原门径，不敢妄加论断，特就其著述为之综合焉耳，有当与否，惟宏达君子教正焉[①]。

---

① 《晨报副镌》1924 年 2 月 15 日，第一版。

康德纪念与东原纪念

甘蛰仙

晚近治哲学史者，往往好取历史上中国哲学与西洋哲学相类似、相殊异之点，作比较的研究。此种方法之应用，固自有其相当之限度，而以时间观念之联络，于属辞比事之行历中，往往增加无限之新趣味，而为先民之所不及料。试举一例言之，即吾侪脑识中之东原观念与康德观念之联络，为两先生之所不及料是也。此二观念果应相联络否？自可随各人主观之评价而异其解答，然由时间观念上言之，东原先生二百年纪念之声浪犹未息，而康德先生二百年纪念之声浪又且大起。则凡曾参加于东原纪念之活动者，对于康德纪念之活动，或将得一新生命焉，亦非不可能之事也。但就真、善、美为标准而比较之，则二家之精神，虽或相似，然固可觇其特异之点也：

(a)康德与东原，俱有求真之精神，是则然矣。然东原之求真也，务以言辞之分析判断为入手方法；而康德则以先天之综合判断为最大原则。由名学的眼光观之，则东原乃严格的归纳论家，而康德则超越的演绎论家也。此其异撰一也。

(b)康德与东原，俱有向善之精神，是则然矣。然东原务以情感为行动之枢机，康德则以自由意志为行动之主宰。惟尊情也，故以安仁无憾为极；谓归于必然，适以完其自然也。惟尚志也，故以虔诚止义为高；而"为义务而尽义务"之训条，其根本义也。此其异撰又一矣。

(c)康德与东原，俱有审美之精神，此亦可信者也。然东原之论美也，注重客观的表现方式；而康德论美，则侧重主观的归极性。东原之言曰:“貌既美而又娴于仪容,乃为诚美。”康德则曰:“真正之美,是在无所利图之赏鉴。”是则客观之仪容,与主观之赏鉴,又区以别矣。

——吾人若以此种论据而下判断,谓东原哲学在中国哲学史上大放异彩,康德哲学在西洋哲学史上大放异彩,固无不可也。说者又谓东原情感哲学,纯属希腊精神;而康德之实践理性,却与中国陆王学风绝相似。此言若信,则康、戴两家学说之超空间性,更可惊服矣。顾吾所最心折者,尤在东原超汉学、超宋学之精神,与康德之超唯理派、超经验派之精神,为其能超越一切,而志存闻道也。志存闻道,而不逞一偏之见,斯可语于“两是”。东原肯定“汉儒得其制数,宋儒得其义理”,此所谓两是也。康德对于休谟辈之怀疑论及华尔孚之形上学,尝有所批评,云:“有觉摄而无概念,是为盲目的;有概念而无觉摄,是为空洞的。”此亦不得谓非“两是”之说也。不宁唯是,康氏,善言自由意志者也,而亦大谈其因果律,何哉?岂不曰:“就现象界言之,则一切受支配于因果律,而无所谓自由;就本体界言之,则自有自由,而不必受因果律之支配。”只须画定范围,则两说可以各行其是耶?明乎此,则知一面“率其自由意志以通本体论与道德学之邮”,一面又就唯理主义与经验主义。两是正之,重新建设一批评主义哲学之体系,此又不得谓非后学所当赓续从事者已!

一九二四年四月二十二日,为康德先生生日,距一七二四年,适已二百年矣。我中国学术界,崇拜康德大师而思得“受用”者,未尝无人也!但吾未知康德先生之祠堂,今彼邦尚有肯构焉者否耶?抑得先生遗像而瞻礼焉,虽相去已一二百年,其精神上之感发,固犹若晨夕亲炙之也?!噫!

一九二四年,四月二日

蛰仙　于北京[①]

① 《晨报副镌》1924年4月22日,第一版。

戴震的求理方法

杨世清①

胡适之先生在北大哲学系曾经出了这样一个题目——"戴震说'理'为事物的条理,而他论求'理'的方法,却有两种不同的说法:一面说'以情絜情';一面说'扩充心知之明,使他辨察事物,无几微差失'。这两种说法得失如何?试详说之"。

胡先生并且在讲堂上说:

> "以情絜情",是狠不妥的。说个"己所不欲,勿施于人",还不要紧。如说"己所欲,施于人",便狠有毛病。我喜欢吃辣椒,能强别人都吃辣椒吗?我喜欢吃鸦片烟,能强别人都吃鸦片烟吗?我喜欢包小脚,能强别人都包小脚吗?……(这段话是根据我堂上的笔记写的)

以上是胡先生对于本题提出的议案。

我们接受胡先生的议案,可分作三层商榷:第一,戴震是不是有胡先生说的"两种不同的说法";第二,胡先生说的"情",是不是戴震说的"情";第三,戴震的"以情絜情"的办法有没有弊病。以下就按这三层依次商榷一下。

---

① 杨世清(生卒年不详)。1920—1924年,就读于北京大学,从学于胡适、梁漱溟等人。北大平民教育讲演团成员,歌谣研究会、方言研究会早期会员,行知社发起人。在方言、歌谣研究领域用功甚勤,作有《科学的分类》(《晨报副镌》1924)、《怎样研究歌谣》(《歌谣》1923)、《从歌谣看我国妇女的地位》(《歌谣》1924)等文章。

一、戴震是不是有两种不同的说法

想知道戴震的求理方法是不是有两种不同的说法，须先知道他对于“理”的主张。我们知道：戴震的“理”的主张，是从他的“情”与“心知”的见解来的。“情”与“心知”的见解，是从他的人生的见解来的。所以，想知道他的“理”的主张，即须先知道他的“情”与“心知”的见解。想知道他的“情”与“心知”的见解，即须先知道他的“人生”的见解。依次说明如下：①

（一）戴震对于人生的见解

> 人生而后有欲，有情，有知，三者血气心知之自然也。（《孟子字义疏证》卷下页三）
>
> 天下惟一本，无所外。有血气则有心知，有心知则学以进于神明，一本然也。有血气心知，则发乎血气心知之自然者，明之尽使无[几]微之失，斯无往非仁义，一本然也。苟歧而二之，未有不外其一者……（《孟子字义疏证》卷上页二十四）

我们由此可以看出：（1）戴震说的欲、情、知，实是一元的，即都出于血气心知；（2）欲、情、知，都是血气心知的自然现象。然后，再看他对于“情”与“心知”的见解是怎么一回事。

（二）戴震对于“情”与“心知”的见解

先看他说的“情”是什么。他说：

> 在己与人，皆谓之情。（《孟子字义疏证》卷上页二）
>
> 苟舍情求理，其所谓理，无非意见也。（同卷页五）

① 《晨报副镌》1924年12月16日，第三版。

情者，有亲疏、长幼、尊卑，感而发于自然者也。（《答彭进士书》）

由此可见他说的“情”：(1)统人我而言；(2)不是意见，乃是含有普遍性的；(3)是感而发于自然的。再看他说的“心知”是什么。他说：

辨于知者，善恶是非也，而因有好恶。（《孟子字义疏证》卷下页三）

有心知则知有父子、昆弟……五者之伦，相亲相治，则随感而应，为喜怒哀乐。合声色臭味之欲、喜怒哀乐之情，而人道备。（同书卷中页二十一）

有心知于是有怀生畏死之情，因而趋利避害。其精爽之限之不出乎怀生畏死者，血气之伦尽然……（《原善》卷中页二）

由此可见他说的“心知”：(1)能辨善恶是非；(2)须在情欲上表现。认清楚他说的“情”与“心知”，然后再看他于“理”的主张是什么[①]。

(三)戴震对于理的主张

理者，察之〈向〉[而]几微必区以别之名也。（《孟子字义疏证》卷上页一）

理也者，情之不爽失也，未有情不得而理得者也。（同上）

心之所同然，始谓之理，谓之义。（同卷页三）

心之明能于事情不爽失，使无过情、无不及情之谓理。（同卷页四）

是故就事物言，非事物之外，别有理义也。有物必有则，以其则正其物，如是而已矣。就人心言，非别有理以予之，而具于心也，心之神明于事物咸足以知其不易之则。（同卷页九）

由血气之自然而审察之以知其必然，是之谓理义。（同卷页

---

① 《晨报副镌》1924年12月16日，第四版。

二十四）

理义者，人之心知，有思辄通，能不惑乎所行也。（同书卷中）

就人之情欲求之，使之无失之谓理。（同书卷下）

理者，尽夫情欲之微，而区以别焉，使顺而达，各如其分寸毫厘之谓也。（《答彭进士书》）

理义非他，心之所同然也。何以同然？心之明之所止，于事情区以别焉，无几微差失，则理义以名。（《原善》卷中页五）

戴氏书关于言理的很多，现只择引意义不重复者十条，然而由此至少可以看出：(1)舍情无所谓理；(2)情而非同然也不是理；(3)由心之明而使情欲不爽失才是理；(4)理不在心上，也不在物上，乃在心物的关系上；(5)理是情欲的必然；(6)理是不惑所行的心知。

总观以上三段，我们可以概括几句话如下：戴震以为人生而有血气心知，有血气心知而后有欲、情、知，欲、情、知三者都是血气心知之自然，是一元的。惟其是如此，所以"情"与"心知"不是两样不相干的东西，必须由心知之明，以知情欲的必然，才算完成情欲的自然。（参看《孟子字义疏证》卷上页二十三）反过来说，必须由情欲的自然极则上，才能看出"心知"；此外，"心知"更无从表现。由心知之明，审察情欲的自然，以知其必然，这就是戴震说的"理"。所以，他再三说："情之明，能于事情不爽失，使无过情、无不及情之谓理。"

那末，戴震求理的方法是不是有两种，我们由此也可得着解决了。他虽说过"以情絜情"，然而情上说个"絜"，这里边已含有心知作用，因为他说"以情絜情"，是要做到"无不得其平""无爽失于行事"地位。（参看《孟子字义疏证》卷上页一至三）这非赖有心知，如何做得到？他虽说"扩充心知之明，使他辨察事物，无几微差失"（用胡先生原句），然而心知之明，不在情欲上表现，又如何能够辨察事物？如何能使无几微差失？故说个"以情絜情"，即已含心知作用；说个"扩充心知之明"，即须在情欲上表现。露骨地说，"以情絜情"，即所以"扩充心知之明"。二者实是一回事，并非是有两种不同的说法。胡先生所以将他看作两面，许是因为字面不同，而忽略了“心”与“心知”的关系吧。

二、胡先生说的情是不是戴震说的情

想明白胡先生说的“情”是不是戴震说的“情”，须先知道戴震说的“情”是什么。

戴震说的“情”，上边已说过，说是：(1)统人我而言；(2)不是意见，乃是含有普遍性的；(3)是感而发于自然的。认清楚这三点，然后再看胡先生说的“情”是不是和这标准相合。

据胡先生举的三条例——吃辣椒、吃鸦片烟、包小脚来看，我们至少可以看出这种情不[①]是统人我的，更不是普遍的；这正是戴震说的“意见”，“意见”亦是戴震所深恶痛绝的。(参看《孟子字义疏证》卷上页三至五)

所以，胡先生说的“情”不是戴震说的“情”；所以，胡先生的说法不足以打倒戴震。

三、戴震的“以情絜情”的办法有没有弊病

这个问题说来话长，而且有许多人讨论过，似乎没有反复申明的必要。现只能略说几句话如下，就是：戴震的“以情絜情”的办法，比较是没有多大弊病，所以较无弊病的缘故，即因为他要用一番理智作用，做到“无不得其平”“无爽失于行事”地位，使情之发无过与不及，都归于至当恰好。惟其是如此，所以“己所不欲，勿施于人”固可，即是“己所欲，施于人”，也没有什么不可；既不会“以意见当之”，也不是“徒自期于心无愧者”(用戴语)可比。真能做到这一步，便无弊病可言；即不能完全做到，至少也可以将私心去掉。故戴震这种办法，并

① 《晨报副镌》1924年12月17日，第三版。

没有多大不妥。

胡先生一面将戴震说的“情”，当作“意见”看待，一面又以为他有两种不同的求理方法。两种方法当然不会同时都对，所以才说“以情絜情”为不妥；而不知戴震说的“情”既不是“意见”，他的求理方法也没有两种。胡先生既然承认戴氏的“扩充心知之明”办法为有特别贡献（根据胡先生讲堂上的话），似乎不便再说“以情絜情”为不妥吧。

以上是我就胡先生提议的原案替戴震申辩，向胡先生提出的抗议。现再将抗议的大纲简单提出如下：

（一）戴震不曾有胡先生说的两种不同的求理方法；（二）胡先生说的“情”，不是戴震说的“情”；（三）戴震的“以情絜情”的办法没有多大弊病。

这便是我全篇的结论。

十二，六，北大西斋

这篇东西，是我从我的“清代思想史”试卷上抄下来的。在试卷末尾，我曾有一个声明说：“胡先生如果认为理由不充分，狠盼望提出反证来，给我一个认错的机会！……”后来我会到胡先生，胡先生说他已将他的意见，批答在我的试卷下面。我聆言之下，忙将我的试卷取出，细细地看了几遍，终究没有发现胡先生一个字。后来曾因此事访了胡先生两次，都不曾会面。随后又给胡先生一信，重申前请，至今也没见胡先生的答复。看来，“认错的机会”胡先生是不准赏给我了。不得已，只好借《晨报》的篇幅，将它登出，另请高明赏给我一个认错的机会！

世清附识①

---

① 《晨报副镌》1924 年 12 月 17 日，第四版。